A CIVILIZAÇÃO DO DELEGADO

Modernidade, polícia e sociedade em São Paulo
nas primeiras décadas da República, 1889-1930

Marcelo Thadeu Quintanilha Martins

A CIVILIZAÇÃO DO DELEGADO
Modernidade, polícia e sociedade em São Paulo
nas primeiras décadas da República, 1889-1930

Copyright © 2014 Marcelo Thadeu Quintanilha Martins

Grafia atualizada segundo o Acordo Ortográfico da Língua Portuguesa de 1990, que entrou em vigor no Brasil em 2009.

Publishers: Joana Monteleone/Haroldo Ceravolo Sereza/Roberto Cosso
Edição: Joana Monteleone
Editor assistente: João Paulo Putini
Projeto gráfico e diagramação: João Paulo Putini
Capa: Ana Lígia Martins
Assistente acadêmica: Danuza Vallim
Revisão: Juarez Antunes
Assistente de produção: Camila Hama
Imagens da capa:
no topo: **Gabinete do delegado.** *Na foto o delegado Afonso Celso de Paula Lima (Acadepol)*
embaixo: **Frota policial.** *Viaturas do plantão policial expostas ao público na frente da Secretaria da Agricultura, no Largo do Palácio. 1911 (Álbum de fotos impresso em Roma, Apesp)*

ESTE LIVRO FOI PUBLICADO COM O APOIO DA FAPESP.

CIP-BRASIL. CATALOGAÇÃO NA PUBLICAÇÃO
SINDICATO NACIONAL DOS EDITORES DE LIVROS, RJ

M341c

Martins, Marcelo Thadeu Quintanilha
A CIVILIZAÇÃO DO DELEGADO: MODERNIDADE, POLÍCIA
E SOCIEDADE EM SÃO PAULO NAS PRIMEIRAS DÉCADAS DA
REPÚBLICA, 1889-1930
Marcelo Thadeu Quintanilha Martins. - 1. ed.
São Paulo : Alameda, 2014
360 p. : il. ; 23 cm.

Inclui bibliografia
ISBN 978-85-7939-283-2

1. Políciais - São Paulo (SP) - História. I. Título.

14-13900   CDD: 363.2098161
               CDU: 351.742(815.6)

ALAMEDA CASA EDITORIAL
Rua Conselheiro Ramalho, 694 – Bela Vista
CEP 01325-000 – São Paulo – SP
Tel. (11) 3012-2400
www.alamedaeditorial.com.br

SUMÁRIO

Prefácio 7

Introdução 11

1. Polícia e política 35

2. Polícia e civilização 93

3. Polícia e cidade 127

4. Polícia e trabalho 175

5. Polícia e criminalidade 231

6. Epílogo e conclusão 287

Fontes e Bibliografia 307

Caderno de imagens 339

Agradecimentos 359

PREFÁCIO

"Uma vitrine roubada, a casa donde tiravam um morto, o local no meio da rua onde caíra um cavalo – plantava-me diante desses pontos a fim de me fartar do hálito fugaz que o ocorrido deixara atrás de si. Então, como sempre, o incidente já se perdera – dissipado e levado pela turba de curiosos que se dispersava aos quatro ventos."

Walter Benjamin

MAIS PESQUISAS ACADÊMICAS deveriam ser publicadas em livro para serem lidas por um público mais amplo, em vez de ficarem restritas às estantes das bibliotecas universitárias. A importância dessas obras está no fato de que geralmente partem de questões contemporâneas e que seus aprofundamentos em contextos históricos incitam questões para o presente, desnaturalizando as ações sociais, dos governos e das instituições que normatizam nosso cotidiano. Esse é o caso da pesquisa de Marcelo Martins, que particulariza a história da polícia em São Paulo, e contribui para promover o debate a respeito da violência na sociedade atual e entender seus aparatos repressivos.

O livro privilegia o contexto histórico do início da República no Brasil, ainda no final do século XIX, até a década de 1930, caracterizado por importantes mudanças na sociedade brasileira. Foi naquela conjuntura que o trabalho livre foi efetivamente implantado, por conta do fim da escravidão e da política da imigração de mão de obra estrangeira, garantindo abundância de trabalhadores para as economias consideradas rentáveis e modernas. Ao mesmo tempo, a nova composição social desencadeou apreensões por ser considerada instável. Era formada por libertos, agora não mais submetidos ao poder do escravismo, e por imigrantes que chegaram aqui com seus ideais revolucionários. Para dar conta dessa realidade, o projeto republicano incluiu mudanças na legislação para coibir extravio de seu programa social e econômico e implementar medidas coercitivas de condicionamento da população às relações de trabalho livre e capitalista, seguindo o modelo da valorizada "civilização" europeia.

A ideia de civilização estava no imaginário do século XIX e XX e, apesar de ter tido significados diferentes para os variados povos, estava relacionada a hierarquias (superior e inferior) entre comportamentos, realizações, controle da tecnologia e domínio da ciência. No Brasil, por exemplo, entre as medidas efetivamente estabelecidas logo no início da República para "civilizar" a nação, estavam leis para condicionar, pela imposição, hábitos ligados ao trabalho, à disciplina e às normas consideradas de boa conduta. Um exemplo é o Decreto nº 847, de 11 de outubro de 1890. No *Capítulo XIII – Dos Vadios e Capoeiras*, ficou estabelecido no Art. 399: "Deixar de exercer profissão, ofício, ou qualquer mister em que ganhe a vida, não possuindo meio de subsistência e domicílio certo em que habite; prover a subsistência por meio de ocupação proibida por lei, ou manifestamente ofensiva da moral e dos bons costumes: Pena – de prisão celular por quinze a trinta dias".

A estratégia para impor a "civilização" foi acompanhada, assim, pelas mudanças no modelo de repressão policial. Como analisa o autor, a polícia passou a ter grande importância política, econômica e social, e um papel decisivo no controle da ordem republicana.

As concepções teóricas recentes que entrecruzam histórias nacionais em perspectivas transnacionais, adotadas por Marcelo, possibilitam avaliar os vínculos entre a história da polícia em São Paulo e a organização policial europeia, considerando a imersão dessas instituições no contexto da expansão da economia capitalista, das relações de trabalho livre e do crescimento urbano. Ao mesmo tempo, no interior da história policial brasileira mesclam-se as especificidades nacionais – e seus apadrinhamentos sob o controle das elites políticas locais –, a burocracia e a racionalidade científica importadas da polícia da Europa.

A pesquisa deu conta de muitos aspectos da história da polícia paulista: sua relação com a história nacional, local e internacional; os processos de mudança na hierarquia administrativa e política; os papéis sociais de sujeitos históricos como governadores, chefes de polícia, juízes, delegados e dos considerados contraventores; a carreira policial como meio de acesso aos cargos políticos do governo; e, ainda, os aparatos materiais que caracterizavam a figura do policial nas ruas – fardamento azul escuro, colarinho alto, cassetete branco e chapéu cônico. Essa materialidade, por exemplo, passou a representar o ingresso da polícia paulista na modernidade e foi símbolo do poder no cotidiano da cidade, regulando e impondo comportamentos considerados civilizados aos paulistanos.

A documentação utilizada também é muito valiosa. Abrange relatórios dos chefes de polícia, prontuários dos delegados, processos criminais, livros de ocorrências, boletins, inquéritos, jornais, obras de memorialistas, literatura e uma diversidade de documentos, compreendendo também as fotografias anexadas em laudos técnicos e prontuários criminais. Especialmente as fotos demandam um cuidado na leitura. Representam paisagens e acontecimentos da vida na cidade de São Paulo pouco conhecidos. São imagens diferentes das construídas pelos fotógrafos que dirigiram suas lentes para a exaltação da modernidade. As fotos dos laudos periciais, por exemplo, aproximam o leitor da periferia urbana, da diversidade de classes sociais, dos cortiços, do interior das casas e pensões, dos acidentes de trânsito, do cotidiano de violência e de morte.

Foi através da documentação que conheci Marcelo, que a apresentou quando ministrei uma disciplina no curso de *Lato sensu* em História na PUC-SP. Com a preocupação de orientar os estudantes para o uso de documentos nas situações de ensino de História, ele logo se destacou por ser um estudioso do acervo da Polícia de São Paulo. Sabia explicar os procedimentos de organização dos laudos, constituídos a partir das demandas institucionais da polícia e da justiça, informação essencial para a consulta dessa fonte de pesquisa. Em muitas situações, documentos avulsos têm sido utilizados em pesquisa histórica. Mas os contextos institucionais da documentação favorecem a inserção dos acontecimentos em conjunturas específicas, evidenciando suas finalidades, relações imbricadas nos meandros burocráticos e administrativos, linguagens compartilhadas por setores profissionais e os envolvimentos da documentação com as políticas institucionais. E esse cuidado com os contextos das fontes é uma característica de bons historiadores, como o autor desse livro, que apresenta uma realidade da história paulista pouco conhecida e estudada.

Com um texto acessível, que integra conceitos importantes da atual historiografia com acontecimentos pontuais e datados do passado, somados a pequenas biografias de seus protagonistas, a história da polícia paulista neste livro instiga questionamentos para compreensão das ações militares e policiais que também apuram os comportamentos da sociedade contemporânea.

Antonia Terra de Calazans Fernandes
Profa. Dra. do Departamento de História – FFLCH-USP

INTRODUÇÃO

OS PRIMEIROS PASSOS do estudo aqui apresentado tiveram início a partir de uma pesquisa de campo para conhecer o trabalho policial com foco na investigação de homicídios. Foram três anos frequentando a Divisão de Homicídios do Departamento de Homicídio e de Proteção à Pessoa (DHPP) da polícia de São Paulo, acompanhando a apuração de mortes a esclarecer, visitando locais de crime, estudando manuais de investigação, presenciando o cotidiano de um departamento especializado de polícia, o desgaste pessoal e emocional dos seus funcionários, a política de bastidores e a exploração midiática de casos impactantes. Vi casos onde filhos mataram os pais, pais mataram os filhos, companheiros mataram suas parceiras, esposas tramaram o assassinato do marido, pessoas comuns tiraram a vida de amigos de infância por questões banais, traficantes executaram desafetos por pouco ou nada em locais sem saneamento, asfalto ou piedade. Crimes sem solução, pilhas e pilhas de inquéritos. Quando iniciei a pesquisa, em 2000, foram assassinadas 12.638 pessoas no estado de São Paulo, destas 5.327 na capital.[1] Intrigava o fato de todos os envolvidos serem moradores de uma mesma cidade, que de alguma forma tinham suas vidas afetadas um pelo outro.

Dificilmente um morador de São Paulo passa um dia sem ver um policial ou assistir a matérias policiais pela televisão. A polícia é parte do cotidiano e

---

[1] Departamento de Homicídios e de Proteção à Pessoa, DHPP – Anuário 2001. São Paulo: Editora Roca, 2001, p. 52-53.

a criminalidade, uma das maiores preocupações da população. Tanto que o Estado São Paulo possui o maior contingente policial do país, cerca de 140 mil policiais, que recebem o segundo maior orçamento do estado, 11 bilhões de reais em 2010. São aproximadamente 95 mil policiais militares, 37 mil civis e 7 mil da polícia científica.[2] E há os programas televisivos que transmitem diariamente notícias de crimes, produzindo um meio ambiente ameaçador que os antropólogos chamam de medo social. A repercussão dessas histórias afeta o cotidiano de todos e as formas como se constroem as relações de poder e sociabilidade.[3] Teresa Caldeira, em sua pesquisa sobre crime e segregação na cidade de São Paulo, observou que o medo do crime se misturava com ansiedades geradas por problemas econômicos, decadência social e preconceitos de todo tipo. Cada moradia de São Paulo havia se transformado numa fortaleza, construída para defender seus ocupantes das outras pessoas. A maior ameaça na cidade estava no outro. Os muros estavam por toda parte porque as ameaças estavam em toda parte.[4] Essa realidade coloca uma questão ao historiador: se somos uma sociedade acossada pelo medo e profundamente policiada, como se deu essa transformação? E mais: por que a polícia, como uma instituição historicamente formada, simplesmente não aparece na história de São Paulo?

O historiador Marcos Luiz Bretas costuma dizer que a polícia tornou-se um não assunto, um tema desprezado e menos nobre para alguns, talvez por envolver aspectos perturbadores da vida social, mas em grande medida porque seus acervos históricos não se encontram organizados e acessíveis.[5] Por tudo

---

2 Joyce Luziara Corrêa e Valdir Assef Júnior. "Segurança Pública: construindo espaços de diálogo". *Revista Brasileira de Segurança Pública*, ano 4, edição 7, ago./set. 2010, p. 121.

3 Luzia Fátima Baierl. *Medo social*: da violência visível ao invisível da violência. São Paulo: Cortez, 2004; Susana Rotker (ed.). *Citzens of fear*: urban violence in Latin America. Nova Jersey: Rutgers University Press, 2002.

4 Teresa Pires do Rio Caldeira. *Cidades de muros*: crime, segregação e cidadania em São Paulo. São Paulo: Editora 34/Edusp, 2000.

5 Marcos Luiz Bretas. *Ordem na cidade*: o exercício cotidiano da autoridade policial no Rio de Janeiro: 1907-1930. Rio de Janeiro: Rocco, 1997, p. 10; Thaís Battibugli. *Polícia, democracia e política em São Paulo (1946-1964)*. São Paulo: Humanitas, 2010, p. 21.

isso, a história da polícia paulista ainda permanece fragmentada e incompleta. Logo, o objetivo primeiro desse trabalho é trazer a polícia para o centro do palco. Até a década de 1980, pouco se sabia do desenvolvimento da polícia paulista e do seu trabalho, exceto por algumas obras escritas por memorialistas.[6] A historiografia sobre polícia é, portanto, bastante recente. O clima contestador dos anos 1960 e 1970 "descobriu" a polícia, por assim dizer. Em aulas lotadas no Collège de France, Michel Foucault (1926-84) associava o "nascimento da polícia" ao processo de urbanização e concentração de poder ocorrido no século XVII. Para ele, a polícia era "um golpe de Estado permanente", elaborado para eliminar a desordem e assegurar as relações de produção "dentro dos princípios da razão de Estado".[7] Do outro lado do Atlântico, em Princeton, Robert Storch publicou um artigo polêmico sobre o papel histórico da polícia, descrevendo o policial inglês como um "missionário doméstico", concebido para reprimir costumes populares e incutir valores morais na massa trabalhadora.[8] Storch se alinhava a um grupo de historiadores norte-americanos envolvidos com os movimentos de direitos civis. Em aspectos gerais, houve um consenso de que as metrópoles americanas haviam criado forças policiais modernas para conter os imigrantes e produzir uma população mais ordeira e apropriada a uma nação "civilizada e competitiva".[9]

No Brasil, o fim da ditadura militar e os altos índices de criminalidade atraíram a atenção dos estudiosos para a polícia e a violência urbana, abrindo um

---

6   A mais consultada e detalhada história da polícia de São Paulo é a obra de Hermes Vieira e Oswaldo Silva. *História da Polícia Civil de São Paulo*. São Paulo: Companhia Editora Nacional, 1955. Essa obra foi encomendada pelo Dr. Oswaldo Silva, diretor administrativo da polícia, para comemorar os 50 anos da criação da polícia de carreira em São Paulo.

7   Michel Foucault. *Segurança, Território, População*. São Paulo: Martins Fontes, 2008, p. 457.

8   Robert D. Storch (1976). "The policeman as domestic missionary: urban discipline and popular culture in Northern England, 1850-1880". In: Paul Lawrence (ed.). *The New Police in the nineteenth century*. Farnham, UK: Ashgate, 2011, p. 267-295.

9   Allan Silver. "The demand for order in civil society". In: David J. Bordua (ed.). *The Police*: six sociological essays. Nova York: Wiley, 1967, p. 1-24; Roger Lane. *Policing the City of Boston, 1822-85*. Cambridge: Harvard University Press, 1967; Wilbur R. Miller. *Cops and bobs*: police authority in New York and London, 1830-70. Columbus: Ohio State University Press, 1999 [1973]; Robert M. Fogelson. *Big-City Police*. Cambridge: Harvard University Press, 1979 [1977]; Eric H. Monkkonen. *Police in Urban America, 1860-1920*. Nova York: Cambridge University Press, 2004 [1981].

vasto campo de debate e pesquisa para sociólogos, antropólogos e historiadores.[10] A polícia do Rio de Janeiro foi tema de alguns historiadores estimulados pela leitura de Foucault, Marx e Weber.[11] Em São Paulo, parte dos estudos concentrou seu olhar na atuação policial diante dos problemas urbanos e da formação de uma mão de obra assalariada na cidade de São Paulo.[12] Dois desses trabalhos, o de Sidnei Munhoz e o de Marco Antônio Cabral dos Santos, tiveram como fonte latas recheadas de correspondências encaminhadas aos chefes de polícia e conservadas no Arquivo Público do Estado de São Paulo (Apesp).

Essa documentação classificada como " Coleção Polícia", que se estende do período imperial até as primeiras décadas do período republicano, permitiu aos historiadores entrar em contato com aquilo que Arlette Farge denominou de "retalhos da realidade".[13] Os maços de documentos custodiados pelo Apesp colocam à mostra uma face pouco conhecida dos órgãos policiais: a de repositório das mais variadas demandas por parte da população e outros órgãos da administração pública, tornando patente que a organização da vida cotidiana na cidade e em alguns rincões do estado passava invariavelmente pelas mãos da polícia. Esta constatação levou os pesquisadores a reverem o significado do papel desempenhado pela polícia como agente do Estado e nicho produtor de uma cultura particular.[14]

---

10 Paulo Sérgio Pinheiro (org.). *Crime, violência e poder*. São Paulo: Brasiliense, 1983; Mariza Corrêa. *Morte em família*. Rio de Janeiro: Graal, 1983; Boris Fausto. *Crime e cotidiano*: a criminalidade em São Paulo (1880-1924). São Paulo: Brasiliense, 1984.

11 Gizlene Neder *et al*. *A Polícia na Corte e no Distrito Federal (1831-1930)*. Rio de Janeiro: PUC, 1981; Elizabeth Cancelli. *O mundo da violência*: a polícia na Era Vargas. Brasília: Edunb, 1993; Gizlene Neder. *Discurso Jurídico e Ordem Burguesa no Brasil*. Porto Alegre: Fabris Editor, 1995; Thomas H. Holloway. *Polícia no Rio de Janeiro*: repressão e resistência numa cidade do século XIX. Rio de Janeiro: Editora FGV, 1997.

12 Heloisa F. Cruz. "Mercado e Polícia em São Paulo (1890-1915)". *Revista Brasileira de História*, São Paulo, vol. 7, nº 14, 1987; Sidnei J. Munhoz. *Cidade do avesso*: desordem e progresso em São Paulo, no limiar do século XX. Tese (doutorado) – Departamento de História da USP, São Paulo, 1997. Luís Antônio Francisco de Souza. *Poder de Polícia, Polícia Civil e práticas policiais na cidade de São Paulo (1889-1930)*. Tese (doutorado) – Departamento de Sociologia da USP, São Paulo, 1998. Marco Antônio Cabral dos Santos. *Paladinos da Ordem*: Polícia e Sociedade na virada do século XIX ao XX. Tese (doutorado) – Departamento de História da USP, São Paulo, 2004.

13 Arlette Farge. *O Sabor do Arquivo*. São Paulo: Edusp, 2009.

14 André Rosemberg e Luís Antônio Francisco de Souza. "Notas sobre o uso de documentos jurídicos e policiais como fonte de pesquisa histórica". In: *Patrimônio e Memória*, vol. 5, nº 2, dez. 2009, p. 168-182.

Nos anos 1990, as interpretações estruturais começaram a abrir espaço para as abordagens socioculturais.¹⁵ O historiador Jacques Revel percorreu documentos que mostram a polícia de Paris enfrentando motins em 1750, não como um grande aparelho regulador que tudo via e tudo ordenava, mas reflexo de uma crise que se espalhava. Ao investigar uma série de revoltas ocorridas na Paris pré-revolucionária, o historiador francês percebe que a população a atacava não pelo fato de odiar a polícia, mas porque ela não trazia segurança para os moradores da cidade e parecia alheia às suas necessidades.¹⁶ De fato, escreveu Revel, as instituições são inseparáveis da configuração do jogo social, o que significa que os homens precisam de instituições para se orientar e se deslocarem pelo interior do mundo social, o que é uma maneira de dizer que eles se servem delas tanto quanto as servem.¹⁷

O livro de Revel faz parte de uma renovação historiográfica que se deslocou dos esquemas estruturais em direção ao comportamento dos atores, colocando o agente social de volta no cenário da análise histórica. Não mais como o velho protagonista heroico, mas como uma nova maneira de entender as estruturas, a ação individual e coletiva e suas relações mútuas. No Brasil, duas teses buscaram descortinar este cenário ainda pouco conhecido das relações entre a polícia e o público. A primeira foi a de Marcos Luiz Bretas, que realizou um amplo estudo sobre a polícia carioca entre 1907 e 1930.¹⁸ A segunda é a de André Rosemberg, que pesquisou a polícia paulista

---

15 Clive Emsley. *The English Police*: A political and social history. Nova York: Longman, 1996 [1991]; Jean-Marc Berlière. *Le Monde des Police en France*. Bruxelas: Editions Complexe, 1996; Christopher P. Wilson. *Cop Knowledege*: police power and cultural narrative in twentieth-century America. Chicago: The University of Chicago Press, 2000; Haia Shpayer-Makov. *The making of a policeman*: a social history of a labour force in metropolitan London, 1829-1914. Aldershot: Ashgate, 2001; John Merriman. *Police stories*: building the French State, 1815-1851. Nova York: Oxford University Press, 2006; Klaus Mladek. *Police Forces*: a cultural history of an institution. Nova York: Palgrave, 2007.

16 Arlette Farge & Jacques Revel. *The vanishing children of Paris*: rumor and politics before the French Revolution. Cambridge: Harvard University Press, 1991.

17 Jacques Revel. "A instituição e o social". In: *História e Historiografia*: exercícios críticos. Curitiba: Editora UFPR, 2010, p. 117-140.

18 Marcos Luiz Bretas, *op. cit.*

no final do Império.[19] Ambos perceberam a polícia como uma construção sociocultural, atentando para os seus agentes: pessoas de carne e osso, com nome, sobrenome e origem social. Rosemberg explica que a polícia funciona ao mesmo tempo como um ramo essencial do Estado e um cadinho de experiências socioculturais, o que faz dela um objeto importante de estudo para compreendermos a evolução da burocracia, das mudanças que sofriam e da interação deles com o restante da sociedade.[20]

Seguindo o caminho destes dois trabalhos e com o objetivo de dar rosto aos policiais paulistas do início do período republicano, procuramos os prontuários ainda existentes no Instituto de Identificação Ricardo Gumbleton Daunt (IIRGD), o departamento de identificação da Polícia Civil do Estado de São Paulo. O prontuário é uma das principais ferramentas da polícia, onde ficam registradas informações do cidadão, de criminosos e dos seus próprios integrantes. Os prontuários dos delegados contêm dados pessoais, a carreira do titular, despachos internos e uma parte da sua correspondência. É possível notar que a importância do delegado se reflete no volume do prontuário, recheado de ofícios, recortes de jornais, homenagens e elogios.

Com esta fonte documental, mais os relatórios e livros de despachos encontrados na Delegacia Geral de Polícia (DGP), somados ao vasto acervo do Apesp, foi possível remontar a estrutura da polícia paulista nas primeiras décadas do século XX, evidenciando que ela estava subordinada a um pequeno grupo de bacharéis, representantes de parte da elite europeizada que arvorou para si a tarefa de construir uma polícia moderna no estado mais rico da nação. Esses bacharéis, que se encastelaram nos postos chave da instituição até serem aposentados compulsoriamente nos anos 1950, servem para acompanharmos a transformação da polícia de São Paulo.

A partir das primeiras décadas do século XX, a polícia paulista começou a ganhar contornos modernos, que podem ser resumidos na

---

19 André Rosemberg. *Polícia, policiamento e o policial na província de São Paulo no final do Império*: a instituição, prática cotidiana e cultura. Tese (doutorado) – Departamento de História da USP, São Paulo, 2008.

20 *Ibidem*, p. 10-13.

profissionalização dos seus membros, na adoção de padrões reconhecidos de policiamento, na divisão e especialização das suas atividades e no desenvolvimento de técnicas cientificas de investigação. Esta modernização fez parte das transformações pelas quais passou a sociedade paulista nas décadas iniciais da República. Com a expansão do trabalho assalariado, dos investimentos em infraestrutura e do despontar de São Paulo como maior polo exportador de café do planeta, as elites paulistas passaram a discutir sua integração no mundo do progresso e da civilização. Durante o período republicano houve um salto nas relações de interdependência entre fazendeiros e colonos, patrões e empregados, políticos e eleitores, e entre população e polícia. A instituição policial foi ampliada, profissionalizada e a sua ação se disseminou pelo espaço público como um dos pilares da nova ordem. Campos Salles defendeu a mudança afirmando que "uma boa polícia é condição de um bom governo". O mesmo discurso tinha o deputado Roberto Moreira, que dizia: "nenhum serviço nas sociedades modernas sobreleva o da polícia", pois "sem ordem nada é possível na vida social, porque teríamos o caos, a ignorância, a delinquência, o desfibramento do caráter".[21]

Lendo relatórios policiais e jornais, percebe-se que durante a República se acentuou em São Paulo aquilo que Robert Reiner denominou "fetichismo de polícia", ou seja, a pressuposição ideológica de que uma sociedade moderna deveria possuir uma polícia eficiente, sem a qual o caos se instalaria. Por eficiente, entendia-se uma polícia aparelhada para manter a ordem, aplicar a lei e deter a criminalidade. As polícias foram, no seu entender, "instituições chave nas sociedades modernas", introduzidas para propagar e proteger uma concepção dominante de ordem social que surgiu junto das transformações socioeconômicas e culturais ocorridas ao longo do século XIX.[22]

---

21 Pronunciamento de Campos Salles feito em 15 de janeiro de 1896. In: Eugênio Êgas. *Galeria dos Presidentes de São Paulo – Período Republicano 1889-1920*. Vol. 2. São Paulo: Seção de Obras d'O Estado de S. Paulo, 1927, p. 92; Discurso do chefe de polícia Roberto Moreira. In: *Gabinete de Investigações e Escola de Polícia*: Breve notícia sobre a inauguração oficial e 4 de julho de 1927. São Paulo: Typ. da Escola de Polícia, 1927, p. 4.

22 Robert Reiner. *A Política da Polícia*. São Paulo: Edusp, 2004, p. 19; Tim Newburn; Robert Reiner. "Policing and the Police". In: Mike Maguire et al (ed.). *The Oxford Handbook of Criminology*. Nova York: Oxford University Press, 2007, p. 910-915.

O temor em relação à instabilidade social e o aumento descontrolado do número de miseráveis nos grandes centros urbanos serviram de justificativa para ações duras contra grupos rotulados de "classes perigosas". Contra a ameaça de revolução e distúrbio da ordem, criaram-se várias linhas de defesa. A primeira delas e mais recente era a polícia urbana, organizada para impor ordem nas metrópoles europeias. Seus dois principais modelos foram os *sergents de ville* de Paris e os *bobbies* de Londres, ambos criados em 1829. Esse modelo de polícia racional, uniformizada e disciplinada serviu de inspiração para cidades como Nova York (1845) e Berlim (1848).[23] Uma segunda linha de defesa eram os corpos militarizados que faziam o policiamento das áreas rurais. Esses corpos, inspirados no modelo francês, eram conhecidos como *gendarmerie*. Seus integrantes eram ex--soldados e oficiais militares encarregados de combater o contrabando, perseguir desertores, reprimir o banditismo e fazer as leis serem obedecidas por todo o território nacional. Diversos Estados, entre eles a Prússia (1812), o Piemonte (1814), a Rússia (1826), a Bélgica (1830), a Dinamarca (1839), a Espanha (1844) e o México (1857), criaram *gendarmeries* para auxiliar nas reformas políticas e econômicas.[24]

Uma terceira linha de defesa eram as milícias locais ou Guardas Nacionais, criadas pelos proprietários durante a Revolução Francesa para se protegerem da violência popular e do próprio Estado. Essas forças eram vistas com muita reserva pelos governos. A Guarda Nacional de Paris, por exemplo, foi dispersa em 1827 e as milícias inglesas, em 1814. A historiografia mostra que houve muita experimentação e recriação de modelos ao redor do mundo. Xavier Rousseaux avalia que a principal característica aplicada à polícia foi a sua capacidade de adaptação a diferentes culturas, espaços geográficos, práticas judiciárias e regimes políticos.[25]

---

23 Robert Gildea. *Barricades and Borders*: Europe 1800-1914. Nova York: Oxford University Press, 2003, p. 123-124.

24 Clive Emsley. *Gendarmes and the State in nineteenth-century Europe*. Nova York: Oxford University Press, 2002; Paul J. Vanderwood. *Disorder and progress*: bandits, police, and Mexican development. Lanham: SR Books, 2009.

25 Xavier Rousseaux. "La police ou l'art de s'adapter: Adapter les odres ou s'adpter aux menaces". In: Jean-Marc Berlière et al (dir.). *Métiers de Police*: Être policier en Europe, XVIII-XX siècle. Rennes: Presses Universitaires de Rennes, 2008, p. 303-313.

Ao editar uma coletânea de estudos sobre a formação das polícias europeias, o historiador Clive Emsley observou que havia uma forte interação entre polícias de diferentes países, com práticas, organização e leis distintas. Os estudos revelavam que, embora cada polícia apresentasse características próprias, formaram-se entre elas canais de comunicação formais e informais, com o objetivo de trocar experiências como se todas elas fossem responsáveis pela manutenção de uma ordem comum.[26] Cidades tão diferentes quanto Bolonha e Hamburgo enviaram observadores para conhecer a famosa polícia de Londres. O parlamento italiano chegou a debater as virtudes do *bobby inglesi*, mas concluiu que a população da península, recém-unificada, não estava preparada para ter um policial desarmado patrulhando suas ruas.

Unindo estas polícias estava a necessidade de controlar o fluxo enorme de pessoas que se deslocavam dos campos e cidades, atravessando fronteiras e oceanos em busca de oportunidade e melhores condições de vida. A imigração de milhões de trabalhadores para atender às exigências do mercado, dependente da circulação livre de mercadorias, capital e mão de obra trouxe instabilidade às formas tradicionais de dominação, provocando reação por parte das classes privilegiadas. A modernização das polícias europeias, norte-americanas e sul-americanas, num mesmo momento histórico, foi uma resposta dos Estados às transformações globais. A polícia precisou ser reinventada para controlar populações heterogêneas, flutuantes, ameaçadoras e potencialmente revolucionárias. Construiu-se um verdadeiro pavor das multidões. O livro de Charles-Marie Gustave Le Bon (1841-1931), *Psicologia das Multidões*, publicado em 1895 e traduzido em mais de dezesseis línguas, alertava:

> A idade em que entramos será verdadeiramente a era das multidões. (...) Hoje as reivindicações das multidões tornam-se cada vez mais claras e tendem a destruir completamente a sociedade atual

---

26 Clive Emsley & Barbara Weinberger (ed.). *Policing Western Europe*: politics, professionalism, and public order, 1850-1940. Westport: Greenwood Press, 1991.

para reconduzi-la ao comunismo primitivo, que era o estado normal de todos os grupos humanos antes da aurora da civilização.[27]

A política sentia-se cada vez mais pressionada por massas, imprensa, atentados anarquistas, multidões e greves gerais. O estudo da sociedade e dos problemas sociais ganhou destaque e viu emergir um conceito de defesa social que transpôs fronteiras, como demonstram as coletâneas de trabalhos organizados por Ricardo Salvatore, Carlos Aguirre, Gilbert Joseph e Frank Dikötter.[28] Estudando suas práticas dentro do Império britânico, o pesquisador Barry Godfrey concluiu que a administração colonial utilizava forças policiais para afirmar a superioridade da civilização ocidental e inculcar formas de disciplina nos nativos.[29] Na periferia do Império britânico, foram as elites locais que implementaram reformas visando controlar melhor a população e impor padrões de comportamento valorizados por estas elites. O historiador Lyman Johnson considera que, na medida em que o comércio mundial aproximou diversos países, os governos viram-se obrigados a impor novos mecanismos de controle que atendessem a novas formas de exploração do trabalho.[30]

O argumento defendido por este trabalho é que a modernização da polícia paulista é parte de um fenômeno transnacional, ligado às transformações globais e ao projeto modernizador das suas elites. As elites enriquecidas pelo café e os grupos a elas associados procuraram impor aos milhares de estrangeiros e nacionais que aqui aportaram padrões de comportamento e disciplina percebidos como civilizados. Desejosa de adotar o padrão europeu como modelo para a sociedade brasileira, estas elites se empenharam na construção de um aparato moderno de segurança pública para enfrentar os desafios de uma nova era pautada pela aceleração das mudanças. Buscando prevenir um

---

27 Gustave Le Bon. *Psicologia das Multidões*. São Paulo: Martins Fontes, 2008, p. 20-21.
28 Ricardo D. Salvatore *et al* (ed.). *Crime and Punishment in Latin America*. Durham: Duke University Press, 2001; Frank Dikötter & Ian Brown (ed.). *Cultures of confinement*: a history of the prison in Africa, Asia, and Latin America. Nova York: Cornell University Press, 2007.
29 Barry Godfrey & Graeme Dunstall, *op. cit.*, p. 1-6.
30 Lyman L. Johnson (ed.). *The problem of order in changing societies*: essays on crime and policing in Argentina and Uruguay, 1750-1940. Albuquerque: University of New Mexico Press, 1990, p. XI-XII.

colapso nas relações de dominação, elas adotaram padrões de policiamento que possibilitavam intervir na vida social controlando multidões, identificando indivíduos perigosos à ordem vigente e estabelecendo um regime de verdade, isto é, modos de agir, pensar e viver.

O historiador C. A. Bayly, entre outros, sugere olhar para as transformações globais como fenômenos interligados, que afetaram a forma das pessoas viverem em sociedade.[31] Para captar esse processo é preciso ir além do espaço local e enxergar movimentos, conexões e trocas, ampliando o olhar do historiador, alargando fronteiras e sugerindo caminhos para se pensar na modernização da polícia em São Paulo sob uma ótica transnacional, mas sem perder de vista a força das realidades historicamente situadas. Nos últimos anos, historiadores de diversas nacionalidades têm discutido a elaboração de uma história voltada para a compreensão de processos, fluxos e conexões que ultrapassam as fronteiras nacionais. Um dos seus expoentes, Akira Iriye, professor de história em Harvard, defende que a circulação de bens, capital e mesmo de ideias deve ser observada mais como um fenômeno transnacional do que propriamente internacional. Em outras palavras, o fluxo de bens e ideias colocou em contato, direta ou indiretamente, indivíduos e grupos sociais de diferentes partes do mundo, alimentando transformações culturais importantes que mudaram modos de pensar, agir e sentir simultaneamente em diversos países.[32]

De maneira geral, os estudos transnacionais estão associados a esse fluxo, característico daquilo que se convencionou chamar de modernidade. As historiadoras australianas Ann Curthoys e Marilyn Lake definem a história transnacional como um estudo dedicado à compreensão da forma como eventos e vidas passadas foram moldados por processos que transcendem fronteiras políticas e geográficas. Para elas, a compreensão histórica requer um movimento para além das fronteiras sedimentadas pelas histórias nacionais, explorando conexões entre pessoas, ideias e eventos normalmente

---

31   C. A. Bayly. *The birth of the modern world, 1780-1914*. Malden, MA: Blackwell, 2005, p. 1-21.
32   Akira Iriye. "Internationalizing International History". In: Thomas Bender (ed.). *Rethinking American History in a global age*. Berkeley: University of California Press, 2002, p. 47-62.

pensados de forma distinta e separados.³³ Respondendo a esse chamamento, um grupo de 350 acadêmicos de 25 países colaborou na edição do *Palgrave Dictionary of Transnational History*. Nele, a polícia aparece como uma das instituições fundamentais do mundo moderno, através da qual o Estado atuou sobre o espaço público para dirigir e controlar as pessoas. Criada na França absolutista, mas reformada no século XIX a fim de ordenar uma sociedade que vivia mudanças profundas, a polícia foi ocupando espaços até tornar-se parte da vida dos grandes centros urbanos, de Xangai a Buenos Aires.³⁴

O presente trabalho pretende estudar a consolidação em São Paulo de um aparato policial profissionalizado para controlar e vigiar o espaço público, das ruas centrais da metrópole até os rincões do estado, durante uma fase que chegou a ser chamada por alguns escritores de "civilização do delegado". Na maior parte do texto, buscamos mesclar análise com narrativa, reunindo experiências individuais e transformações estruturais, tentando responder a questão de quem é policiado, por quem, de que maneira e com que justificativa. A apresentação do texto está organizada em um conjunto de painéis que se sobrepõem para dar mais nitidez às relações tensas entre polícia e sociedade no interior de um projeto voltado para o progresso de São Paulo. O Capítulo 1 inicia examinando o contexto político que contribuiu para a criação de uma polícia profissionalizada e aparelhada em São Paulo. Discute a centralização política e o fortalecimento do seu aparato estatal, o perfil das elites, a nomeação dos chefes de polícia e o papel dela diante da instabilidade e das crises que marcaram as primeiras décadas da República.

O Capítulo 2 trata da mitificação da polícia e do combate ao banditismo rural, do estabelecimento da polícia de carreira no interior do estado, do jogo político na arena municipal e da vivência dos delegados num ambiente cercado de incertezas e assassinatos por encomenda, o que resultou no crescimento de um espírito de corpo entre eles. O Capítulo 3 entra no aspecto

---

33 Ann Curthoys & Marilyn Lake (ed.). *Connectes worlds*: history in transnational perspective. Canberra: The Australian National University Press, 2005, p. 4-6.

34 Akira Iriye & Pierre-Yves Saunier (ed.). *The Palgrave Dictionary of Transnational History*. Nova York: Palgrave, 2009, p. 837-839.

da organização urbana e da ordem social na cidade de São Paulo, aborda os conflitos entre nacionais e imigrantes, a violência policial, o aumento dos crimes, as prisões, o discurso das autoridades e o trabalho policial no cotidiano da população. Já o Capítulo 4 versa sobre o controle do mundo do trabalho, a criminalização da vadiagem e dos movimentos operários, e o impacto da grande imigração em São Paulo. Examina o combate ao anarquismo, os atentados contra chefes de Estado pelo globo e a reação das polícias implantando sistemas de identificação pessoal e acordos de cooperação internacionais.

O Capítulo 5 analisa a contratação de especialistas estrangeiros para instruir a polícia paulista e discute a atuação policial no processo de construção das representações que fazemos sobre crime e criminosos, atentando para o movimento contínuo de discursos e práticas que, ao serem incorporados, organizavam as relações sociais e consolidavam projetos políticos e futuros imaginados. O Capítulo 6 encerra com a Revolução de 1930 e a afirmação da polícia como um órgão essencial para estabilizar as relações entre grupos sociais conflitantes, estabelecendo padrões de ordem e coesão exigidos pela sociedade industrial.

POLÍCIA E MODERNIDADE

Entre 1870 e 1914, o número de ferrovias pelo mundo mais do que triplicou. Passageiros podiam viajar de Pequim a Yokohama e de lá até Nova York, Londres, Paris e Bruxelas, cruzar a Sibéria ou atravessar o continente africano, utilizando linhas ferroviárias, canais e navios a vapor. As ferrovias transcontinentais complementavam as rotas marítimas possibilitando o transporte de mercadorias e pessoas num tempo menor e a um custo acessível. A engenharia, o aço e a dinamite mudaram a face do mundo unindo pontos distantes do planeta.[35] Jornais, revistas e produtos até então exóticos se espalharam por todas essas linhas como artigos de consumo em massa. Entre 1880 e 1910, a produção de bananas cresceu de 30 mil para 1,8 milhões de toneladas; o ca-

---

35 Alexis Gregory. *The Golden Age of Travel, 1880-1939*. Londres: Cassell, 1998; Stephen R. Brown. *A most damnable invention*: dynamite, nitrates, and the making of the modern world. Nova York: St Martin's Press, 2005.

cau, de 60 mil para 227 mil toneladas e a borracha de 11 mil para 87 mil toneladas.[36] As relações de mercado que comandavam a economia mundial forjaram novas relações de produção na Ásia, América do Sul e África, multiplicando o número de profissionais ligados a estas transformações, como advogados, médicos e engenheiros treinados em escolas europeias ou que seguiam um mesmo corpo de conhecimento. O globo adquiriu assim uma natureza multifacetada e interligada, levando o revolucionário Leon Trotsky (1879-1940) – que nasceu no interior da Rússia e morreu no México – a formular sua teoria sobre desenvolvimento combinado e desigual.[37]

O telégrafo uniu esses pontos distantes. Antes da sua invenção, uma carta demorava de cinco a oito meses para ir da Índia até a Inglaterra. Mesmo depois que os navios a vapor se encarregaram do serviço postal, a correspondência demorava em média seis semanas para fazer o mesmo percurso. Com a instalação de uma linha telegráfica ligando Calcutá a Bombaim em 1854, as notícias passaram a chegar no mesmo dia. O telégrafo conectou os mercados aos centros financeiros, tornando as crises e os pânicos globais. Também foi um instrumento de poder, consolidando impérios e intensificando a supremacia da cultura europeia. Em 1892, havia 150 mil milhas de cabos submarinos ligando os quatro cantos do planeta. A noção de tempo, espaço e informação sofreu mudanças conjuntamente com as nações, os impérios e os indivíduos.[38]

Ao lado da circulação de informação, o público assistiu maravilhado à circulação de imagens, primeiro fotográficas, depois cinematográficas. A fotografia aproximou pessoas e lugares, estabeleceu identidades e povoou a imaginação popular. O cinema, como explicou Georges Méliès (1861-1938), possibilitou às pessoas viajar por lugares distantes sem sair da poltrona. Uma família francesa podia ver as paisagens da Índia, China, Rússia ou África em

---

36 Jeffry A. Frieden. *Global capitalism*: its fall and rise in twentieth century. Nova York: Norton, 2006, p. 22.

37 Leon Trotski. *A História da Revolução Russa*. Rio de Janeiro: Saga, 1967.

38 Daniel R. Headrick. *The tentacles of progress*: technology transfer in the age of imperialism, 1850-1940. Nova York: Oxford University Press, 1988, p. 97; Deep Kanta Lahiri Choudhury. *Telegraphic imperialism*: crisis and panic in the Indian Empire, c. 1830. Nova York: Palgrave, 2010, p. 1-8.

troca de um ingresso. Tudo podia ser filmado: cascatas, picos nevados, desertos e tribos nativas para serem exibidos a um público que se dava conta que o mundo lhe pertencia.[39] As inovações tecnológicas propiciaram o desabrochar de uma consciência global difundida por pessoas educadas nos grandes centros urbanos e econômicos. Entre eles havia historiadores que se correspondiam, organizavam congressos e refletiam sobre as mudanças globais na perspectiva do tempo.

O alemão Hans Helmolt (1865-1929) publicou em 1899 uma "História Mundial" em nove volumes, onde se lê que o mundo havia se tornado pequeno depois dos acordos internacionais de proteção intelectual, postagem, moeda e fuso horário. Helmolt argumentava que as necessidades comerciais exigiam horários, medidas, contratos e moedas coordenados em nível global; logo, não havia mais partes do globo isoladas.[40] Missões científicas, conferências internacionais, trocas de programas, projetos e revistas especializadas aproximaram escritores, acadêmicos e cientistas. O século XIX assistiu à emergência de um corpo híbrido de discursos conectados por uma elite transcultural que, na maioria das vezes, havia estudado na Europa. Essa elite representava um minúsculo pedaço de um gigantesco fluxo de pessoas que se deslocava pelas fronteiras políticas e geográficas.[41]

Calcula-se que pelo menos 50 milhões de pessoas deixaram a Europa rumo à América entre 1845 e 1914. A maior parte, 32 milhões, foi para os Estados Unidos, servindo de mão de obra nas ferrovias, minas e indústrias; quatro milhões vieram para o Brasil e outros seis milhões procuraram a Argentina. Três milhões de ingleses se dirigiram para a Austrália e a Nova Zelândia. Um milhão e meio de alemães partiram para a Rússia czarista em busca de trabalho e terra. Ao mesmo tempo, outros 48 milhões de chineses, indianos e russos migraram para a Manchúria e o Sudoeste Asiático. A China

---

39   Hannu Salmi. *Nineteenth-century Europe*: a cultural history. Cambridge, UK: Polity, 2010, p. 99.

40   Matthias Middell. "World Orders in World Histories before and after World War I". In: Sebastian Conrad & Dominic Sachsenmaier (ed.). *Competing visions of world order*: global moments and movements, 1880-1930s. Nova York: Palgrave, 2008, p. 103-107.

41   Akira Iriye & Pierre-Yves Saunier, *op. cit.*, p. 547-550.

viveu um grande êxodo: meio milhão de chineses seguiu para Cingapura; 250 mil trabalharam na extração de borracha na Malásia; 300 mil abriram estradas de ferro na América do Norte; 117 mil foram para o Peru substituir trabalhadores mortos numa epidemia; 64 mil tornaram-se mineiros na África do Sul; 42 mil desembarcaram na Austrália durante a corrida do ouro; enquanto Cuba importou mais de 138 mil chineses para trabalhar nos seus canaviais.[42]

O enorme contingente imigrante e de pessoas que abandonavam o campo rumo aos centros urbanos necessitava ser controlado. Na América Latina, o surgimento de polícias equipadas com tecnologias modernas de vigilância, identificação e comunicação iguais às adotadas na Europa acompanhou o ritmo do desenvolvimento atrelado à exportação de matérias-primas para as nações industrializadas. Regimes tão diversos quanto os do México, Argentina, Brasil e Peru investiram na criação de polícias modernas e deram a elas uma posição central na burocracia estatal. A polícia recebeu a missão de erguer as fronteiras da ordem – cada vez mais fluidas – e, ao mesmo tempo, difundir novos hábitos entre a população.[43]

A modernização e a implantação efetiva de um policiamento em São Paulo estão inseridas neste processo histórico mais amplo batizado por Karl Polanyi (1886-1964) de a "Grande Transformação", cuja origem estava na Revolução Industrial.[44] Na primeira metade do século XIX, a Inglaterra, principal centro industrial do mundo, viu-se obrigada a abrir o mercado para os grãos produzidos fora do país. Tal medida visava combater a inflação e manter o preço dos seus produtos competitivos, baixando o custo da alimentação e dos salários. Esta foi uma grande oportunidade para os proprietários de terra na América Latina se associarem ao mercado mundial e terem acesso aos seus bens. A Argentina foi

---

42 Eric R. Wolf. *Europe and the people without history*. Berkeley: University of California Press, 1997, cap. 12; Sebastian Conrad & Dominic Sachsenmaier, *op. cit.*, p. 10; Akira Iriye & Pierre-Yves Saunier (ed.), *op. cit.*, p. 205-208 e p. 322-323.

43 Carlos A. Aguirre & Robert Buffington (ed.). *Reconstructing criminality in Latin America*. Wilmington, DE: SR Books, 2000; Pablo Piccato. *City of suspects*: crime in Mexico City, 1900-1931. Durham: Duke University Press, 2001; Carlos Aguirre. *The Criminals of Lima and their worlds*: the prison experience, 1850-1935. Durham: Duke University Press, 2005.

44 Karl Polanyi. *A Grande Transformação*. Rio de Janeiro: Elsevier, 2000 [1944].

o exemplo mais bem-sucedido dessa integração. Graças à abundância de terra fértil, investimento estrangeiro e um mercado europeu generoso, o país alcançou uma posição econômica invejável. Exportando basicamente trigo e carne congelada e importando bens industrializados, o padrão de vida em Buenos Aires chegou a exceder o de algumas capitais europeias.[45]

O Brasil também encontrou uma oportunidade dentro do comércio mundial, mas com outro produto: o café. Da mesma forma que o chá, o cacau e o tabaco, o café passou a ser largamente consumido, transformando-se no principal elo entre os países produtores e a economia mundial.[46] O consumo de bebidas estimulantes estava intimamente associado à "Grande Transformação" pela qual passavam os países industrializados. Durante o processo de mudança nas relações de trabalho, a Inglaterra havia enfrentado um problema sério com o consumo de bebida alcoólica. A ingestão de gim alcançou proporções de epidemia, precisando ser combatida com o aumento de taxas, a regulamentação dos bares e a introdução de uma outra bebida formadora de hábito menos danosa: o chá.[47]

Os altos níveis de embriaguez e violência interpessoal haviam se tornado intoleráveis para as sociedades industrializadas, pois o trabalho de cada um dependia do comportamento previsível do outro, demandando sobriedade, atenção e regularidade. A Revolução Industrial e a sua concomitante revolução demográfica exigiram um comportamento mais ordeiro e disciplinado que o sistema econômico anterior, onde lavradores, artesãos e negociantes operavam com relativa liberdade e em um ritmo próprio.[48] Numa sociedade industrial, na qual o trabalho de um número crescente de pessoas precisava

---

45 Victor Bulmer-Thomas. *The Economic History of Latin America since Independence*. Nova York: Cambridge University Press, 2003; David Rock. *Politics in Argentina 1890-1930*: the rise and fall of radicalism. Nova York: Cambridge University Press, 2009.

46 William Roseberry et al (ed.). *coffee, society, and power in Latin America*. Baltimore: Johns Hopkins University Press, 1995.

47 Wolfgang Schivelbush. *Tastes of Paradise*: a social history of spices, stimulants and intoxicants. Nova York: Vintage Books, 1993, cap. 5; Jessica Warner. *Craze*: gin and debauchery in an Age of Reason. Nova York: Random House, 2003.

48 E. P. Thompson. "Tempo, disciplina de trabalho e o capitalismo industrial". In: *Costumes em Comum*: estudos sobre a cultura popular tradicional. São Paulo: Companhia das Letras, 2008, p. 267-304.

ser sincronizado, a teia de ações teria que se organizar de forma mais rigorosa e precisa. O indivíduo foi compelido a regular sua conduta de maneira mais uniforme e estável, assim o Estado foi convocado para disciplinar uma população que precisava se adequar aos novos meios de produção e sociabilidade. Da prática de esportes à punição dos delitos, a população teve que se adaptar a um comportamento dito civilizado.[49]

O café, como um produto estimulante e formador de hábito, encontrou nos países industrializados um amplo mercado consumidor, a ponto de se tornar um produto de consumo em massa. Seu potencial atraiu ricos investidores e, em 1882, Nova York criava sua bolsa de café, seguida por Le Havre, Hamburgo e Londres. A instalação de cabos telegráficos submarinos integrou definitivamente os mercados sul-americanos, norte-americanos e europeus. Nesse momento, o Brasil era responsável por 60% da produção mundial de café; cifra que se aproximou dos 90% em 1926.[50] O capital estrangeiro fluiu, trazendo novidades, bens de consumo e tecnologia, contribuindo para a modernização do país.

Os fazendeiros do Centro Oeste Paulista, capturados pelo ritmo intensivo da economia industrial, investiram seus lucros na construção de ferrovias e em máquinas para beneficiar café. Tal medida estimulou o emprego de mão de obra livre, pois acreditava-se que o trabalho escravo, cada vez mais difícil de ser adquirido, era incompatível com as máquinas. Para suprir os braços nos cafezais, os cafeicultores pressionaram o governo pedindo subsídios para atrair imigrantes. O trabalho livre, sujeito ao mercado, portanto mais barato e produtivo, desbancou o velho sistema escravista. A modernização dos meios de produção ajudou a converter o trabalho escravo numa instituição desmoralizada diante dos ideais europeus de civilização e progresso. Logo

---

49 Sobre o tema, vale ler Norbert Elias. *O processo civilizador*. Vol. II. Rio de Janeiro: Zahar, 1993, p. 196; J. Carter Wood. *Violence and Crime in Nineteenth-century England*: the shadow of our refinement. New York: Routledge, 2004; e Anna Vemer Andrzejewski. *Building power*: architecture and surveillance in Victorian America. Knoxville: The University of Tennessee Press, 2008.

50 Steven Topik & Mario Samper. "The Latin American coffee commodity chain: Brazil and Costa Rica". In: Steven Topik *et al* (ed.). *From silver to cocaine*: Latin America commodity chains and the building of world economy, 1500-2000. Durham: Duke University Press, 2006, p. 122 e 136.

a escravidão passou a significar uma excrescência no olhar daqueles que se incomodavam com a sensação de atraso do país.[51]

As transformações tecnológicas e culturais da segunda metade do oitocentos mudaram o modo das elites ilustradas enxergarem o país e a sua inserção no mundo. As questões nacionais começaram a ser debatidas calorosamente através de um arsenal de novas ideias retiradas do repertório liberal europeu. Gradualmente, o espaço público foi sendo ampliado, surgindo associações, clubes, livrarias e jornais. Os *meetings*, a política feita na rua, e a mobilização popular animaram os atores sociais a extravasar o desejo de mudança.[52] Cantando a *Marselhesa* em comícios, arautos do progresso como Silva Jardim (1860-91) denunciavam o regime monárquico como um entrave para o desenvolvimento da nação. Alimentados por teorias evolucionistas em voga na Europa, essa elite contestadora defendia a República como sendo o regime do mundo moderno e o único capaz de transformar o Brasil numa nação desenvolvida, sem abalar as bases da ordem social. Evolução, não revolução, era a palavra de ordem dos líderes republicanos.[53]

Para uma parcela considerável da opinião pública, a monarquia havia se transformado em um regime esclerosado, sem projeto, empurrado pelos acontecimentos. Revistas ilustradas publicavam caricaturas do imperador, sempre sonolento, sobre um caramujo, com os dizeres: "Aqui repousa o progresso social do Império".[54] O estado doentio de D. Pedro II agravava ainda mais a situação, pois retirava do sistema político o seu principal sustentáculo. Por fim, a inabilidade do regime em lidar com as reformas pedidas levou a uma crise política que culminou no golpe de 1889. No dia 15 de novembro, militares insatisfeitos, apoiados por um grupo de cafeicultores, depuseram

---

51   Emília Viotti da Costa. *Da Monarquia à República*. São Paulo: Editora Unesp, 2007, cap. 7.

52   Maria Teresa Chaves Mello. *A República Consentida*: cultura democrática e científica no final do Império. Rio de Janeiro: Editora FGV, 2007.

53   Maria Fernanda Lombardi Fernandes. *A esperança e o desencanto*: Silva Jardim e a República. São Paulo: Humanitas, 2008; Sérgio Buarque de Holanda (dir.). *História Geral da Civilização Brasileira*. Vol. 7; Do Império à República. Rio de Janeiro: Bertrand Brasil, 2005, p. 303.

54   Maria Teresa Chaves Mello, *op. cit.*, p. 128-129.

o imperador proclamando a República. Apesar do golpe não ter encontrado resistência, a situação se deteriorou rapidamente. Banqueiros e comerciantes, temendo um cenário de instabilidade, enviaram fortunas para o exterior, provocando um colapso na Bolsa de Valores do Rio de Janeiro.[55] A derrubada do regime monárquico acabou trazendo instabilidade, indefinição e, consequentemente, insegurança. O Brasil precisava de ordem e regras claras. Ciente disto, o Governo Provisório formou uma comissão para elaborar um projeto de Constituição. Houve pressa nos trabalhos. Boatos de golpes, rebeliões e surtos de febre amarela apressaram os constituintes.[56]

No dia 24 de fevereiro de 1891, a Assembleia Constituinte aprovou uma nova Constituição, garantindo a autonomia dos estados e a eleição direta para presidente da República. A medida beneficiava sobretudo os fazendeiros de café do Sudoeste, pois o sistema federalista assegurava-lhes não só o controle dos seus rendimentos, mas também dava condições a eles de usar o seu poder econômico para decidir os destinos da jovem República. A liberdade de expressão, a propriedade privada e o investimento financeiro foram constitucionalmente assegurados, enquanto se proibia terminantemente a intervenção do Estado nas relações trabalhistas com a finalidade de garantir uma mão de obra barata e sem custos.[57] O Congresso criava defesas para o livre mercado sem levar em conta a realidade do país, marcada por uma profunda desigualdade no campo social e econômico. A preocupação dos constituintes parecia ser unicamente a de garantir instituições que proporcionassem um desenvolvimento econômico subordinado ao mercado mundial, mesmo que ele alimentasse a disparidade entre ricos e miseráveis. Quanto a isso, o relator da Constituição, o sergipano Gumercindo Bessa (1859-1913), declarava:

---

55 John Schulz. *A crise financeira da Abolição*. São Paulo: Edusp, 1996, p. 82.

56 Agenor de Roure. *A Constituinte Republicana*. Rio de Janeiro: Imprensa Nacional, 1920.

57 O historiador Stephen Haber ressalta o cuidado dos republicanos em aprovar leis que garantissem a entrada de capital no país. Ver Stephen Haber. "Financial markets and industrial development: a comparative study of governmental regulation, financial innovation, and industrial structure in Brazil and Mexico, 1840-1930". In: Stephen Haber (ed.). *How Latin America fell behind*: essays on Economic Histories of Brazil and Mexico, 1800-1914. California: Stanford University Press, 1997, p. 146-178.

> Sei que o que choca dolorosamente o ânimo desses idealistas é o grande escândalo das desigualdades sociais. Mas essas desigualdades nem foi o Direito que as criou, nem cabe ao Direito o poder de destruí-las. (...) A grande riqueza de poucos, a profunda miséria da maioria, é resultante de uma lei natural, inelutável como a da gravitação. (...) O homem não pode ser coagido a praticar o bem; o Estado não pode suprimir a miséria. Pode e deve fundar asilos e hospitais, não pela direta motivação da caridade, mas por força da sua ação preventiva do desequilíbrio da ordem legal.[58]

Bessa fazia parte de uma intelectualidade que se alimentava de autores estrangeiros e era composta basicamente de bacharéis que dominavam a vida política, a administração pública, os fóruns e a imprensa. Longe de constituírem um grupo homogêneo, esses intelectuais tinham em comum a convicção de que as instituições brasileiras precisavam se adaptar às mudanças do mundo.[59] Somente uma reforma institucional seria capaz de converter uma população indigente numa nação harmoniosa, progressista e civilizada. Portanto, o que estava em jogo era a construção de uma nação de trabalhadores ordeiros, pacatos e sóbrios. Cidadãos moralizados pelas leis e pelo trabalho.[60] Por conta disso, o marechal Deodoro da Fonseca (1827-92), chefe do Governo Provisório, agiu com determinação, afirmando que "para assegurar a prosperidade e o prestígio das novas instituições, o principal dever da autoridade é executar a lei sem vacilação, e o do cidadão o de obedecer-lhe sem condição".[61]

Nada era tão importante naquele momento quanto a sinalização de que o país tinha comando. No Rio de Janeiro, a polícia agiu prontamente

---

58 Sílvio Romero. *Ensaio de Filosofia do Direito*. São Paulo: Landy, 2001 [1895], p. 124-125.

59 Lilia Moritz Schwarcz. *O espetáculo das raças*: cientistas, instituições e questão racial no Brasil, 1870-1930. São Paulo: Companhia das Letras, 2001; Ângela M. Alonso. *Ideias em movimento*: a geração 70 na crise do Brasil Império. Rio de Janeiro: Paz e Terra, 2002.

60 Iraci Galvão Salles. *República: a civilização dos excluídos*; representações do trabalhador nacional 1870-1919. Tese (doutorado) – Departamento de História da USP, São Paulo, 1995.

61 Mensagem dirigida ao Congresso Nacional pelo Generalíssimo Manoel Deodoro da Fonseca, chefe do governo provisório da República dos Estados Unidos do Brasil, em 15 de novembro de 1890. Rio de Janeiro: Imprensa Nacional, 1890, p. 9.

prendendo desocupados, deportando capoeiras e derrubando cortiços. A modernização da capital da República serviu de justificativa para o governo mover uma perseguição feroz contra a população pobre e indisciplinada da cidade.[62] Nestas ações transparecia a necessidade de mostrar autoridade e impor ordem. Desde os anos 1870, emergia no Rio de Janeiro uma massa urbana formada de escravos, libertos, imigrantes, soldados desmobilizados e pequenos infratores, chamados pelos jornais de "gente desclassificada". Essa multidão assolada pela carestia, a falta de moradia e as péssimas condições sanitárias se impunha através dos quebra-quebras. As revoltas populares explodiam e se dissipavam trazendo à tona conflitos sufocados por longo tempo.[63] O governo republicano tentava reprimir com vigor essas manifestações, ao mesmo tempo em que discutia formas de educar e inculcar valores cívicos na população. O ministro da Instrução Pública avaliava:

> Para fundar a República não basta proclamá-la e decretar a liberdade. É necessário criar o meio que a torne viável, e para esse fim procurar fazer penetrar em todas as camadas sociais as ideias justas e morais para que, bem compreendida a liberdade, possam subsistir as instituições republicanas.[64]

Contudo, os descrentes alertavam que a formação do cidadão era lenta e difícil. Não havia escolas ou professores suficientes no Brasil, não havia material nas escolas; além disso, o analfabetismo se impunha como um sério obstáculo ao seu aprimoramento.[65] Nesse contexto, os mais realistas defendiam que a verdadeira "reforma do povo" teria que vir da imposição de leis e normas carregadas de um imenso sentido simbólico. A modernização da

---

62 Sidney Chalhoub. *A guerra contra os cortiços*. Cidade do Rio, 1850-1906. Campinas: Editora da Unicamp, 1999.

63 Ronaldo P. de Jesus. *Visões da Monarquia*: escravos, operários e abolicionismo na Corte. Belo Horizonte: Argumentum, 2009, p. 123-138.

64 Relatório apresentado ao Presidente da República dos Estados Unidos do Brasil pelo Dr. João Barbalho Uchoa Cavalcanti, Ministro de Estado dos Negócios de Instrução Pública, Correios e Telegraphos, em maio de 1891. Rio de Janeiro: Imprensa Nacional, 1891, p. 4.

65 Ângela de Castro Gomes, *op. cit.*, p. 85-105.

sociedade brasileira não se faria somente nas salas de aula, mas no dia a dia do cidadão, através de um código de leis. Por conta disso, coube à polícia o papel de auxiliar na reforma dos costumes, sem a qual o país não atingiria o tão almejado progresso; um progresso desigual e dissociado da melhoria das condições de vida das pessoas comuns.

Há tempos vinham sendo implementadas mudanças nas instituições penais e policiais, porém a República deu uma maior velocidade às reformas. "Cumpria acompanhar o progresso que segue rápido e não espera por ninguém", escrevia o Visconde de Taunay (1843-99).[66] O desejo em transformar a capital da República em um cartão postal aos olhos estrangeiros levou as autoridades a investirem no policiamento do Rio de Janeiro. Era preciso apagar os sinais de atraso e reconstruir a cidade mais importante do país. A jovem República pretendia fazer do seu principal porto uma porta de entrada da nação. Os velhos obstáculos que se colocavam à frente do progresso foram devassados pelos planos urbanistas e médico-sanitários. A polícia ocupou uma posição destacada dentro do projeto modernizador republicano, controlando o uso do espaço público, impondo regras de conduta e reprimindo toda e qualquer manifestação contrária à ordem.[67]

A polícia do Rio de Janeiro foi alvo de reformas continuadas com o objetivo de fazer dela um instrumento efetivo de uma ordem estabilizadora. São Paulo não ficou atrás do Rio de Janeiro. No espaço de duas décadas, o aparelho policial paulista foi convertido em uma instituição modelar. Investindo em uma polícia moderna e equipada, as elites paulistas pretendiam erguer as fronteiras da ordem e impor um "choque de civilização" nos milhares de imigrantes e pessoas desenraizadas que fugiam da miséria e se amontoavam nos seus centros urbanos, tornando-se operários, sapateiros, tipógrafos, carroceiros, carregadores, pedreiros, ferroviários, empregados domésticos, vendedores de jornal, biscateiros e até mesmo policiais.[68]

---

66 Visconde de Taunay. *O Encilhamento*. São Paulo: Melhoramentos, 1930, p. 27.
67 Marcos Luiz Bretas, *op. cit.*, p. 49-57.
68 Ver Ana Montoia. "O ideal de cidade: a reforma dos costumes e a gênese do cidadão em São Paulo no século XIX". In: Paula Porta (org.). *História da cidade de São Paulo*. Vol. 2. São Paulo: Paz e Terra, 2004, p. 153-185.

1
POLÍCIA E POLÍTICA

> *"Cada vez mais se confirma que o atual regime fornece ao estado os mais amplos e eficazes elementos de felicidade e riqueza, em pleno gozo de uma esplendida civilização, desde que a sua atividade se desenvolva pacificamente, livre de agitações e abalos que perturbem o seu andamento."*
>
> Bernardino de Campos[1]

COM ESTAS PALAVRAS, Bernardino de Campos (1841-1915) externava sua convicção na manutenção da ordem como condição essencial do progresso e da civilização. Uma ordem imposta de cima para baixo, preservando-se a antiga estrutura social baseada no monopólio dos instrumentos de poder e riqueza. Os indivíduos mais ricos e poderosos de São Paulo haviam acumulado fortunas com a agricultura e o comércio, procurando proteger seus investimentos e patrimônio através da política. Eleito governador de São Paulo em 1892, Bernardino ressaltava que São Paulo tinha agora uma "organização policial forte", que "se aperfeiçoava diariamente" para garantir a tranquilidade pública e o desenvolvimento econômico.[2]

---

1 Mensagem apresentada ao Congresso de S. Paulo, a 7 de Abril de 1893, pelo Dr. Bernardino de Campos, Presidente do Estado. São Paulo: Typ. do Diário Official, 1916, p. 20.

2 *Ibidem*, p. 41.

O governador sabia que o regime anterior fora marcado por um policiamento deficiente, alvo de críticas e reclamações por parte daqueles que se sentiam inseguros diante das mudanças que ocorriam na sociedade. As transformações econômicas e sociais ocorridas ainda durante o Império haviam levado fazendeiros e parte dos habitantes das cidades a apoiarem-se cada vez mais no Estado para controlar uma população que crescia ano a ano. Num momento específico da nossa história, em que o regime escravista se desarticulava e promovia-se uma imigração em massa para atender a necessidade de mão de obra, a polícia despontava como uma mediadora importante dessa integração conflituosa entre a modernização desejada e a manutenção das relações de poder que garantiam as hierarquias sociais.

De fato, a sociedade paulista passou a conviver com uma força policial permanente e estável somente a partir das décadas finais do Império, o que não significa que ela fosse completamente despoliciada. Havia, desde o período colonial, quadrilheiros e inspetores de quarteirão escolhidos por juízes locais que tinham poder para convocar milícias ou uma guarnição do exército para salvaguardar a ordem. O caráter pessoal paternalista das relações sociais e o convívio orgânico próprio dos pequenos perímetros urbanos retardaram o processo de institucionalização da polícia em São Paulo até chegarem levas de imigrantes para atender a economia cafeeira, disputando espaço com os milhares de ex-escravos e pessoas pobres que improvisavam estratégias de sobrevivência nas franjas da sociedade.[3]

A FORMAÇÃO DA POLÍCIA NO BRASIL

Quando a Independência foi formalizada em 1822, a polícia estava ausente do cotidiano das pessoas em grande parte do território brasileiro. À exceção da Corte no Rio de Janeiro, que possuía uma Intendência Geral de Polícia,

---

3   Maria Odila Leite da Silva Dias. *Quotidiano e poder em São Paulo no século XIX*. São Paulo: Brasiliense, 1995; Lílian Lisboa Miranda. *Gentes de baixa esfera em São Paulo*: quotidiano e violência no Setecentos. Dissertação (mestrado em História Social) – FFLCH-USP, São Paulo, 1997. Denise A. Soares de Moura. *Sociedade movediça*: economia, cultura e relações sociais em São Paulo, 1808-1850. São Paulo: Editora Unesp, 2007.

criada por D. João VI em 1808, as cidades e vilarejos careciam de qualquer força policial. A Intendência de Polícia era uma cópia do *Lieutenant-Général de Police* de Paris, instituído por Luís XIV em 1667. Com a transferência da família real para o Brasil, o rei achou por bem instalar aqui uma instituição que servia a Coroa portuguesa há quase meio século. Cabia ao Intendente de Polícia transformar o Rio de Janeiro em um lugar digno da Corte portuguesa. Seu poder era praticamente ilimitado e a sua vontade só era freada pela vontade do rei. Estava em suas mãos desde o abastecimento da cidade até as obras públicas e da limpeza e iluminação das ruas até a internação dos mendigos. Na visão dos teóricos iluministas, a polícia era um órgão essencial da administração da cidade, para atender o desenvolvimento econômico e de tudo que estava relacionado com o bem-estar geral.[4]

A polícia de Paris serviu de modelo para as cortes europeias, a começar por São Petersburgo (1718), depois Berlim (1742), Viena (1751), Nápoles (1779) e Madri (1782).[5] Em 1760, um alvará do rei português criou a Intendência Geral de Polícia, com o propósito declarado de implantar a "boa ordem" em Lisboa.[6] A criação de intendências de polícia nas principais cortes europeias estava ligada ao que Foucault chamou de *governamentalidade*, uma mudança na forma dos governantes lidarem com os problemas de abastecimento, moradia e concentração urbana, ou seja, um conjunto de procedimentos que teve como alvo principal a população. Por *governamentalidade*, Foucault entendia um processo, uma linha de força pela qual o Estado medieval converteu-se em um Estado administrativo a partir do século XVIII. O sociólogo alemão Norbert Elias (1897-1990) descreve este mesmo processo, no qual o Estado passou a

---

4   Thomas H. Holloway, *op. cit.*, p. 46-51; George S. Rigakos *et al* (ed.). *A General Police System*: political economy and security in the Age of Enlightenment. Ottawa: Red Quill Books, 2009, p. 1-28.

5   David Bayley. *Padrões de policiamento*. São Paulo: Edusp, 2001, p. 51; Clive Emsley, *op. cit.*, 2007, p. 64; Catherine Denys *et al* (dir.). *Réformer la Police*: les mémoires policiers en Europe au XVIIIe siècle. Rennes: Presses Universitaires de Rennes, 2009.

6   João Mendes de Almeida Júnior. *O Processo Criminal Brasileiro*. Rio de Janeiro: Batista de Souza, 1920, p. 157; Flávio Borda d'Água. *Catástrofe e ordem pública*: o terremoto de 1755 e a criação da Intendência Geral de Polícia da Corte e do Reino. Disponível em: <http://unige.academia.edu/FlavioBordadAgua>. Acesso em: 7 de jun. 2011.

operar um controle maior sobre a vida dos indivíduos – cobrando taxas, reprimindo a violência privada, administrando a justiça e punindo os infratores exemplarmente – de outro modo. Para Elias, a complexidade crescente nas relações econômicas e de processos cada vez mais intensos de diferenciação funcional culminaram na formação do Estado absolutista. Toda essa reorganização de relacionamentos humanos se fez acompanhar de mudanças igualmente intensas nos hábitos e na estrutura da personalidade das pessoas, cujo resultado foi o estabelecimento de normas de conduta e sentimentos tidos como "civilizados". Esse foi um processo de longa duração que Elias chamou de *processo civilizador*, através do qual operou-se uma centralização dos poderes coercitivos dos Estados que permitiu a concentração de capital e o surgimento de uma economia de mercado.[7]

No Brasil, a abertura dos portos em 1808 integrou a antiga colônia em um novo sistema econômico internacional que tinha na Inglaterra seu centro vital. O aprofundamento do processo de independência, por sua vez, intensificou a reforma das instituições herdadas do período colonial para consolidar o novo arranjo de poder. O predomínio de uma classe de proprietários, cujos interesses se identificavam com as necessidades do Estado, foi decisivo para a manutenção da unidade nacional e do sistema escravista no Brasil, embora não houvesse consenso sobre qual seria o arranjo institucional mais conveniente para os vários grupos dominantes. Após a abdicação de D. Pedro I, prevaleceu o fortalecimento dos poderes locais, deixando a cargo das províncias o policiamento da população. Em 1831, a questão é abraçada pelo ministro da justiça Diogo Feijó (1784-1843), que alertava sobre a necessidade de uma organização policial por todo o país para debelar os motins e o sentimento de anarquia que ameaçavam a unidade do território nacional.[8]

Examinando documentos de arquivo, Ivan de Andrade Vellasco chegou à conclusão de que na maior parte do território nacional, à exceção da Corte e de algumas poucas capitais de província, parece ter existido uma sociedade

---

7   Michel Foucault. *Estratégia, Poder-Saber*. org. Manoel Barros da Motta. Rio de Janeiro: Forense Universitária, 2003, p. 281-305; Nobert Elias. *O Processo Civilizador*. Rio de Janeiro: Zahar, 1993.

8   Relatório do Exmo. Ministro da Justiça Diogo Antônio Feijó, ano de 1831, p. 5.

sem policiamento ou, pelo menos, muito pouco policiada.⁹ Com o aprofundamento do processo de independência no período da Regência, foram instituídas várias forças para defender a ordem nas províncias, como a Guarda Nacional, as Guardas Municipais e os Corpos Policiais Permanentes, além de um Código de Processo Penal que procurava fortalecer os poderes locais. O Código concentrava o poder de polícia nas mãos dos juízes de paz. O juiz de paz era uma pessoa na maioria das vezes sem formação bacharelesca, eleito nas localidades e que acumulava amplos poderes para prender, formar culpa e nomear inspetores de quarteirão. Na prática, o juiz de paz era uma extensão do poder de potentados locais, arbitrando disputas e exercendo uma forma de paternalismo sobre as classes inferiores que se apoiava em uma rede de dependências. Os críticos deste sistema alegavam que o juizado de paz trazia um ingrediente de instabilidade preocupante, pois ao invés de aplacar as tensões locais, ele acirrava as disputas políticas. De qualquer modo, o Período Regencial sofreu uma série de rebeliões que aproximaram liberais e conservadores em torno da necessidade de avançar no processo de centralização da máquina administrativa e do fortalecimento das instituições.¹⁰

Em 1841, o Conselho de Estado foi restabelecido e o Código de Processo Criminal, modificado, retirando os poderes dados aos juízes de paz e colocando-os nas mãos de delegados de polícia indicados pelo governo central. Todo o aparelho administrativo e judiciário voltou à esfera do governo central. Cada capital de província passou a ter um chefe de polícia nomeado pelo imperador. Na prática, as nomeações partiam do ministro da Justiça, que escolhia os chefes de polícia entre juízes, costumeiramente de fora da província. Cabia ao chefe de polícia nomear e fiscalizar os delegados, que tinham poder para dar buscas, prender, investigar, pronunciar e conceder fiança. Além disso, os

---

9   Ivan de Andrade Vellasco. "Policiais, pedestres e inspetores de quarteirão: algumas questões sobre as vicissitudes do policiamento na província de Minas Gerais (1831-50)". In: José Murilo de Carvalho (org.). *Nação e cidadania no Império*: novos horizontes. Rio de Janeiro: Civilização Brasileira, 2007, p. 239-265.

10 Thomas Flory. *El juez de paz y el jurado en el Brasil imperial*. México D.F.: Fondo de Cultura Economica, 1986, p. 168-169.

delegados nomeavam escrivães, subdelegados, inspetores de quarteirão e organizavam a lista dos jurados.[11] O posto de delegado não exigia diploma, não recebia remuneração e a sua rotatividade era extremamente alta. Em praticamente todos os relatórios dos chefes de polícia de São Paulo a queixa era a mesma: o cargo de delegado era difícil e espinhoso, sendo evitado por pessoas de melhor condição social. "Os cargos policiais não são ambicionados por cidadãos honestos. Há muita dificuldade em conseguir que homens respeitáveis e independentes aceitem e exerçam tais cargos", lamentava o chefe de polícia Sebastião José Pereira em 1871.[12]

A centralização política, conhecida na historiografia como Regresso, criou uma estrutura efetiva de polícia, centralizada e coesa, sob controle de um chefe de polícia em cada província.[13] Políticos que perdiam com o esvaziamento da autonomia provincial reagiram contra a sua criação. O senador liberal José de Alencar (1829-77) denunciou em plenário: "quem quer a centralização (...) são os que aspiram aos postos e a governança, porque querem ter bastante clientela e muitos pretendentes que deles dependam para conseguirem empregos".[14] Nas palavras de Tavares Bastos (1839-75), montava-se uma máquina que ia do imperador ao inspetor de quarteirão, privilegiando aqueles que desfrutavam de contatos na Corte.[15]

Ainda assim, a polícia estava longe de ser uma burocracia moderna no sentido weberiano.[16] As nomeações e promoções eram feitas na base do

---

11   José Antônio Pimenta Bueno, *op. cit.*, p. 24; Aparecida Sales Linares Botani. *Justiça e Polícia na Administração Provincial*. Manuscrito sem notas tipográficas. 285 p. (Apesp).

12   Relatório da Repartição de Polícia da Província de São Paulo, 1871. São Paulo: Typographia Americana, 1872, p. 16.

13   Ivan de Andrade Vellasco. *As seduções da ordem*: violência, criminalidade e administração da justiça. Minas Gerais, século 19. Bauru: Edusc, 2004, p. 133-147.

14   Miriam Dolhnikoff. *O Pacto Imperial*: origens do federalismo no Brasil. São Paulo: Globo, 2005, p. 142.

15   Tavares Bastos. *A Província*: estudo sobre a descentralização no Brazil. São Paulo: Companhia Editora Nacional, 1937 [1870], p. 159.

16   Max Weber. *Ensaios de Sociologia*. Rio de Janeiro: LTC, 2002, p. 138-170; Fernando Luiz Abrucio; Paula Pedroti; Marcos Vinicius Pó. "A formação da burocracia brasileira: a trajetória e o significado das reformas administrativas". In: Maria Rita Loureiro *et al* (org.). *Burocracia e política no brasil*: desafios para a ordem democrática no século XXI. Rio de Janeiro: Editora FGV, 2011, p. 27-71.

apadrinhamento, inexistindo qualquer sistema de avaliação ou mérito. A distribuição de empregos públicos garantia apoio político e prestígio social, não criando impedimento algum ao nepotismo. Fazendeiros e políticos monopolizavam as nomeações, consolidando seu domínio sobre o restante da população. Ter um padrinho bem posicionado ou pertencer a uma família de prestígio garantia acesso ao cargo de chefe de polícia, servindo de degrau para se atingir posições de maior relevo, como presidente de província, um assento nos tribunais superiores ou até mesmo um ministério.[17] Na visão de Emília Viotti da Costa, a burocracia imperial, da qual a polícia e o judiciário eram parte integrante, serviu sobretudo para reforçar o sistema de clientela e perpetuar o poder das elites senhoriais.[18]

O Código de Processo Penal de 1841 estabeleceu que os delegados ficariam incumbidos de auxiliar a justiça, apurando crimes e elaborando inquéritos. Por outro lado, o policiamento preventivo continuaria sendo objeto da província, que respondia pelas forças locais para garantir a manutenção da ordem e auxiliar os delegados de polícia. Esse arranjo esbarrou na falta de recursos crônica em que vivia a maior parte das províncias. São Paulo tinha uma *gendarmerie* ostensiva, ainda que pouco numerosa, que recebeu o nome de Corpo Policial Permanente. Criada para servir de contraponto à Guarda Nacional, como forma de garantir um corpo militar que pudesse confrontar as milícias locais, o seu contingente era pequeno, mal pago e composto de pessoas indisciplinadas, de físico mirrado, saúde fragilizada e cor amorenada, descreve André Rosemberg. Por conta da falta de recursos, quase tudo nela era precário, dos recrutas ao equipamento.[19]

---

17 José Murilo de Carvalho. *A construção da ordem:* a elite política imperial. Brasília: Unb, 1980. O relatório do ministro da Justiça de 1873 traz, em seus anexos, uma tabela com nomes de todos os juízes, desembargadores e chefes de polícia do país. Esse quadro permite visualizar um interessante painel da burocracia encarregada de prover a ordem no Brasil.

18 Emília Viotti da Costa, *op. cit.*, p. 250-253.

19 André Rosemberg, *op. cit.*, p. 201. Seu contingente, segundo Rosemberg, variou de 400 a 1500 homens entre 1870 e 1889, torndo-se a "materialização do poder e da presença do Estado nas regiões mais remotas da província". Ver André Rosemberg. "Significados do militarismo na Força Pública de São Paulo (1870-1924)". Paper apresentado no *XXVI Simpósio Nacional de História*, 2011.

A precariedade da ação policial aparece repetidamente nos relatórios. Em um deles, datado de 1875, o ministro da Justiça dá a saber:

> Mencionar a insuficiência de força como uma das causas, senão a principal, dos resultados negativos da polícia, é reproduzir o que a evidência demonstra a cada instante e por toda a parte. As províncias não têm recursos para prover esta necessidade; e são constantes as requisições de forças de linha, que nem sempre o governo pode satisfazer. É manifestamente exíguo o auxílio dos cofres gerais. (...) A força pública disponível é diminuta, mal remunerada, inapta para a sua especialidade, e portanto falecem os meios de execução, sem os quais se inutilizam os esforços das autoridades, e tornam-se infrutíferas as diligências.[20]

São Paulo, ao que tudo indica, fazia parte desse quadro. Em 1870, a delegacia da capital contava com um único delegado, um professor da Faculdade de Direito (que se apegou ao cargo e nele permaneceu por quase 30 anos), além de um secretário e quatro amanuenses. Quando um deles adoecia, atrasava-se todo o serviço. Havia, segundo o relatório de 1871, 744 processos pendentes na delegacia.[21] Para dar conta do serviço, aumentando o número de delegados ou serventes, o chefe de polícia precisava recorrer ao ministro da Justiça, visto que a delegacia de São Paulo estava classificada, em termos de recursos, abaixo de Bahia, Pernambuco, Minas Gerais, Rio Grande do Sul e Maranhão, equiparada apenas à da província da Paraíba do Norte.[22] As verbas

---

20 Relatório apresentado à Assembleia Geral Legislativa na primeira sessão da décima sexta legislatura pelo Ministro e Secretário de Estado dos Negócios da Justiça Conselheiro Diogo Velho Cavalcanti de Albuquerque. Rio de Janeiro: Instituto Typographico do Direito, 1877, p. 34.

21 Relatório da Repartição da Polícia da província de S. Paulo apresentado pelo chefe de polícia Sebastião José Pereira em 7 de janeiro de 1871. São Paulo: Typographia Americana, 1871, p. 21. Sobre o delegado de São Paulo, o Conselheiro Francisco Maria de Souza Furtado de Mendonça (1812-90), ver Geraldo Cardoso de Mello. "Conselheiro Furtado". *Investigações*, nº 28, abr. 1951, p. 103-106; Maria Cristina Cortez Wissenbach. *Sonhos africanos, vivências ladinas: escravos e forros em São Paulo (1850-80)*. São Paulo: Hucitec, 1998, p. 43.

22 Relatório apresentado ao Ilmº e Exº Snr. Dr. Sebastião José Pereira presidente da província de São Paulo pelo chefe de polícia bacharel Elias Antonio Pacheco Chaves aos 25 de janeiro de 1877. São Paulo: Typ. Jorge Seckler, 1877, p. 43; Relatório apresentado ao Ilmº e Exmº Snr. Dr. João Batista Pereira

dependiam da Corte, motivando queixas que reforçavam a propaganda republicana. Em 1875, o *Correio Paulistano* criticava numa nota ácida o tratamento dispensado a São Paulo:

> Tratem os capitalistas de aferrolhar seus cofres. O governo imperial que há bem pouco decidiu-se auxiliar a manutenção das forças policiais das províncias, eliminou entretanto o número de auxiliares da força policial deste querido S. Paulo. Porquê?
> A razão é obvia: porque a província tem rios de dinheiro e não precisa de favores, ou então não precisa de polícia."[23]

O protesto acontecia no momento em que São Paulo, sede de uma província em acelerada expansão econômica, tentava implantar um policiamento preventivo na cidade. Para esse fim, foi criado em 1875 o corpo de Urbanos. Pensou-se até no uniforme dos seus praças: uma túnica simples de cor escura, discreta, com botões prateados. Caberia a eles prevenir os crimes e fazer valer as normas dispostas nos códigos municipais. O seu regulamento revela posturas inspiradas na polícia londrina, tratando do aspecto e do comportamento dos seus recrutas. Fica bastante evidente o desejo de se montar uma polícia compatível com as novas demandas do progresso, porém não havia dinheiro para mantê-los. O seu contingente era pequeno e mal pago; faltava-lhes tudo, até calçados.[24] Num relatório, o comandante da guarda comentou que as pessoas mais instruídas estavam empregadas nas ferrovias ou em trabalhos melhor remunerados e só os excluídos iam para as suas fileiras.[25]

A partir da década de 1870, os jornais passaram a noticiar roubos e furtos quase que diariamente. Destacavam que os delinquentes eram, na maioria

---

presidente da província de S. Paulo pelo chefe de polícia Joaquim de Toledo Piza e Almeida. São Paulo, 10 de novembro de 1878. Santos: Typ. do Diário de Santos, 1879, p. 23.

23 *Correio Paulistano*, 7 de novembro de 1875.

24 André Rosemberg, *op. cit.*, p. 46-49; Heloisa Rodrigues Fernandes. *Política e segurança*. Força Pública do Estado de São Paulo: fundamentos histórico-sociais. São Paulo: Alfa-Omega, 1973, p. 101-102.

25 Heloisa Rodrigues Fernandes, *op. cit*, p. 117.

dos casos, de fora da província.[26] Em 1879, o novo chefe de polícia, pressionado pela opinião pública, recomenda o desmembramento da delegacia da capital em dois distritos para atender às reclamações da população.[27] O que acabou sendo feito, mas sem uma melhora nas condições de trabalho. O chefe de polícia interino, Salvador Antonio Moniz Barreto de Aragão, queixava-se que a quantia enviada pela Corte destinada à compra de papel, tinta, pena e livros não dava para cobrir um semestre de expediente e se não fosse o auxílio da província, o trabalho ficaria paralisado.[28] O chefe de polícia Manuel Juvenal Rodrigues da Silva, em seu relatório do ano de 1886, reclamava que as delegacias ficavam em prédios "sem asseio nem decência", afastados e próximos a estábulos malcheirosos. Ele dizia que era obrigado a trabalhar ouvindo o grito dos ébrios e loucos trancafiados na cadeia, abaixo da sua sala.[29] Num desabafo, o chefe de polícia escreveu:

> Faltam à polícia todos os meios de ação e repressão. A força pública, de que pode a polícia dispor, é tão diminuta, que conviria antes não dar-lhe nenhuma; porque assim todos os cidadãos procurariam defender-se como pudessem, sem esperarem por um auxílio ou socorro, que a polícia não lhes pode dar, por falta de meios avarentamente recusados pelos poderes competentes.[30]

---

26 *A Província de São Paulo*, 27 de janeiro de 1876; 10 de junho de 1877; 3 de julho de 1877; 14 de julho de 1877; 27 de março de 1878; *Correio Paulistano*, 3 de março de 1876; 8 de junho de 1877; 17 de julho de 1877; 24 de outubro de 1877; 22 de outubro de 1878.

27 Relatório apresentado ao Ilustríssimo e Excelentíssimo Senhor Doutor Laurindo Abelardo de Brito presidente da província de S. Paulo pelo chefe de polícia João Augusto de Pádua Fleury. S. Paulo, 10 de dezembro de 1879. Santos: Typ. do Diário de Santos, 1879, p. 46.

28 Relatório apresentado ao Ilm. e Exm. Snr. Dr. Francisco de P. Rodrigues Alves presidente da província de São Paulo pelo chefe de polícia interino Salvador Antonio Moniz Barreto de Aragão. São Paulo, 31 de dezembro de 1887, p. 33.

29 Relatório apresentado ao Ilm. e Exm. Snr. Barão de Parnahyba presidente da província de São Paulo pelo chefe de polícia interino Luís Lopes Baptista dos Anjos Junior. São Paulo: Typographia Jorge Seckler & C., 1887, p. 35.

30 *Ibidem*, p. 4.

A expansão da produção cafeeira impulsionou as transformações na província. Milhares de famílias atraídas da Europa para trabalhar nas fazendas de café desembarcavam no porto de Santos, trazendo novos hábitos, sonhos e muitas incertezas. Essa mudança colocava em xeque o tipo de controle social construído durante o Império, pensado para uma sociedade escravocrata, onde o senhor vigiava os seus escravos e escravos vigiavam escravos – que moravam no território do senhor, portanto, sob sua vista. A relação entre senhor e escravo era constantemente negociada, trocando-se privilégios por fidelidade, trabalho por renda. Todo o controle social se dava em torno da relação senhor-escravo, onde o lugar de cada um na sociedade era determinado pelo nascimento, posse de bens, cargos, assim como laços de compadrio e proteção com os demais membros do seu círculo social. Preservar a estabilidade daquele mundo hierarquizado tornou-se uma obsessão para as classes dominantes, diante do aumento do número de forros e da chegada de gente livre em busca de meios de sobrevivência e até de fortuna.[31]

A POLÍCIA REPUBLICANA

Com a República e a implantação do sistema federalista, a polícia foi descentralizada, tornando-se um órgão dos governadores dos estados. Foi adotado, em regra, o princípio da livre nomeação de delegados e chefes de polícia pelos governadores. Em São Paulo, Bernardino, presidente em exercício do Partido Republicano Paulista, foi nomeado chefe de polícia logo após o golpe. Bernardino de Campos criou cinco delegacias em São Paulo; uma para cada distrito da capital: Norte da Sé, Sul da Sé, Santa Ifigênia, Consolação e Brás. E dotou-as de pessoal. Seu primeiro e mais urgente ato foi aumentar o número de policiais na cidade e nomear delegados por todo o estado.[32]

---

31 Alzira Lobo de Arruda Campos. "População e sociedade em São Paulo no século XIX". In: Paula Porta (org.), *op. cit.*, vol. 2, p. 55; Cacilda Machado. *A trama das vontades*: negros, pardos e brancos na construção da hierarquia social do Brasil escravista. Rio de Janeiro: Apicuri, 2008.

32 Norberto de Castro. *Organização policial do estado de São Paulo*. São Paulo: Sociedade Imprensa Paulista, 1929, p. 63-64; Hermes Vieira & Oswaldo Silva, *op. cit.*, p. 183-187; Cândido Motta Filho. *Uma grande vida*: biografia de Bernardino de Campos. São Paulo: Companhia Editora Nacional, 1941, p. 67.

Os delegados continuaram não sendo remunerados, mas agora o cargo era tratado como um posto de honra, reservado apenas aos "dignos de confiança", ou seja, membros ou pessoas ligadas ao PRP. Para ocupar a 1ª delegacia da capital, Bernardino de Campos nomeou seu colega Francisco de Assis Peixoto Gomide; em Araraquara, Theodoro Dias de Carvalho Júnior, genro do coronel Antônio Joaquim de Carvalho, recebeu o posto de delegado de polícia; em Piraju, na Alta Sorocabana, o major Mariano Leonel Ferreira, pai de Ataliba Leonel, foi nomeado delegado; em Ribeirão Preto, o coronel Joaquim Cunha Diniz Junqueira entregou o posto para um afilhado; e em Piracicaba, Manuel de Moraes Barros, irmão de Prudente de Moraes, assumiu a delegacia da cidade.[33]

A nomeação dos delegados de polícia permitiu ao PRP dominar os municípios e garantir as eleições de 1892. Bernardino de Campos comemorou a vitória do PRP nas urnas e a sua própria, elogiando a polícia por assegurar um pleito "sem incidentes dignos de nota".[34] O PRP era reconhecidamente o mais forte e unido partido de todo o Brasil. Sua força estava associada ao desenvolvimento material de São Paulo, que agrupou famílias poderosas em torno de interesses comuns. Eram membros proeminentes desse grupo grandes cafeicultores, como Campos Salles, Rodrigues Alves, Prudente de Moraes e Jorge Tibiriçá, ou bacharéis como Bernardino de Campos. Estes homens usavam o prestígio político para conciliar os interesses da cafeicultura com o capital internacional. Muitos, senão a maioria absoluta, tornaram-se sócios de casas bancárias ou conselheiros de grandes empresas. Bernardino, por exemplo, representava os interesses de investidores estrangeiros do porte da São Paulo

---

33 Hermes Vieira & Oswaldo Silva, *op. cit.*, p. 184; Eugênio Êgas, *op. cit*, vol. 3, p. 387; Rodolpho Tellarolli. *"Os Sucessos de Araraquara"*: estudo em torno de um caso de coronelismo em fins do século XIX. Dissertação (mestrado) – Departamento de História da USP, São Paulo, 1975, p. 234; Rodolpho Tellarolli. *A organização municipal e o poder local no estado de São Paulo na Primeira República*. Tese (doutorado) – Departamento de História da USP, São Paulo, 1981, p. 627; Thomas W. Walker & Agnelo de Souza Barbosa. *Dos coronéis à metrópole*. Ribeirão Preto: Palavra Mágica, 2000, p. 39-43; Aureliano Leite. *Retratos a Pena*. São Paulo: Editora Limitada, 1930, p. 127.

34 Mensagem apresentada ao Congresso de S. Paulo, a 7 de Abril de 1893, pelo Dr. Bernardino de Campos, Presidente do Estado. São Paulo: Typ. do Diário Official, 1893, p. 20.

Tramway, Light & Power e da São Paulo Railway, que exploravam serviços essenciais de transporte, água e luz na cidade.[35]

O PRP nunca foi um bloco monolítico, mas um colegiado dos principais chefes regionais de São Paulo. Seu órgão máximo era a comissão diretora, formada por líderes influentes. Estes líderes trocavam seu apoio por cargos, sem nenhum acanhamento, gerando invariavelmente atritos e cisões dentro do partido. Devido a isso, desde cedo, os mais fortes dentre os correligionários do PRP decidiram restringir as decisões políticas a um pequeno grupo, reforçando assim a dependência dos que orbitavam ao seu redor.[36] Numa sociedade acostumada ao privilégio e a clientelismo, o PRP foi muito hábil em expandir sua base política trocando votos e apoio por favores, empregos, ajuda financeira e contratos públicos.[37] O memorialista Jorge Americano (1891-1969), que foi procurador da Fazenda e testemunhou a atuação do PRP, deixou registrado:

> O eleitorado sabia a quem se dirigir, o chefe (político do PRP) obtinha as nomeações de agente do correio, escrivães e professores do grupo escolar. Daí a aglomeração efetiva do eleitorado ao seu redor. No lugar, ele elegia vereadores e prefeito, internava doentes na Santa Casa, servia de mediador nas divergências entre os amigos políticos e apaziguava brigas de casais. Se havia oposição local, procurava suavizá-la dando-lhe, tanto quanto possível, parte da vereança.[38]

A comissão diretora assegurava o continuísmo indicando ela própria os candidatos aos cargos eletivos. Escolhido o nome, a eleição estava praticamente decidida, pois o processo eleitoral era manipulado desde o alistamento

---

35 Joseph Love. *A Locomotiva*: São Paulo na Federação Brasileira, 1889-1937. Rio de Janeiro: Paz e Terra, 1982, capítulo 5.

36 José Ênio Casalecchi. *O Partido Republicano Paulista*: política e poder (1889-1926). São Paulo: Brasiliense, 1987, cap. 5.

37 James P. Woodard. *A Place in Politics*: São Paulo, Brazil, from seigneurial republicanism to regionalist revolt. Durham: Duke University Press, 2009.

38 Jorge Americano. *São Paulo nesse tempo (1915-1935)*. São Paulo: Melhoramentos, 1962, p. 359.

dos eleitores até o reconhecimento dos eleitos. Essa situação, aliás, não foi uma invenção republicana, mas o prolongamento de um quadro que vinha desde o Império, embora a autonomia dos estados tenha agravado as disputas eleitorais.[39] Os constituintes de 1891 garantiram o direito de voto a todo brasileiro com mais de 21 anos que soubesse ler e escrever, porém, na prática, o eleitor precisava ser reconhecido por uma junta presidida por um juiz de paz, apresentar atestados e ser aprovado pelo conselho municipal. Um processo trabalhoso e sujeito a todo tipo de manipulação. Consequentemente, o eleitorado era pequeno e controlado pela distribuição de favores.[40]

Para assegurar que o pleito transcorresse sempre de acordo com aquilo que fora traçado em reuniões dentro do PRP, contava-se com a polícia, pois cabia a ela autorizar reuniões e todo tipo de manifestação pública. Os chefes políticos locais sabiam que o apoio da polícia era essencial para garantir seu prestígio, por isso a nomeação de delegados e subdelegados era uma das mais valiosas moedas de troca nos acordos políticos. Um delegado podia favorecer ou obstruir o desempenho de um líder local. Ficava a cargo dele, por exemplo, expedir licenças para o porte de arma, apurar crimes contra pessoas influentes ou contestar a posse de terras num momento em que a grilagem era um dos principais meios dos fazendeiros estenderem seus domínios. Nessa barganha, o chefe político que não se compusesse com a comissão diretora do PRP tinha muito a perder, o que colocou a polícia na posição de peça chave do jogo político em São Paulo.

CRISE E REFORMA

Os primeiros anos do período republicano foram tumultuados, não só em relação às revoltas militares e à crise econômica que ameaçavam o futuro da nação, como também no tocante à estruturação do Estado. Prudente de Moraes (1841-1902), no comando do país, sufocou os esforços

---

39   Raymundo Faoro. *Os donos do poder*. São Paulo: Globo, 2001, p. 700.
40   Rodolpho Telarolli. *Eleições e fraudes eleitorais na República Velha*. São Paulo: Brasiliense, 1982; José Cláudio Barriguelli. *O pensamento político da classe dominante paulista: 1873-1928*. São Carlos: Editora UFSCar, 1986.

dos grupos radicais defensores de projetos reformistas e revolucionários. Em seguida, pacificou o Rio Grande do Sul, controlou os quartéis e esmagou o arraial de Canudos em 1897. Com isso, a instabilidade reinante foi controlada. Foi nessa conjuntura que Campos Salles (1841-1913), ao assumir o governo de São Paulo em 1896, realizou uma grande reforma na organização policial, pensando em criar uma ordem claramente percebida pelos imigrantes, investidores e o resto do país. São Paulo precisava de instituições que perpetuassem o progresso material do estado e assegurassem as estruturas de poder que mantinham a sua elite unida e os estranhos longe das esferas de decisão. Mesmo antes de assumir o governo do estado, Campos Salles demonstrava ter uma ideia firme sobre o papel da polícia na ordem que ele propunha instalar. No seu programa de governo, ele apregoou:

> Entre as responsabilidades que pesam sobre um governo bem constituído, sobreleva o dever de manter a ordem, garantir a segurança individual, salvaguardar a propriedade, defender a moral pública e reprimir os vícios que com a deturpação dos costumes, acarretam a ruína dos mais respetáveis interesses, afetando a um tempo a família e a sociedade. É à polícia que está confiada esta delicada missão, e tanto basta para caracterizar a sua assinalada importância no organismo administrativo. Uma boa polícia é condição de um bom governo.[41]

Por meio de decreto, Campos Salles determinou que o serviço policial continuasse sendo dirigido por um chefe de polícia, mediante a superintendência do secretário dos negócios da justiça e sob inspeção do presidente do estado. Para o cargo de chefe de polícia seriam nomeados juízes e desembargadores, mantendo o costume adotado desde o Império e reatando os laços do poder executivo com o judiciário.[42] Campos Salles nomeou o ministro do

---

41 Pronunciamento feito em 15 de janeiro de 1896. In: Eugênio Êgas, *op. cit.*, vol. 2, p. 92.

42 Regulamento Policial do Estado de São Paulo: Decreto nº 494 de 30 de outubro de 1897. São Paulo: Typographia do Diário Official, 1898.

Tribunal de Justiça, José Xavier de Toledo (1846-1918), seu chefe de polícia, com um salário igual ao dos demais secretários de Estado.⁴³

Xavier de Toledo possuía uma longa carreira na magistratura, tendo exercido a chefia de polícia nas províncias do Espírito Santo e Santa Catarina, além de pertencer a uma família tradicional.⁴⁴ Assim que assumiu, ele criou os cargos de 1º e 2º delegados auxiliares para ajudá-lo nas suas obrigações, pois a polícia tinha crescido de tal forma que não era mais possível para o chefe de polícia comandá-la sozinho. Os delegados auxiliares ficavam hierarquicamente acima dos delegados distritais e tinham entre suas atribuições fiscalizar o trabalho das delegacias. Para conseguir nomes de peso para o cargo, o chefe de polícia acenou com uma gratificação expressiva. Não demorou e a medida foi estendida aos delegados da capital, Santos e Campinas, como forma de cobrar-lhes mais empenho.⁴⁵

O policiamento da capital também foi alvo de reforma. A Repartição Central de Polícia ganhou novas atribuições e mais pessoal para fiscalizar os divertimentos públicos, a circulação de veículos, os hotéis e as associações de classe.⁴⁶ Uma Guarda Cívica foi criada para substituir o antigo corpo de Urbanos. O novo destacamento exibia um uniforme vistoso, propositalmente semelhante ao dos policiais londrinos: chapéus cônicos, fardamento azul escuro, colarinhos altos e cassetetes brancos.⁴⁷ A visão deles denotava progresso. De Londres a Buenos Aires, o policial tinha a mesma aparência, transmitindo aos viajantes a impressão de estarem num ambiente civilizado.⁴⁸

---

43   Hermes Vieira & Oswaldo Silva, *op. cit.*, p. 188.

44   Frederico de Barros Brotero. *Tribunal de Relação e Tribunal de Justiça de São Paulo sob o ponto de vista genealógico*. São Paulo: Graf Paulista, 1944, p. 204-205.

45   Norberto de Castro. *Organização policial do estado de São Paulo*. São Paulo: Sociedade Impressora Paulista, 1929, p. 10-11.

46   *Almanak Administrativo Commercial e Profissional do Estado de São Paulo para 1896*. São Paulo: Editora Companhia Industrial de São Paulo, 1896, p. 113-114.

47   *Regulamento da Guarda Cívica da Capital*. São Paulo: Typographia do Diário Official, 1897; Heloisa Rodrigues Fernandes, *op. cit.*, p. 150-152.

48   Clive Emsley, *op. cit.*, 2007, p. 163.

A reforma do Corpo Policial Permanente, por outro lado, gerou debates acalorados na Câmara dos Deputados. Em abril de 1896, esse órgão, rebatizado de Força Pública, recebeu um novo regulamento e o seu efetivo foi elevado para 5.178 homens. Um decreto do governador especificava que a Força Pública seria comandada por um oficial do exército, efetivo ou reformado, sob as ordens diretas do presidente do estado e à disposição do chefe de polícia.[49] Numa carta reservada ao governador Bernardino de Campos, escrita em 1892, Campos Salles já o aconselhava a ter uma força de uns 5 mil homens sob um regime "rigorosamente militar" para ser usada diante de qualquer eventualidade.[50] O político paulista acreditava que um aparato militar dissuasivo daria a São Paulo condições de se afirmar diante dos outros estados. Pensando assim, o antigo Corpo Policial Permanente foi transformado num verdadeiro exército. O custo de montar e manter essa tropa era evidentemente alto, mas o estado tinha condições de arcar com ele. Muitos políticos paulistas estavam convencidos que de graças à Força Pública, São Paulo afastou a ameaça de intervenção federal e mostrou sua força intervindo em outros estados. Foi assim na expedição de Canudos (1897), no episódio da Revolta da Vacina no Rio de Janeiro (1904), quando dois batalhões da Força Pública foram enviados para controlar os motins e auxiliar na repressão, e durante o período de revoltas militares nos anos 1920, quando batalhões da Força Pública seguiram para os estados do Paraná, Mato Grosso e Rio Grande do Sul em perseguição às forças rebeldes.[51]

A Força Pública transformou-se em um símbolo da autonomia e independência paulista, mas também das preocupações que assombravam suas elites. Os primeiros anos da República transcorreram em meio a crises gravíssimas. Uma guerra civil havia pulverizado as finanças públicas, uma revolta popular na Bahia apavorava os cidadãos do Sudeste, ao mesmo tempo em

---

49 Regulamento da Força Pública do Estado de São Paulo: Decreto nº 348 de 6 de abril de 1896. São Paulo: Typographia do Diário Official, 1896.

50 Dalmo de Abreu Dallari, *op. cit.*, p. 36.

51 Mensagem apresentada pelo presidente do estado Carlos de Campos ao Congresso Legislativo em 14 de julho de 1926. São Paulo: Typ. do Diário Official, 1926, p. 4.

que a superprodução e a crise financeira internacional derrubavam o preço do café. São Paulo já havia recebido 727 mil imigrantes, transformados em uma população movediça em busca de sustento.[52] Os discursos proferidos na Câmara dos Deputados dão a medida desse temor:

> Ninguém desconhece, senhor presidente, o incremento extraordinário que nestes últimos anos tem tido o pujante estado, com a imigração de elementos estrangeiros de diversas procedências, de todos os países, pode-se dizer, e de elementos nacionais de outros estados da República. Com uma população assim constituída, são inevitáveis atritos, que se transformam facilmente em tumultos graves. Daí a necessidade de ter o governo sempre a sua disposição uma força arregimentada, capaz de abafar de pronto qualquer movimento perturbador do sossego público.[53]

O medo do caos e da multidão serviu de justificativa para a montagem de um aparato de segurança pública intimidador. "É preciso que todos aqui possam viver tranquilos sob a vigilância da autoridade", declarou Campos Salles ao certificar que depositava grande confiança na Força Pública.[54] Ele construiu um aparato de segurança pública robusto, mantendo praticamente a mesma estrutura herdada do Império. De fato, o governador manteve intactos os mecanismos clientelistas que determinavam a nomeação dos delegados e sustentavam um delicado equilíbrio político, muito provavelmente devido à necessidade de cooptar apoio político para o seu projeto estabilizador. A modernização da polícia e o reconhecimento profissional dos seus integrantes viriam somente uma década depois, em dias menos tumultuados, na forma de uma aspiração dos seus próprios delegados.

---

52   Paula Beiguelman. *A crise do escravismo e a grande imigração*. São Paulo: Brasiliense, 1981, p. 39.

53   Anais da Câmara dos Deputados, 17 de novembro de 1896. *Apud* Omar José da Silveira Júnior. "A ordem antes do progresso. A militarização da Força Pública paulista e a sua inserção na política estadual de segurança (1892-1905)". In: Esmeralda Blanco Bolsonaro de Moura; Vera Lucia Amaral Ferlini (ed.). *História econômica*: agricultura, indústria e populações. São Paulo: Alameda, 2006, p. 131.

54   Mensagem de 7 abril de 1897. In: Eugenio Êgas, *op. cit.*, vol. 2, p. 105.

A POLÍCIA DE CARREIRA

Os delegados das grandes cidades, como São Paulo, Campinas e Santos, eram jovens recém-saídos dos bancos da faculdade. O escritor Frederico de Barros Botelho lembra dos anos que se seguiram à consolidação da República. Ele e seus colegas da Faculdade de Direito eram "cheios de ardor cívico e entusiasmo juvenil". Segundo Botelho, a geração anterior havia lutado pela Abolição e a República; a nova pretendia ocupar seu espaço preenchendo a administração pública.[55] Pelágio Lobo (1888-1952), outro memorialista da Faculdade de Direito, cita vários colegas que teriam sido delegados antes de migrar para postos de maior prestígio. Entre eles estavam José Manoel Lobo, que deixou a delegacia para assumir uma cadeira de deputado estadual; Paulo Machado Florence, que da polícia passou à promotoria pública; e Raul Soares de Moura, que foi delegado antes de tornar-se senador.[56]

O cargo de delegado era honorário e entendido como um gesto de lealdade a um padrinho ou amigo. Assim, a cada mudança na chefia de polícia, a quase totalidade dos delegados pedia exoneração. A grande maioria não dependia do cargo para sobreviver e via na atividade policial apenas um degrau para deslanchar na vida pública ou nos negócios, embora nem todos tivessem condições de alçar voos mais altos. Além disso, havia delegados que simplesmente desenvolveram paixão pelo ofício ou se apegaram ao cargo. Entre estes, cresceu o desejo de atuar numa polícia semelhante àquelas das capitais europeias. No começo de 1902, estas demandas já aparecem nos relatórios de José Cardoso de Almeida (1866-1931), convidado pelo governador Rodrigues Alves (1848-1919) para ocupar o cargo de chefe de polícia.

Ao contrário dos seus antecessores, quase todos juízes, Cardoso de Almeida era político, vice-presidente da Assembleia Legislativa e filho de fazendeiros da região de Botucatu.[57] Os jornais referiam-se a ele como um "dili-

---

55 Frederico de Barros Brotero. *Bacharéis de 1896*. São Paulo, 1947.
56 Pelágio Lobo. "Precursores da Polícia de Carreira". *Investigações*, ano I, nº 3, mar. 1949, p. 18-24.
57 *O Estado de São Paulo*, 6 de janeiro de 1902; Agnelo Rodrigues de Melo. "O Dr. José Cardoso de Almeida e a Polícia de São Paulo em 1902". *APCSP*, vol. XV, 1º semestre 1948, p. 387.

gente auxiliar do governo, mostrando sempre o desejo de acertar, de cumprir sinceramente seu dever".[58] Apesar disso, o que nele mais chamava a atenção eram os seus modos refinados. Cardoso de Almeida se vestia como um lorde inglês, sempre visto de fraque, cartola, polainas e uma bengala com cabo de ouro. Não foi à toa que a revista *O Pirralho* apelidou-o de "Doutor Cartola" e o escritor Moacir Piza chamava-o de "Colbert de Botucatu", comparando-o em tom de deboche ao poderoso ministro de Luís XIV.[59] O primeiro desafio do novo chefe de polícia foi convencer os delegados a permanecerem nos seus postos pelo menos até ele conseguir bons nomes para substituí-los.

O novo chefe de polícia pediu para os dois delegados auxiliares continuarem ao seu lado; um declinou o convite, o outro aceitou. Quem aceitou foi Jesuíno Cardoso de Mello (1865-1950), tido entre os memorialistas policiais como "a mais capaz autoridade de São Paulo". Jesuíno foi um dos que se afeiçoaram ao cargo, apesar de ter diante de si as portas abertas para deslanchar na advocacia ou na política. Ele pertencia a uma família que ocupara por gerações altos postos na magistratura, tendo seu pai e seu avô exercido cargo de chefe de polícia no tempo do Império.[60] Além disso, ele era casado com a filha de Luís Pereira Barreto (1840-1923), um republicano combativo, sócio de grandes empresários agrícolas e um dos responsáveis por encontrar os melhores sítios para o cultivo do café no interior do estado.[61]

Para substituir os delegados que exprimiram o desejo de deixar os seus postos, Cardoso de Almeida recorreu aos amigos e escritórios de advocacia. Chamou seu colega e antigo sócio, Ascânio Cerqueira (1877-1946), o qual trouxe consigo um outro nome, Artur Xavier Pinheiro Prado (1866-1916), filho de desembargador e irmão de um dos advogados mais respeitados da capital.

---

58   Pedro Ferraz do Amaral. *Celso Garcia*. São Paulo: Livraria Martins Editora, 1972, p. 162.
59   Cândido Motta Filho. *Dias lidos e vividos*. Rio de Janeiro: José Olimpio, 1977, p. 127-128; Moacyr Piza. *Roupa suja*. São Paulo, 1923, p. 140.
60   "Dr. Jesuíno Cardoso". *APCSP*, vol. XXI, 1º semestre 1951, p. 433-450.
61   Rodrigo Soares Júnior. *Jorge Tibiriçá e sua época*. São Paulo: Companhia Editora Nacional, 1958, p. 204; Thomas W. Walker & Agnaldo de Souza Barbosa, op. cit., p. 40; Aureliano Leite. *A História de Sam Paulo*. São Paulo: Livraria Martins, 1944, p. 96.

Chamado de "Pinheirinho" desde os tempos de faculdade, Pinheiro Prado era promotor público numa comarca no sul de Minas Gerais. Insatisfeito, aceitou prontamente o chamado do colega.[62] Assim é que os chefes de polícia preenchiam as delegacias da capital, convidando amigos e conhecidos pertencentes ao seu círculo social.

Mas, em 1903, Cardoso de Almeida proporia uma mudança radical na forma de nomeação dos delegados. No seu relatório anual, ele propôs a criação de uma polícia remunerada e profissional. "Recorrendo às fontes estrangeiras, não para copiá-las e sim para aproveitar-lhes os princípios, compatíveis com nossas tradições e com o nosso meio social", ele pensou numa polícia hierarquicamente bem definida, onde os delegados seriam estáveis e cuja nomeação constituiria um atributo exclusivo do governador.[63] Era notório que a constante troca de delegados prejudicava o trabalho dentro da polícia; os novos delegados estavam sempre por aprender aquilo que os que saíam tinham absorvido e levavam consigo. Essa situação impedia o planejamento e o desenvolvimento dos serviços policiais. Como se isso não bastasse, a constante substituição dos delegados acabava por deixar as delegacias nas mãos dos funcionários subalternos, que permaneciam enquanto os "doutorzinhos" passavam. Cardoso de Almeida deixou registrado que, cada vez mais, a polícia estava entregue a subdelegados e escrivães.

Mas, ao que parece, a proposta do chefe de polícia pode ter tido outra motivação, pois ela surgia em meio a uma nova crise política. Em agosto de 1902, o jornal *O Estado de São Paulo* classificou de "Graves Ocorrências" o movimento que se alastrou pelo interior paulista, provocando desordem e depredações.[64] Chamado pelos jornais de "Rebelião Monarquista", o movimento na realidade visava protestar contra a política econômica restritiva

---

62   José Augusto Fernandes. "Pinheiro Prado". APCSP, vol. II, 2º semestre 1941, p. 419-425; Frederico Barros Brotero, *op. cit.*, 1944, p. 42-43.

63   Relatório apresentado ao Secretário do Interior e justiça pelo chefe de polícia de São Paulo José Cardoso de Almeida. São Paulo: Typographia do Diário Official, 1903, p. 4-6; Agnelo Rodrigues de Melo. "O Dr. José Cardoso de Almeida e a polícia de São Paulo em 1902". APCSP, vol. I, 1º semestre 1941, p. 387-390.

64   *O Estado de São Paulo*, 24 de agosto de 1902.

conduzida por Campos Salles, em função da renegociação da dívida externa com os bancos ingleses. A revolta foi debelada, mas pegou o governo de surpresa.[65] A capacidade de mobilização dos chefes políticos, descontentes com as decisões do governo estadual e federal, mostrou-se preocupante e, embora Cardoso de Almeida não tenha sido explícito em seu relatório, a criação de uma polícia profissional serviria para colocar um freio na independência destes atores. Uma polícia de carreira obediente ao governador alteraria substancialmente a balança de forças dentro do estado, o que levou Cardoso de Almeida a argumentar que a criação dessa polícia, tendo em vista todas as "circunstâncias recentes", era inadiável.[66]

A crise econômica ocasionada pela negociação da dívida externa brasileira com os bancos ingleses provocou uma enorme recessão no país. Contra ela articularam-se vários grupos desgostosos com a situação política e econômica, que só se acalmaram em 1903, diante da indicação de Jorge Tibiriçá (1855-1928) para a presidência do estado. Republicano histórico e um dos maiores e mais ricos cafeicultores de São Paulo, Tibiriçá acenava com uma proposta de subsidiar a lavoura.[67] Membro da família Almeida Prado, Tibiriçá era casado com sua prima-irmã, filha do barão de Parnaíba, outro grande cafeicultor, pioneiro no uso de trabalho imigrante nas fazendas e um dos proprietários da Estrada de Ferro Mogiana.[68]

Tibiriçá reatou com os dissidentes, unindo o PRP. Após a posse, o governador convidou Cardoso de Almeida para assumir a Secretaria da Justiça, provavelmente pensando em aproveitar sua experiência. Ele aceitou, e para o seu lugar na chefia de polícia indicou o delegado Antônio de Godoy Moreira e Costa (1873-1905), que defendia ardorosamente a profissionalização da polícia. Godoy pertencia a um grupo de jovens bacharéis que acompanhava os debates da criminologia europeia com grande interesse. Essa elite leu Lombroso, Ferri,

---

65   José Ênio Casalecchi, *op. cit.*, p. 116-121.
66   Relatório de 1903, *op. cit.*, p. 5.
67   José Ênio Casalecchi, *op. cit.*, p. 123-124.
68   Joseph Love, *op. cit.*, p. 234; Rodrigo Soares Júnior, *op. cit.*, p. 210-211.

Tarde, Garofolo e defendia reformas na legislação penal e na prática policial, sendo Godoy um defensor entusiasmado da chamada polícia científica.

A polícia científica era a denominação dada a uma polícia estimulada pelo conhecimento científico que encarnava um tipo ideal de sociedade e de criminosos. Auxiliados por descobertas recentes, como a fotografia e a antropometria, os policiais foram aos poucos construindo práticas para classificar os delinquentes em "tipos criminais" de acordo com os delitos, registrando-os em prontuários que podiam ser consultados a qualquer momento. Era o que os franceses chamavam de *technique policiére*.[69] Em seu relatório de 1904, Godoy escreveu que "à polícia empírica de ontem sucedeu a polícia científica de hoje", alertando que esse avanço somente seria possível com a criação de uma organização policial fundamentada na estabilidade funcional e na remuneração, pois "policiais habilitados não se improvisam". A polícia, ele não cansava de repetir, deveria ser um corpo técnico e especializado.[70]

Antônio de Godoy carregava o sobrenome de uma família tradicional de Pindamonhangaba repleta de viscondes, barões e comendadores. Seu pai era um respeitado ministro do Tribunal de Justiça, com uma carreira sedimentada durante o Império.[71] Conhecido na Faculdade de Direito como um poeta de saúde frágil e atingido por uma sucessão de doenças, Antônio de Godoy, pouco antes de ser nomeado delegado pelo chefe de polícia José Xavier de Toledo, amigo e colega de turma de seu pai, escreveu:

> Deixo em branco a seção da fantasia,
> Vou tratar de Direito e coisas sérias;
> Só falarei agora em poesia,
> Quando voltar de novo às férias.[72]

---

69 Ilsen About. "La police scientifique en quête de modèles: institutions et controverses en France et en Italie (1900-1930)". In: Jean-Claude Farcy *et al* (dir.). *L'enquête judiciaire en Europe au XIX siècle*. Paris: Creaphis, 2007, p. 257-269.

70 Relatório apresentado ao Secretário do Interior e da Justiça pelo Chefe de Polícia Antônio de Godoy, 1904. São Paulo: Typographia Espindola, Siqueira & Comp., 1905, p. 3-4.

71 Frederico de Barros Brotero, *op. cit.*, 1944, p. 222-226.

72 Suplemento Literário do *Estado de São Paulo*, 6 de agosto de 1963.

Godoy permaneceu delegado de 1896 até 1901, deixando a polícia para viajar pela Europa. Quando retornou, foi procurado por Cardoso de Almeida, que estava em busca de auxiliares competentes para preencher os postos vagos. Godoy estava trabalhando no *Correio Paulistano* quando foi convencido a reingressar na atividade policial. Nomeado chefe de polícia, contam que era costume seu reunir-se no final do expediente com os delegados Jesuíno, Pinheiro Prado e outros, no terraço da Repartição Central de Polícia, para discutir literatura. O poeta e escritor Amadeu do Amaral, seu secretário particular, lia para os presentes trechos do romance *Quo Vadis*, enquanto eles admiravam o pôr-do-sol na várzea da Barra Funda, então um descampado visto dos fundos do prédio.[73]

Contudo, a passagem de Antônio de Godoy pela chefia de polícia foi breve. Numa semana chuvosa no final de abril de 1905, Godoy não saiu de casa. Ele era solteiro e morava com os pais. Logo espalhou-se a notícia que o chefe de polícia havia contraído tuberculose. Ele faleceu no dia 29 de abril, aos 32 anos de idade. A elite paulista compareceu em peso ao seu velório. Além do governador e autoridades, estiveram presentes Dona Veridiana Prado, o engenheiro Ramos de Azevedo, o industrial Francisco Matarazzo e o administrador de estradas de ferro Charles Miller. Jornais importantes dedicaram suas primeiras páginas à notícia do seu falecimento.[74] Antônio de Godoy morreu sem ver a polícia de carreira concretizada. Semanas antes, o governador, assessorado por Cardoso de Almeida, havia mandado um projeto de lei à Assembleia Legislativa tratando da matéria. A proposta foi apresentada pelo líder do governo, Herculano de Freitas (1865-1926), pessoa bem conhecida dos delegados de polícia, pois era professor da Faculdade de Direito. Na verdade um professor faltoso, que raramente aparecia nas aulas. O motivo era a política. Herculano de Freitas era genro de Francisco Glicério (1846-1916), um dos poderosos chefes da comissão diretora do PRP, que abriu-lhe as portas para a carreira política.[75] O projeto decretava que:

---

73   José Augusto Fernandes. "Antônio de Godoi". *APCSP*, vol. I, 1º semestre 1941, p. 327-335.
74   *Correio Paulistano* e *O Estado de São Paulo*, 29 de abril de 1905.
75   Pelágio Lobo, *op. cit.*, 1953, p. 13-14.

> Para melhorar o funcionamento das instituições policiais urge estabelecer a polícia de carreira, incumbindo o serviço a pessoal escolhido, de aptidões especiais, mediante um sistema regular de promoções que permita obter nos cargos superiores o concurso de auxiliares experientes, conhecedores pela prática de todas as particularidades do importante ramo da administração pública, destinado a manter a segurança individual e da propriedade.[76]

Pelo projeto, os delegados de polícia ficariam distribuídos em seis classes. No topo da carreira continuariam os delegados auxiliares; abaixo deles, os delegados que serviam na capital, Santos, Campinas e Ribeirão Preto, considerados 2ª classe. Depois destes vinham os que ocupavam cargos em cidades de menor importância, e assim por diante. O último grau da escala, a 6ª classe, não era remunerada e ficava distribuída pelos pequenos municípios. O projeto argumentava que esta era uma medida de economia e necessidade. Todos os demais delegados seriam remunerados e só podiam ascender na carreira de uma classe à outra. A nomeação dos delegados constituiria um atributo privativo do governador e o cargo passaria a ser vitalício como o dos juízes, não podendo o delegado ser afastado ou demitido, salvo por motivo estabelecido por lei ou sentença judicial.[77]

Como era de se esperar, o projeto encontrou resistência no plenário. O deputado Antônio Martins Fontes Júnior atacou a proposta alegando que ela criava um sério obstáculo à administração pública, pois o cargo de delegado deveria ser de absoluta confiança do chefe do executivo. Sendo assim, não era razoável o governador ter plena liberdade de nomeação e demissão do chefe de polícia, mas não estar livre para fazer a remoção e demissão dos delegados quando achasse oportuno.[78] A vitaliciedade do cargo acabou rejeitada, mas as garantias de estabilidade e progressão funcional permaneceram. Os debates prosseguiram até o final do ano, quando o próprio Jorge Tibiriçá empenhou-

---

76 Eugênio Êgas, *op. cit.*, vol. 2, p. 182.
77 Hermes Vieira & Oswaldo Silva, *op. cit.*, p. 201-207.
78 *Ibidem*, p. 215.

-se na aprovação do projeto. Vitorioso por uma margem segura de votos, o projeto virou lei e foi publicado no dia 23 de dezembro de 1905. Tibiriçá comemorou a criação da polícia de carreira como um sinal do progresso paulista, que deu à luz uma instituição nova "filha da justiça e defensora do direito".[79]

Em mensagem enviada para o Congresso Legislativo, Tibiriçá foi enfático em afirmar que grandes foram os benefícios da polícia de carreira para o Estado, reunindo delegados de reconhecida "competência profissional" para "garantir e assegurar a liberdade, a honra, a vida e a propriedade". Além disso, as remoções, quando necessárias, podiam ser feitas "sem abalo para a vida pública e com enorme proveito para a tranquilidade do Estado", como "um simples pormenor da administração".[80] Percebe-se então que a polícia de carreira favorecia o poder do governador, restando aos chefes políticos negociar a remoção ou nomeação do delegado da sua comarca diretamente com o chefe do executivo, não mais com o PRP.

Vai se tornando claro, como notou Renato Perissinotto, que à medida que o Estado tomava para si determinadas responsabilidades – no caso, a defesa do café –, consolidava-se um processo de burocratização e centralização administrativa que se colocava acima dos interesses paroquiais.[81] Em 25 de fevereiro de 1906, Tibiriçá firmou um pacto conhecido como Convênio de Taubaté, acertando medidas para tutelar e proteger o preço do café. Ao mesmo tempo, consolidou um compromisso com os políticos mineiros, donos do maior número de cadeiras no Congresso Federal. Este conjunto de acertos, da criação da polícia de carreira até a distribuição de ajuda financeira, pretendia garantir a estabilidade do negócio agroexportador. O objetivo de Tibiriçá sempre foi acabar com a insegurança. Ele e seu grupo julgavam que a estabilidade era a mais fundamental necessidade para São Paulo, pois

---

79 Lei n° 979 de 23 de dezembro de 1905; Eugênio Êgas, *op. cit.*, vol. 3, p. 10.

80 Mensagem enviada ao Congresso Legislativo, a 14 de julho de 1907, pelo Dr. Jorge Tibiriçá, Presidente do Estado. São Paulo: Typ. do Diário Official, 1916, p. 339.

81 Renato M. Perissinotto. "Tradição e Modernidade no state-building paulista durante a Primeira República (1889-1930)". In: Nilo Odalia & João Ricardo de Castro Caldeira (org.). *História do Estado de São Paulo/ A formação da Unidade Paulista*. Vol. 2 – República. São Paulo: Editora Unesp, 2010, p. 207-231.

a incerteza política poderia provocar a perda de confiança dos investidores estrangeiros, o que resultaria na evasão de capital e numa avaria do crédito que movimentava a economia paulista. Os acordos e leis costurados por Tibiriçá pretendiam salvaguardar um governo longo e sem sobressaltos para a economia paulista.[82]

Logo após a aprovação da lei que instituiu a polícia de carreira, sentindo-se desprestigiado por Tibiriçá e outros membros do governo, Cardoso de Almeida pediu demissão do cargo.[83] Célio Debes diz que Tibiriçá aceitou o pedido e, em reunião com o seu vice, o fazendeiro João Batista de Mello Oliveira (1845-1908), decidiu nomear alguém que tivesse vínculos mais sólidos com o seu tronco familiar. Mello de Oliveira, membro da comissão diretora do PRP, tinha interesses na lavoura, na indústria e no comércio, e era ligado a Tibiriçá por laços de casamento. O vice-governador sugeriu o nome de um deputado, esposo da filha da Baronesa de Piracicaba, sua irmã e prima de Tibiriçá. O nome do deputado era Washington Luís Pereira de Souza (1869-1957).[84]

A CRIAÇÃO DA SECRETARIA DA SEGURANÇA PÚBLICA

A expansão agrícola e o projeto de modernização desenhado pela elite paulista dependia de um fluxo constante de capitais externos, consequentemente, de um ambiente estável para a aplicação de capitais, por isso os esforços na construção de mecanismos de pacificação interna da sociedade. Washington Luís aceitou a nomeação de secretário da Justiça ciente dos encargos que teria. Estava em suas mãos fazer com que a polícia de carreira se tornasse uma realidade. O delegado e escritor Amando Soares Caiuby (1886-1973) relata que Washington Luís iniciou fazendo uma depuração rigorosa dos delegados. Demitiu uma parte, removeu outra e nomeou o restante, num trabalho árduo e incessante. Um ano após assumir o cargo, ele extinguiu a

---

82 Renato M. Perissinotto. *Classes dominantes e hegemonia na República Velha*. Campinas: Editora da Unicamp, 1994, p. 69-77.
83 *Correio Paulistano*, 11 de março de 1906; Pedro Ferraz do Amaral, *op. cit.*, p. 250.
84 Eugênio Êgas, *op. cit.*, vol. 3, p. 401-402; Célio Debes. *Washington Luís*. São Paulo: Imprensa Oficial, 1994, p. 60.

sexta classe e conseguiu verba para aumentar o salário dos novos delegados e assim atrair candidatos de maior prestígio social. Washington Luís igualou a faixa salarial dos delegados à dos magistrados, o que constituiu motivo de grande atrativo para a nova carreira.[85]

O passo seguinte no fortalecimento do poder executivo foi a criação da Secretaria da Justiça e Segurança Pública, instituída na esteira do aumento das greves em serviços essenciais. A escalada do movimento de luta dos trabalhadores estava diretamente ligado à mobilidade de grandes contingentes humanos que trouxe consigo uma circulação intensa de propostas de luta e formas de organização sindical. Anarquistas, sindicalistas e socialistas cruzavam oceanos, fundavam jornais, trocavam experiências e contribuíam para transmitir o sentimento de que os trabalhadores faziam parte de um conjunto maior, uma classe explorada cuja luta ultrapassava fronteiras geográficas.[86] Em resposta à ameaça revolucionária, os Estados coordenaram sua ação, reorganizando as forças mantenedoras da ordem e investindo em novas práticas policiais, especialmente na esfera da identificação individual. A modernização das polícias tornou-se uma necessidade urgente que foi abraçada por Washington Luís com afinco.

A criação da Secretaria da Justiça e Segurança Pública ocorreu poucos meses após uma greve paralisar as linhas ferroviárias do estado. Em maio de 1906, uma onda de paralisações se alastrou pela malha ferroviária impedindo o café de escoar para o porto de Santos. Houve enfrentamento e depredações.[87] Washington Luís foi incumbido de reprimir o movimento operário usando todos os meios, inclusive a Força Pública que Tibiriçá havia equipado com armamento moderno e oficiais franceses contratados para treinar a tropa. O governador, que nasceu em Paris, tinha grande admiração pelo exército francês. Seus tios, irmãos de sua mãe, uma francesa da Alsácia, eram todos oficiais do exército formados na célebre Escola Militar de Saint Cyr. Em mar-

---

85 Amando Caiuby. "Washington Luís e a Polícia de Carreira". In: *Washington Luís (visto pelos contemporâneos no primeiro centenário de seu nascimento)*. São Paulo: IHGSP, 1969, p. 109-110.

86 Edilene Toledo. *Travessias revolucionárias*: ideias e militantes sindicalistas em São Paulo e na Itália (1890-1945). Campinas: Editora da Unicamp, 2004.

87 *O Estado de São Paulo*, 18 de maio de 1906.

ço de 1906, o coronel Paul Balagny desembarcou em São Paulo acompanhado dos seus auxiliares. A Força Pública de São Paulo chegou a contar com 14 mil soldados, armados com metralhadoras, canhões, trens blindados e até aviões.[88] Eugênio Lefevre, diretor da Secretaria da Agricultura, revela que os custos com a Força Pública atingiam algarismos altíssimos na folha de despesas do Estado, "só explicáveis pela necessidade de manter-se um pequeno exército para a defesa do estado e das instituições em caso de rebelião".[89]

A implantação da polícia de carreira fez com que o judiciário, que por muito tempo comandou o aparelho policial, perdesse espaço no arranjo político estadual. A crise piorou quando Tibiriçá proclamou que a atividade policial receberia orientação direta do governador, sem precisar se submeter ao escrutínio de membros do judiciário.[90] Logo em seguida, em setembro de 1906, Washington Luís aboliu o cargo de chefe de polícia, afastando definitivamente os juízes da polícia e convertendo a sua pasta em Secretaria da Justiça e Segurança Pública. O secretário alegou que a chefia de polícia duplicava inutilmente o trabalho burocrático e enfraquecia a sua autoridade.[91] Com a medida, a polícia tornava-se um braço exclusivo do poder executivo, consolidando a centralização da administração pública paulista. No ano seguinte, o governador atingiu em cheio a independência do judiciário, estabelecendo mecanismos de controle sobre os magistrados. Há tempos juízes vinham tendo atritos com o executivo e Tibiriçá não demorou a enquadrá-los em seu projeto político, fornecendo ao secretário da segurança poderes para afastar e aposentar compulsoriamente juízes, assim como nomear promotores e serventuários dos fóruns.[92]

---

88 Euclides de Andrade & Hely F. da Câmara, *op. cit.*; Rodrigo Soares Júnior, *op. cit.*, p. 500-502.

89 Eugenio Lefevre. *A Administração do Estado de São Paulo na República Velha*. São Paulo: Typ. Cupolo, 1937, p. 104.

90 Mensagem enviada ao Congresso do Estado a 14 de julho de 1906 pelo Dr. Jorge Tibiriçá, Presidente do Estado. São Paulo: Diário Official, 1906, p. 15-16.

91 Lei nº 1006 de 17 de setembro de 1906; Célio Debes, *op. cit.*, 1994, p. 61.

92 Lei nº 1084 de 14 de setembro de 1907; Andrei Koerner. *Judiciário e Cidadania na Constituição da República Brasileira*. São Paulo: Hucitec, 1998, p. 218-223.

Terminado o seu mandato, Tibiriçá impôs um sucessor e passou a ocupar uma cadeira na comissão diretora do PRP.[93] Joseph Love observa que desse momento em diante os governadores passaram a escolher livremente seus sucessores, concentrando ainda mais o poder na mão de um grupo seleto. O grande capital cafeeiro, aquele que tinha expandido e diversificado seus negócios, investindo em ferrovias, montando firmas atravessadoras ligadas ao comércio de importação e exportação, fundando bancos e indústrias, e estendendo seus interesses no mercado de terras e imóveis, estava agora solidamente assentado, ditando os rumos de São Paulo.[94]

Washington Luís continuou à testa da Secretaria de Segurança Pública, permanecendo seis anos à frente da polícia paulista. Sua gestão foi marcada por uma grande modernização do aparelho policial, importando equipamentos, criando novos departamentos e estabelecendo práticas sofisticadas de identificação e vigilância, em consonância com as polícias mais avançadas da Europa. Em 1909, ele criou a 3ª e 4ª delegacias auxiliares. O 3º delegado auxiliar ficou incumbido de fiscalizar os veículos e carretos que transitavam pela cidade, assim como inspecionar os divertimentos públicos. O 4º delegado auxiliar ficou encarregado de dirigir o Gabinete de Investigações, um departamento criado para centralizar o trabalho de identificação e captura de pessoas procuradas. O 1º delegado auxiliar passou a coordenar as cinco delegacias da capital, enquanto o 2º delegado auxiliar supervisionava as delegacias do interior do estado.[95] Robson Mendonça Pereira descreve Washington Luís como um dos mais eminentes políticos da geração "modernizante" do PRP, um empreendedor público identificado com as inovações técnicas e científicas, acreditando na utopia republicana da ordem regulada pela racionalidade moderna.[96] Em 1912, Washington

---

93 Joseph Love, *op. cit.*, p. 164-165 e p. 235.

94 Renato M. Perissinotto, *op. cit.*, p. 113-115.

95 Mensagem enviada ao Congresso Legislativo a 14 de julho de 1910 por Fernando Prestes, vice-presidente do Estado. São Paulo: Duprat & Comp., 1910, p. 11-12.

96 Robson Mendonça Pereira. *Washington Luís na administração de São Paulo (1914-1919)*. São Paulo: Editora Unesp, 2010, p. 288.

Luís deixou o cargo para aceitar uma vaga de deputado estadual. No ano seguinte, com o apoio da comissão diretora do PRP, ele foi indicado para concorrer à prefeitura de São Paulo.

Num dia chuvoso de fevereiro de 1914, registra *O Estado de São Paulo*, um grupo de umas duas mil pessoas reuniu-se na frente da casa da Baronesa de Piracicaba, onde se achava o novo prefeito eleito da capital. À frente do grupo, o estudante de direito Armando Prado elogiou o prefeito, lembrando que Washington Luís era fluminense, mas tinha "a alma bandeirante!". Da sacada, o prefeito agradeceu as palavras, respondendo que quem penetra no íntimo da alma paulista "se identifica com ela de tal modo que até se admira de não haver nascido em São Paulo". Prestigiando o evento estava o 1º delegado auxiliar João Batista de Souza, acompanhado de outros delegados, oficiais da Força Pública e funcionários da polícia, empunhando seus guarda-chuvas.[97] O apoio deles indica que a "polícia sem política e imparcial", proclamada por Tibiriçá em seus discursos, não ia além da retórica.[98]

HIERARQUIA, OBEDIÊNCIA E LEALDADE

A criação da polícia de carreira não foi comemorada por todos. Logo após a sua implantação, em 1906, o ex-juiz Antônio Brás de Oliveira Arruda, advogado em Ribeirão Preto, criticava-a duramente na *Revista da Faculdade de Direito de São Paulo*:

> A chamada polícia de carreira é mil vezes pior que a antiga dos coronéis. (...) A antiga tinha medo da responsabilidade, mas a nova composta de bacharéis descrentes, e que conhecem a relaxação geral, que atualmente há na nossa sociedade, não recua diante de nenhum abuso, de nenhuma violência.[99]

---

97 *O Estado de São Paulo*, 13 de fevereiro de 1914.

98 O discurso de Tibiriçá enaltecendo a polícia de carreira está registrado na sua Mensagem enviada ao Congresso Legislativo, a 14 de julho de 1907. São Paulo: Diário Official, 1907, p. 339.

99 Dr. João Arruda. "A Luta contra o Delito". *Revista da Faculdade de Direito de São Paulo*, São Paulo, vol. XIV, 1907, p. 78-79.

Parece claro que a polícia de carreira representava uma ameaça para alguns setores da sociedade. Se, por um lado, ela simbolizava a modernidade e um passo importante na profissionalização dos delegados, por outro, ela ampliava demasiadamente o poder do chefe do executivo paulista. Apesar de Tibiriçá chamá-la de "filha da justiça e defensora do direito", a polícia de carreira pode ser entendida como parte de um projeto que buscava integrar o maior número possível de atores sociais dentro de uma nova ordem, subordinada ao governador.

Desde a sua criação em 1906 até 1930, a Secretaria da Segurança foi dirigida por pessoas do círculo social ou familiar dos governadores. Eloy de Miranda Chaves (1875-1964), por exemplo, era pessoa da mais absoluta confiança da família Rodrigues Alves. Indicado para assumir a Secretaria da Segurança em outubro de 1913, ele era o que se podia chamar de *self-made man*, uma pessoa com qualidades empresariais. Filho de um diplomata que perdeu o posto com o fim da monarquia e sobrevivia de um emprego nos correios, Eloy Chaves conseguiu uma nomeação de promotor público em Jundiaí. Lá fez um bom casamento e aventurou-se na política. Preocupado em garantir o futuro, convenceu parentes e amigos a investirem na construção de uma hidroelétrica. O futuro de São Paulo estava na energia, dizia ele. Através dos negócios e da política tornou-se amigo e sócio do filho de Rodrigues Alves e por meio dele foi indicado para ocupar a Secretaria da Segurança. Por essa época, o governador Rodrigues Alves mostrava sinais de estar com a saúde debilitada, circulando o rumor de que o verdadeiro mandante do executivo era o seu filho, Oscar.[100]

Em 1916, Eloy Chaves, alegando excesso de trabalho, criou o cargo de delegado geral. Ao que tudo indica, para dispor de mais tempo para cuidar dos seus negócios. O cargo de delegado geral equivalia ao de chefe de polícia, entretanto, ele foi criado para comportar a nomeação de delegados escolhidos entre os mais graduados, demonstrando o prestígio que a nova carreira tinha alcançado em poucos anos.[101] O primeiro a assumir o posto foi o delegado au-

---

100 Afonso Arinos de Melo e Franco. *Rodrigues Alves*: apogeu e declínio do presidencialismo. Vol. 2. Rio de Janeiro: José Olimpio, 1973; Hermes Pio Vieira. *Eloy Chaves*. Rio de Janeiro: Civilização Brasileira, 1978; *O Parafuso*, 20 de março de 1915.

101 Norberto de Castro, *op. cit.*, p. 16.

xiliar Franklin de Toledo Piza (1881-1950), um policial enérgico, que tinha a qualidade de ser filho de uma das mais respeitadas estirpes paulistas. Piza nasceu em São Carlos, entrando para a polícia em 1907. Por sua atuação nos "rincões do estado", foi logo promovido por Washington Luís. Dos seus quatro irmãos, um era também delegado e os outros, juízes. Um tio seu, Joaquim de Toledo Piza, fora chefe de polícia em 1878 e ocupava o posto de ministro do Supremo Tribunal Federal; outro tio, Gabriel, positivista fanático, era embaixador do Brasil na França e amigo do chefe de polícia de Paris, Louis Lépine. Os Toledo Piza estavam ligados ao grande capital cafeeiro, assim como os Silva Prado, Penteado, Souza Queiroz, Paes de Barros e Mello de Oliveira.[102]

A criação da delegacia geral premiou os delegados de carreira, especialmente aqueles que pertenciam a famílias ilustres ou tinham bom trânsito entre elas. Entretanto, em 1925, o cargo voltou a ter a antiga denominação de chefe de polícia, por determinação do governador Carlos de Campos (1866-1927), filho e herdeiro de Bernardino de Campos. O governador aboliu a delegacia geral para acomodar um político de sua inteira confiança, o deputado Roberto dos Santos Moreira (1887-1964), que exercia a liderança do governo na Assembleia Legislativa. A nomeação do deputado parece não ter criado constrangimentos porque, como alega um comentador, ele era "estimado entre os delegados".[103] Dois anos depois, quando deixou a chefia de polícia para se reeleger, o governador recém-eleito nomeou um delegado de carreira para sucedê-lo. O governador Júlio Prestes de Albuquerque (1882-1946) escolheu para chefe de polícia o delegado Mário Bastos Cruz (1895-1946), filho do coronel João Batista Cruz, de Avaré, um antigo aliado político de sua família.[104]

O poder de nomear, demitir e remover delegados nunca deixou as mãos do governador, fato que assegurava a obediência e a lealdade dos delegados de

---

102 Ficha Funcional do Dr. Franklin Piza: Escola de Polícia do Estado de São Paulo; Frederico de Barros Brotero, *op. cit.*, p. 409-410; Carlos Eduardo de Almeida Barata & Antônio Henrique da Cunha Bueno. *Dicionário das Famílias Brasileiras*. Vol. II. São Paulo: Editora Árvore da Terra, 2001, p. 2202-2203; Marcelo Piza. "Joaquim de Toledo Piza e Almeida". *Revista do IHGSP*, s.d.; Renato M. Peressinotto, *op. cit.*, p. 37.

103 "Cem Anos de Polícia". *APCSP*, vol. V, 1º semestre 1943, p. 85; Cantinho Filho. *Gabinete de Investigações: esboço histórico (1909-1927)*. São Paulo: Casa Garraux, 1927, p. 15.

104 "Dr. Mário Bastos Cruz". *APCSP*, vol. XI, 1º semestre 1946, p. 427-430.

polícia. Insubordinações ou desavenças jamais eram toleradas, sendo punidas severamente. Amando Caiuby conta uma passagem que o marcou quando delegado da capital. Certo dia, ele teve uma discussão acalorada com o delegado geral João Batista de Souza. Washington Luís era então o governador de São Paulo. No dia seguinte, ele recebeu ordens de ir ao Palácio, onde esperou longos minutos para ser atendido. Ao entrar, parou diante da escrivaninha do governador e aguardou. Silêncio. Washington Luís, ignorando-o, escrevia como se não percebesse a sua presença. Foram minutos angustiantes. O governador fincou a pena no tinteiro e olhou-o duro, sem retribuir o cumprimento:

> — Aproxime-se. O que aconteceu com o delegado geral?
> — Ele disse grosserias insultuosas… Reagi!
> — O senhor não conhece a disciplina? Não respeita os superiores hierárquicos ?
> — Conheço. Sempre respeitei ordens e chefes. Mas se o Doutor permite, direi apenas que nunca fui censurado desabridamente, em público, e nunca permiti grosserias assim. Se não reagi com violência foi porque era meu superior.
> — O senhor ainda fala em violência…
> — Conheço bem o grande governador e sei que ele procederia do mesmo modo.
> — Chega ! Vá pedir desculpas ao seu chefe.
> Percebendo a minha relutância, levantou-se e disse:
> — Esse será o procedimento de uma autoridade educada, culta e de serviços ao Estado.
> Fez gesto de despedida. Cumprimentei-o com a cabeça, saí mudo, cabisbaixo e arrasado. Fui para casa dormir sobre o caso; no dia seguinte, hora da reunião geral, contei o acontecido, desculpei-me com o ex-amigo e chefe…[105]

Ali não estava em questão os motivos da discussão ou quem tinha razão, mas a obediência de um subordinado ao seu superior hierárquico. O mundo de Washington Luís e seus pares era um mundo hierarquizado,

---

105 Amando Cauiby, *op. cit.*, 1969, p. 111-112.

onde a obediência era essencial. Nesse mundo, a cultura do mando e da subserviência não podia ser afrontada, sob o risco de ruir todo o prédio sobre o qual ela fora construída.

Em 1922, o delegado Emilio Castelar Gustavo, uma autoridade com 17 anos de serviço, intimou a criada de uma mansão para prestar depoimento na sua delegacia. A empregada havia testemunhado o atropelamento de uma criança e o seu depoimento era imprescindível para o inquérito. Como ela não se apresentava na delegacia, o delegado mandou dois inspetores buscarem-na. Pouco depois, o patrão dela invade a delegacia, se dirige ao delegado e lhe passa um sermão na frente dos seus subalternos: "Foi o senhor que mandou uns indivíduos à minha casa intimar as criadas a virem depor aqui na delegacia? Uns estrangeiros estúpidos, porque se eles fossem brasileiros saberiam que não se invade assim uma casa de família!". O delegado tentou fazê-lo entender que o depoimento da sua criada era importante para a conclusão do inquérito, mas foi desacatado pelo patrão, um alto funcionário da Secretaria da Agricultura. Castelar mandou prendê-lo no mesmo momento. Em seguida, mais calmo, ordenou que o soltassem.

À noite, ele foi chamado na residência do secretário da Segurança. Ao chegar, recebeu ordens de assinar sua demissão. O secretário explicou que o cidadão fora se queixar diretamente com o governador e não havia o que fazer. O Dr. Washington Luís ficara aborrecidíssimo, dizia o secretário. Abatido, Castelar respondeu que tinha família e a polícia era seu único meio de sustento, por isso não podia assinar a demissão. No dia seguinte, ele tomou conhecimento que fora exonerado pelo governador, o que indica que a estabilidade funcional dos delegados não era tão estável assim. O jornal *Folha da Noite* descreveu o delegado como "um homem honrado que teve a infelicidade de ter vindo ao mundo com um nome desconhecido e não dispor, para amparâ-lo num transe delicado da sua vida de funcionário público, do prestígio político com que tudo, infelizmente, se consegue".[106]

---

[106] *Folha da Noite*, 23 de janeiro de 1922; "Dr. Emilio Castelar Gustavo". *APCSP*, vol. XII, 2º semestre 1946, p. 471-472.

Um delegado de polícia não podia ameaçar alguém que estivesse acima da sua posição hierárquica. Para as elites paulistas, o senso de hierarquia dava sentido à sociedade. A obediência e o respeito estavam na base da estrutura policial, onde uma disciplina rígida percorria toda a cadeia de comando, de cima para baixo, ficando represada nas mãos dos delegados. Encarregados de zelar pela disciplina dos seus auxiliares, os delegados tinham o poder de punir qualquer subordinado com multa, suspensão, prisão e até demissão sumária.[107] A disciplina era muito valorizada pela alta hierarquia policial, como comprovam os despachos do delegado Cantinho Filho (1881-1951), chefe do Gabinete de Investigações. Existem guardados na polícia livros com as chamadas *Ordem do Dia*, do Gabinete de Investigações (1926-27). Estes despachos eram publicados diariamente pelo chefe do Gabinete, com ordens, recomendações, escalas de plantão e, principalmente, elogios e punições para servirem de exemplo a todos os funcionários. O delegado Rafael Cantinho Filho era filho de um juiz que chegou a ministro do Tribunal de Justiça. Nascido em Piracicaba, Cantinho Filho fora um daqueles jovens bacharéis recrutados por Washington Luís, em 1906, para formar a polícia de carreira. Depois de galgar todos os postos da carreira, foi nomeado chefe do Gabinete de 1925 até o final de 1927, terminando sua carreira como delegado auxiliar.[108]

Os despachos revelam que os inspetores tinham que se apresentar para o trabalho de terno e gravata, com o cabelo aparado e as unhas limpas. O encarregado passava-os em revista toda manhã. Eles tinham a obrigação de cumprimentarem-se e aos superiores com cortesia. Qualquer falta era punida com advertência ou suspensão. O inspetor Synésio Barbosa foi advertido por entrar no Gabinete de chapéu na cabeça e não saudar os colegas.[109] Os funcionários eram proibidos de ficarem "estacionados" nos corredores sem nada fazerem, ou de interrogarem as partes, o que cabia exclusivamente às

---

107 Manuel Gomes de Oliveira. *Guia Policial do Estado de S. Paulo*. São Paulo: Saraiva, 1924, p. 20-47.
108 Frederico de Barros Brotero, *op. cit.*, 1944, p. 359-360; Academia de Ciências, Letras e Artes dos Delegados de Polícia do Estado de São Paulo. *Anuário: 1987-1999*. São Paulo, 1999, p. 111.
109 *Ordem do Dia*, 4 de setembro de 1926.

autoridades policiais.[110] Delitos considerados graves estavam sujeitos a demissão sumária. Os inspetores e escrivães não tinham estabilidade na carreira, bastando uma desaprovação do delegado para serem demitidos.

O delegado Cantinho Filho era severo na disciplina, exonerando um motorista que sempre se atrasava e um investigador faltoso que vinha prejudicando "o bom andamento do serviço deste gabinete".[111] Também foi demitido o inspetor José Garcia que, embriagado, dirigiu palavras ofensivas ao comissário da Delegacia de Vigilância e Capturas dentro de um teatro.[112] O inspetor Eugênio Lara foi exonerado "a bem da moralidade" por avisar a companheira de um ladrão que este achava-se preso, ter se oferecido para arranjar-lhe um advogado e ainda ter-lhe feito "propostas desonestas".[113] Outro inspetor, Jorge Elias, foi exonerado por ser "mau elemento", visto que tinha amizade com um arrombador havia anos e só quando tornou-se seu inimigo é que o denunciou ao Gabinete.[114] Em outro despacho, vamos encontrar um inspetor de 2ª classe perdendo sua licença para tratamento de saúde porque chegou ao conhecimento do chefe que o mesmo passava as noites nos cabarés.[115]

Em outra circular, o delegado Cantinho Filho destituiu do cargo o inspetor de 1ª classe Jorge Guimarães por ele ter chutado um preso "sem motivo".[116] Até a violência era disciplinada no Gabinete, não sendo tolerada sem o consentimento dos superiores. Comportamentos e crenças que na visão do delegado não cabiam a um policial eram igualmente punidos. O inspetor Francisco Gagliano perdeu seu emprego por ficar apurado em inquérito administrativo que o mesmo praticava espiritismo em sua residência, onde dava consulta mediante pagamento.[117] Também encontramos diversos elogios e prêmios em dinheiro para inspetores

---

110 *Ibidem*, 12 de agosto de 1926.
111 *Ibidem*, 9 de abril de 1927.
112 *Ibidem*, 19 de março de 1927.
113 *Ibidem*, 22 de agosto de 1926.
114 *Ibidem*, 16 de outubro de 1926
115 *Ibidem*, 4 de dezembro de 1926.
116 *Ibidem*, 2 de outubro de 1926.
117 *Ibidem*, 26 de janeiro de 1927.

que, "com o risco da própria vida, cumpriam o seu dever". Os inspetores João Bueno, Francisco Napolitano e Ramon Guerra Rubio receberam 200 mil réis cada um pela atuação no esclarecimento de um homicídio ocorrido no Sacomã.[118] Além de uma disciplina severa, havia uma rígida divisão de classes dentro da polícia, observou o criminalista suíço Rodolphe Reiss, contratado para instruir a polícia de São Paulo em 1913. Criticando o que viu, o suíço disse:

> que me seja permitido fazer uma outra pequena observação: muitos dentre vocês não têm seu pessoal subalterno à mão, ele vos escapa. A causa disso é que, embora vocês sejam uma República, vocês são ainda profundamente aristocráticos. Existe aqui uma completa separação de classes. Não passaria jamais pela cabeça da maioria endereçar uma boa palavra a um soldado ou um agente. Senhores, seus agentes, seus soldados, não se interessarão por seus trabalhos a menos que vocês os considerem como colaboradores e não como simples obreiros. Com uma boa palavra podem ter um homem apegado a vocês por toda a vida. Durante o serviço é necessária uma disciplina férrea; se há falta, façam uma reprimenda, justa, talvez contundente, mas esquecida após cinco minutos. Sobretudo se o indivíduo mostra vontade de reparar a sua falta; porém fora do trabalho é preciso tratar bem os subalternos.[119]

Mesmo acostumado à polícia francesa, conhecida por seu elitismo, Reiss nunca havia presenciado uma separação estanque entre superiores e subalternos. Em São Paulo, a hierarquia policial refletia a divisão social: os delegados eram de uma classe e os subalternos de outra. Não havia qualquer possibilidade de se cruzar aquela linha. Os prontuários e os relatos de antigos policiais revelam que os inspetores de polícia eram na grande maioria oriundos das classes baixas. Tinham pouca ou nenhuma instrução e procuravam na polícia

---

118 *Ibidem*, despacho do delegado Juvenal Piza ao Chefe do Gabinete de Investigações datado de 23 de dezembro de 1926.

119 A. R. Reiss. *Polícia Scientifica*, vol. 5, p. 135-136. As palestras do criminalista suíço se encontram guardadas na Biblioteca da Acadepol, em francês.

um emprego seguro, atrelado ao governo. Um policial aposentado contou que grande parte dos inspetores que conheceu queria fugir do trabalho pesado e repetitivo das fábricas.[120] No Apesp, encontram-se cartas de pessoas sem ocupação definida enviadas ao chefe de polícia pedindo para serem admitidos como agentes de polícia. Um destes pedidos é do italiano Gennaro Giribono, que dizia ter servido na *Guardie di Finanza*, na Itália. Outro a fazer uma solicitação semelhante, datada de 1900, é Vicente Miraglia, explicando que morava em São Paulo havia cinco anos e tinha sido empregado na loteria do sr. Grimoni, onde desempenhou com bastante zelo suas funções.[121] Em comum, tinham o fato de ser em todos indivíduos sem patrimônio, sem um nome que, se aceitos na instituição, passariam a desfrutar de direitos e uma identidade no teatro social.

As carteiras funcionais de alguns inspetores guardadas no acervo do Apesp revelam que a maioria exercia atividades reservadas às classes baixas, como pintor, copeiro, cocheiro, tipógrafo e operário. Tinham pouca instrução e vinham de fora da cidade, de outros estados ou mesmo do exterior. Contudo, suas carteiras portavam fotos cuidadosamente ensaiadas, assim como assinaturas caprichadas.[122] Como observou André Rosemberg, o engajamento no corpo policial funcionava para muitos como um passaporte para a sua efetiva existência no mundo formal e um meio de fugir da instabilidade e insegurança que marcavam o cotidiano da maioria dos trabalhadores.[123]

O prontuário do inspetor Antônio Fidêncio de Lima é o mais detalhado dos que encontramos.[124] Nascido em Itatiba em 1910, Lima passou sua infância entre cafezais, ajudando o pai no trabalho. A família, muito pobre, mudava constantemente de residência. Sua mãe enviuvou cedo, e ele passou a trabalhar como carteiro para sustentar a família. Ajudado por um clínico, Lima conseguiu um emprego de eletricista numa firma em São Paulo. Ele trouxe a

---

120 Entrevista com o delegado aposentado Sérgio Serafim da Silva em 25 de maio de 2007.
121 Marco Antônio Cabral dos Santos, *op. cit.*, p. 246. Estas cartas encontram-se nas latas sob o título genérico de "Polícia" (Apesp).
122 Fundo da Secretaria da Segurança, caixa C09487 (Apesp).
123 André Rosemberg, *op. cit.*, p. 133.
124 Prontuário nº 1824 (IIRGD).

mãe para morar consigo, porém viu suas responsabilidades aumentadas com a morte do irmão, que deixou dois sobrinhos para ele cuidar. Como suas despesas aumentaram, Lima combinou com o patrão de colocar um dos sobrinhos no seu lugar enquanto ele aceitava um cargo de servente na polícia, indicado por um amigo. Um ano e meio depois, Lima era nomeado inspetor da Delegacia de Ordem Política e Social. Já casado e com filhos, pediu para o delegado Joaquim Secco, seu superior, uma vaga de telefonista para sua esposa ajudar no sustento da casa. Em maio de 1940, Fidêncio de Lima trabalhava no setor de vigilância de hotéis e estradas de ferro, quando matou a tiros um colega ao saber de uma possível traição da esposa. O inspetor foi absolvido, permanecendo na polícia até aposentar-se. A origem social de Antônio Fidêncio de Lima não era diferente da maioria dos outros inspetores. O inspetor Luís Apolônio, que ingressou na polícia em 1928 e foi chefe de investigações do Dops por décadas, numa entrevista ao professor Paulo Emílio Sales Gomes (1916-77), diria: "vim de muito baixo, não me envergonho disso e foi com o suor de meu corpo franzino que me tornei um modesto paulista".[125]

MODERNIDADE E CONSERVADORISMO

Apesar do desenvolvimento material, a elite dirigente paulista procurou de todas as formas manter seu mecanismo de dominação através do paternalismo e do clientelismo. O sentimento de classe era algo cristalizado nela, cujos membros tinham laços fortíssimos de parentesco e casamento unindo-os. Educados em escolas particulares, criadas e dirigidas por professores europeus, os filhos desta classe dominavam outras línguas, como francês, alemão e inglês. Eram todos aparentados, quase todos bacharéis, colegas de turma ou amigos desde a infância. Davam-se todos uns com os outros. Mesmo disputando espaço político e negócios altamente lucrativos, eles se viam como uma classe dotada de "superioridade moral, clarividência e tipo prático".[126] Seus filhos casavam-se entre si, reafirmando os laços; homens po-

---

125 Paulo Emilio Salles Gomes. *Cemitério*. São Paulo: Cosacnaify, 2007, p. 31.
126 Telésphoro de Souza Lobo. *São Paulo na Federação*. São Paulo: 1924, p. 104-105.

derosos apadrinhavam os mais desafortunados, controlando sua renda e até mesmo seu futuro. Era o caso dos delegados e seus auxiliares. Essa cadeia, multiplicada, formava um emaranhado de lealdades que pareciam naturais e espontâneas, onde muitos preferiam se incorporar à classe dominante por meio do sistema de clientela, ao invés de se oporem a ela.[127] Joseph Love, estudando essa elite, chega a um número assustadoramente pequeno de membros que ocuparam postos importantes no governo de São Paulo entre 1889 e 1937: 263 pessoas. Mais de um terço deles apresentava uma complexa rede de interligações econômicas e de parentesco.[128]

Parte considerável da fortuna dessa elite estava ancorada na venda de café e na intermediação de capital. Paulo Prado (1869-1943), herdeiro do conselheiro Antônio da Silva Prado (1840-1929), prefeito de São Paulo por longos anos e dono da Casa Prado, Chaves & Cia., intermediava empréstimos do governo de São Paulo com bancos estrangeiros.[129] A elite paulista atuava em conjunto com os grupos dominantes do mundo desenvolvido, mas sem ser uma marionete desses interesses. Os magnatas paulistas eram independentes o suficiente para, em interesse próprio, criar esquemas de valorização do café envolvendo acionistas e banqueiros europeus em prejuízo de grupos norte-americanos. Em 1908, o governo de São Paulo conseguiu captar recursos na Europa para vender seus estoques diretamente a comerciantes estabelecidos nos Estados Unidos que se comprometiam a não entregá-lo à Bolsa, o que tornava o produto mais escasso e, consequentemente, mais caro. Esquemas sofisticados como este, que contrariavam as regras de mercado e as leis antitruste norte-americanas, eram possíveis apenas porque a elite dirigente paulista sabia manipular os mecanismos financeiros dos centros desenvolvidos.[130]

---

127 Francisco Antônio Doria. *Os herdeiros do poder*. Rio de Janeiro: Revan, 1995; Emília Viotti da Costa, *op. cit.*, cap. 6.

128 Joseph Love, *op. cit.*, p. 215-234.

129 Danilo José Zioni Ferretti. "Paulo Prado e o uso político do passado paulista". In: Nilo Odalia & João Ricardo de Castro Caldeira (org.). *História do Estado de São Paulo/ Formação da Unidade Paulista*. Vol. 2 – República. São Paulo: Editora Unesp, 2010, p. 313.

130 Clodoaldo Bueno. *Política Externa da Primeira República*: os anos de apogeu – de 1902 a 1918. São Paulo: Paz e Terra, 2003, p. 374-382.

Joseph Love assinala que, graças à expansão da economia exportadora, a elite paulista construiu laços efetivos com a Europa. Um em cada onze membros dela era acionista ou gerente de uma empresa estrangeira, e praticamente o mesmo número já havia sido condecorado por governos estrangeiros, provavelmente em retribuição a serviços prestados.[131] As grandes famílias enriquecidas pelo café desfrutavam do que havia de melhor nas capitais europeias. A família Penteado, por exemplo, fazia todos os anos uma viagem de passeio pela Europa. Ignácio Penteado (1865-1914), um rico comissário de café, morou seis anos em Paris. Dizia-se que o salão dos Penteado era um prolongamento da embaixada brasileira. Ali promovia-se festas para congregar escritores franceses com intelectuais brasileiros, que viviam ao redor dos magnatas paulistas. A família Penteado tinha também uma casa magnífica na rua Conselheiro Nébias, em São Paulo, onde a matriarca da família, Dona Olívia Penteado (1872-1934), promovia as artes e o convívio social das classes privilegiadas paulistas. Dona Olívia mantinha-se atualizada lendo os melhores magazines de moda, arte e cultura enviados da França e da Inglaterra.[132] No início da década de 1920, depois de uma viagem a Paris, ela reformou sua casa para acolher artistas modernistas que também viajavam frequentemente para a Europa, de onde traziam ideias para transformar a vida cultural da cidade.[133]

Para essa elite, Paris era uma capital cultural mundial. Walter Benjamin (1892-1940) batizou-a de capital do século XIX.[134] Palco de uma renovação urbanística pioneira que serviu de modelo para cidades como Londres, Viena e Berlim, Paris resultou numa cidade "espetacular" como nenhuma outra, atraindo artistas, escritores e cientistas, além da fina flor da sociedade mundial. Todas as inovações tecnológicas pareciam desfilar por Paris: cinema, eletricidade, automóveis e aeroplanos. A identidade da cidade tinha a marca das

---

131 Joseph Love, *op. cit.*, p. 222.
132 Godoffredo Telles Júnior, *op. cit.*, p. 13-17.
133 Maria Eugenia Boaventura. *O salão e a selva*: uma biografia de Oswald de Andrade. Campinas: Editora da Unicamp, 1995; Aracy A. Amaral. *Tarsila*: sua obra e seu tempo. São Paulo: Editora 34/Edusp, 2010.
134 Walter Benjamin. *Passagens*. São Paulo: Editora UFMG, 2009, p. 53.

exposições universais. Seu maior cartão postal – a Torre Eiffel – era resultado de um desses eventos. Visitantes e turistas utilizavam as redes de transporte moderno, ligando a França a todos os cantos do mundo, para visitar suas exposições. Os pavilhões da Exposição Universal de 1900 atraíram mais de 50 milhões de pessoas. O governo francês subsidiava as atrações culturais, enquanto a imprensa devotava grandes espaços para os debates literários e os movimentos *avant-garde*, transmitindo para um público distante a impressão de estar participando da efervescência da Cidade Luz.[135]

A historiadora Heloisa Barbuy descreve a expansão da cultura industrial europeia como uma teia cujos fios foram se estendendo progressivamente, do centro para a periferia, prolongando sua malha mundo afora, atingindo a América Latina, o Brasil e a cidade de São Paulo.[136] A elite cafeicultora procurava romper sua ligação com as tradições do mundo rural, lembrança de um Brasil atrasado, numa ânsia por contemporaneidade que era buscada num estilo de vida pungente, inspirado no modo de vida europeu. O que alimentava essa elite era a ideia de modernidade. Os homens da segunda metade do século XIX possuíam uma clara consciência de viver uma ruptura com o passado, vivenciado em um conjunto amplo de transformações cumulativas e profundas nas esferas econômica, política e cultural. A modernidade carregava consigo um modo de ser, uma visão de mundo que intensificava a ordem industrial, embora ela não tenha sido sentida e interpretada por todos os intelectuais da mesma forma. Mas foi vivida profundamente por todos eles.[137]

Jacques Le Goff observou que os ícones do progresso – como a iluminação elétrica, o motor de combustão, a turbina a vapor, o aeroplano, o transatlântico, os gramofones e telefones – transmitiram um sentimento de ruptura dos indivíduos e das sociedades com o passado, mas constituíram

---

135 Akira Iriye & Pierre-Yves Saunier (ed.), *op. cit.*, p. 234-237; Patrice Hugonnet. *Paris*: capital of the world. Cambridge, MA: Harvard University Press, 2002.

136 Heloisa Barbuy. *A cidade-exposição*: comércio e cosmopolitismo em São Paulo, 1860-1914. São Paulo: Edusp, 2006, p. 225-228.

137 Martin Daunton & Bernhard Rieger (ed.). *Meanings of Modernity*: Britain from Late-Victorian Era to World War II. Oxford: Berg, 2001.

também e paradoxalmente um movimento de integração de países e grupos sociais em torno de uma ordem imaginada.[138] Nesse sentido, a modernidade não conhecia fronteiras. No decorrer do longo século XIX, um número crescente de pessoas passou a se ver como modernas ou a enxergar um mundo moderno ao seu redor. O historiador C. A. Bayly considera que a sociedade europeia sentia-se moderna precisamente porque um número considerável de intelectuais, estadistas e cientistas viam a si mesmos como modernos, isto é, superiores às populações de suas colônias. Ao mesmo tempo, pensadores asiáticos, africanos e latino-americanos compreendiam que o mundo como eles conheciam estava erodindo. Alguns viam esse processo com bons olhos, acreditando que fosse necessário para a humanidade atingir um outro patamar, e que um sopro de modernidade melhoraria suas vidas e seu futuro.[139]

Descrevendo esse processo onde "tudo que era sólido se desmancha no ar", Marshall Berman escreveu que os ambientes e experiências modernos cruzaram todas as fronteiras, unindo a humanidade num único período, marcado pela modernidade.[140] Testemunhando a obsessão da elite paulista por tudo que fosse moderno, um francês que morou em São Paulo por volta de 1914 escreveu:

> [O brasileiro moderno] estima que sua civilização atual, as ferrovias, as grandes cidades de aspecto londrino, parisiense ou berlinense, a eletricidade profusa, os incontáveis bondes, os hospitais-modelo, os teatros monumentais, as universidades gigantes, as escolas exemplares, as inigualáveis instalações higiênicas e policiais, merecem exclusivamente admiração. (...) A glória do paulista é ser avançado. Ele despreza os países atrasados; esses que somam menos trilhos, menos estações, menos mobiliário vienense em madeira recurvada, menos eletricidade

---

138 Jacques Le Goff. *História e Memória*. Campinas: Editora da Unicamp, 2008, p. 173-204.

139 C. A. Bayly, op. cit., p. 10-11; Jorge Larrain. *Identity and Modernity in Latin America*. Cambridge, UK: Polity, 2000, p. 70-91.

140 Ver a introdução de Marshall Berman. *Tudo que é sólido desmancha no ar*: a aventura da modernidade. São Paulo: Companhia das Letras, 1998.

nas luminárias das lojas, mais casas antigas cor-de-rosa, azuis, marrons e brancas com arcadas, mais cadeirões em jacarandá maciço e entalhado, mais igrejas azuis e brancas.[141]

A cidade de São Paulo foi palco de um programa ambicioso de construção de edifícios institucionais, arruamento e instalação de serviços de água, luz e gás articulado por engenheiros treinados na Europa e nos Estados Unidos, como Antônio Francisco de Paula Souza (1843-1917), filho e neto de políticos eminentes do Império, e defensor de uma reforma territorial e urbana radical, centrada nas ferrovias, no saneamento e num ensino público condizente com os ideais do novo regime.[142] Os discursos enaltecedores descreviam São Paulo como uma locomotiva a puxar vagões vazios, que representavam os outros estados da nação. Não por acaso, o brasão da cidade, criado pelo poeta Guilherme de Almeida (1890-1969) e por Wasth Rodrigues (1891-1957) em 1917, simbolizava o voluntarismo paulista no desenho de um braço armado empunhando a bandeira da Ordem de Cristo, estandarte dos bandeirantes, sob o lema emblemático: "Não sou conduzido, conduzo".[143]

Raymundo Faoro (1925-2003) observou que a modernização chegou à sociedade brasileira por meio de um grupo condutor que, privilegiando-se, procurou moldar sobre o país, pela ideologia e pela coação, uma política de mudança economicamente orientada, porém profundamente conservadora.[144] Washington Luís, um personagem símbolo da época, afiançava que o seu desejo era "dotar São Paulo de tudo quanto o progresso e a civilização exigem que haja aqui".[145] Modernizar era criar meios de se chegar à modernidade, era transformar o atraso, romper com o passado, construir

---

141 Heloisa Barbuy, *op. cit.*, p. 33.

142 Cristina de Campos. *Ferrovias e saneamento em São Paulo*: o engenheiro Antônio Francisco de Paula Souza e a construção da rede de infraestrutura territorial e urbana paulista, 1870-1893. Campinas: Pontes Editores, 2010.

143 Elias Thomé Saliba. "Histórias, memórias, tramas e dramas da identidade paulistana". In: Paula Porta (org.), *op. cit.*, vol. 3, p. 569-577.

144 Raimundo Faoro. *Existe um pensamento político brasileiro?* São Paulo: Ática, 1994, p. 99.

145 Eugenio Êgas, *op. cit.*, vol. 3, p. 11.

prédios, portos, ferrovias, fábricas e impor novas formas de sociabilidade e disciplina à população. Esse discurso a favor da modernização se estendeu à esfera da administração pública, promovendo a burocratização estatal, sobretudo da polícia paulista, reformada para ser uma polícia moderna em consonância com as polícias dos países desenvolvidos. Entre 1907 e 1913, a polícia paulista recebeu investimentos incessantes; montou um gabinete de identificação moderno; instalou alarmes telegráficos pelas ruas centrais da cidade; adquiriu uma frota motorizada; implementou o registro fotográfico das cenas de crime para aprimorar os inquéritos policiais; aperfeiçoou seu corpo de bombeiros; construiu uma novíssima penitenciária e contratou técnicos estrangeiros renomados para treinar a polícia de carreira e a Força Pública.[146] Estas práticas traduziam o espírito das elites paulistas, que reforçavam sua posição no espaço social ao impor mudanças que, ao mesmo tempo em que transformavam a sociedade, legitimavam as hierarquias e as relações de dominação.

POLÍCIA E ELEIÇÃO NOS ANOS 1920

Um dos mitos repetidos na época sobre os efeitos da modernização da polícia de São Paulo foi que ela "saiu das mãos dos políticos locais, para as mãos seguras de uma plêiade de bacharéis, completamente alheios aos negócios de campanário". Pouco a pouco, diziam, "a polícia partidária e perra retraiu-se, desaparecendo, sucumbindo, para dar lugar à polícia imparcial e pronta, filha da justiça e defensora do direito".[147] Porém, são fartas as evidências de que a polícia paulista nunca se separou da política. A polícia tinha meios de influir no resultado eleitoral e o fazia sem constrangimento, favorecendo o governador e seus aliados. Durante o pleito, os delegados podiam prender qualquer um, calando opositores e afastando eleitores, proteger aliados políticos ou simplesmente ignorar os abusos de certos chefes políticos.

---

146 Sobre os "progressos da polícia", ver o álbum comemorativo mandado imprimir na Itália: *A Polícia de S. Paulo*. Roma: Officina di Fotoincisione nell Instituto di S. Michele Zagnoli & Anastasi, 1912.

147 Eugenio Êgas, *op. cit.*, vol. 3, p. 10.

Em fevereiro de 1924, o governador Washington Luís enfrentou a dissidência impondo um sucessor. Para tal, ele exonerou ou removeu todos os delegados e subdelegados dos municípios onde não tinha apoio, intervindo nos comitês distritais e ordenando que inspetores e delegados de polícia acompanhassem a votação.[148] Tão importante quanto isso era o delegado deixar os cabos eleitorais livres para atuar. Recordando os anos 1920, o jornalista Paulo Duarte (1899-1984) escreveu:

> O PRP degenerou mesmo depois da proclamação da República, e degenera cada vez mais. A fraude eleitoral é que o sustenta. Os seus cabos eleitorais são tipos do mais baixo nível moral e intelectual, pois sem eles as eleições não se ganhariam. Eles e a polícia.[149]

Denúncias de fraudes e violências cometidas durante as eleições enchiam os jornais, onde reinava uma desilusão com o sistema político. A máquina política perrepista dependia dos cabos eleitorais para conquistar eleitores e apoio aos seus candidatos. Os cabos eleitorais intermediavam a relação de troca entre as pessoas comuns e os líderes do PRP. Eram indivíduos como o advogado Mário do Amaral, do Cambuci, ou o empreiteiro Estanislau Pereira Borges, de Santa Ifigênia.[150] Mas o maior cabo eleitoral da cidade de São Paulo era o major José Molinaro (1872-1928), líder dos cocheiros e presidente do Centro dos Motoristas que funcionava no Bom Retiro. Paulo Duarte comenta que as macarronadas na casa de Molinaro eram famosas; o major tinha um excelente coração, recebia a todos muito bem, mas isso não o impedia de mandar dar uma surra na pessoa no dia seguinte.[151]

Molinaro veio ainda criança para o Brasil, acompanhado do padrasto, irmãos e irmãs. Chegou nas primeiras levas de imigrantes em 1886. Sua família trabalhou em várias fazendas até estabelecerem-se em Ribeirão Preto. Ali, seu

---

148 José Ênio Casalecchi, *op. cit.*, p. 163-164.

149 Paulo Duarte. *Memórias*: miséria universal, miséria nacional e minha própria miséria. Vol. 7. São Paulo: Hucitec, 1978, p. 297.

150 James P. Woodard, *op. cit.*, p. 38.

151 Paulo Duarte, *op. cit.*, vol. 7, p. 297.

padrasto comprou dois carroções para fazer carreto para os sitiantes. No começo do século, a família veio para a capital, onde Molinaro ficou conhecido transportando carga e passageiros na Estação da Luz.[152] O advogado Múcio de Oliveira Costa, em depoimento prestado no inquérito que apurou a morte de Molinaro, contou que o conhecia desde que ele era carregador na Luz. Sabia também, por informações de vários delegados, inclusive do ex-delegado geral João Batista de Souza, que Molinaro esteve preso inúmeras vezes como desordeiro e membro da "Camorra da Luz". No seu prontuário constavam mais de cinquenta prisões, que desapareceram quando ele tornou-se cabo eleitoral do PRP, disse o advogado em depoimento.[153]

A atividade de Molinaro permitiu-lhe, com sua agressividade, organizar os carroceiros, colocando-se como um intermediário dos imigrantes que buscavam reconhecimento profissional e os governantes interessados em controlar a cidade. Molinaro percebeu que o voto era uma das mercadorias mais preciosas que ele poderia fornecer. Organizando seus vizinhos e compadres, ele conseguiu incitar um bom número de imigrantes a votar nos candidatos do PRP, com a promessa de que os eleitos ajudariam a ele e ele aos seus companheiros. Tendo em mãos os títulos eleitorais dos seus protegidos, Molinaro possibilitou a eleição de vereadores, deputados e senadores do PRP, alcançando prestígio e fortuna. Segundo Marília D'Elia, Molinaro chegou a "possuir" nove mil eleitores no distrito do Bom Retiro, suplantando a Sé, Brás e Santa Ifigênia.

Em troca, Molinaro recebeu a patente de major da Guarda Nacional e viu seus negócios prosperarem. Ele aumentou sua frota de táxis, multiplicou suas garagens, oficinas, e investiu em postos de gasolina. Chegou até a transformar-se em revendedor da Ford em São Paulo. Molinaro exercia na cidade, mais especificamente no bairro do Bom Retiro, um poder que só era possível

---

152 Marilia Pamplona Moreira D'Elia. "Major Molinaro: vida, paixões e sorte". *Revista Leitura*, 4 de agosto de 1985; Antônio D'Elia. "O Major Molinaro e o Voto Múltiplo". *Revista do Arquivo Municipal*, n°197, São Paulo: Prefeitura de São Paulo, 1979, p. 47-54 (FFLCH).

153 Depoimento do Dr. Múcio de Oliveira Costa datado de 23 de agosto de 1929. Inquérito policial sobre a morte de José Molinaro (ATJSP).

com a cumplicidade da polícia, obediente ao maior interessado na existência de gente como ele. A trajetória desse imigrante serve para descortinar uma face ainda pouco conhecida da história política paulista.

Acompanhando a eleição de 1928 pelos jornais, podemos observar que, naquele ano, o PRP não era mais o senhor absoluto dos votos na capital. O Partido Democrático, uma dissidência formada por membros da elite excluídos do poder e insatisfeitos com os rumos do país, empenhava-se em conseguir uma vitória nas urnas. Atentos contra as fraudes, fiscais do PD exigiram ver os boletins completos dos eleitores. Um mesário do distrito da Sé fugiu com os livros, iniciando o tumulto. A imprensa conta que militantes do Partido Democrático invadiram as salas de votação para apreender os boletins. Nesse momento, chegou o delegado auxiliar Otávio Ferreira Alves, que tentou acalmar os ânimos negociando a entrega parcial dos boletins. Ao saber da invasão, o major Molinaro cercou o local com seus capangas. Segundo um jornal, o major foi repelido com socos e chutes quando, em seu auxílio, apareceu o deputado Sílvio de Campos (1884-1962), irmão do falecido governador Carlos de Campos, que desfechou tiros contra a multidão, obrigando-a a se dispersar sem conseguir as atas de votação.[154]

Nem Molinaro, muito menos o deputado Sílvio de Campos, foram detidos pela polícia. Sílvio de Campos servia na comissão diretora do PRP e era o deputado eleito com maior votação na história de São Paulo. Conhecido por seus ímpetos violentos, às vezes misturados com o álcool, o deputado era acusado de cometer e ordenar várias violências. Paulo Duarte conta que a política da capital estava nas mãos dele desde a ascensão do irmão à presidência do estado. "Sílvio não hesitava diante da violência e, muitas das vezes, ele não se contentava em organizar seus planos fora da lei, mais ainda ia, como homem destemido que era, comandar a violência pessoalmente." O jornalista, que o conheceu de perto, afirmava que o pior defeito de Sílvio de Campos era o "uso ou abuso do álcool que não o tornava um bêbado, mas um homem perigoso

---

154 *Diário Nacional*, 31 de outubro de 1928.

e desatinado até".[155] Sua façanha mais comentada ocorreu em 1937 quando, sentindo-se insultado e traído, invadiu a redação do *Correio Paulistano* com seus capangas e deu um tiro na boca do jornalista Alberto Americano. O deputado controlava parte do PRP, era advogado da Light e diretor da Companhia de Cimento Portland.[156]

A política era inseparável da violência. O delegado que investigou o assassinato do major Molinaro chegou à conclusão de que o chefe político do Bom Retiro atraíra a cobiça e a inveja dos seus próprios correligionários.[157] No dia 27 de dezembro de 1928, após o horário do almoço, Molinaro encontrava-se na frente da Assembleia Legislativa, na Praça João Mendes, quando um funcionário de cartório pediu para lhe falar em particular. Sem dizer uma palavra, o funcionário sacou um revólver e atingiu o major no abdômen. O major tentou se defender segurando a arma do agressor, mas foi novamente baleado e caiu. O assassino, então, mirou na cabeça do major e desfechou mais três tiros. Molinaro morreu no hospital. O assassino, Eduardo Benatti, mesário do PRP e ex-sócio do major, foi preso em flagrante. Alegando que estava sendo perseguido pelo poderoso cabo eleitoral, Benatti terminou absolvido pelo júri em novembro de 1930. Contrariando os indícios de complô apresentados no inquérito policial, o júri decidiu, por quatro votos a três, que o réu foi levado a matar por desespero.[158]

O TEMOR À DESORDEM

O agravamento da crise econômica e dos conflitos entre patrões e empregados corroeu as bases da República. O tom da maioria dos intelectuais era de crítica e desânimo. A conclusão era de que não havia um governo representativo, não havia democracia, não havia partidos, não havia República.[159] A

---

155 Paulo Duarte. *Memórias*: apagada e vil mediocridade. Vol. 5. São Paulo: Hucitec, 1977, p. 207.
156 Israel Beloch & Alzira Alves de Abreu (coord.), *op. cit.*, vol. 1, p. 596; Paulo Duarte, *op. cit.*, vol. 5, p. 205-209; Wladimir de Toledo Piza. *Por quem morreu Getúlio Vargas*. Rio de Janeiro: Ampersand, 1998, p. 73.
157 Relatório do inquérito policial datado de 1 de janeiro de 1929 (AJSP).
158 Laudo do assassinato de José Molinaro. In: Corpos de Delicto, livro n° 8004 – Dezembro 1928; *Diário da Noite*, 12 de novembro de 1930.
159 Ver Vicente Licinio Cardoso (org.). *À margem da história da República*. Brasília: Editora Unb, 1981 [1924].

mobilização em torno da campanha presidencial de 1919 já trazia sintomas do descontentamento que aumentaria nos anos seguintes. Pela primeira vez, um candidato fez uma campanha voltada para os eleitores, realizando comícios pelas principais cidades do país. Um número expressivo de jornais apoiou a candidatura de Rui Barbosa, que prometia mudanças políticas, sociais e econômicas. A euforia foi grande e a derrota para o candidato oficial serviu para alimentar ainda mais o descrédito nas urnas.[160]

Entre alguns militares de baixa patente, cresceu a convicção de que somente uma ação radical poderia reconduzir o país para o caminho traçado pelos propagandistas da República. Em 5 de julho de 1922, fracassou uma tentativa de levante organizada por tenentes no Rio de Janeiro, e o presidente eleito, Artur Bernardes (1875-1955), assumiu em novembro decretando estado de sítio. Dois anos depois, eclodiu um novo movimento dentro dos quartéis. Dessa vez, o foco da revolta foi na cidade de São Paulo. Na madrugada do dia 5 de julho de 1924, unidades rebeldes do exército e da Força Pública ocuparam as ruas do centro da capital paulista. Alertado, o comandante da 2ª região militar conseguiu reverter a situação, prendendo alguns líderes da insurreição e tomando o Quartel da Luz. Os revolucionários revidaram bombardeando o Palácio do Governo e o prédio da Repartição Central de Polícia. Após três dias de luta, o governador Carlos de Campos abandonou a cidade indo se abrigar junto das tropas federais em Guaiaúna. A polícia inteira acompanhou o governador como uma guarda pretoriana, deixando a cidade completamente abandonada. Até o major Molinaro acompanhou a debandada com o seu pessoal. A notícia da fuga do governador se espalhou e os saques tiveram início. A falta de alimento e o temor de que a luta continuasse indefinidamente levaram populares a invadir os armazéns das firmas Matarazzo.[161]

O presidente da Associação Comercial de São Paulo, José Carlos de Macedo Soares (1883-1968), assistiu horrorizado às pilhagens, comparando-a

---

160 James P. Woodard, *op. cit.*, p. 93-104.
161 Ilka Stern Cohen. *Bombas sobre São Paulo*: a Revolução de 1924. São Paulo: Editora Unesp, 2007, p. 32-33; Vany Pacheco Borges & Ilka Stern Cohen. "A cidade como palco: os movimentos armados de 1924, 1930 e 1932". In: Paula Porta (org.), *op. cit.*, vol. 3, p. 291-308.

mais tarde com o prelúdio da insurreição bolchevista na Rússia.[162] Após o saque, Macedo Soares promoveu uma reunião em sua casa com o chefe revolucionário, o general Isidoro Dias Lopes (1865-1949), para que se restabelecesse a ordem e o policiamento da capital. O general rebelde colaborou com o presidente da Associação Comercial, pois sua luta não era contra a ordem, mas contra as "oligarquias" que, segundo ele, desvirtuaram os ideais republicanos. A primeira providência tomada foi organizar um serviço de policiamento, composto principalmente de estudantes, cuja tarefa era proteger os prédios públicos e inibir os saques.

No dia 11 de julho, as forças legalistas concentradas nos arredores da cidade iniciaram um bombardeio serrado. A estratégia dos governistas consistia em desmoralizar o comando rebelde e, ao mesmo tempo, atemorizar a população para que ela não tivesse ânimo em aderir ao movimento. Seguindo essa estratégia, os bairros elegantes da elite paulista foram poupados pela artilharia, que bombardeou sem dó os bairros operários. Num telegrama dirigido à Câmara dos Deputados, Carlos de Campos declarou: "Estou certo de que S. Paulo prefere ver destruída a sua formosa capital do que destruída a legalidade no Brasil".[163] Isolados e sem qualquer esperança de levar adiante seus planos, os revolucionários deixaram a capital na noite do dia 27 de julho, partindo na direção do sul do país, onde uniram-se a outras colunas rebeldes.

Com o retorno do governador à capital, tiveram início os processos e perseguições. Foram presos centenas de militares e civis, inclusive o presidente da Associação Comercial de São Paulo, acusado de conluio com os revolucionários. Seu primo, Bráulio de Mendonça Filho, delegado regional em Sorocaba, foi demitido acusado de fornecer um passe em branco a um "revolucionário". Inconformado, o delegado entrou na Justiça contra a medida abusiva e injusta do governador, porém seu processo permaneceu esquecido no tribunal.[164] Todo estrangeiro suspeito de auxiliar os rebeldes era preso,

---

162 Ilka Stern Cohen, *op. cit.*, p. 41.
163 Paulo Duarte. *Agora Nós!* (originariamente publicado em 1927). São Paulo: Imprensa Oficial, 2007, p. 92.
164 Aureliano Leite, *op. cit.*, 1944, p. 132; Prontuário nº 104.

deportado para os confins do Acre e largado ao abandono. O boato de que "batalhões estrangeiros", formados por operários imigrantes, teriam se unido aos revoltosos serviu como pretexto para uma repressão impiedosa contra os trabalhadores. Agremiações de operários foram fechadas e seus membros encarcerados, mesmo não tendo eles participado do movimento armado. Até a Liga Nacionalista, um grupo conservador e moralista formado por funcionários liberais, teve suas atividades proibidas.[165]

O desespero de algumas vítimas da investida policial pode ser sentido nesta carta, datada de 21 de outubro de 1925, dirigida ao major Molinaro por um dos seus eleitores:

> Prezado amigo:
>
> Uma vizinha da fábrica, Sra. Gloria, tem o marido preso sob imputação de revoltoso, desde o fim de maio p.p., e ela por várias vezes pediu-me para solicitar ao amigo Major Molinaro, a sua intervenção para ver se possível de libertar o seu marido.
>
> Por este fim venho com a presente para pedir ao amigo de interessar-se e pedir ao Ilmo. Sr. Dr. Andrelino de Assis, se for possível soltar o Alberto Lopse marido da Sra. Gloria. Estou certo que o Ilmo. Sr. Dr. Andrelino, que é muito atencioso e cumpridor escrupuloso da lei, se for possível não recusará esse favor, visto que quem sofrem mais são a esposa do preso que tem três filhinhos, o maior dos quais ainda não tem 5 anos de idade. Pode estar certo que se não for por isso não vinha incomodar o amigo. Como sabe sou eleitor com mais os meus dois filhos maiores, e em breve terei outro, e nunca abusei do velho amigo, pedindo favores, estando certo que por esta vez procurará em quanto lhe for possível satisfazer o meu pedido.[166]

A resposta do governador Carlos de Campos à população, ainda atordoada com a destruição da cidade, foi anunciar novas reformas na polícia

---

165 Paulo Sergio Pinheiro. *Estratégias da ilusão*. São Paulo: Companhia das Letras, 1991, p. 99-102, 106-109.

166 Carta do sr. Felice Lucattelli, datada de 21 de outubro de 1925, anexada no inquérito que investigou o assassinato do major Molinaro, com o fim de demonstrar que ele era uma pessoa estimada e prestativa.

procurando dotá-la de mais recursos. Em 30 de dezembro de 1924, o governador aumentou o aparelho policial paulista. O Gabinete de Investigações recebeu sete novas delegacias especializadas, voltadas para a repressão e investigação de furtos, roubos, homicídios, falsificações, crimes contra os costumes e atividades subversivas contra a ordem. O decreto criou dentro do Gabinete de Investigações a Delegacia de Ordem Política e Social, para vigiar o crescente operariado em São Paulo e estar atenta contra as tentativas de sublevação. Novos funcionários foram admitidos na polícia e o número de delegacias regionais foi ampliado. Às delegacias da capital foi dado um crédito suplementar de 25 mil contos; outro de 650 mil contos foi destinado à manutenção das prisões do estado. No total, foram gastos mais de dois milhões na reorganização do aparato policial. Por fim, o governador revogou o cargo de delegado geral para colocar, como chefe de polícia, um íntimo colaborador da sua família: o deputado Roberto Moreira, frequentador da sua casa e advogado de importantes empresas estrangeiras como a Nestlé e a Portland.[167]

O pânico suscitado pela rebelião militar provocou uma devassa nas fileiras da Força Pública. Foram expulsos da tropa todos os oficiais e praças suspeitos de participar da sublevação. O contingente da Força foi dramaticamente reduzido de 14.079 para 8 mil praças. Os soldados leais, entretanto, foram homenageados com a medalha da legalidade. E atendendo a um velho pedido da Força, o governador contratou um aviador norte-americano para organizar uma esquadrilha que recebeu seis novos aeroplanos em 1930.[168] Para compensar a redução do efetivo da Força Pública, a polícia civil teve o seu corpo reforçado com a criação da Guarda Civil, uma nova corporação destinada a substituir a Guarda Cívica da Capital. Criada por

---

167 Mensagem apresentada ao Congresso Legislativo em 14 de julho de 1925, pelo Dr. Carlos de Campos, presidente do Estado de São Paulo. São Paulo: Diário Oficial, 1925, p. 97-101; Hermes Vieira & Oswaldo Silva, *op. cit.*, p. 238-241; Israel Beloch & Alzira Alves de Abreu (coord.), *op. cit.*, vol. 3, p. 2291.

168 Mensagem de 1925, *op. cit.*, p. 99 e 104; Mensagem apresentada ao Congresso Legislativo em 14 de julho de 1930, pelo Dr. Heitor Teixeira Penteado, vice-presidente do Estado de São Paulo. São Paulo: Diário Oficial, 1930, p. 163.

decreto em 1926, a Guarda Civil seria totalmente independente da Força Pública, garantindo à polícia um destacamento inicial de mais de mil homens subordinados diretamente ao 3ª delegado auxiliar, um servidor fiel do governo.[169]

A despesa com a segurança pública atingiu um recorde em 1925, como podemos aferir observando o seguinte quadro:

1897	9.067:340 $ 416
1905	19.478:213 $ 828
1907	10.766:024 $ 326
1910	12.572:713 $ 497
1917	20.264:895 $ 548
1919	20.828:714 $ 838*
1921	23.054:931 $ 000*
1925	36.716:397 $ 773*

Fonte: Mensagens dos governadores de São Paulo dos anos de 1897, 1905, 1907, 1910, 1917, 1919, 1921, 1925 (Apesp).

O quadro reflete o gasto crescente da Secretaria de Justiça, órgão que centralizava as despesas com a ordem pública. Na folha de despesas da Secretaria estão o judiciário, a polícia civil, o sistema penitenciário e a Força Pública. Os anos de 1919, 1921 e 1925, marcados com um asterisco, representam somas gastas somente com a polícia civil, a Força Pública e o presídio do estado. Através desse montante podemos ter uma ideia do aumento substancial de gastos com a atividade policial após 1917, ano da grande greve. Nesse período, o efetivo policial quintuplicou, ao passo que as despesas aumentaram mais de sete vezes. O poder judiciário, enquanto isso, não chegou a dobrar em termos de pessoal e custo.[170]

Outro fato que chama a atenção é que, após 1905, São Paulo deixou de mostrar um superávit nas suas contas para apresentar déficits cada vez maiores no seu orçamento, ou seja, o estado estava gastando mais do que arrecadava. Para o diretor geral da Secretaria da Agricultura, Eugenio Lefevre,

---

169 Hermes Vieira & Oswaldo Silva, *op. cit.*, p. 238-244.
170 Andrei Koerner, *op. cit.*, p. 237-239.

a causa principal desses déficits foram os gastos enormes com a compra de ferrovias, empréstimos externos e internos, amortização da dívida e, sobretudo, o subsídio à agricultura.[171] A crença geral daqueles que comandavam o estado parecia ser de que, desde que houvesse ordem, a conjuntura se prolongaria indefinidamente e as dívidas seriam roladas. Como resultado, gastava-se cada vez mais com a manutenção da ordem.

Num momento de grave crise política e social, voltava com muita força o discurso que associava polícia com progresso, desenvolvimento com ordem. Durante a inauguração do novo prédio do Gabinete de Investigações, no dia 4 de julho de 1927, o chefe de polícia Roberto Moreira discursou:

> Nenhum serviço, nas sociedades modernas, sobreleva o da polícia. Dada a complexidade das relações humanas na sociedade contemporânea, a ordem é um elemento inelutável para tornar possível a vida social, assegurando a garantia do trabalho e promovendo o desenvolvimento das atividades dos homens. Sem ordem é impossível a produção industrial, artística e literária. Sem ordem, não pode haver elevação moral; sem ordem, nada é possível na vida social, porque teríamos o caos, a ignorância, a delinquência, o desfibramento do caráter, a subversão da pátria![172]

Para Moreira, a polícia constituía "a fibra central da organização pública", necessitando de investimentos contínuos para combater os "elementos nocivos que não conhecem outra ação, além da ruína das instituições".[173] Parece que o chefe de polícia não enxergava, ou não compreendia, que a polícia estava empenhada numa guerra que ela não podia vencer de modo permanente ou definitivo.

---

171 Eugenio Lefevre, *op. cit.*, p. 96-97.
172 Discurso do chefe de polícia Roberto Moreira. In: "Gabinete de Investigações e Escola de Polícia: Breve notícia sobre a inauguração oficial em 4 de julho de 1927". São Paulo: Typ. da Escola de Polícia, 1927, p. 4.
173 *Ibidem*, p. 4-7.

CONSIDERAÇÕES FINAIS

Embora se possa falar, no Brasil, de um monopólio progressivo do uso da força pelo Estado desde a independência, o caráter pessoal paternalista das relações sociais fundadas no trabalho escravo e o convívio próprio dos pequenos núcleos urbanos retardaram o processo de institucionalização da polícia em São Paulo. O medo do caos e da multidão, durante os anos tumultuados que se seguiram à proclamação da República, redefiniu o papel da polícia no cenário institucional. O ambicioso projeto de modernização implantado em São Paulo exigia instituições adequadas para a criação de estruturas que assegurassem o desenvolvimento econômico do estado. Houve uma reforma ousada da máquina estatal que criou secretarias novas, aprofundando processos de controle administrativo e contratando engenheiros, médicos, professores, técnicos e advogados para operar as recém-criadas repartições especializadas em saneamento, vacinação, obras, agricultura, imigração, indústria, comércio, pesquisa e segurança pública.

Desde o início, a modernização da polícia paulista esteve ligada a um projeto que procurou integrar o maior número possível de atores sociais dentro de uma nova ordem, subordinada aos interesses de uma fração da sua elite dirigente reunida em torno do grande capital cafeeiro. No espaço de pouco mais de duas décadas, a elite política que se encastelou no comando do estado exercendo o monopólio dos cargos públicos treinou, equipou e profissionalizou seus corpos policiais para garantir a ordem, os investimentos estrangeiros, alavancar a economia e, sobretudo, amparar os acordos políticos. A política de valorização do café levou o setor cafeeiro a depender cada vez mais do estado e, consequentemente, daqueles que controlavam os cofres do estado. A concentração de poder desse grupo levou a um fortalecimento do poder executivo em detrimento dos poderes locais, possibilitando a transformação da polícia paulista em uma burocracia estável, na qual os delegados deixavam de ser cargos improvisados, ligados a interesses dispersos, para se tornarem carreiras sólidas com linhas hierárquicas bem definidas e carregadas de um certo prestígio social.

A biografia dos chefes de polícia e dos principais líderes políticos paulistas confirma esse deslocamento de poder e indica que, se por um lado, a reforma policial representou um passo importante na transformação das relações do público com o Estado, de outro ela serviu para sustentar os vínculos paternalistas que marcavam há muito tempo as relações de poder no Brasil. Nesse ponto, podemos dizer que a modernização da polícia foi mais um espelho dos valores das elites paulistas do que de um verdadeiro rompimento com o passado. Ainda assim, não podemos desprezar as transformações globais que proporcionavam sentido ao projeto das elites paulistas. É preciso ressaltar que as elites paulistas acreditavam no discurso do progresso e sentiam-se integradas ao mundo moderno. Portanto, a metamorfose da polícia de São Paulo foi um processo histórico local, porém pensado por pessoas profundamente afinadas com um discurso de progresso e civilização que ultrapassava fronteiras, alimentando teorias econômicas, filosóficas e científicas que prometiam transformar tudo ao seu redor.

2
POLÍCIA E CIVILIZAÇÃO

> *Se a gente fosse especificar um pouco mais o desenvolvimento social do interior paulista, podíamos reconhecer a existência duma fase digna de ser apelidada "civilização do delegado". Houve um momento em nossa vida, em que uma espécie de criação de vergonha nos elementos de carreira, fez com que os delegados decidissem acabar com os caudilhismos locais. Pelo menos na manifestação escravocrata dona de vida e de morte que esse caudilhismo tinha.*
>
> Mário de Andrade [1]

EM 1929, O ESCRITOR MÁRIO DE ANDRADE (1893-1945) usou numa crônica a expressão "civilização do delegado" para descrever uma fase na qual o interior paulista teve que se submeter a uma "ordem civilizadora", imposta por uma polícia de carreira. Em sua crítica ao mandonismo, o escritor escolheu o termo civilização porque ele se contrapunha ao quadro de violência e impunidade que infestava o interior paulista. Ser civilizado era ser adiantado, culto, urbano e instruído, ensinavam os compêndios gramaticais. Nesse sentido, civilização se opunha a barbárie. Laudelino Freire (1873-1937) conceituava civilização como um estado de adiantamento cultural e social.

---

1   Mário de Andrade. "Caso em que entra bugre" (conto de 1929). In: Ernani Silva Bruno. *O planalto e os cafezais*. São Paulo: Cultrix, 1959, p. 245-246.

Citando Rui Barbosa (1849-1923), o filólogo dizia: "Quem civiliza o selvagem, doutrina o ignorante".[2]

A ideia de civilização, incorporando nações inteiras e pessoas de diversas classes sociais, não apenas estratos privilegiados, foi uma ideia chave do século XIX, que uniu pelo mundo grupos sociais afinados com um discurso modernizador. Para Fernand Braudel (1902-85), não há dúvida de que essa palavra surgiu porque dela se tinha necessidade para reforçar os vínculos entre as nações desenvolvidas e justificar o seu domínio sobre populações inteiras.[3] O historiador indiano Deep Kanta Lahiri-Choudhury prefere pensar a ideia de civilização como uma "comunidade imaginada" em larga escala, estruturadora de hierarquias, nações, culturas e identidades; portanto, por definição, multicultural, embora ela tenha sido usada para subjugar povos e regiões inteiras.[4] Pessoas cultas, estadistas ou mesmo simples trabalhadores defendiam a missão civilizadora dos seus países. O jovem Charles Darwin (1809-82), por exemplo, escreveu em 1836 que era impossível para um inglês percorrer colônias distantes sem sentir orgulho e satisfação. Abrigar a bandeira inglesa, disse ele, de muitas formas trazia consigo riqueza, prosperidade e civilização.[5]

O conceito de civilização equivalia ao de progresso, modernidade e ordem. Todo aquele que se dizia civilizado absorvia tecnologia e hábitos distintos, consequentemente, civilizar-se era ocidentalizar-se, isto é, integrar-se às regras de mercado, adotar padrões e valores europeus. Confessando sua atração por essa ideia magnífica, Joaquim Nabuco (1849-1910) escreveu: "Sou antes um espectador do meu século do que do meu país: e a peça é para mim a civilização, e se está representando em todos os teatros da humanidade, ligados hoje pelo telégrafo".[6] Surgida na França da segunda metade do século XVIII, a palavra civilização passou imediatamente a denotar aquilo que faz

---

2   Laudelino Freire. *Grande e Novíssimo Dicionário de Língua Portuguesa*. Vol. II. Rio de Janeiro: José Olympio, 1954, p. 1422.

3   Fernand Braudel. *Gramática das civilizações*. São Paulo: Martins Fontes, 2004, p. 25-30.

4   Akira Iriye & Pierre-Yves Saunier (ed.), *op. cit.*, p. 152-157.

5   Hannu Salmi, *op. cit.*, p. 114.

6   Joaquim Nabuco. *Minha formação*. Brasília: Editora Unb, 1963 [1900], p. 33.

a superioridade de uma sociedade sobre outra, do presente sobre o passado, da Europa sobre o resto do mundo. No século seguinte, o conceito contido na ideia de civilização passou a ressaltar o progresso das ciências e da produção de bens materiais que, por sua vez, eram fonte de aperfeiçoamento moral, social e artístico na visão dos porta-vozes da superioridade europeia.[7]

No entanto, enquanto o mundo se tornava demograficamente maior e geograficamente menor, em outro sentido ele caminhava para uma divisão clara entre regiões ricas e pobres, modernas e atrasadas. Essa constatação reforçava a noção de que existia uma hierarquia entre as civilizações, no topo da qual estava o Império britânico. Traçar uma linha evolutiva, colocando as nações industrializadas no seu topo, de certa forma naturalizava o domínio e a exploração dos povos atrasados em benefício do desenvolvimento da humanidade. Toda nação periférica para se impor precisava ocupar um lugar no panteão das nações civilizadas. Assim fez o Japão ao derrotar a China e a Coreia em 1894, alegando que lutava contra elites decadentes em prol da civilização. Seis anos depois, o Japão enviou tropas em auxílio das potências ocidentais durante a Rebelião Boxer, reafirmando seu lugar ao lado das nações civilizadas.[8] No final do século XIX, a palavra civilização estava estabelecida nos compêndios gramaticais como sinônimo de superior, adiantado e culto.

Fazendo ver o peso desse conceito, o sociólogo francês Émile Durkheim (1858-1917) ensinava aos seus alunos que o grau de civilização de um povo tinha reflexos na taxa de homicídios. Para validar sua assertiva, ele exibia estatísticas mostrando que na Europa os maiores números de homicídios ocorriam justamente nos países mais atrasados: Itália, Hungria e Espanha. Para Durkheim, o painel moral das "sociedades absolutamente inferiores" contrastava com o das "nações de alta cultura", como Alemanha, Inglaterra, França e Bélgica, cujas taxas de homicídios eram as menores do continente. As primeiras estavam ainda imersas no mundo rural, enquanto as segundas

---

7   Sociedade-Civilização. In: *Enciclopédia Einaudi*, vol. 38. Lisboa: Imprensa Nacional-Casa da Moeda, 1999, p. 385.

8   Akira Iriye. *Cultural internationalism and world order*. Baltimore: John Hopkins University Press, 1997, p. 36

tinham experimentado "avanços nos sentimentos coletivos, no ideal humano, nos bens tanto material como moral do indivíduo".⁹ Por outro lado, lamentava o sociólogo francês, a fraude, o calote, a bancarrota e os roubos aumentavam com a civilização. A mesma convicção tinha o positivista mexicano Miguel Salvador Macedo (1856-1929), que via nas altas taxas de homicídio do seu país o indício de "um país bárbaro, longe da civilização".¹⁰ No Brasil, intelectuais seduzidos pelas teorias europeias e por uma sensação de pertencimento a uma comunidade imaginada – a Civilização Ocidental – enxergavam no país dois cenários opostos, ainda que ligados organicamente: o cenário do progresso, representado pelas cidades; e o cenário rural, o sertão, onde reinava o arbítrio, a violência e o atraso.¹¹

Na capital paulista, o interior era descrito nos jornais como uma terra selvagem. Chamar aquelas terras de "sertão" era uma das formas de caracterizá-lo como um local inóspito, distante da civilização, um território que precisava ser conquistado. Em 1904, o então deputado Washington Luís lembrava em um discurso que "descobrir, conquistar e apossar" foi a missão do paulista no passado, e "civilizar, construindo benfeitorias", era a missão do paulista no presente. Solicitando recursos para abrir estradas no "sertão desconhecido", Washington Luís declarou diante do plenário:

> Ninguém ignora como a civilização para lá tem avançado; tem feito o bem como faz a cirurgia, cortando, mutilando,

---

9   Émile Durkheim. *Lições de Sociologia* (aulas ministradas entre 1890-1912). São Paulo: Martins Fontes, 2002, p. 158-159.

10 Robert M. Buffington. *Criminal and citizen in modern Mexico*. Lincoln, NE: University of Nebraska Press, 2000, p. 52-53.

11 Em discurso na Câmara dos Deputados do Rio de Janeiro, Afrânio Peixoto declarava que os "sertões do Brasil começavam no fim da Avenida Central". Ver Carlos Monarcha. *Brasil Arcaico, Escola Nova*: ciência, técnica e utopia nos anos 1920-1930. São Paulo: Editora Unesp, 2009, p. 91; Margarida Souza Neves. "Os cenários da República. O Brasil na virada do século XIX para o século XX". In: Jorge Ferreira & Lucilia de Almeida Neves Delgado (org.)., *op. cit.*, vol. I, p. 15-41; Cléria Botelho da Costa. "Progresso e desordem: o alvorecer da República brasileira". In: Amadeu Carvalho Homem *et al* (coord.). *Progresso e religião*: a República no Brasil e em Portugal, 1889-1910. Maia: Imprensa da Universidade de Coimbra, 2007, p. 55-86; Nicolau Sevcenko. *Literatura como missão*: tensões sociais e criação cultural na Primeira República. São Paulo: Companhia das Letras, 2003.

amputando, e o gentio tem recuado, mas a ferro e fogo. Mas o gentio também mata. Nas divisas da barbaria com a civilização lembramo-nos com horror o fim trágico do monsenhor Claro Monteiro, trucidado nas margens do rio Feio.[12]

O crime aparece como uma nódoa do sertão. Os jornais da capital descreviam os assassinatos ocorridos no interior de São Paulo como os mais violentos e repugnantes, alimentando o imaginário dos leitores com bandidos sanguinários e figuras tenebrosas chamadas pela imprensa de "facinorosos".[13] Saídos dos bancos da Faculdade de Direito, os delegados seguiam para o interior como se estivessem levando para a parte mais atrasada da sociedade a prevalência de lei sobre o mandonismo local, ou seja, a própria essência do Estado moderno. De fato, o cenário rural, cercado de ameaças e assassinatos por encomenda, acabou por nutrir um espírito de corpo entre os delegados, que se colocavam como imbuídos de uma "missão civilizadora".

SERTÃO E BANDITISMO

No início de março de 1897, um verdadeiro pânico tomou conta dos jornais. A notícia do fracasso da expedição do coronel Moreira César (1850-97) em Canudos deixou a opinião pública perplexa. Figura eminente do Exército, Moreira César havia sido morto pelos "fanáticos de Antônio Conselheiro" no sertão da Bahia. Canudos passou então a ser considerado uma séria ameaça à estabilidade do regime republicano, nas mãos do seu primeiro presidente civil, o paulista Prudente de Moraes. Entre homenagens ao coronel morto e vivas à pátria, o *Correio Paulistano* brandia: "A República não cairá; a República continuará a exercer sua missão civilizadora!".[14] Em discurso perante o Congresso, Prudente de Moraes respondia que "a causa da legalidade e da civilização em

---

12 Eugênio Êgas, *op. cit.*, vol. 3, p. 8-9.

13 Exemplos de "crimes bárbaros" e "cenas de revoltante perversidade muito comum em localidades do interior" podem ser lidos no *Jornal D'Oeste* de Ribeirão Preto, 5 de julho de 1897; *Correio Paulistano*, 2 e 9 de fevereiro de 1897; *O Estado de São Paulo*, 9 de maio de 1902.

14 *Correio Paulistano*, 11 de março de 1897.

breve vencerá a ignorância e o banditismo".[15] Em São Paulo, o *Correio Paulistano*, ainda sob o impacto da notícia da morte do coronel Moreira César, noticiou que a quadrilha do bandido paulista João Brandão pretendia dirigir-se à Bahia para juntar-se à jagunçada de Antônio Conselheiro, como se as forças do caos e da desordem estivessem se unindo para derrubar a República.[16]

Os jornais da capital reclamavam uma ação dura contra o banditismo, citando as quadrilhas de Chico Tanoeiro e outros "facinorosos" que praticavam depredações impunemente pela região de Jaú.[17] No final de abril, o Dr. Francisco Martiniano da Costa Carvalho, chefe de polícia, anunciou uma repressão vigorosa contra o banditismo, determinando a captura do temido Dioguinho. O jornal *Estado de São Paulo* rotulava-o como "um elemento de índole perversa", com 21 mortes, que cortava o rosto das suas vítimas para que não fossem reconhecidas, arrancando as vísceras e esquartejando os corpos antes de jogá-los em algum rio. Segundo o jornal, Dioguinho era "protegido por alguns abastados fazendeiros do Oeste deste estado".[18]

A fama de Diogo da Rocha Figueiredo (1863-97), o Dioguinho, ia de Ribeirão Preto a Jaboticabal, estendendo-se até Araraquara. Para ser exato, Dioguinho não era um bandido no sentido de viver de roubos, mas um homem violento a serviço dos poderosos. E não era o único, havia muitos iguais a ele. Só para citar alguns, havia Anselmo Barreira Barcelos, de Batatais; Benedito Oliveiro, vulgo "Cachoeira", de Casa Branca; Bernardino Prata, a "Fera de Rio Grande", que matava e rezava por suas vítimas; Eduardo Urquiza de Andrade, acusado de inúmeros crimes e acoitado pelos coronéis de Mococa; e Benedito Padeiro, autor de pelo menos quatro homicídios em Ipaussu.[19]

Dioguinho era oficial de justiça em São Simão, uma pessoa que vivia no seio das instituições, convivendo com autoridades e pessoas importantes. Ele

---

15   Dawid Danilo Bartelt. *Sertão, República e Nação*. São Paulo: Edusp, 2009, p. 185.
16   *Correio Paulistano*, 13 de março de 1897.
17   *Ibidem*, 31 de janeiro, 9, 12 e 17 de fevereiro de 1897.
18   *O Estado de São Paulo*, 29 de abril, 7 e 9 de maio de 1897.
19   Selma Siqueira Carvalho. *Dioguinho (1863-1897)*: estudo de caso de um bandido paulista. Dissertação (mestrado em Ciências Sociais) – PUC-SP, São Paulo, 1988, p. XIII-XIV.

fiscalizava a cadeia, prendia, soltava e ia ao casamento de cidadãos influentes da região. Um processo de 1888 informa que Dioguinho e seu irmão eram amigos do juiz e do delegado. Nesse processo, onde ele foi acusado de espancar soldados, testemunharam a seu favor várias autoridades, deixando transparecer que a violência era um meio usual de impor ordem na zona rural, uma ordem que beneficiava os proprietários de terra.[20] Testemunhas de um dos processos narram que Dioguinho teria se apaixonado por um rapaz de Batatais, motivo pelo qual teria se indisposto com o pai do moço e preparado uma tocaia contra ele. Essa informação, no entanto, não aparece no retrato do bandido construído pela imprensa, provavelmente porque ela não se encaixava na imagem de bandido sanguinário.[21]

Em abril de 1897, a vida do oficial de justiça sofreu uma reviravolta após o chefe de polícia recolher depoimentos de uma infeliz que ele teria desfigurado em São Simão. Balbina Maria de Jesus, ex-amásia do fazendeiro Manuel Ferreira da Silva, declarou ter sido torturada e amarrada num tronco de árvore. Seu cabelo foi arrancado enquanto Dioguinho ameaçava retalhar seios, nariz e lábios. Atendendo aos gritos da imprensa, o chefe de polícia deu ordens para o delegado Antônio de Godoy capturar o terrível facínora. O delegado embarcou para Ribeirão Preto levando consigo um destacamento da Força Pública. Sua primeira providência foi dar buscas nas fazendas dos protetores de Dioguinho. Na fuga, o bandido deixou para trás cartas e um diário com anotações comprometedoras. O delegado usou esse material para pedir a prisão de um deputado, um juiz de paz, um ex-delegado de polícia e alguns fazendeiros por darem abrigo ao criminoso.[22]

Sem proteção, Dioguinho procurou esconderijo com parentes. Uma informação do seu paradeiro chegou ao destacamento da Força Pública, que armou uma emboscada. Ao atravessar um rio numa canoa, Dioguinho foi morto a tiros

---

20 *Ibidem*, p. 82-86 e p. 28.

21 Auto do processo em que Dioguinho foi denunciado por tocaiar José Venâncio de Azevedo Leal, datado de 22 de fevereiro de 1897. In: João Amoroso Neto. *Dioguinho*. São Paulo, 1949, p. 300-305.

22 *Correio Paulistano*, 26 e 29 de abril; 5, 7, 8, 9 e 10 de maio e 11 de junho de 1897; *O Estado de São Paulo*, 5, 6, 7, 9, 10, 16, 17 e 23 de maio; 20 de junho e 25 de julho de 1897; *Diário Popular*, 7, 11 e 17 de maio de 1897.

junto do irmão mais novo. O *Correio Paulistano* chegou a exibir publicamente os despojos do "famigerado e tristemente célebre Dioguinho".[23] Os protetores do temido bandido foram a julgamento. Defendidos por Alfredo Pujol (1865-1930), um dos mais caros advogados de São Paulo, e com pareceres de Rui Barbosa e Pedro Lessa, eles foram absolvidos pelo júri. A defesa argumentou que Dioguinho não era um fugitivo da justiça no momento em que esteve na propriedade dos acusados, além do mais, não se podia confundir dar asilo a um malfeitor com "hospitalidade", uma virtude nobre e cristã dos réus.[24]

A caçada do bandido ocorreu num momento tenso da República. No plano nacional, o regime republicano e o poder dos cafeicultores paulistas estavam sendo desafiados por uma revolta popular nos confins da Bahia. No plano estadual, um crime hediondo respingava na figura de Campos Salles, símbolo maior do republicanismo em São Paulo. O crime dizia respeito ao assassinato do coronel Antônio Joaquim de Carvalho (1838-97), colega de faculdade de Campos Salles e presidente do diretório local do PRP em Araraquara. O coronel Carvalho foi morto por um jovem sergipano no dia 30 de janeiro de 1897. Rozendo de Souza Brito teria se tornado um adversário ferrenho do coronel após passar num concurso público de professor, mas ver outro ser nomeado no seu lugar. A partir de então, ele dedicou-se a afrontar o poder dominante na cidade através de artigos de jornal.[25]

O coronel foi morto ao agredir o sergipano junto do tio dele, dentro de uma farmácia. Tio e sobrinho foram presos. Na madrugada de 6 de fevereiro, após a missa de sétimo dia, um grupo de 20 pessoas encapuzadas invadiu a cadeia pública, trucidando os dois sergipanos. Os corpos das vítimas foram abandonados no centro de Araraquara à vista de todos. Uma testemunha que participou da invasão da cadeia disse em depoimento à Justiça que só acompanhou os filhos do coronel porque era "muito grato ao falecido" por este ter conseguido o perdão da pena que estava cumprindo e por dever muitos

---

23 *Correio Paulistano*, 8 de maio de 1897.

24 "Asylo a Assassinos e Roubadores". *Revista de Jurisprudência*, São Paulo, 1898, p. 11-38.

25 Rodolpho Tellarolli. *Os sucessos de Araraquara*: estudo em torno de um caso de coronelismo em fins do século XIX. Dissertação (mestrado) – Departamento de História da USP, São Paulo, 1975.

favores ao seu ex-patrão.[26] A opinião pública ficou estarrecida com o linchamento. Os jornais da capital logo assumiram posição contra ou a favor do governo, ainda que todos reprovassem a brutalidade das mortes que colocavam em dúvida "a civilização e os costumes paulistas".[27] O jornal monarquista *Commercio de São Paulo* viu no crime uma excelente oportunidade para responsabilizar a República por todos os desvios e violências ocorridos no país, conclamando as autoridades a punir os culpados por tão repugnante crime:

> Faça-se justiça – sejam descobertos e punidos os culpados, os mandatários do infame linchamento, cuja notícia, transpondo os confins do estado de São Paulo e a República brasileira, se alastrará pelos países da velha Europa, escurecendo o bom nome do Brasil e fazendo responsável toda a nação por este ato de inaudita ferocidade.[28]

Com o incentivo de alguns jornalistas, organizaram-se *meetings* pela cidade para pedir a punição dos linchadores. O *Correio Paulistano*, órgão do PRP, colocou-se frontalmente contra as manifestações, criticando aqueles que se aproveitavam da "tragédia" para "explorar o descontentamento público" e semear a "descrença na ação da justiça".[29] O principal acusado de planejar o linchamento era o Dr. Theodoro Dias de Carvalho Júnior (1858-1928), genro do chefe político assassinado e figura de alta projeção no PRP. Carvalho Júnior havia sido chefe de polícia e depois secretário da Agricultura durante o governo de Bernardino de Campos. Por conta disso, o escândalo tomou grandes proporções, obrigando o governador a se pronunciar sobre o crime. Numa nota vazada para o *Correio Paulistano*, comentava-se que Campos Salles, muito abalado, "impôs silêncio ao coração lacerado para que pudesse agir livre, desafogada, a razão suprema do Estado".[30]

26 *Ibidem*, p. 5.
27 *O Estado de São Paulo*, 8 de abril de 1897.
28 *Commercio de São Paulo*, 11 de março de 1897.
29 *Correio Paulistano*, 2 de março de 1897.
30 *Ibidem*, 20 de fevereiro de 1897.

O governador, procurando mostrar isenção, nomeou delegados e promotores para apurarem o crime, mas não foi pedida a prisão preventiva de ninguém. O Tribunal decretou segredo de justiça para evitar que detalhes dos depoimentos vazassem para a imprensa. Mesmo assim, o Dr. Carvalho Júnior teve liberdade para ocupar páginas e páginas de jornais, defendendo-se da acusação de ser o mandante da chacina dos Britos. No julgamento, ocorrido em julho de 1897, compareceu um grande número de autoridades. Representando o Dr. Theodoro Carvalho Júnior estavam dois mestres da Academia de Direito, o conselheiro Duarte de Azevedo e o Dr. Herculano de Freitas, além do respeitabilíssimo Dr. Cerqueira César, que apenas emprestou à defesa o seu nome. Cerqueira César era cunhado de Campos Salles e ex-vice-presidente do estado. Na primeira fila do tribunal estava também o Dr. Carlos de Campos, filho de Bernardino e secretário da Justiça. A defesa recebeu aplausos da plateia que se levantava em respeito às figuras públicas presentes, inclusive o réu. No final dos debates, o júri decidiu pela absolvição dos acusados.[31]

A caçada a Dioguinho e a prisão dos seus protetores aconteceram num momento de aparente fraqueza do governo. A pesquisadora Selma de Carvalho revela que, pouco antes do chefe de polícia ordenar a captura de Dioguinho, vândalos haviam depredado propriedades da Companhia Mogiana em São Simão e nas cidades vizinhas, supostamente seguindo ordens de fazendeiros incomodados com a estrada de ferro. A perseguição a Dioguinho colocou um fim nas depredações.[32] Dentro desse contexto, a eliminação de Dioguinho pode ser interpretada como um sinal às lideranças insubordinadas de que o governo estadual não podia ser desdenhado. O episódio dava também mostras de que a polícia era um instrumento eficaz para o governador impor sua presença diante das lideranças locais.

---

31 Rodolpho Tellarolli, *op. cit.*, 1975, p. 159-172.

32 Selma Siqueira de Carvalho, *op. cit.*, p. 56-58. Em 18 de fevereiro de 1897, a Companhia se defendia das críticas no *Correio Paulistano*. Três meses depois, ainda no calor das notícias envolvendo a morte do "célebre facínora", a Companhia, de propriedade de Jorge Tibiriçá e seu sogro, publicou um relatório comemorando os seus resultados financeiros no jornal *O Estado de São Paulo*, de 11 de maio de 1897.

A POLÍCIA NO INTERIOR PAULISTA

Nos anos anteriores à Abolição, o aumento da fuga de escravos e da rebeldia nas fazendas corroeram lentamente o controle dos senhores. O cortejo de conflitos e o desafio à ordem senhorial atemorizavam as populações das cidades cafeeiras e perturbavam o sono dos fazendeiros, que não tinham meios de dar conta do problema sem ajuda do Estado. Ao mesmo tempo, aumentava o temor dos moradores das vilas e cidades em relação à presença de ex-escravos, perambulando de um lado para outro em busca de meios para driblar as dificuldades de sustento, e dos imigrantes que chegavam em grande número para trabalhar na construção de ferrovias e na colheita de café. O ingresso de gente desenraizada e sem laços com a sociedade local reclamava uma presença maior da polícia para controlar essas pessoas.[33]

Em algumas décadas, o número de delegacias no interior paulista mais que dobrou acompanhando a criação de municípios. Em 1892, havia 98 delegacias na zona rural; em 1924, o número aumentou para 227 delegacias. Esse crescimento obrigou à criação de delegacias regionais para fiscalizar o trabalho das delegacias. Criadas por decreto em 1916, as delegacias regionais tinham por objetivo facilitar o trabalho de supervisão do secretário da Segurança e aumentar o controle sobre os municípios. Foram criadas inicialmente sete delegacias regionais, distribuídas pelas cidades de Santos, Campinas, Ribeirão Preto, Guaratinguetá, Botucatu, Araraquara e Itapetininga. A elas caberia supervisionar e assessorar entre 10 a 25 delegacias espalhadas pela sua comarca.[34]

As regionais respondiam ao 2º delegado auxiliar. A 2ª delegacia auxiliar contava ainda com um pelotão de capturas da Força Pública para cumprir as determinações do chefe de polícia. Comandado pelo tenente Galinha, que tinha prazer em cultivar a fama de "caçador de homens", o pelotão servia para

---

33　Maria Helena Machado. *O plano e o pânico: os movimentos sociais na década da Abolição*. São Paulo: Edusp, 1994, p. 67-86; André Rosemberg, *op. cit.*, p. 360-371; Karl Monsma, *op. cit.*, 2008; Idem. *Conflito simbólico e violência interética*: europeus e negros no Oeste Paulista, 1888-1914. VII Encontro Estadual de História, Pelotas, 2004.

34　Rodolpho Tellarolli. *A organização municipal e o poder local no Estado de São Paulo na Primeira República*. Tese (doutorado) – Departamento de História da USP, São Paulo, 1981, p. 375-377.

anunciar a presença do estado no seu *hinterland*. De origem pobre, o tenente João Antônio de Oliveira (1869-1913), apelidado de tenente Galinha, ingressou moço no antigo Corpo Policial Permanente. Sua ficha traz a informação de que não tinha instrução e era filho de mãe ignorada. Célebre por suas aventuras, o tenente conseguiu uma longa folha de serviços recheada de elogios "pelo tino e alta coragem" na captura de "criminosos de importância".[35] Sua fama fez com que ele merecesse um enterro com honras militares. As mais altas autoridades do Estado carregaram solenemente as alças do seu caixão. O tenente Galinha morreu em sua cama, dormindo, alvejado por tiros. O caso virou escândalo depois da polícia descobrir que a esposa do tenente, auxiliada pelo amante, um inspetor de polícia amigo da vítima, planejara o crime.[36]

O interior do estado tinha uma importância estratégica para o governo estadual, pois era ali que estava concentrado cerca de 80% do eleitorado. A maioria dos paulistas morava na zona rural, onde mantinham laços de dependência bastante estreitos com os chefes políticos locais. Portanto, não foi coincidência o fato das delegacias regionais terem sido criadas exatamente no centro dos grandes colégios eleitorais. São Paulo era dividida em dez zonas eleitorais, cada uma com características próprias, população e economias nem sempre ligadas ao café. Todas, entretanto, tinham máquinas políticas ligando-as com a capital, através da comissão diretora do PRP.[37] Os diretórios locais abrigavam fazendeiros de grande notoriedade, como Vicente de Almeida Prado, de Jaú; Manoel Bento da Cruz, de Bauru; o coronel Bento de Abreu, de Araraquara, e o coronel Joaquim "Quinzinho" da Cunha Diniz Junqueira, de Ribeirão Preto. Governadores poderosos como Washington Luís e Carlos de Campos deviam muito a estes fazendeiros, cujo poder estava na extensão de terras que eles controlavam. Nestas terras vivia um eleitorado formado por chefes políticos menores, fazendeiros, comerciantes, pequenos proprietários e colonos. A capacidade desses homens de angariar apoio

---

35 Vicente Mário Gigliotti. "Da Cambada do Inferno a um novo Pelotão de Capturas". *SSP: Revista Mensal da Polícia de S. Paulo*, n° 19, maio 1969, p. 22-24.

36 *A Gazeta*, 24 e 29 de abril de 1913; *Correio Paulistano*, 25 de abril de 1913.

37 Joseph Love, *op. cit.*, p. 41-51.

e votos garantia a eles acesso facilitado às benesses dos cargos e recursos nas mãos dos governos estadual e federal.[38]

A mercadoria de troca que unia chefes locais, o presidente do diretório do PRP e o governo do estado era o voto. O chefe político capaz de "fazer" as eleições era o mais cortejado, sem importar os meios pelos quais ele se valia. A vitória nas urnas coroava o político, provando sua força e competência. Este foi o sistema que deu sustentação à República, mas que se transformou também em seu ponto fraco, pois as disputas tornavam-se intensas. Nesse embate, a violência era o recurso daqueles que queriam conquistar ou manter um espaço político. O foco das disputas era o município. Conquistar uma prefeitura significava controlar seus servidores, conceder favores, isentar impostos e autorizar licenças.[39] Com um município na mão, o político crescia em prestígio diante dos eleitores e das lideranças do PRP. Isso bastava para justificar lutas sangrentas.

No dia 29 de abril de 1922, o coronel Antônio Evangelista da Silva, conhecido como Tonico Lista, estava postado na frente da Câmara Municipal em Santa Cruz do Rio Pardo observando a fila de eleitores. Era um expediente comum levar o maior número de eleitores para votar, todos juntos, reduzindo a possibilidade dos opositores exercerem seu voto, pois as urnas fechavam depois de um determinado horário. De repente, dois capangas alvejaram o coronel. "Foi o sinal para a chacina", escreveu um jornalista. Outros pistoleiros alvejaram à queima-roupa João Paula Garcia, aliado do coronel, que se achava encostado numa árvore, "de braços cruzados ainda com um palito à boca", pois acabara de almoçar. "Generalizando o conflito, foram disparados mais de cem tiros, saindo em cena as carabinas que os capangas da oposição traziam escondidas sob suas vestes".[40]

---

38 César Mucio Silva. *Poder político e distribuição orçamentária em São Paulo na Primeira República (1890-1920)*. Tese (doutorado) – Departamento de História da USP, São Paulo, 2006, p. 84-93; José Henrique Artigas de Godoy. *Da opulência à ganância*: coronelismo e mudança social no Oeste Paulista (1889-1930). Tese (doutorado) – Departamento de Ciência Política da USP, São Paulo, 2006, p. 660.

39 Thomas W. Walker & Agnaldo de Souza Barbosa, *op. cit.*, p. 56-58.

40 *O Estado de São Paulo*, 3 de maio de 1922.

Após receber a notícia da chacina, o delegado regional de Botucatu ocupou a cidade. Num telegrama expedido para o secretário da Segurança, o delegado garantiu que tinha pedido a prisão preventiva dos suspeitos e que a "cidade hoje está na mais completa paz".[41] Denunciando os interesses políticos que estariam por trás do assassinato do coronel Tonico Lista, o *Diário Popular* listou, sem dar nomes, um membro da comissão diretora do PRP e ex-presidente do estado; um líder do governo; um lente da Faculdade de Direito; além do juiz e do delegado da cidade, que teriam conspirado contra o falecido coronel.[42] Todas as autoridades, de um modo ou de outro, acabavam envolvidas nas disputas.

Em dia de eleição, delegados e subdelegados eram vistos ao lado de capangas armados, vigiando as urnas. Os jornais de oposição acusavam a polícia de ser conivente com as fraudes e os abusos. A partir da campanha civilista de 1910, a moralização dos costumes políticos ganhou intensidade, obrigando o PRP e a polícia a intervirem no sentido de controlar a violência.[43] O delegado Amando Caiuby lembra que sua carreira deu um salto em 1916, depois que ele foi convocado pelo presidente do estado para pacificar a cidade de Itu, convulsionada por uma luta entre duas facções políticas rivais.[44] Delegados eram enviados da capital para garantir a ordem nos municípios. O delegado Juvenal Toledo Piza (irmão de Franklin Toledo Piza) relatou:

> Em 24 de fevereiro deste ano (1927), estive em Piracicaba para assistir as eleições de deputados e senadores federais e manter a ordem, durante o pleito eleitoral. A Câmara Municipal mantinha uma guarda municipal, composta de vários homens suspeitos, malencarados e cuja missão, era antes a de intimidar os inimigos políticos, que não comungavam as ideias do Partido

---

41 *Ibidem*, 7 de maio de 1922.
42 *Ibidem*, 14 de dezembro de 1922.
43 José Ênio Casalecchi, *op. cit.*, p. 219-223.
44 Amando Caiuby. "Washington Luis e a Polícia de Carreira". In: Washington Luís (visto pelos seus contemporâneos no primeiro centenário de seu nascimento), *op. cit.*, p. 110.

Democrático. Nessas condições, desarmei os guardas municipais, arrecadando as respectivas armas.[45]

Apesar dos editoriais inflamados e dos discursos moralizadores, as eleições representavam o momento de medir forças com os adversários. Foi o que se viu na chamada "Chacina de Palmital". No dia 12 de dezembro de 1922, durante as eleições municipais, o coronel José Machado, acompanhado dos seus correligionários, foi fuzilado a caminho da Câmara Municipal. Sete pessoas foram mortas, três da família do coronel. A chacina fora comandada pelo fazendeiro Candinho Dias de Mello, descrito pelo jornal *O Estado de São Paulo* como um "homem da mais completa rusticidade, mal sabendo traçar o seu nome".[46] Sentindo-se fraco para competir com o prestigiado chefe político da região, ele não viu outra forma de se impor a não ser através da eliminação do seu adversário político. Novamente os jornais culparam a polícia e o governo do estado por não terem evitado a tragédia. O *Correio Paulistano* respondeu às acusações minimizando as ocorrências durante as eleições:

> São Paulo pode orgulhar-se da sua cultura e alta educação cívica de seu povo. É prova disso a imperturbada ordem que reinou em todo o estado, com a acidental exceção de duas localidades, apenas, durante um pleito em que tomaram parte 212 municípios.[47]

As duas localidades eram Palmital e Pitangueiras, onde um mesário levou um tiro na testa durante a briga entre adversários políticos. O que o jornal não comenta é que a violência continuava generalizada, mesmo não se registrando outras mortes. Parentes das vítimas afirmavam que uma chacina de tal porte nunca teria ocorrido sem contar com a aprovação de políticos poderosos. A "Chacina de Palmital", acusavam os parentes, contou com o beneplácito de Ataliba Leonel (1875-1934), o poderoso chefe político da Alta Sorocabana. Ataliba

---

45 Relatório do delegado Juvenal Piza datado de 9 de maio de 1927 (DGP).
46 *O Estado de São Paulo*, 21 de dezembro de 1922.
47 *Correio Paulistano*, 16 de dezembro de 1922.

chegou a ser denunciado no inquérito policial como coautor intelectual do crime, mas a Câmara dos Deputados em São Paulo negou licença para ele ser processado. Do alto da tribuna, o deputado Júlio Prestes, presidente da Câmara, defendeu o acusado, que teve o processo arquivado.[48]

Ataliba Leonel iniciou na política com apenas 23 anos de idade, herdando o prestígio político do pai e do sogro, chefes atuantes em Piraju. Suas qualidades foram reconhecidas pelo coronel Fernando Prestes de Albuquerque (1855-1937), com quem sua família mantinha relações de amizade e respeito. Com o apoio de Fernando Prestes, Ataliba Leonel ganhou um assento na comissão diretora do PRP, sendo indicado para ocupar a chapa oficial do Partido. Sua posição na Câmara dos Deputados permitiu-lhe levar rede de água e esgoto, iluminação elétrica, linhas de bonde e um ramal da Sorocabana para o seu município. Em 1925, ele era apontado como "dono" do maior colégio eleitoral do estado, cem mil votos, os quais ele garantiu a Júlio Prestes, filho do seu antigo protetor.[49]

A vida de Ataliba Leonel e dos seus parentes foi uma sucessão de cargos ligados à ordem pública. Ele foi promotor; seu pai foi intendente, delegado de polícia e juiz de paz; seu sogro foi delegado de polícia e juiz de paz; seu irmão, Mariano Leonel Ferreira, foi delegado de polícia, juiz de paz e fiscal municipal.[50] O jornalista Paulo Duarte conheceu Ataliba Leonel numa das visitas que o governador Washington Luís fez ao interior paulista. A comitiva partiu da capital num trem de luxo, levando jornalistas, autoridades e políticos. Todos os rincões do estado receberam a visita do presidente de São Paulo. Em Piraju, "feudo de Ataliba Leonel", vários Fords alinhados em frente da estação ferroviária aguardavam a comitiva, que foi levada para almoçar numa das fazendas do coronel. Sobre Ataliba Leonel, Paulo Duarte escreveu:

> Contava-se façanhas terríveis dele. Mas, pessoalmente, Ataliba Leonel era um homem agradável, formado em Direito por São Paulo, mas todo o seu jeitão era de um caboclo mais educado. A

---

48 *O Estado de São Paulo*, 17 de dezembro de 1922; Rodolpho Telarolli, *op. cit.*, 1981, p. 624-626.
49 Rodolpho Telarolli, *op. cit.*, 1981, p. 594-610.
50 Ibidem, p. 627.

Faculdade o polira bastante, mas não o suficiente. Era amável e discreto, falava baixo, ria gostosamente nas ocasiões oportunas, o riso (...) mostrava duas presas com coroa de ouro. (...) Recebeu-nos em sua casa fidalgamente. Não fez nenhum discurso, nem mesmo no banquete oferecido a Washington Luís e Heitor Penteado. Deixou isso a cargo do juiz e do promotor. Depois do banquete levou-nos para o parque atrás da casa (...). Aí chegamos, fez-se uma roda. Um tipo grandalhão, alto, cheio de corpo, aproximou-se. Ataliba foi buscá-lo no grupo em que se encontrava. Ataliba repreendeu-o por não ter vindo para o banquete. Risonho, o tipo desculpou-se. Chegara tarde da fazenda.

— Venha comigo. E Ataliba o trouxe pelo braço até onde estávamos.

Apresentou-o ao presidente e os demais. Washington Luís era seu amigo íntimo e Ataliba o tratava de você com toda intimidade:

— Olhe, Washington Luís, este é o coronel tal, de quem falei. Um amigo de todas as horas, companheiro firme, um dos homens de maior prestígio em toda a zona.

Washington Luís estendeu-lhe a mão com um riso simpático. E o coronel, com a maior e risonha naturalidade:

— Não acredite no que diz o Dr. Ataliba, senhor Presidente. Ele é muito exagerado. Eu não passo de um bosta![51]

O jornalista conta que o presidente de São Paulo ficou mudo, até ouvir a risada de Ataliba Leonel. Washington Luís reatou o sorriso e riu. Só aí os demais tiveram licença para rir também... Em seu depoimento, Paulo Duarte afirma que a aliança do PRP com os chefes políticos locais trouxe tudo, menos civilização:

> duas coisas penetraram primeiro no sertão que começa a ser desvendado: a pinga e o politiqueiro. Com este vem sempre o grileiro, quando não é ele próprio chefe dos ladrões da terra.

---

51 Paulo Duarte, *op. cit.*, vol. 8, p. 207-208.

> Aliás, o próprio Washington Luís incentivava o grilo. Ele achava que se não fosse o grileiro, as terras teriam ficado ao abandono durante muito tempo depois da estrada de ferro. O grileiro vinha, brigava, apoderava-se das terras devolutas do Estado, mas dividia em grandes lotes e incentivava a abertura de novas fazendas. Esquecia-se, entretanto, de que eram incentivados também o furto, o roubo, e os assassínios pela capangada de que necessitavam os grileiros. (...) O grilo de terras vinha se tornando um fenômeno natural do desenvolvimento. Talvez progresso, sim, mas civilização e o mais tudo negativo. Já àquele momento, os jornais de São Paulo estavam cheios de discussões, de seção livre, de grupos de grileiros contra outros grileiros e de notícias de tocaias fatais, onde algum deles e seus mandatários caíam varados pelas balas de outros grileiros.[52]

Nesse cenário, o delegado de polícia cumpria um papel ambíguo. Com a obrigação de apurar crimes, reprimir a desordem e ao mesmo tempo acatar os pactos políticos do governador, o delegado aprendia cedo a desviar o olhar para sobreviver ou fazer carreira. Mas haviam também delegados que não hesitavam em prender capangas e desordeiros sem abaixar a cabeça para os chefes locais. Um deles foi o delegado Laudelino de Abreu, que empreendeu uma campanha contra grileiros da região de Ribeirão Preto. Quando a atuação do delegado começou a incomodar o chefe político local, o advogado João Alves Meira Júnior, um dos principais articuladores políticos do coronel "Quinzinho" da Cunha Diniz Junqueira, escreveu uma carta pedindo a intervenção do poderoso chefe político da Alta Mogiana:

> Estamos encontrando muitas dificuldades por causa do caso dos últimos atos do Delegado – que já não respeita as ordens de *habeas corpus, burlando-as*. Ele muito deseja ir para a capital (...). Veja se o *promove já*.[53]

---

52 Ibidem, p. 206.
53 José Henrique Artigas de Godoy, *op. cit.*, p. 673.

A carta era datada de janeiro de 1927; em maio, Laudelino foi promovido titular da 1ª delegacia da capital, assumindo, pouco depois, a chefia da Delegacia de Ordem Política e Social por indicação de Washington Luís.[54] As boas relações do ex-governador paulista com o chefe político da Alta Mogiana são conhecidas. Foi na região comandada pelo coronel "Quinzinho" que Washington Luís começou sua carreira política. Mas os problemas não se resolveram aí. Em outra carta, no mês seguinte, o advogado alertava:

> Acabo de ser informado que o atual delegado regional vai entrar em gozo de férias (...). Em sendo assim, enquanto durarem as férias, o substituto dele será o comissário Dr. João Martins, o qual foi educado na escola do Laudelino e do qual os meus amigos tem queixas. Seria bom que renunciando o Dr. Barros Monteiro, o atual regional, viesse outro daí – com instruções de brandura no modo de tratar o pessoal de que eleitoralmente estamos dependendo. O que não convêm é por em exercício o Martins – que se acha moralmente obrigado a sustentar a ação do Laudelino, i é (sic), e continua a fazer o que fazia quando este era o delegado.[55]

Depois de algum tempo parece que o assunto ficou resolvido. O Dr. Meira escreveu para o coronel "Quinzinho" relatando:

> O novo delegado de polícia procurou-me domingo à noite para assentarmos a orientação a seguir sobre os assuntos que ultimamente nos tem causado algum incômodo. Chegamos a perfeito acordo parecendo-me que o problema ficou definitivamente resolvido para a política e a polícia e também para os amigos.[56]

Não havia contradição na existência de delegados como Laudelino de Abreu. Esse quadro era até desejado, me explicou um delegado experiente, pois dava uma margem de manobra para o chefe do executivo barganhar.

---

54 Prontuário nº 504 (IIRGD).
55 José Henrique Artigas de Godoy, *op. cit.*, p. 679.
56 *Ibidem*, p. 675.

Delegados austeros obrigavam os chefes políticos a bater na porta do governador pedindo a sua remoção ou transferência. Quanto à violência, a prudência aconselhava o governo do estado a não se envolver nas disputas locais para evitar desgaste, aguardando surgir um vencedor para então entabular negociações. Para os chefes políticos, era fundamental que o mais forte se distinguisse dos outros, visto que a distribuição de cargos e favores era limitada. Para o governador, o importante era ter ao seu lado os mais fortes. A estabilidade do sistema exigia essa troca, mesmo à custa de mortes.

Esse cenário tornava a vida dos delegados irremediavelmente insegura, pois eles permaneciam expostos às lutas entre facções. Foi o que ocorreu em Pirajuí, durante o pleito de 1924. Pirajuí era um município novo, perto de Bauru, onde acontecia uma disputa feroz pelo poder. No domingo, dia 20 de abril, o delegado Edmundo José de Lima foi avisado que a banda da cidade tinha sido impedida de tocar no coreto da praça. Capangas trazidos de Bauru e espalhados pela cidade ameaçavam atirar nos músicos se eles se atrevessem a tocar. Um dia antes, o dono de um jornal local fora surrado por eles. O bando estava a serviço de alguns vereadores em luta contra o prefeito. O delegado se postou na praça dando garantia de que não haveria violência. Quando a banda começou a tocar, correu a notícia de que um grupo de homens armados pretendia invadir o clube onde o prefeito e seus correligionários se divertiam. O delegado José de Lima mandou o chefe dos capangas dispersar o grupo. Embriagado, ele respondeu que só recebia ordens do patrão. O delegado lhe deu voz de prisão e sacou o revólver. O capanga fez o mesmo. Iniciou-se um tiroteio. Os dois caíram feridos, o delegado ainda tentou se proteger atrás de um automóvel, mas foi atingido por disparos vindos de todos os lados. Removido para a Santa Casa de Bauru, o delegado não resistiu aos ferimentos. O jornal *O Estado de São Paulo* lamentou o incidente, declarando que ele "vem rebaixar o nível de nossa civilização".[57] O delegado regional de Bauru instaurou um inquérito para apurar as responsabilidades, mas o caso acabou arquivado por falta de testemunhas e por envolver pessoas influentes.

---

57   *O Estado de São Paulo*, 23 de abril de 1924.

A CIVILIZAÇÃO DO DELEGADO

O contraste entre o *hinterland* rural, descrito como um lugar atrasado e bárbaro, e a capital, marcada pelo progresso e a civilização, permitiu àqueles que se esforçavam para comandar os destinos do estado arvorar-se de uma missão civilizadora. Nessa tarefa não faltaram delegados dispostos a trabalhar pelo "engrandecimento" de São Paulo. Saídos das fileiras da orgulhosa elite agroexportadora ou capturados pela sua rede clientelista, esses delegados julgavam que, ao assumir uma delegacia no interior do estado, estavam levando para a parte mais atrasada da sociedade paulista a prevalência da lei e a primazia do interesse geral sobre o mandonismo local, em suma, a própria essência do Estado moderno.

Em 1903, o delegado Antônio de Godoy publicou um romance intitulado *Dioguinho*, usando o pseudônimo de João das Mattas. Nele, o autor descreve o interior paulista como uma região atrasada nos costumes e dominada por figuras perversas que imprimiam terror na população. Dioguinho é apresentado pelo narrador como um celerado que ria enquanto praticava crimes. Os desvarios de Dioguinho só têm um fim quando o chefe de polícia é informado dos seus crimes terríveis e envia uma escolta para prendê-lo "custasse o que custasse". A força era comandada pelo "seu doutor Godoy", um "mocinho desempenado", "resoluto", "com cara de alemão e olhinhos vivos", descreve o autor a si mesmo, colocando-se no centro de uma aventura que exprimia a luta em prol da justiça e do progresso contra a barbárie e o atraso.[58]

Para Godoy, a violência disseminada pelo interior estava vinculada ao atraso moral e social da região. Essa visão de mundo enviesada permitiu a uma parte da elite paulista reorganizar o tecido social em nome do progresso, usando as instituições públicas como ferramentas à consecução dos seus objetivos. A ideologia civilizatória forneceu à polícia de carreira uma missão que convinha ao jogo de forças entre os ocupantes do governo estadual e as lideranças locais. O mito da "civilização do delegado" provavelmente difundiu-se

---

58 João das Mattas. *Dioguinho*: narrativa de um cúmplice em dialeto. Ribeirão Preto: Livraria Central, 1903, p. 77 e 96.

primeiro entre os bacharéis e depois entre jornalistas e escritores, como Antônio Tavares de Almeida, que escreveu um estudo sobre o Oeste Paulista. Em seu estudo, ele afirma que o delegado de carreira foi o "saneador moral da sociedade sertaneja onde não havia repulsa ao crime, notadamente contra a segurança pessoal, confundido e exaltado como bravura".[59] Tavares de Almeida validava assim, junto de outros escritores que sonhavam com uma sociedade mais avançada socialmente e culturalmente, a fabulação da "civilização do delegado", idealizada por Antônio de Godoy e celebrizada pelo escritor modernista Menotti Del Picchia.

Menotti Del Picchia (1892-1988) mantinha ligações estreitas com o PRP. Filho de um bem-sucedido empreiteiro italiano que se instalara no interior paulista, Del Picchia cursou a Faculdade de Direito e casou-se com a filha de uma família tradicional, tornando-se fazendeiro de café. Após perder sua safra na grande geada de 1918, mudou-se para São Paulo, onde assumiu uma vaga de cronista no *Correio Paulistano*. Durante a campanha de Washington Luís para governador, passou a escrever na seção política, tratando dos editoriais pessoalmente com o candidato. Segundo Ana Claudia Veiga de Castro, Del Picchia incorporou na sua atividade jornalística a função de ideólogo das elites intelectuais, particularmente daquelas ligadas ao PRP, afirmando através dos seus textos os ideais de uma classe que procurava selar uma união com o progresso que se processava fora das fronteiras nacionais.[60]

Em 1923, ele publicou o romance *Dente de Ouro*, cujo herói era um delegado de polícia recém-nomeado que vai para o interior enfrentar um perigoso facínora. Lá tudo primava pelo atraso e a falta de lei. Ainda no trem, um fazendeiro riu do delegado, afirmando: "o senhor não está ainda a par dos nossos costumes".[61] O delegado é descrito como um bacharel cheio de sonhos, filho de um fazendeiro falido que perdera suas terras com a queda brusca dos preços do café. O pai do personagem, preocupado com o futuro do fi-

---

[59] A. Tavares de Almeida. *Oeste Paulista*: a experiência etnográfica e cultural. Rio de Janeiro: Alba Editora, 1943, p. 204.

[60] Ana Claudia Veiga de Castro. *A São Paulo de Menotti Del Picchia*. São Paulo: Alameda, 2008, p. 25.

[61] Menotti Del Picchia. "Dente de Ouro". In: Ernani Silva Bruno, *op. cit.*, p. 199.

lho, havia solicitado a um amigo uma colocação que o deixasse "a coberto das necessidades". Assim nomearam-no delegado:

> Vinte e dois anos, sonhos enormes, intuição vaga de predestinações, de grandes destinos, tudo parecia acabar, abruptamente, no recinto acaçapado e sórdido de uma sala de delegacia, recém-criada num dos rincões longínquos e alarmantes do estado! (...) O exílio que antevia, no meio de caboclos famanazes na desordem e no crime, tinha, no fundo, um acre sabor de uma partida para a guerra...[62]

Menotti Del Picchia escreveu de forma pitoresca a saga da ocupação do "interior selvagem" pela polícia de carreira. No prefácio do livro, o autor revela ter se inspirado em Dioguinho e nas histórias do seu cunhado: o delegado João Queiroz de Assumpção Filho que, como todo delegado, teve que "batalhar no sertão" antes de ser promovido.[63] Pensou também em bandidos como João Brandão, que ele vira morto em Itapira durante a infância. E relembra que estava na redação do *Correio Paulistano* quando Ataliba Leonel, o poderoso chefe político da Alta Sorocabana, contou-lhe sobre um tal "Dente de Ouro", assassino valente como um tigre, mas manso como um carneiro diante da esposa.[64]

No final do livro, morto o facínora, a cidade retoma sua tranquilidade e o delegado ganha respeito por toda a região: "Quando eu passava, descobriam-se, reverentes, os caboclos e eu lhes lia nos olhos a gratidão e o respeito".[65] O mito da "civilização do delegado" frutificou com a ajuda dos próprios delegados, que deixavam os bancos da Faculdade e entravam para a polícia, começando seu noviciado nas cidades pequenas do interior. O perigo aproximou-os, moldando neles um espírito de corpo. Para muitos

---

62 *Ibidem*, p. 197-198.

63 Prontuário nº 120: nasc. em 1886, foi professor em Taubaté antes de ingressar na polícia em 1916, logo após receber o diploma de advogado. Em 1925 aceitou o posto de comissário no Gabinete de Investigações para se estabelecer na capital. Em 1931, torna-se delegado titular do 5º distrito na Liberdade.

64 Menotti Del Picchia. *Dente de Ouro e o crime daquela noite*. São Paulo: Livraria Martins Editora, 1949, p. 16-22.

65 *Ibidem*, p. 202.

delegados, senão a maioria, o sertão serviu como um rito de passagem, uma experiência comum que os uniu em torno de uma identidade. Num almoço realizado em São Paulo, em 1935, onde compareceu um grande número de delegados para comemorar a aposentadoria de um dos seus primeiros membros, as mortes dos colegas que serviram no sertão foram lembradas com emoção.

O 3º delegado auxiliar, o Dr. Costa Neto, levantou-se e pediu licença para proferir algumas palavras sobre o homenageado, o delegado Emilio Castellar Gustavo, reconduzido ao seu cargo depois de 1930 (ver capítulo 1). O delegado auxiliar começou dizendo que o homenageado, como todos ali, iniciara a carreira no sertão, mal saído dos bancos da Faculdade de Direito:

> Ao deixar os bancos acadêmicos, vemo-lo, já se vão trinta anos, seguir com o título de nomeação de delegado de polícia para o longínquo município de Agudos, que não passava naquela época, de uma vaga e indecisa expressão de lugarejo perdido no mapa geográfico de São Paulo. (...) E assim, numa peregrinação penosa, numa *via crucis* que durou treze anos, Castellar Gustavo andou daqui pra ali, por Tatuí, Araraquara, Botucatu, Guaratinguetá.
>
> Não será preciso descrever-vos, meus caros colegas, porque conheceis tão bem, quiçá melhor do que eu, o que seja a vida de um delegado de polícia no interior. É a deficiência de meios. A saudade do lar. O desconforto do ambiente. A remoção inesperada de um extremo a outro do estado. A luta contínua contra as expansões do mandonismo absorvente, do quero porque quero... A intriga serpejante. A cilada tecida na sombra. A insegurança da própria vida, no contato, por dever de ofício, com bandidos de toda a sorte, com sicários de toda a espécie.[66]

Em seguida, o orador lembra aos colegas, com profunda emoção, dos companheiros assassinados no interior do estado:

---

66 "Homenagem ao Dr. Castellar Gustavo". In: *Archivos de Polícia e Identificação*, vol. I. São Paulo: Typ. do Gabinete de Investigações, 1936, p. 171-172.

Em Penápolis, Álvaro Sevilha tomba numa emboscada covarde, sendo os seus assassinos defendidos pela rabulagem sem escrúpulos e absolvidos como inocentes. Em Rio Claro, Negreiros Guimarães é estupidamente abatido, pela sua própria ordenança.

Em Campinas, os profissionais da batota eliminam João de Martin. Em Pederneiras, Idelburque Carneiro Leal é trucidado. Em Olímpia, acutilado pelas costas cai sem vida Elias Luiz de Oliveira, quando presidia, na própria frisa da polícia, a um espetáculo público.

Tive oportunidade então, no relatório que me coube fazer, como delegado regional de Araraquara, de redigir estas palavras: "O Dr. Elias Luiz de Oliveira vinha mantendo uma campanha enérgica contra o banditismo no município de Olímpia. Criou antipatias, ódios e rancores, fez inimigos acérrimos. O assassínio do Dr. Elias Luiz de Oliveira é evidente obra de vingança, inspirada por indivíduos saturados de maldade, instigada e fomentada por descontentes da sua ação social".[67]

O delegado encerrou declarando: "O interior, vós todos sabeis, é o cadinho por onde tem de passar todo o delegado da capital. Assim, quando uma autoridade ascende a São Paulo, o menos que se poderá dizer é que ela o mereceu, por ser digna". As falas do almoço comemorativo revelam que a zona rural serviu de escola para os novatos. Os veteranos tinham o sertão como formador de delegados. Ali, sozinho e sem recursos, o quinta classe precisava aprender a se impor para sobreviver e enfrentar os desafios à sua frente. A lógica dentro da polícia era mostrar desempenho em condições adversas para ser reconhecido e promovido. Devido a isso, todo delegado da cidade de São Paulo considerava-se, antes de tudo, uma pessoa tarimbada e merecedora da sua posição. Ocupar uma delegacia da capital era considerado um prêmio da sua capacidade.

---

67 *Ibidem.*

OS "EMPREITEIROS DE MORTES"

Um dos maiores temores dos delegados eram as tocaias. Relatos dão conta que a tocaia era um meio de se resolver qualquer disputa no cenário rural, uma dívida, um insulto, questões políticas. Vivendo diante da incerteza e tomados por um sentimento de autoproteção, os delegados acabaram por nutrir um ódio visceral contra os matadores que viviam de tocaias. "Repugnante" era o termo usado pelo delegado Francisco de Assis Carvalho Franco (1887-1953) para descrever essa classe de assassinos. O delegado atribuía as tocaias ao "partidarismo político" e ao cenário "de civilização ainda incompleta", que dominava o "sertão paulista".[68] O interior estava infestado de tipos assim porque era mais fácil – sobretudo mais cômodo – livrar-se de um desafeto pelas mãos desses assassinos do que pelas próprias mãos.

Carvalho Franco foi um delegado de carreira típico, daqueles que contribuíram com o mito da "civilização do delegado". Tendo entrado na polícia em 1912, quatro anos após concluir a Faculdade de Direito, Carvalho Franco tinha um profundo interesse por genealogia e heráldica, exibindo para os mais próximos um brasão atribuído à sua linhagem familiar. Durante seus momentos de folga, escreveu *Os Camargos de São Paulo*, *Os Companheiros de D. Francisco de Souza* e *Dicionário de bandeirantes e sertanistas brasileiros*. Ele era considerado um grande conhecedor da história paulista, particularmente da história das famílias ilustres de São Paulo, aquelas consagradas no livro *Nobiliarquia Paulista* de Pedro Taques. Solteiro convicto, Carvalho Franco morou em uma casa ampla em Perdizes, cercado de sua biblioteca de aproximadamente quatro mil obras, muitas delas raras, a qual foi adquirida pela Biblioteca Municipal de São Paulo pouco antes do seu falecimento. Na sua coleção encontram-se livros com dedicatória ao amigo da maioria dos escritores modernistas.[69]

---

68 "Os crimes de emboscada – homicidas profissionais – pelo Dr. Carvalho Franco". *Arquivos de Medicina Legal e Identificação*, Rio de Janeiro, nº 10, ago. 1934, p. 171.

69 Setor de livros raros da Biblioteca Mário de Andrade: Inventário de Francisco de Assis Carvalho Franco. Sobre a carreira literária do delegado, ver também Silveira Peixoto. *Falam os escritores*. Vol. 3. São Paulo: Conselho Estadual de Cultura, 1971.

Carvalho Franco permaneceu 14 anos no interior do estado. Sua primeira delegacia foi Itaporanga, passando por mais 11 cidades até ser nomeado delegado regional de Ribeirão Preto, em 1921.[70] Nesse tempo, ele investigou dezenas de tocaias que ficaram vivas em sua memória. Num artigo escrito em 1942, o delegado conta como chegou a prender um destes assassinos, contratado para matar um chefe político em Barretos. A única pista que ele tinha eram os restos de almôndega encontrados perto do local da tocaia. Percorrendo todas as casas de hospedagem da região, o delegado chegou até aquela que fez os bolinhos de carne para servir no almoço. Tendo a descrição do matador, o delegado usou o telégrafo para interceptar o fugitivo que embarcara num trem para Minas Gerais. Lamentavelmente, dizia o delegado, a quase totalidade desses assassinos acabavam absolvidos pelo júri devido à influência de políticos locais ou pelo temor que os jurados tinham deles.[71]

O delegado batizou essa classe de matadores de "empreiteiros de mortes". Numa palestra realizada no Rio de Janeiro em 1934, Carvalho Franco explicou o modo deles atuarem:

> A (...) quase absoluta impunidade, trouxe como efeito lógico a formação de uma classe especialíssima de delinquentes: os homicidas profissionais, os denominados vulgarmente "empreiteiros de mortes".
>
> São criminosos que matam pelo dinheiro, tendo tal como único meio de subsistência. Constituem tipos delinquentes perfeitamente caracterizados, formando, com seus auxiliares, um agrupamento criminoso *sui generis*, ainda muito pouco observado. São como os profissionais de outros misteres. Aqueles que necessitam, ajustam serenamente os seus "serviços". A "tocaia" é o termo popular da espera assassina. E para construir uma "tocaia" é mister conhecimentos técnicos que somente eles possuem.
>
> Na emboscada permanecem apenas o "matador" e um ou outro "escora", ou auxiliar do primeiro. Todos os demais passos

---

70 Prontuário nº 113 (IIRGD).
71 Carvalho Franco. "Casos de Polícia". *APCSP*, vol. III, 1º semestre 1942, p. 69-71.

tendentes à execução do homicídio, são executados pelo "espia", que é o encarregado de seguir a vítima, de tudo informando os "tocaieiros".

Pela simples enunciação aqui feita, percebe-se tratar duma classe de delinquentes com organização própria, exigindo sempre que o "mandante", figura máxima da empreitada sinistra, tenha recursos suficientes para dela se utilizar. Difere também assim do tipo conhecido do "capanga", um guarda costas permanente, fixo no lugar de residência do seu chefe. O "matador" é ordinariamente um estranho, um desconhecido ido buscar longinquamente, tendo como única finalidade o assassinato.[72]

Sentindo-se ameaçados por esse tipo de matadores, os delegados não poupavam esforços em combatê-los. Foi o que motivou o delegado Álvaro Martins Sevilha a realizar um inquérito rigoroso envolvendo um crime de encomenda imediatamente após assumir o seu cargo em Penápolis. O crime ocorrera no primeiro dia do ano de 1926. Conforme o delegado apurou, a vítima foi baleada no quintal de sua casa, numa tocaia típica. Uma semana depois, o delegado tinha esclarecido o delito, inclusive pedindo a prisão do mandante do crime, o fazendeiro Domingos Vieira da Silva, ex-sócio do comerciante morto. O fazendeiro, avisado do pedido de prisão, desapareceu. Por sua atuação enérgica, o delegado novato esperava um elogio dos seus superiores, entretanto, o que ele conseguiu foi ser ele próprio tocaiado na porta de uma pensão. Alvejado por cinco tiros, ele ainda sacou seu revólver e deu um disparo a esmo antes de morrer. O inquérito policial relata que o delegado morreu "surpreso com a brutal agressão". Sangrando muito, ele faleceu em poucos minutos, "sem proferir uma palavra", contaram as testemunhas.[73]

Ao ser notificado da ocorrência, o chefe de polícia determinou que um delegado do Gabinete de Investigações partisse imediatamente para Penápolis. O Dr. Aquiles Guimarães, da Delegacia de Segurança Pessoal, chegou à cidade

---

72 "Os crimes de emboscada", op. cit., p. 171-172.
73 Relatório do inquérito policial, datado de 6 de fevereiro de 1926 (Sipesp); *A Plateia*, 30 de janeiro de 1926.

em poucos dias. Penápolis já estava ocupada pelo delegado regional. O delegado do Gabinete de Investigações examinou o local e ouviu as testemunhas ao lado da sua equipe. Antes do anoitecer, ele soube que o mandante do crime fora o mesmo fazendeiro que arranjou a tocaia do ex-sócio. Para a população da cidade, a identidade do mandante não era segredo. O delegado Guimarães realizou uma busca na casa do fazendeiro, apreendendo uma lista de pagamentos e um bilhete avisando-o que o delegado Sevilha pediria a sua prisão. O bilhete fora escrito por Amélio Duarte Coutinho, uma pessoa que fizera amizade com o delegado, chegando a se oferecer para carregar uma das alças do seu caixão. Por ordem do delegado, Coutinho foi levado para a delegacia e brutalmente interrogado. Ele confessou participação no crime e revelou onde estava escondido o mandante da tocaia. O fazendeiro Domingos Vieira havia se abrigado nas matas da sua propriedade.

Seguindo ordens do delegado, Coutinho marcou um encontro com o fazendeiro, dizendo que tinha um recado da esposa para ele. No momento do encontro, o delegado deu-lhe voz de prisão. O mesmo estratagema foi usado para prender o matador e seus cúmplices. Com eles a polícia apreendeu armas, que foram enviadas a São Paulo para serem periciadas. As balas no corpo do delegado Sevilha e as armas apreendidas possibilitaram ao perito Moisés Marx fazer um laudo atestando a origem dos tiros.[74] Durante o julgamento, o advogado de defesa de Domingos Vieira acusou a polícia de ter torturado o seu cliente e os demais. Domingos Vieira teve o nariz quebrado, a traqueia deslocada e os testículos esmagados, declarou o advogado ao juiz. Alegou também, em favor do réu, que a Constituição garantia o sigilo das correspondências, portanto, as provas apresentadas pela polícia não teriam validade diante do tribunal.[75] O fazendeiro foi absolvido, enquanto o matador e seus auxiliares foram condenados. O advogado apelou, o julgamento foi anulado e, em nova sentença, todos terminaram absolvidos pelo júri.

---

74 Laudo da Delegacia de Technica Policial, datado de 1 de fevereiro de 1926 (Sipesp).
75 Defesa de Domingos Vieira da Silva, anexada no processo criminal, p. 220 a 226 (Sipesp).

CONSIDERAÇÕES FINAIS

Os casos relatados indicam que o grande responsável pelo grau de violência no interior de São Paulo não eram os costumes atrasados, mas a política. O emprego de força física, intimidação e contratação de pistoleiros, associados ao cerceamento de justiça, eram dispositivos fundamentais para os chefes locais manterem sua autoridade ou ampliar o seu espaço político, enquanto para o governador o que importava era ter os mais fortes ao seu lado. Ainda assim, não se pode falar que a zona rural era um lugar atrasado ou desprovido de civilização. O próprio desenvolvimento econômico do interior paulista e o afluxo de imigrantes se encarregaram de mudar as estruturas locais. Entre 1880 e 1929, a região da Mogiana chegou a concentrar de um quarto a um terço de todo o café produzido no país, somando cerca de 20% do PIB nacional. A cidade de Ribeirão Preto alcançou a maior taxa de crescimento populacional do Brasil, quase o dobro do verificado no estado de São Paulo. No final da década de 1920, o município possuía uma faculdade de farmácia e odontologia, quatro instituições de ensino técnico, cinco ginásios e 52 escolas públicas. Por todo o estado, a riqueza gerada pelo café contribuiu para o surgimento de outros setores econômicos nas áreas industrial, comercial e de serviços. Esse crescimento se deu de forma desigual, porém acentuada.[76]

José Henrique de Godoy observa que, na esteira do desenvolvimento econômico, o interior paulista viu aparecer outras lideranças, especialmente provenientes das classes médias urbanas e sem vínculos com os cafeicultores. Lentamente, a margem de manobra clientelista dos chefes políticos tradicionais começou a diminuir enquanto crescia a exigência de eleições limpas, serviços públicos e direitos políticos mais equânimes.[77] Assim, à medida que aumentavam as funções sociais e a multiplicidade de atividades, mais apertada se tornava a teia de interdependências entre pessoas que dependiam de um

---

[76] Carlos de Almeida Prado Bacellar. "O apogeu do café na Alta Mogiana". In: Carlos de Almeida Prado Bacellar & Lucila Reis Brioschi (org.). *Na Estrada do Anhanguera*: uma visão regional da história paulista. São Paulo: Humanitas, 1999, p. 118-163; Thomas W. Walker & Agnaldo de Souza Barbosa, *op. cit.*, p. 43-50; Joseph Love, *op. cit.*, p. 41-53.

[77] José Henrique Artigas de Godoy, *op. cit.*, p. 730.

monopólio estável de força, isto é, de espaços sociais pacificados livres de atos de violência. Desse modo, a presença dos delegados foi sendo gradualmente consolidada no cenário rural.

Parte do antigo arquivo corrente da polícia, abrigado no Apesp, mostra delegados lotados em cidades do interior recolhendo "dementes" e os encaminhando para a capital, providenciando passagens para crianças mordidas por cães hidrófobos se tratarem no Instituto Pasteur e apaziguando brigas de vizinhos.[78] Nele podemos encontrar também abaixo-assinados solicitando policiamento regular em diversas localidades, como Ourinhos e Brotas, assim como pedidos de substituição de praças violentos ou desleixados.[79] Um jornal de Santa Cruz do Rio Pardo, datado de 21 de dezembro de 1913, por exemplo, reprova o comportamento dos soldados da Força Pública estacionados na cidade, acusando-os de "falta de urbanidade para com os cidadãos".[80] As queixas de moradores do interior destinadas aos órgãos de segurança pública e aos jornais indicam que a população esperava da polícia um comportamento "civilizado" e prestativo. Um advogado acusou o delegado de Bebedouro de penetrar na sua casa "de chapéu na cabeça, descortemente, faltando aos mais comezinhos preceitos de civilidade".[81] Em telegramas, a população de Limeira manifestava sua indignação diante da prisão arbitrária de um exibidor de filmes, durante uma sessão de cinema, por não ter licença.[82] Em face da tensão provocada pelas eleições, alguns eleitores pediram ao delegado de Santa Bárbara do Sul "moderação, tolerância e isenção".[83] Todos esses exemplos indicam que a civilidade era um valor compartilhado coletivamente, não uma condição imposta de fora. Portanto, o chamado "sertão" paulista não pode ser retratado como um lugar destituído de civilização por conta do seu "atraso".

---

78   Caixas C3175 e C3181 (Apesp).
79   Abaixo-assinados de 8 e 28 de agosto de 1913, caixa C3195 (Apesp).
80   Caixa C3195 (Apesp).
81   Carta do advogado G. Maldonado, datada de 11 de dezembro de 1907. Caixa C3162 (Apesp).
82   Carta com queixa escrita e recortes de jornal, datada de 19 de maio de 1919. Caixa C3175 (Apesp).
83   Carta datada de 20 de outubro de 1919. Caixa C3175 (Apesp).

No entanto, essa caracterização continuou mesmo após 1930, quando o Gabinete de Investigações, chefiado por Carvalho Franco, iniciou uma campanha sem tréguas contra os assassinos de empreitada, que pareciam pela primeira vez fragilizados por não poderem contar com a estrutura política que até então os protegia. Carvalho Franco organizou uma lista com fotos e impressões digitais de todos os matadores foragidos, distribuindo-a para os estados vizinhos durante o Congresso Nacional de Polícia, organizado pelo chefe de polícia do Distrito Federal em 1934. O chefe do Gabinete de Investigações defendia a adoção de instrumentos novos para reprimir os matadores de aluguel, tais como igualar o crime de matar por dinheiro a matar pelo dinheiro, transformando o homicídio praticado por encomenda em latrocínio, abolindo dessa forma o julgamento diante de um corpo de jurados.[84]

A conclamação do delegado acontece num momento propício. Não apenas em São Paulo, mas por todo o Brasil a eliminação de bandos armados havia se tornado uma imposição do governo central, como forma de fortalecer sua imagem diante da opinião pública. A partir de 1935, as forças policiais dos estados nordestinos, abastecidas com armas automáticas e equipamentos de rádio, eliminaram sumariamente importantes chefes de grupos, como Manuel Torquato no Rio Grande do Norte; os irmãos Engracia em Alagoas; Medalha, Suspeita, Limoeiro e Fortaleza também em Alagoas; José Baiano em Sergipe; Mariano, Pai Velho e Zepelim também em Sergipe; e Paizinho Báio no agreste pernambucano.[85] Em 28 de julho de 1938, Lampião, o Rei do cangaço, foi morto com seus companheiros na grota de Angico, na margem sergipana do rio São Francisco. Do cangaço sobrariam apenas pequenos grupos, a maioria entregando suas armas em troca de uma anistia do governo federal.[86]

Em São Paulo, o diretor do Gabinete de Investigações mobilizou grandes esforços para capturar Aníbal Vieira de Andrade, matador de encomenda e

---

84 Dr. Carvalho Franco, "os crimes de emboscada", *op. cit.*, p. 171-174.

85 Élise Grunspan-Jasmin. *Lampião, Senhor do Sertão*: vidas e mortes de um cangaceiro. São Paulo: Edusp, 2006, p. 284-285.

86 Frederico Pernambucano de Mello. *Guerreiros do Sol*: o banditismo no nordeste do Brasil. Recife: Massangana, 1985.

chefe de bando. Natural de Mococa, onde nasceu em 1906, Aníbal Vieira era o mais temido "empreiteiro" do interior paulista. Indiciado por oito crimes e suspeito da morte do delegado Elias Luiz de Oliveira, Aníbal sempre escapou da ação da Justiça contando com a proteção de políticos, ameaça de jurados e fugas de cadeias. Em uma foto obtida pelo delegado de Olímpia, Aníbal Vieira aparece ao lado do seu bando usando um chapéu enorme, lenço amarrado em volta do pescoço e uma cartucheira na cintura como os artistas de Hollywood: um Tom Mix caipira. A perseguição policial obrigou Aníbal a se refugiar no Mato Grosso. Em 1937, informações davam conta de que ele havia se estabelecido no sul de Minas. Alertada pelo Gabinete de Investigações, a força policial mineira cercou Aníbal, matando-o depois de um intenso tiroteio.[87] Terminado o confronto, a polícia mineira enviou um telegrama para o Gabinete de Investigações, comemorando a morte do "Lampião paulista".[88]

No Mato Grosso e em Goiás, as polícias também fecharam o cerco contra os bandos armados que vagavam pelo cerrado. Silvino Jacques, o mais temido bandido mato-grossense, foi perseguido e morto em maio de 1939.[89] Comemorando o feito, o interventor do Mato Grosso enviou um telegrama para Getúlio Vargas, assim como fez o interventor de Alagoas ao saber da morte de Lampião. À medida que o governo central se fortalecia, extinguiam-se os grupos armados que proliferaram entre 1910 e 1930. O fim desse tipo de atividade revela que o Estado estava atingindo espaços até então livres da sua mão. Artigos publicados nos jornais comemoravam a eliminação destes grupos como resquícios do passado que não resistiram à modernização do país.[90]

Esse discurso enfatizava o papel da polícia em assegurar a ordem e banir todos aqueles que a ameaçavam, reforçando a convicção de que a sociedade só se civilizaria pressionada pelas instituições. Nos anos 1930, o imaginário dominante ainda privilegiava a missão civilizadora europeia, embora o

---

87 *O Estado de São Paulo*, 28 de dezembro de 1937.

88 Prontuário nº 234.259 (IIRGD).

89 Valmir Batista Correa. *Coronéis e bandidos em Mato Grosso (1889-1943)*. Tese (doutorado) – Departamento de História da USP, São Paulo, 1981. p. 190.

90 Élise Grunspan-Jasmin, *op. cit.*, p. 162.

sociólogo Norbert Elias tenha desenvolvido uma outra percepção a respeito do significado de civilização.[91] O estudo de Elias, publicado em 1939, ofereceu uma percepção inovadora do conceito de civilização. Na sua argumentação, o *processo civilizador* era uma lenta e prolongada construção do próprio homem. Em Elias não há progresso, um sentido evolutivo em linha reta, mas uma série de avanços e recuos imprevisíveis. Nessa trajetória, os homens usam as instituições para se guiarem pelo mundo social, portanto elas traduzem e explicitam formas de dependência recíprocas, ainda que povoadas de lutas e conflitos pela apropriação dos recursos e oportunidades produzidos pela sociedade. Nesse novelo de processos emaranhados, a significação de civilização não aparece como exterior ao campo social, nem pode ser imposta a ele de fora, pois o *processo civilizador* é inseparável da configuração do jogo social, não uma qualidade de pessoas pretensamente modernas e evoluídas.

O ponto central é compreender que o discurso que deu alento ao mito da "civilização do delegado" foi apropriado de uma ideia fortíssima que permeava o mundo, dando sentido à ordem política e econômica que rompia fronteiras e sustentava impérios. Um mundo cada vez mais interconectado por tecnologias e ideologias, onde todos – escritores, delegados e até mesmo pistoleiros – procuravam se inserir de algum modo.

---

91 Norbert Elias, *op. cit.*, 1993, p. 193-207; Jonathan Fletcher. *Violence & civilization*: an introduction to the work of Norbert Elias. Malden, MA: Polity, 2005.

3
POLÍCIA E CIDADE

> *(...) ao lado da grande massa de trabalhadores honestos que chegavam à Paulicéia, vinham maltas de vagabundos, aventureiros, desajustados, criminosos e prostitutas. Essa fauna de maus elementos deu nova feição à nossa criminalidade, enriquecendo-a com modalidades delituosas até então desconhecidas por nós ou agravando outras já existentes. E assim, a provinciana Paulicéia, relativamente pacata, viu-se sobressaltada diante da onda de crimes e violência que se abateu sobre ela.*
>
> Guido Fonseca[1]

O DELEGADO GUIDO FONSECA (1934-96) escreveu uma vasta obra sobre criminalidade em São Paulo, utilizando documentos reunidos nos cartórios das delegacias e arquivos dos tribunais. O delegado, que ocupou o cargo de diretor da Academia de Polícia, pintou o seu quadro da Pauliceia baseado nos relatórios dos chefes de polícia, os mesmos relatórios que utilizamos como fonte – literalmente os mesmos, pois o delegado tinha o costume de grifar os documentos guardados na biblioteca da Delegacia Geral de Polícia com lápis coloridos para depois reproduzi-los em seus livros. Lemos os mesmos relatórios, mas com outro olhar. Todo documento tem um propósito e se

---

1 Guido Fonseca. *Crimes, criminosos e criminalidade em São Paulo (1870-1950)*. São Paulo: Resenha Tributaria, 1988, p. 45.

apoia numa interpretação do real, merecendo por isso uma leitura cuidadosa. Mesmo cobertos de estatísticas e números, os relatórios não espelham a realidade em si, mas a visão oficial sobre crime e criminalidade. Por isso são documentos tão interessantes. Manuseando-os, podemos sentir os chefes de polícia imersos num mundo em ebulição, potencialmente explosivo e povoado de conflitos. Ocupados em instituir uma ordem urbana, eles deixaram assinalado seus esforços em controlar, classificar, conter e reprimir uma população que fornecia riqueza e inspirava medo.

A expansão da produção cafeeira fez da cidade de São Paulo seu centro dinâmico, enervado por ferrovias, grandes bancos, casas comerciais e as primeiras indústrias. A instauração do trabalho assalariado e do projeto republicano acelerou o ritmo das transformações na cidade. O simples dado populacional atesta a intensidade das mudanças: em 1872, a população da cidade era de 26.040; em 1886, atinge 47.697 e, em 1890, supera 69.934 habitantes.[2] Em 1893, o censo da recém-criada Repartição de Estatística registrou que a população da cidade atingira 130.775 habitantes, 55% deles estrangeiros, a maioria de origem italiana. A população concentrava-se nos arredores do Centro. O bairro mais populoso era o de Santa Ifigênia, seguido pelo Brás e pela Sé, sendo esse último já considerado o distrito comercial da cidade. O relatório faz menção à quantidade de cortiços onde morava grande parte dos imigrantes. Neles, as condições de vida eram precárias e as epidemias frequentes.[3]

Havia na cidade de São Paulo uma presença abundante de trabalhadores pobres que excedia largamente as necessidades do mercado. Essa massa humana contribuía para manter os salários a níveis extremamente baixos. A grande imigração, responsável por formar uma reserva de mão de obra barata, favorecia mais os empresários e fazendeiros do que aqueles que só tinham sua força de trabalho para vender. Uma grande parte dos trabalhadores, sem possibilidade

---

2   *Memória Urbana: A Grande São Paulo até 1940*. Vol. 2. São Paulo: Arquivo do Estado/Imprensa Oficial, 2001, p. 26-27.

3   Relatório apresentado ao cidadão Dr. Cesário Motta Jr. secretário dos negócios do interior do Estado de São Paulo pelo diretor da Repartição de Estatística e Arquivos, Sr. Antônio Toledo Piza em 13 de julho de 1894. São Paulo: Typ. Espindola Siqueira & Comp., 1894, p. 65-75 (Apesp).

de arranjar emprego, inaproveitados, vivia precariamente do trabalho temporário, dedicando-se ao pequeno artesanato e ao comércio ambulante de gêneros de consumo, aceitando qualquer oferta casual de trabalho.[4] Os mendigos, notava um jornal em 1892, eram quase todos estrangeiros que não encontraram por aqui a oportunidade almejada.[5] Em 1901, o prefeito Antônio da Silva Prado, incomodado com o número de criaturas errantes vivendo à beira da indigência, pede ao chefe de polícia que proíba as pessoas de recolher lixo pelas ruas, impedindo assim o aumento de famílias que sobreviviam dessa prática.[6]

O crescimento extraordinário tornou São Paulo uma cidade densa e concentrada, acirrando todo tipo de tensão e propiciando o aparecimento de uma economia marginal ocupada por aqueles a quem o delegado Guido Fonseca chamou de "vagabundos, aventureiros, desajustados, criminosos e prostitutas".[7] O impacto desse crescimento produziu uma espiral de mudanças e várias reformas na organização policial, que passou a demandar um contingente maior, assim como novos prédios para alojar novos departamentos.

AS DELEGACIAS DA CAPITAL

Nos regulamentos, a função das delegacias era clara: zelar pela tranquilidade pública.[8] As delegacias ficavam em casarões alugados, grandes e espaçosos o suficiente para acomodar autoridades, cartório e celas.[9] Cada delegacia tinha um delegado titular e três suplentes, subdelegados,

---

4 Maria Inez Machado Borges Pinto. *Cotidiano e sobrevivência: a vida do trabalhador pobre na cidade de São Paulo (1890-1914)*. São Paulo: Edusp, 1994, p. 30-31.

5 *O Diário Popular*, 30 de abril de 1892 apud Richard Morse. *Formação histórica de São Paulo*. São Paulo: Difel, 1970, p. 242.

6 Correspondência do prefeito para o chefe de polícia, citado por Marco Antônio Cabral dos Santos, *op. cit.*, p. 71.

7 Comparando os cortiços de Nápoles com os daqui, o *Correio Paulistano* de 14 de abril de 1893 julgou São Paulo a cidade mais "densa" do mundo; ver também Teresa Pires do Rio Caldeira, *op. cit.*, p. 213.

8 Regulamento Policial do Estado de São Paulo: Decreto nº 494 de 30 de outubro de 1897. São Paulo: Typographia do Diário Official, 1898, p. 16-29.

9 Relatório apresentado ao vice-presidente do Estado pelo secretário de negócios da justiça de São Paulo José Getúlio Monteiro relativo ao ano de 1897. São Paulo: Typ. Espindola, Siqueira & Comp., 1898, p. 186-187.

escrivães, escreventes, "secretas", além de um pequeno destacamento da Força Pública incumbido de guardar a delegacia e cumprir as ordens do delegado. Isso sem contar os serventes, condutores e carcereiros. Os suplentes eram encarregados de substituir os titulares em caso de necessidade ou doença. Os delegados, subdelegados e suplentes eram nomeados e demitidos pelo chefe de polícia.

Os delegados, como vimos anteriormente, eram bacharéis em Direito, mas não tinham estabilidade funcional ou direito a remuneração. Somente a partir de 1897, os delegados das principais cidades paulistas passaram a receber salário. Já os subdelegados eram pessoas leigas, ou seja, não precisavam possuir diploma de advogado, embora coubesse a eles proceder diligências. Os subdelegados eram, via de regra, pessoas influentes no bairro, motivo pelo qual eram considerados de muita utilidade para os distritos policiais. Criados pela lei de 1841, juntamente com os delegados de polícia, os subdelegados tinham poder para prender, invadir residências e dar buscas. Até o início da década de 1960, ainda havia subdelegados na polícia. O delegado aposentado Roberto Mauricio Genofre lembra:

> Os subdelegados nomeados, sem qualquer tipo de remuneração, nem formação policial, eram auxiliares, pessoas do povo que funcionavam como uma espécie de informantes e, dependendo do bairro, tinham muito prestígio junto às comunidades, ostentando sempre a carteirinha com distintivo, que usavam na lapela, quando saíam em diligência junto com as autoridades policiais. As nomeações eram políticas e as indicações eram feitas pelos chefes políticos ao chefe de gabinete da Segurança Pública, ou por indicação do delegado titular dos distritos ou delegacias.[10]

Notícias envolvendo subdelegados em atos de violência e desvios de conduta eram comuns. No início de 1900, o jornal *O Estado de São Paulo* relata o

---

10 "Polícia e política: as marcas de história de São Paulo". Delegado Roberto Genofre, entrevistado por Ana Maura Tomesani e Juliana Vinutu. *Revista Brasileira de Segurança Pública*, ano 4, edição 7, ago./set. 2010, p. 137.

caso de um condutor de bonde violentamente agredido por um subdelegado na frente dos passageiros. Depois de uma freada brusca, houve uma troca de ofensas entre o condutor e o genro do subdelegado. Isso bastou para o subdelegado espancá-lo com sua bengala. Ele justificou a agressão dizendo que o condutor resistira à voz de prisão.[11] Em outro caso, ocorrido em 1902, a colônia síria redigiu um abaixo-assinado pedindo ao chefe de polícia a exoneração do subdelegado do Norte da Sé, Jorge Riskallah, acusado de fazer uso do cargo para extorquir e lesar seus compatriotas. Os jornais dão conta de que ele era conhecido na colônia por falsificar documentos e corromper funcionários de cartório "arrogando ter uma influência que não tem". O chefe de polícia atendeu ao pedido, fazendo com que o subdelegado perdesse o cargo.[12] Em 1906, *O Commercio de São Paulo* publicou um abaixo-assinado festejando a demissão do capitão Pereira Borges, um subdelegado que só "praticava vinganças e perseguições".[13]

Havia também subdelegados elogiados pelos veículos de imprensa. Entre eles estavam Nicolau Matterazzo, diretor de uma associação de imigrantes no Bom Retiro, encarregado de descobrir fabricantes de moeda falsa dentro da colônia italiana; Lincoln de Albuquerque, responsável pela primeira prisão do ladrão Gino Meneghetti; e Pamphilo Marmo, cujo filho pequeno era considerado milagroso pelos moradores da cidade. Doente e de saúde frágil, o menino faleceu aos 12 anos, em 1930. Antoninho da Rocha Marmo era considerado na vizinhança um "santinho que caiu do céu". Filas de pessoas pobres faziam vigília na porta da casa do subdelegado em Santa Ifigênia, onde ele construiu uma capelinha para o filho.[14] Em São Paulo, o número de subdelegados em cada delegacia variava conforme a sua área de abrangência e o tamanho da população local. A delegacia da Sé, por exemplo, tinha seis subdelegados, enquanto a de Santa Ifigênia tinha 11.[15]

---

11   *O Estado de São Paulo*, 28 de março de 1900.
12   *Ibidem*, 5 e 11 de janeiro de 1902.
13   Marco Antônio Cabral dos Santos, *op. cit.*, p. 131.
14   Boris Fausto. *Trabalho urbano e conflito social (1890-1920)*. São Paulo: Difel, 1986, p. 35; Marco Antônio Cabral dos Santos, *op. cit.*, p. 266; *O Estado de São Paulo*, 31 de março de 1914; *Folha da Noite*, 12 de março de 1947.
15   Norberto de Castro, *op. cit.*, p. 69.

Nas delegacias, os funcionários de melhor formação depois dos delegados eram os escrivães. Eram exigidos exames para a contratação dos escrivães, inclusive de caligrafia.[16] Muitos já haviam trabalhado em cartório e foram para a polícia em busca de uma melhor remuneração. Os escrivães eram responsáveis pela feitura do inquérito policial, colhendo depoimentos e procedendo interrogatórios, segundo ordens do delegado. Além disso, tinham a responsabilidade de organizar mapas de estatística, lavrar portarias e outras ordens expedidas pelas respectivas autoridades. Abaixo deles estavam os escreventes, a quem cabia a escrituração e a organização dos arquivos da delegacia. O controle de uma repartição policial se fazia através de livros. Só para se ter uma ideia, o *Guia Policial do Estado de São Paulo* de 1924 lista os seguintes livros obrigatórios: Registro de Inquéritos Policiais e Processos Contravencionais; Carga de Inquéritos Policiais, Processos e Sindicâncias; Registro Geral de Presos; Registro de Criminosos Foragidos; Registro de Inventário e Tombo; Registro de Correspondência Recebida; Registro de Correspondência Expedida; Registro de Editais e Portarias; Registro de Termos de Compromisso; Registro de Prostitutas; e Registro de Termos de Tomar Ocupação. Ao todo, declara o autor, uma delegacia contava com no mínimo 17 livros, distribuídos em vários volumes.[17]

Por fim, auxiliando delegados e subdelegados na investigação de crimes, estavam os agentes secretos, os famosos "secretas", assim chamados por não usarem uniforme e misturarem-se à multidão. A origem destes auxiliares é ignorada, porém eles já existiam no Império, como atesta o *Livro Caixa das Despesas Secretas da Polícia (1880-84)*, guardado no Apesp. Ali podemos encontrar pagamentos efetuados a três "agentes secretos" por seus serviços.[18] Os administradores republicanos aumentaram o número

---

16 Hermes Vieira & Oswaldo Silva, *op. cit.*, p. 187.

17 Manuel Gomes de Oliveira. *Guia Policial do Estado de São Paulo*. São Paulo: Saraiva & C., 1924; Arino Tapajós Coelho Pereira. *Manual de Prática Policial*. São Paulo: Serviço Gráfico da Secretaria de Segurança Pública, 1962, p. 15-16.

18 Livro Caixa das Despesas Secretas da Polícia (1880-84), E1569 (.pesp).

de secretas, embora não os considerassem funcionários da polícia, mas auxiliares com direito a uma "gratificação e uma disciplina especial".[19] Esse cuidado provavelmente estava ligado à origem dos seus membros, descritos por um delegado como "homens rudes, sem nenhuma instrução, recrutados a maior parte das vezes entre veteranos do crime".[20] Muitos secretas talvez fossem "alcaguetes", apelido dado aos informantes. Este parece ser o caso do espanhol Manuel Iglesias, demitido após chegar aos ouvidos do chefe de polícia que ele era gatuno e fazia receptação de joias roubadas.[21]

É comum no trabalho policial encontrarmos, em delegacias sobrecarregadas de trabalho, pessoas que auxiliam a polícia sem serem funcionários. São indivíduos que conhecem a vizinhança e um certo número de delinquentes, mantendo o delegado informado sobre o que ocorre na região.[22] Alguns têm ficha criminal, outros não, mas o que importa é que são pessoas que sobrevivem dessa relação ambígua entre a marginalidade e a lei. Em 1896, o jornal *O Estado de São Paulo* registrou o pouco apreço que a imprensa e a população tinham pelos secretas:

> O Dr. chefe de polícia está reorganizando o corpo de agentes, e já expulsou 40 indivíduos, substituindo por outros que se apresentam com boas recomendações. (...) Muito estimaremos que S. Ex. consiga elevar o nível moral dos secretas, que tantos desgostos causaram sempre às autoridades, praticando abusos de toda casta, por serem, em sua quase totalidade, indivíduos mal preparados para o desempenho de tão melindrosas funções.[23]

---

19 Decreto nº 9, de 31 de dezembro de 1891.
20 Declaração do delegado Otávio Ferreira Alves. "Polícia de S. Paulo". *Revista de Criminologia e Medicina Legal*, São Paulo, ano I, nº 1, jul. 1928, p. 69.
21 *O Estado de São Paulo*, 7 de junho de 1896.
22 Sobre alcaguetes ver Pamphilo Marmo. *Memórias policiais*. São Paulo: Casa Vanorden, 1927, p. 32; Guaracy Mingardi. *Tiras, gansos e trutas*. São Paulo: Scritta, 1992, p. 21-31.
23 *O Estado de São Paulo*, 7 de junho de 1896.

Naquele ano, depois de um expurgo nos seus quadros, os secretas receberam a denominação de Agentes de Segurança e foram incluídos entre os funcionários policiais.[24] Ainda assim, a fama desses agentes não melhorou.[25]

Além do seu corpo de funcionários, as delegacias contavam com os inspetores de quarteirão. Essa categoria remontava à época colonial e era resquício de um sistema de dominação pessoal privado e paternalista que ainda permeava a sociedade de alto a baixo. Seus integrantes não recebiam salário. Entre suas atribuições estava a de fazer um cadastro do quarteirão e manter o delegado informado das ocorrências locais.[26] Os inspetores de quarteirão precisavam ter suas "licenças" renovadas periodicamente pelo delegado. Era uma atividade quase informal, baseada na confiança, da qual os dois lados tiravam proveito. As autoridades ganhavam na medida em que ampliavam seu número de auxiliares, e os inspetores, ao serem reconhecidos na comunidade como ligados às autoridades. Essa relação foi trabalhada pelo delegado Amando Caiuby num conto publicado em 1921. Um dos personagens do conto é um inspetor de quarteirão chamado Tibúrcio, que recebe do delegado uma garrafa de uísque em retribuição pela prisão de um anarquista. O inspetor fica admirado com aquela bebida, "que só inglês rico e brasileiro viajado sabiam apreciar."[27]

A necessidade urgente de ordem nos primeiros anos da República aumentou o efetivo policial sem trazer mais segurança ou tranquilidade para a cidade. Choques entre policiais e populares enchiam os jornais com notícias de secretas acusados de achacar transeuntes, subdelegados espancando cidadãos, praças embriagados provocando tumultos e policiais gravemente feridos por gatunos ou populares.[28]

---

24 Guido Fonseca. "Do Investigador de Polícia". *Arquivos da Polícia Civil*, vol. XXXIII, 2º semestre 1979, p. 100.

25 Relatório de 1896, *op. cit.*, p. 561.

26 Dr. João Lúcio de Bittencourt Filho. *Consolidação das Leis Policiais em vigor no Estado de São Paulo*. São Paulo: Livraria Zenith, 1931, p. 219.

27 Amando Caiuby. "Assombração". In: Ernani Silva Bruno. *O planalto e os cafezais*. São Paulo: Cultrix, 1959, p. 180.

28 Sidnei Munhoz. *Imigrantes e policiais em São Paulo na passagem do século XIX para o XX*. São Paulo: Cedhal/USP, 2001.

A CIDADE COMO ESPAÇO DE CONFLITOS

O secretário do interior, Cesário Motta Júnior (1847-97), dá uma mostra de como os administradores da cidade enxergavam o mundo à sua volta. Em 1894, durante a inauguração da Escola Politécnica de São Paulo, o secretário fez um discurso salientando os desafios impostos à ordem social:

> Nas convulsões políticas e sociais deste fim de século, ninguém pode prever o dia de amanhã; novas doutrinas levantam-se em debate contra as velhas; as crenças subdividem-se; as igrejas vão perdendo autoridade moral para enlaçar as consciências; aos governos falta, em geral, a força para dominar os instintos individuais nas massas inconscientes; o salário disputa com o capital e a anarquia interpõe-se como instrumento cego, nivelador, magnífico como a tormenta, feroz como o ódio, cruel como a inveja, voraz como a fome.[29]

O espaço urbano era palco de conflitos violentos, particularmente entre a polícia e os estrangeiros que se instalavam na cidade. Os jornais indicam que a população imigrante reagia ao ser desrespeitada ou ia à forra quanto surgia uma oportunidade. A comunidade italiana, fragmentada e dividida por integrantes que falavam apenas seu dialeto, parecia agir solidariamente quando um italiano era perseguido ou agredido pela polícia. Em 1892, um jornal da colônia publicou uma carta aberta endereçada ao chefe de polícia protestando contra a ação da polícia, a quem classificou de "bandidos" e "súcia de bêbados". O redator do jornal foi intimado a se explicar diante do delegado.[30] O chefe de polícia Bento Pereira Bueno (1869-1954), que trabalhara em vários jornais republicanos antes de atuar na polícia, chamava esses jornalistas, que davam visibilidade a novos sujeitos sociais, de "indivíduos desautorizados" que aqui fundavam suas "empresas jornalísticas para fomentarem a discórdia e o descrédito das autoridades".[31]

---

29   Cássio Motta. *Cesário Motta e seu tempo*. São Paulo, 1947, p. 12-13.
30   Sidnei Munhoz, *op. cit.*, 2001, p. 8.
31   Relatório apresentado ao secretário dos negócios da justiça do Estado de São Paulo pelo chefe de polícia Bento Pereira Bueno em 31 de janeiro de 1896. São Paulo: Typ. Espindola, Siqueira & Comp., 1896, p. 4.

Em 25 de agosto de 1893, houve uma manifestação no Largo do Paissandu em protesto a atos de violência da polícia contra italianos no porto de Santos. A passeata descambou em um conflito de rua com tiroteio e feridos.[32] Em 1896, novamente os imigrantes organizaram manifestações para protestar contra uma lei que os transformava em brasileiros sem consulta prévia. Grupos de italianos e estudantes de Direito se enfrentaram provocando uma verdadeira batalha na capital. Foram três dias de luta pelas ruas que se transformaram numa "caça aos italianos", denunciou o cônsul da Itália em São Paulo. Procurando evitar mais confrontos, o diplomata desaconselhou a Câmara Italiana de Comércio em São Paulo a incentivar a participação política de seus membros, especialmente como candidatos.

Era notório que a disputa pelos postos de trabalho acirrava os conflitos entre estrangeiros e nacionais. O fato de haver uma abundância de braços ocasionava não só a deterioração dos salários, mas também as tensões étnicas, levando muitos brasileiros a culpar os imigrantes pelo seu infortúnio. Para o cônsul, existia no ânimo dos brasileiros uma "desconfiança contra o italiano", que se transformava "em ódio e passava à violência ao primeiro pretexto".[33]

Em dezembro de 1898, um bate-boca no meio da rua motivou a prisão do motorneiro Alberto Michelotti. O subdelegado Rufino Tavares de Almeida, sentindo-se ofendido pelo condutor, mandou que o prendessem e o espancassem na delegacia. O caso alcançou a imprensa. Colegas do italiano preso organizaram uma greve em sinal de protesto. A polícia tentou impedir o movimento, que terminou numa luta violenta. Entidades representativas dos imigrantes pressionaram as autoridades do seu país a tomarem providências e o caso chegou ao parlamento italiano.[34] As tensões atingiram tal ponto que, em 1902, o governo italiano proibiu a imigração para o Brasil alegando maus-tratos a que seus cidadãos estavam expostos.[35]

---

32 *O Estado de São Paulo*, 25 de agosto de 1893.

33 Michael Hall. "Imigrantes na cidade de São Paulo". In: Paula Porta (org.), *op. cit.*, p. 123-126; Aureliano Leite, *op. cit.*, 1944, p. 111-114; Sidnei J. Munhoz, *op. cit.*, 1997, p. 154-161.

34 *Correio Paulistano*, 29 de dezembro de 1898; Sidnei Munhoz, *op. cit.*, 2001, p. 10-11.

35 Michael Hall, *op. cit.*, 2004, p. 14.

A violência indisciplinada contrariava os anseios por ordem na cidade. Em 1895, o jornal *O Estado de São Paulo* criticava o comportamento da polícia, considerando-o inadmissível:

> Decididamente, é indispensável acabarmos com isso por uma vez. A nossa população, extremamente pacífica, que se aglomera em grandes massas nos dias festivos sem provocar um conflito, sempre pacata, alegre e ordeira, não pode estar sujeita à selvageria brutal da soldadesca sem disciplina nem consciência dos deveres que tem a desempenhar. (...) Medidas enérgicas e severíssimas é preciso que sejam tomadas para a repressão desses contínuos abusos.[36]

A nota repudiava uma briga entre soldados da cavalaria e praças do batalhão policial durante os festejos carnavalescos na Praça da Sé. O confronto deixou várias pessoas feridas. O jornal cobrava das autoridades o fim da violência desordenada. Até um ministro italiano, visitando São Paulo em 1899, reclamou da brutalidade policial que ele descreveu como "fatos verdadeiramente reprováveis e insuportáveis num país civilizado".[37] Sidnei Munhoz, que realizou um trabalho resgatando esses conflitos, notou que a maioria dos casos denunciados resultou em punição para os policiais.[38] A quantidade de queixas enviadas às autoridades indica que a população queria uma polícia que a respeitasse e garantisse uma convivência livre de perigos e ameaças; uma polícia pronta para socorrê-la num momento de necessidade. Havia uma demanda por segurança na cidade, o que explica o número de cartas que o chefe de polícia recebia denunciando ilegalidades ou pedindo o afastamento de subdelegados e inspetores de quarteirão. Conscientes desse desejo, as autoridades se esforçaram para disciplinar a polícia e dar a ela a legitimidade que lhe faltava como protetora do cidadão.

---

36 *O Estado de São Paulo*, 26 de fevereiro de 1895.

37 Michael Hall. "O movimento operário na cidade de São Paulo: 1890-1954". In: Paula Porta (org.), vol. 3, *op. cit.*, p. 267.

38 Sidnei Munhoz, *op. cit.*, 2001, p. 14.

Em 1902, Cardoso de Almeida tomou providências ordenando que os delegados auxiliares investigassem todas as denúncias contra policiais e demitissem sumariamente os culpados. A notícia de que o subdelegado da Barra Funda praticava "toda sorte de tropelias" irritou o chefe de polícia. Um empregado da Casa Prado Chaves foi preso sem motivo justificado e espancado no posto policial por ordem do subdelegado. O fato foi comunicado ao chefe de polícia, que encarregou o delegado Ascânio Cerqueira de apurar os fatos.[39] O subdelegado foi afastado e todos os inspetores de quarteirão da delegacia da Barra Funda tiveram suas licenças canceladas. Com isso, garantiam os jornais, pretendia-se excluir aqueles contra os quais pesavam acusações sérias. Outras delegacias fizeram o mesmo.[40] No relatório de 1903, Cardoso de Almeida explicava a necessidade dessas medidas:

> (...) procurei, desde o momento que assumi as funções do cargo, para o qual fui nomeado, tornar a polícia uma instituição estimada, acatada pelo público, e, fazendo grande cabedal do predicado da honestidade, que lhe há de granjear o respeito dos cidadãos, e aumentar o prestígio, estabeleci a mais severa fiscalização sobre o procedimento de todos os auxiliares.
>
> Tem sido minha preocupação assídua a de conquistar para a polícia (...) o apreço que deve merecer das diversas classes sociais, (...) porque nisso se encerra um meio poderoso de serem atendidos eficazmente os altos interesses da manutenção da ordem.[41]

O chefe de polícia pensava na eficácia e na manutenção da ordem, em disciplinar seus comandados para então disciplinar a sociedade. Persistindo nesse objetivo, ele treinou um destacamento da Guarda Cívica para patrulhar desarmada as ruas centrais da cidade. "Era uma justa homenagem aos hábitos civilizados da cidade de São Paulo", escreveu. O chefe de polícia assegurava que com um patrulhamento educado e desarmado, a cidade

---

39 *O Estado de São Paulo*, 4 de julho de 1902.

40 *Ibidem*, 22 e 30 de julho de 1902.

41 Relatório de 1903, *op. cit.*, p. 4.

mostrava que, além do seu desenvolvimento material, ela também aperfeiçoava os seus costumes.[42]

Washington Luís prosseguiu no caminho de procurar fazer da polícia uma instituição respeitada por estrangeiros e nacionais. A criação da polícia de carreira foi anunciada como um passo decisivo para superar o passado. O professor Antônio Carneiro Leão (1887-1966), um entusiasta do progresso paulista, escreveu que "a polícia de carreira é um corretivo certo", pois ela não podia continuar sendo "uma profissão para domesticar criminosos ou dar o que fazer a vagabundos".[43] O delegado Amando Caiuby foi outro a defender a tese de que a polícia de carreira mudou a imagem da polícia perante os estrangeiros:

> Era fito do governo libertar o Poder de Polícia, pertencente ao Estado executivo, do Poder da Política – então dominante em todos os tempos no Brasil. Somente com essa independência poderiam as nações do Velho Mundo ter confiança na justiça de São Paulo sobre seus filhos imigrantes. Pois, com autoridades formadas em direito, com a nobreza dos estudos superiores sociais e jurídicos, haveria a necessária garantia da ordem, segurança e aplicação das leis aos colonos. Assim, a imigração tornou-se respeitada e vitoriosa na produção das riquezas agrícola-industriais.[44]

A despeito da opinião do delegado, não há indícios de que a polícia de carreira fez os imigrantes se sentiram mais seguros. A simples constatação do número de imigrantes naturalizados na cidade, apenas 1,2% em 1920, indica que eles sentiam-se mais protegidos sendo cidadãos estrangeiros.[45] O consulado costumava ser um porto seguro para aqueles que se sentiam ameaçados. Em 1895, o impressor Raimundo Fossati foi preso acusado de falsificar notas do Tesouro. Colocado em liberdade graças à intervenção de compatriotas, ele

---

42 Ibidem, p. 7.
43 Carneiro Leão. *S. Paulo em 1920*. São Paulo, 1920, p. 117.
44 Amando Caiuby. "Washington Luís e a Polícia de Carreira", *op. cit.*, p. 109.
45 Michael Hall, *op. cit.*, 2004, p. 123.

procurou desesperado a ajuda das autoridades italianas. Vendo o seu pedido negado, Fossati se atirou da janela do consulado. No seu relatório, o chefe de polícia se queixa que a imprensa culpou a polícia pela tragédia, acusando-a de perseguir um inocente.[46]

Em 1899, o negociante austríaco Antônio Bujacich reclamou ao cônsul que sua casa foi invadida por policiais que o mantiveram preso seis horas até o delegado chegar e mandar soltá-lo. Os policiais ainda agrediram seu filho e o ameaçaram. O cônsul da Áustria-Hungria pediu providências enérgicas ao chefe de polícia.[47] Ofícios de consulados estrangeiros reclamando de violências policiais e pedindo providências são comuns nas correspondências recebidas pelo chefe de polícia. Num ofício de 21 de janeiro de 1897, o representante da Itália reclamava ao chefe de polícia a prisão infundada de Gasparini Giovanni na Estação da Luz; no mesmo mês, o cônsul espanhol denunciava as agressões sofridas por uma família imigrante em São Carlos do Pinhal; em agosto de 1897, o vice-cônsul português pedia a punição dos soldados responsáveis por agredir o súdito português Manoel da Costa, no Bom Retiro.[48] Em 1902, o barbeiro Pedro Pattetucci foi preso acusado pela polícia de ter matado uma prostituta espanhola. A meretriz morava em um cômodo alugado pelo barbeiro na Ladeira do Carmo, esquina com a 25 de Março. Desesperada, a esposa do barbeiro pediu ajuda ao cônsul e ele foi libertado, sendo mais tarde inocentado.[49] Em 1907, já com a polícia de carreira implantada, a família de outro italiano pede ajuda ao consulado na esperança de esclarecer a morte de um parente, encontrado boiando no rio Tietê. Atendendo ao pedido do cônsul, o secretário da segurança mandou realizar várias diligências; suspeitava-se de latrocínio, mas ninguém foi preso.[50] Em 1909, o cônsul da Itália avaliava que a polícia paulista era violenta e agressiva, embora seus chefes fossem

---

46 *O Estado de São Paulo*, 10 de julho de 1895; Relatório de 1895, *op. cit.*, p. 11.
47 Processo crime nº ref. 2528 (Apesp).
48 Manuscritos, caixa C2856 (Apesp).
49 *O Estado de São Paulo*, 9 e 27 de maio de 1902, e 17 de maio de 1903.
50 *Correio Paulistano*, 28 de janeiro de 1907.

pessoas cultas e tranquilas.[51] Com isso, fica evidente que a polícia de carreira não trouxe alívio para a maioria dos imigrantes, nem os fez sentirem-se mais seguros ou menos ameaçados.

Ainda em 1906, persistindo no propósito de fazer da polícia um órgão bem-conceituado, Washington Luís criou o Gabinete de Queixas e Objetos Achados para atender aos queixosos e enviar ao secretário todas as denúncias e reclamações contra a polícia, tanto verbais quanto escritas. Um apanhado das reclamações mostra que das 111 queixas verbais realizadas durante o ano de 1907, 47 eram contra autoridades da capital. Os motivos das queixas eram, em primeiro lugar, as arbitrariedades e violências, seguidas da falta de providências. No mesmo período, houve 127 queixas escritas, 96 delas contra autoridades do interior. As queixas diziam respeito igualmente à arbitrariedade, violência e falta de providências. Entre os jornais, o Gabinete recolheu 2.147 reclamações contra a Secretaria de Segurança; 1.448 eram voltadas à polícia. As notas criticavam a falta de policiamento em regiões afastadas, o número de vagabundos e desordeiros pelas ruas, os dementes abandonados, a gatunagem, a jogatina e a prostituição. O Gabinete, além de ser uma espécie de ouvidoria, era também depositário dos objetos perdidos encontrados pela cidade, fazendo publicar nos jornais uma lista desses objetos, procurando dessa maneira servir à sociedade.[52]

Em 1910, Washington Luís realizou uma reestruturação no corpo de Agentes de Segurança, que passou a ser chamado de Corpo de Inspetores numa tentativa de enterrar a má fama anterior e imprimir respeito pelos seus membros.[53] Medidas como essa visavam aproximar a polícia da população para assegurar uma maior eficácia no controle público. Entretanto, a polícia nunca deixou de ser temida entre os moradores mais pobres. Todos sabiam da existência das "geladeiras", como eram apelidados os cárceres das

---

51 Michael Hall. "O movimento operário na cidade de São Paulo: 1890-1954", *op. cit.*, p. 267.
52 Relatório apresentado ao Dr. Jorge Tibiriçá presidente do Estado pelo secretário da justiça e segurança pública Washington Luís P. de Souza. Anno de 1907. São Paulo: Typographia Brasil de Rothschild & Cia., 1908, p. 124-126.
53 Norberto de Castro, *op. cit.*, p. 92.

delegacias do Cambuci, Liberdade e Vila Mariana, que infundiam terror entre a população. Os detidos eram levados para os distritos e trancados em cubículos de cimento sem luz, imundos e estreitos, onde ficavam amontoados, incomunicáveis, às vezes nus, definhando no chão frio por semanas.[54] A polícia justificava as prisões como necessárias para descobrir criminosos ou afastar "elementos perniciosos do seio de gente honesta".[55]

Durante a perseguição aos anarquistas, os cárceres ficaram apinhados de pessoas "suspeitas" recolhidas pelas ruas. A prisão policial, sem processo, por tempo indeterminado, agravada pelos maus-tratos, ficou sendo o meio usual de incutir ordem entre a população. Em 1924, após a rebelião militar que tentou derrubar o presidente Artur Bernardes, centenas de pessoas foram presas e desterradas para o Acre sem qualquer formalidade judicial.[56] Quando a polícia se dispunha a recolher aqueles que ela entendia serem uma ameaça à ordem, nem lares, nem vidas, nem a lei eram obstáculos à ação policial. A repressão não tinha barreiras e parecia crescer à medida que a população se organizava para protestar.

A violência policial e a arbitrariedade marcaram as décadas iniciais da República. Um caso demonstrativo do modo como a polícia trabalhava no dia a dia é o do tipógrafo italiano Alexandro Barelli, empregado de uma litografia na rua Brigadeiro Tobias. Suspeito de falsificar letras de câmbio no estabelecimento do patrão, Barelli foi preso à noite em sua casa e levado para o distrito policial. No caminho foi esbofeteado sem saber do que era acusado. Chegando ao distrito, o delegado o interrogou. Barelli apanhou, foi colocado despido numa solitária escura e ficou dias sem comer, levando banhos gelados. O próprio delegado lhe deu chutes e socos. No final, Barelli assinou uma confissão, negando-a mais tarde diante do juiz.[57] Em 1907, *O Commercio de São Paulo* resumia o que muitas pessoas pensavam da ação policial:

---

54 *O Estado de São Paulo*, 3 de setembro de 1919.
55 *Ibidem*, 9 de abril de 1919.
56 Paulo Sérgio Pinheiro, *op. cit.*, 1991, p. 90-91.
57 *O Estado de São Paulo*, 19 de maio de 1903.

> Quando se trata de gente humilde, sem tradições nobiliárquicas, sem o prestígio da fortuna, a mais leve suspeita, o mais insignificante indício são bastantes para que a polícia exerça a sua missão com um rigor que toca as raias da crueldade. Os infelizes sobre quem recaem essa suspeita ou esse indício são sequestrados da sua liberdade, postos incomunicáveis, e, se algum advogado impetrar um *habeas-corpus*, a polícia, mentindo como uma criança apanhada em falta, esconde o preso nalguma delegacia distante, fazendo-o passear de posto em posto (até ser solto).[58]

Cardoso de Almeida e Washington Luís procuraram disciplinar o uso da violência. "Não prender sem motivo, não prender sem processar" era o lema do secretário de Segurança Washington Luís.[59] Gradativamente, os chefes de polícia tomaram medidas para regrar o uso da violência, diminuindo o nível de tensão. Os conflitos e enfrentamentos violentos dos primeiros anos foram substituídos por uma hostilidade perene entre aqueles que policiavam e quem era policiado. O memorialista Jorge Americano lembra das altercações entre policiais e moradores pelas ruas de São Paulo:

> Há um bate-boca, degenera em briga, a polícia intervêm e prende um homem. Junta gente, um grito: Não Pode!
>
> Toda gente grita: não pode! Pergunta-se porque, ninguém sabe porque não pode, todos são contra a polícia.
>
> Se chega reforço em tempo, a prisão é mantida.
>
> Se não chega, intervêm um do povo, falando ao guarda sobre a arbitrariedade, vem outro guarda: — o senhor também está preso!
>
> — Você sabe com quem está falando? Nós vamos ver isso na polícia! O guarda tem mulher e filhos, tem medo da ameaça, pede

---

58   *O Commercio de São Paulo*, 13 de março de 1907.
59   Relatório apresentado ao Dr. M. J. de Albuquerque Lins, presidente do estado, pelo secretário da justiça e segurança pública Washington Luís Pereira de Souza – Anno 1908. São Paulo: Typ. Brasil de Rotschild & Cia., 1909, p. 62.

desculpas, relaxa a prisão, o outro guarda também tem mulher e filhos, o primeiro preso é solto.[60]

DISCURSO E AÇÃO POLICIAL

Os relatórios oficiais descreviam os conflitos na cidade como uma batalha permanente entre o império da lei contra o império da barbárie, dando ênfase à sua missão civilizadora. Em 1898, o procurador-geral do estado de São Paulo, "alarmado com o aumento dos crimes", culpa os imigrantes e sua cultura pelas "cenas bárbaras" descritas nos jornais diários:

> Não posso deixar de acreditar que a grande aglomeração na cidade de homens, que trazem da sua pátria o costume de andar sempre armados, concorre grandemente para o aumento do crime de violência contra a pessoa. (...) O nosso estado, nas cidades de maior movimento, está infestado de quadrilhas de roubadores e gatunos, que mais audazes se tornam diariamente, não obstante o enorme trabalho da polícia, desgraçadamente o mais das vezes infrutífero. De entre os crimes que continuam a despertar a opinião pública, não posso deixar de assinalar os crimes contra os bons costumes, avultando infelizmente os defloramentos brutais e atentados ao pudor de meninas menores, com especialidade nas cidades mais populosas, devendo sem dúvida estes resultados serem atribuídos à grande quantidade de homens, despidos dos mais elementares princípios de educação, que as necessidades urgentes da vida tem atirado ao nosso estado, em busca de alimento e sustento de cada dia.[61]

Não há dúvida de que o crescimento populacional aumentou o número de delitos; contudo, devemos ter cautela ao ler os mapas estatísticos da polícia. É bem provável que as joalherias e casas de comércio tenham atraído arrombadores profissionais, assim como a circulação de dinheiro favoreceu

---

60 Jorge Americano, *op. cit.*, p. 159.
61 Relatório citado em Luís Antônio Francisco de Souza, *op. cit.*, p. 121.

a ação dos gatunos pelas ruas centrais da cidade.[62] Gatunagem era o nome genérico dado àqueles que furtavam carteiras ou objetos de valor sorrateiramente. Havia na cidade uma família conhecidíssima de gatunos oriundos da Calábria. Eram os irmãos Paschoal, Felício e Salvador Carlomagno, filhos do "velho Carlomagno". Todos bandidos, afirmava o delegado Franklin de Toledo Piza. O caçula, Salvador, chamado de "planta daninha" pelo delegado, com 14 anos liderava uma quadrilha de 20 menores no bairro da Consolação. Preso inúmeras vezes, ele foi enviado para o Instituto Disciplinar em 1903, de onde evadiu-se. Sua carreira prosseguiu até 1913, quando foi expulso do território nacional do mesmo modo que seus irmãos.[63]

Muitos dos acusados de gatunagem eram pessoas que não tinham emprego ou domicílio certo. Gente como o espanhol João Perez e o italiano João Sanghinetti, presos em 1894 por circularem pelas ruas em "atitude suspeita".[64] Outros eram como Sebastião Manoel Ricardo, de 40 anos, que dizia ter vindo para São Paulo à procura de emprego. Acusado por um comerciante de espreitar as casas da rua, ele foi preso vagando a altas horas da noite em frente ao Mercado Municipal.[65] Na madrugada do dia 24 de julho de 1900, três jovens maltrapilhos foram presos enquanto caminhavam pela várzea do Bom Retiro. Os três foram detidos pela polícia e levados para a Repartição Central de Polícia, onde foram "reconhecidos" como gatunos. "Eram dois pretos e um branco", relatou o jornal. Com um deles foi encontrada uma faca. O jornal relata que os "ladrões" negaram, de pés juntos, a autoria dos assaltos ocorridos na região, mas sem sucesso.[66] No mapa geral das detenções e prisões, coligido em 1903, a maioria dos presos por gatunagem eram estrangeiros. Ao lado dos seus dados pessoais, aparece a rubrica "nada tinha", indicando que os detidos não portavam objetos roubados; exceção do espanhol José Martin, flagrado

---

62　*O Estado de São Paulo*, 22 de junho e 1 de agosto de 1900; *Correio Paulistano*, 25 de julho de 1900.

63　Relatório do delegado Franklin Toledo Piza datado de 4 de novembro de 1913, anexado no prontuário nº 18541 (IIRGD).

64　Processos crime nº ref. 2448 e 2449 (Apesp).

65　Processo crime nº ref. 2589 (Apesp).

66　*O Estado de São Paulo*, 24 de julho de 1900.

com 34 anéis, 14 brincos, 15 correntes, três relógios, 26 piteiras, um broche, 27 espelhos e 47 mil réis.[67]

Outro delito que chamava a atenção eram os crimes contra a pessoa, resultado de agressões, rixas, brigas, conflitos familiares e troca de insultos na rua. No Brás, o italiano Alfredo Taccini e o brasileiro Balthazar de Barros travaram uma luta de facas em plena via pública por causa de um burro.[68] Na Vila Cerqueira César, uma italiana discutiu com o vizinho, Afonso do Espírito Santo, porque as galinhas dele invadiram seu quintal. Inconformada com os palavrões que ouviu, a italiana armou-se de um revólver e atirou no vizinho.[69] Em outro caso, o sapateiro Vicente Pelegrini teve uma discussão na Praça da Sé, se exaltou e anavalhou um compatriota por causa de uma dívida.[70] O chefe de polícia Theodoro Dias de Carvalho atribuía o grande número de incidentes deste tipo à "carência de educação, própria do meio baixo em que vive essa gente".[71]

A despeito do julgamento pessoal do chefe de polícia, a violência se manifestava por toda parte, independentemente de origem social ou nível de instrução. Em 1906, por exemplo, o senador Peixoto Gomide (1849-1906) atirou na sua filha para impedir que ela se casasse com alguém considerado por ele inferior à sua condição social. Em seguida, suicidou-se com um tiro. Os jornais limitaram-se a divulgar uma extensa lista de pessoas enlutadas.[72] Em 1923, o escritor Moacir Piza matou uma jovem prostituta em plena avenida Angélica, dentro de um táxi e, em seguida, desfechou um tiro contra o seu peito. Os jornalistas culparam a prostituta pela tragédia.[73] Em 1926, o coronel Afro Marcondes de Rezende, comandante da Força Pública, matou sua esposa no meio de uma discussão, na qual ela tentava impedir que ele internasse

---

67 Mapa Geral das Detenções e Prisões de 30 de julho a 31 de agosto de 1903. Caixa C9487 (Apesp).
68 Relatório de 1895, *op. cit.*, p. 298.
69 *O Estado de São Paulo*, 9 de maio de 1902.
70 *Ibidem*, 17 de maio de 1903.
71 Relatório do ano de 1894, *op. cit.*, p. 257.
72 *Ibidem*, 21 de janeiro de 1906.
73 *O Combate*, 23 de outubro de 1923.

a filha, apaixonada por um moço pobre, numa casa de saúde. O laudo pericial registra que a vítima recebeu os tiros no rosto.[74]

A antropologia compreende a violência como um meio de expressar poder, um comportamento socialmente construído que reflete os valores dominantes da sociedade.[75] Roberto DaMatta concebe a violência como um mediador de várias dimensões da vida social, do universo doméstico ao controle das massas trabalhadoras.[76] Cabe lembrar que até a década de 1930 era comum pais e professores usarem métodos violentos para "corrigir" as crianças. O uso de palmatórias e outros castigos físicos em sala de aula eram de uso corriqueiro em todas as escolas públicas.[77] Relatos de brigas e até mortes em bailes ou partidas de futebol eram frequentemente noticiados nos jornais. A violência era um fato da vida, aceita e até esperada em certos casos. Um terço dos homicídios envolvia pessoas da mesma família: situações nas quais o marido mata a esposa alegando infidelidade; familiares discutem e se agridem, ou membros de uma mesma família, ofendidos por alguém de fora, vingam-se do ultraje.[78]

No dia 19 de agosto de 1908, o advogado André de Toledo Lara foi a julgamento por ter baleado seu sogro após uma discussão. Ele justificou a agressão alegando motivos íntimos. Enquanto os advogados faziam sua defesa, seu cunhado entrou no tribunal e desfechou-lhe um tiro na nuca. Toledo Lara morreu ali mesmo, na frente do juiz, das demais pessoas presentes e da esposa, irmã do assassino, que aos gritos precisou ser contida e levada para fora do tribunal. O assassino, Riolando de Almeida Prado, foi julgado e absolvido pelo júri. Vingara seu pai.[79]

---

74 *Folha da Manhã*, 17 de novembro de 1926; Relatório do inquérito policial datado de 30 de novembro de 1926 (ATJSP).

75 Anton Blok. "The meaning of senseless violence". In: *Honour and violence*. Cambridge, UK: Polity, 2001, p. 103-114.

76 Roberto DaMatta. "As raízes da violência no Brasil: reflexões de um antropólogo social". In: Maria Célia Paoli *et al*. *A violência brasileira*. São Paulo: Brasiliense, 1982, p. 11-44.

77 Maria Luiza Marcílio. *História da Escola em São Paulo e no Brasil*. São Paulo: Imprensa Oficial, 2005, p. 84, 328, 329.

78 Boris Fausto, *op. cit.*, 1984, p. 112-116.

79 *Correio Paulistano*, 20 de agosto de 1908.

Numa terça-feira de carnaval, num hotel elegante próximo à Galeria Cristal no centro da cidade, a professora Albertina Barbosa assassinou o advogado Arthur Malheiro com um tiro e depois cortou seu pescoço com um punhal. Após o crime, realizado com a ajuda de um cúmplice, o professor Elisiário Bonilha (colega e depois marido da professora), ela mandou chamar a polícia e assumiu o homicídio, alegando que a vítima "desgraçara sua vida". A professora contou que o advogado abandonou-a grávida, sem prestar qualquer auxílio. No julgamento, ocorrido em 1909, a ré foi inocentada pelo júri, que reconheceu o direito dela "lavar sua honra".[80] Apesar dos casos alegando "desafronta de honra", a maioria dos homicídios eram atos explosivos, sem premeditação, como observou Boris Fausto em *Crime e cotidiano*.[81] A violência se manifestava no bojo das relações cotidianas, cujo estopim eram tensões muito mais profundas. As armas eram aquelas que o agressor tinha em mãos, na maioria das vezes, facas ou navalhas. As cenas mais noticiadas pela imprensa aconteciam em cortiços, bares e ruas dos bairros populares.

Os dados que temos permitem atestar que São Paulo era uma cidade violenta. Boris Fausto calculou um coeficiente de 10,7 homicídios por 100.000 habitantes entre 1910 e 1916. Chicago, uma cidade reconhecidamente conflituosa, tinha um coeficiente de 9,3 em 1920.[82] A violência entre negros nos guetos de Nova York chegava a 28 por 100.000 habitantes, cifra que, ainda assim, estava longe da Cidade do México, tida como a cidade mais perigosa do mundo. Em 1897, o México exibia taxas de 100 homicídios por 100.000 habitantes.[83] Em comum, todas elas apresentavam um crescimento urbano desordenado, tensões étnicas, pobreza e um longo histórico de violência interpessoal.

---

80 *O Estado de São Paulo*, 24 e 28 de fevereiro de 1909; *O Malho*, 6 de março de 1909.

81 Boris Fausto, *op. cit.*, 1984, p. 119-124.

82 *Ibidem*, p. 95; Jeffrey S. Adler. *First in violence, deepest in dirt*: homicide in Chicago, 1875-1920. Cambridge, MA: Harvard University Press, 2006, p. 273.

83 Randolph Roth. *American Homicide*. Cambridge, MA: Harvard University Press, 2009, p. 401; Robert M. Buffington, *op. cit.*, p. 53.

O quadro geral de prisões, relacionado aos anos em que o procurador-geral denunciava um aumento alarmante dos crimes, ajuda a completarmos o cenário e compreendermos melhor a atuação policial na cidade:

MOTIVO DAS PRISÕES	1893	1895	1899
Averiguação	-	908	874
Desordem	1.465	2.312	2.237
Embriaguez	360	722	686
Gatunagem	910	772	1.085
Vadiagem	509	579	503
Caftinagem	27	30	23
Homicídio	21	31	23
Defloramento	3	16	4

Fonte: Relatórios dos chefes de polícia relativos aos anos de 1893, 1895 e 1899

O quadro revela que a maioria das prisões não foi motivada pela ocorrência de crimes contra a pessoa ou o patrimônio, mas para controlar padrões de comportamento. As prisões para averiguação, desordem, embriaguez e vadiagem eram formas de enquadrar o comportamento urbano dentro dos valores estabelecidos pelas classes dominantes. Muitos dos detidos eram simplesmente "suspeitos" que iam presos para "averiguação", sem terem praticado nenhum crime. Nesses casos, eram presos indivíduos que, segundo o *Diário Popular*, "por aí andam e que a gente não sabe o que querem, de onde vieram e para onde vão".[84] Outros eram trabalhadores temporários, gente pobre, que vivia em volta dos mercados esperando uma oportunidade de serviço como carregadores ou empilhadores. Grupos de trabalhadores negros e mulatos, que gostavam de se exibir medindo forças com um companheiro e provocando uns aos outros enquanto aguardavam serviço, eram alvo das prisões por desordem.[85] Os relatórios policiais registram que 66% dos presos

---

84 *Diário Popular*, 29 de janeiro de 1892 *apud* em Boris Fausto, *op. cit.*, 1984, p. 13.
85 Maria Inez Machado Borges Pinto, *op. cit.*, p. 145-146.

em 1893 eram estrangeiros, cifra que atinge 68% em 1895.[86] Esse número, divulgado pelas autoridades, reforçava o preconceito contra os estrangeiros e servia para mantê-los numa posição subalterna.

Cabe ponderar que, apesar do discurso do procurador-geral em 1899, denunciando o "aumento alarmante dos crimes", a cidade de São Paulo fora sempre violenta. Em meados do século XIX, a cidade convivia com crimes tão chocantes quanto os apontados pelo procurador-geral, embora não passasse de uma vila de pouca expressão econômica.[87] Naquele momento, o aumento dos crimes era atribuído ao caráter dos negros – "bárbaros e violentos" – e à falta de educação religiosa.[88] Estes atributos, antes reservados aos escravos, agora voltavam-se contra os imigrantes, "homens despidos dos mais elementares princípios de educação", dizia o procurador. O fato deles não terem ainda um lugar definido na rede de dependência que caracterizava a sociedade fazia do imigrante uma ameaça potencial à ordem estabelecida.

O relatório do procurador-geral pode ser compreendido como uma peça reveladora da intranquilidade que assaltava as elites paulistas diante de uma sociedade mais diversificada em costumes e ideias. Por outro lado, discursos assim legitimavam a repressão e a ação policial. O *Diário Popular*, ecoando o temor das elites paulistas, incentivava a polícia a prender:

> Não desanime a polícia, seja a polícia forte, e mesmo que seja violenta às vezes, que importa? – afim de restabelecer os créditos de São Paulo gravemente comprometidos por celerados sem nome, prendendo-os, e de assegurar o sossego de todos, detendo os viciosos, desocupados e mendigos, cogumelos nacionais e importados que vivem à sombra do trabalho alheio.[89]

---

86 Relatório do ano de 1893, *op. cit.*, p. 44; Relatório do ano de 1895, *op. cit.*, p. 463.

87 Alzira Lobo de Arruda Campos. "População e sociedade em São Paulo no século XIX". In: Paula Porta (org.), *op. cit.*, vol. 2, p. 15-55; Maria Cristina Cortez Wissenbach, *op. cit.*, p. 44-51.

88 Relatório da Repartição da Polícia da Província de São Paulo, 1871. São Paulo: Typographia Americana, 1872, p. 7; Lilia Moritz Schwarcz. *Retratos em branco e negro*: jornais, escravos e cidadãos em São Paulo no final do século XIX. São Paulo: Companhia das Letras, 1987; Célia Marinho Azevedo. *Onda negra, medo branco*: o negro no imaginário das elites no século XIX. São Paulo: Paz e Terra, 1987.

89 *Diário Popular*, 29 de janeiro de 1892 *apud* em Boris Fausto, *op. cit.*, 1984, p. 13.

Para "assegurar o sossego de todos", um dos expedientes mais utilizados pela polícia nos primeiros anos da República foram as prisões em massa. Os alvos preferenciais eram os mendigos e os desempregados. Em 1895, o chefe de polícia Pereira Bueno culpava os vadios e mendigos por comprometerem o "aspecto e o sossego da cidade", chamando-os de "flagelo" e "fonte de crimes de toda espécie".[90] Boa parte dessas prisões eram notificadas como sendo para averiguação. Boris Fausto mostra detalhadamente o grande número de prisões deste tipo ocorridas em São Paulo entre 1892 e 1916. Em 1893, são presas 3.466 pessoas, registrando-se a abertura de apenas 329 inquéritos; em 1905, os presos são 11.036 e os processos 794; aproximadamente 80% das prisões eram para averiguação ou por contravenção, como embriaguez ou desordem, ocorrências que em sua grande maioria não davam origem à abertura de um inquérito policial.[91]

Em 1904, o chefe de polícia ordenou a prisão em massa das pessoas pobres que circulavam pelo perímetro central da capital. Foram presas 12.839 pessoas, dentre elas 2.044 mulheres e 1.784 menores. Deste total, mais da metade, 7.137, era composta de estrangeiros. A maior parcela dos presos foi detida no Centro, pelo 1º distrito policial: 3.149 pessoas; em seguida estava o distrito de Santa Ifigênia com 2.729; da Luz com 2.457 e o da Liberdade com 2.333 presos. Os jornais deixaram registrada a preocupação das autoridades em livrar o centro da cidade, onde ficavam os prédios públicos e o grande comércio, de uma população vista como perigosa e indesejável.[92]

Essas prisões eram úteis também para a polícia conhecer a marginalidade. As detenções em massa, possíveis graças ao instituto da prisão para averiguação, permitiram à polícia identificar ladrões, gatunos e vigaristas, formando uma vasta rede de informantes no tecido social. Como a maioria dos detidos negociava sua soltura em troca de informações, estabelecia-se entre

---

90   Relatório apresentado ao secretário dos negócios da justiça do Estado de São Paulo pelo chefe de polícia Bento Pereira Bueno em 31 de janeiro de 1896. São Paulo: Typ. Espindola, Siqueira & Comp., 1896, p. 3-4 e 173-174.
91   Boris Fausto, *op. cit.*, 1984, p. 31.
92   *Correio Paulistano*, 2 de fevereiro de 1904.

a polícia e os delinquentes uma relação de conveniência e troca de favores. Sobre a utilidade dos informantes, um delegado escreveu:

> São úteis, os alcaguetes, na prevenção criminal, quando suas informações permitem que sejam evitados crimes (...), também e principalmente, quando facilitam e possibilitam o conhecimento de novos ou desconhecidos criminosos, porque não se pode esperar, indefinidamente, que só por flagrantes se revelem delinquentes ainda não conhecidos, os quais surgem todos os dias, e aqueles outros que vêm de outros lugares e países, para atuar em nosso meio.[93]

Num livro intitulado *Memórias de um rato de hotel*, escrito por João do Rio (1881-1921) em 1912, encontramos a visão do ladrão. Ele, ao ser preso pela primeira vez, suspeito de roubo, diz:

> Era a minha cara dada para todos os agentes, era cada dia a certeza de que aqueles sujeitos não me deixariam mais, era claramente o decreto que não poderia mais operar sutilmente, e só; mas que teria de dar bola a todos os molossos, que me olhavam com aquele olhar de secretas.[94]

O linguajar dos marginais foi compilado para facilitar o contato e a troca de informações. O subdelegado Lincoln de Albuquerque, em seu livro *A vida dos ladrões* (1920), revela aspectos interessantes dessa gíria, composta de estrangeirismos usados pelos marginais argentinos, italianos, espanhóis, franceses e portugueses.[95] Alcaguete (delator), achacador (vigarista) e chorro (ladrão) eram expressões encontradas também na Argentina e Uruguai. Vento (dinheiro) era uma expressão usada aqui e em Portugal. Conta-se que ela apareceu da boca dos punguistas (batedores de carteira), que referiam-se aos melhores pontos para fazerem o seu serviço como sendo aqueles onde

---

93   Coriolano Nogueira Cobra. *Manual de Investigação Policial*. São Paulo: Saraiva, 1987 [1956], p. 50.
94   Dr. Antônio. *Memórias de um rato de hotel*. Rio de Janeiro: Dantes Editora, 2000, p. 73.
95   Lincoin de Albuquerque. *A vida dos ladrões*. São Paulo: Diário Español, 1920, p. 7-32.

"batia vento". Foi também nesse momento que o inspetor de polícia passou a ser chamado de "tira", que significa aquele que tem tirocínio, que sabe "tirar", sabe deduzir rápido. Para o subdelegado Pamphilo Marmo, o bom agente policial era aquele que sabia "tirar a pinta", ou seja, reconhecia um ladrão com um simples "golpe de vista".[96]

Com a ajuda de inúmeras proibições, posturas e regulamentos, a polícia agia para impedir que parte da mão de obra inaproveitada conseguisse sobreviver afastada do mercado de trabalho, desenvolvendo outra cultura que não aquela voltada para o trabalho e a disciplina. Ao mesmo tempo, ela mantinha as ruas livres e limpas para a circulação de bens e pessoas de melhor condição social transitarem sem medo de sobressaltos. Como testemunhou um delegado que atuou na virada do século: "A polícia pensa em função de prender. A ordem, para ela, é uma consequência das prisões, ou melhor, da severidade policial".[97]

A REPARTIÇÃO CENTRAL DE POLÍCIA

Em 1918, um ano após a greve que parou São Paulo, a polícia da capital foi reorganizada em oito distritos na tentativa de acompanhar o crescimento urbano. Na Zona Leste, os bairros industriais da Mooca, Brás e Belenzinho formavam um mundo à parte do centro comercial da cidade, um mundo regido pelo apito das fábricas, que se estendia pelas várzeas do Pari, Ipiranga e Barra Funda; todas regiões baixas, atravessadas por ferrovias e descampados. Suas ruas eram enlameadas e as construções, simples.[98] As delegacias ficaram distribuídas pelo Centro, Luz, Santa Ifigênia, Consolação, Liberdade, Cambuci, Mooca e Brás. Portanto, a polícia deslocava-se dos bairros centrais para avançar sobre o território dos operários.[99]

---

96   Pamphilo Marmo, op. cit., p. 7-13.
97   Cândido Motta Filho. Dias lidos e vividos. Rio de Janeiro: José Olimpio, 1977, p. 6.
98   Raquel Rolnik. "São Paulo, início da industrialização: o espaço e a política". In: Lúcio Kowarick (org.). As lutas sociais e a cidade. São Paulo: Paz e Terra, 1994, p. 95-110; Cândido Malta Campos, op. cit., p. 91.
99   Norberto de Castro, op. cit., p. 65-69.

As delegacias distritais respondiam ao 1º delegado auxiliar, que controlava a cidade da sua sala na Repartição Central de Polícia, também conhecida como Polícia Central. Criada logo após a proclamação da República, ela foi descrita por um chefe de polícia como a "artéria principal da segurança pública".[100] O prédio da Repartição Central ficava no Largo do Palácio, ao lado da sede do governo, junto dos prédios das Secretarias do Tesouro e da Justiça, portanto, no centro do poder. Construída pelo engenheiro Ramos de Azevedo (1851-1928) em 1896, a polícia tinha ganho finalmente um prédio próprio, obra do mesmo arquiteto encarregado de erguer o Teatro Municipal e as Escolas Modelo da capital.[101] Um viajante francês declarou que a visão do Largo do Palácio transmitia uma imagem de "severidade, elegância e robustez", acrescentando que o bom gosto das construções era digno de qualquer cidade da Europa.[102]

Antes da sua construção, a polícia esteve alojada em imóveis alugados em péssimo estado, localizados em ruas sem calçamento, pois não havia dinheiro para alugar casarões nas vias centrais da cidade. Em 1896, a polícia estava instalada num prédio imponente, a poucos passos do palácio do governador. Nada podia ser tão dignificante quanto ter um prédio ao lado de onde despachava o governador e seus secretários.

A Repartição Central abrigava órgãos importantes da polícia.[103] No prédio ficavam alojados o secretário da Segurança, o chefe de polícia, o 1º delegado auxiliar e seu diretor administrativo. No andar de baixo ficavam o plantão e a Assistência Policial. Estacionados na Assistência Policial, médicos contratados pelo chefe de polícia atendiam casos graves levados ao conhecimento da

---

100 Relatório apresentado ao senhor Manoel Pessoa de Siqueira Campos, M. D. Secretário da Justiça deste Estado, pelo chefe de polícia Theodoro Dias de Carvalho Júnior, 1893. São Paulo: Typ. Espindola & Comp., 1894, p. 55.

101 Cândido Malta Campos, *op. cit.*, p. 62-63 e 88-89.

102 *Apud* Maria Stella Bresciani. "Imagens de São Paulo: estética e cidadania". In: Antonio Celso Ferreira (org). *Encontros com a história*: percursos históricos e historiográficos de São Paulo. São Paulo: Editora Unesp, 1999, p. 32.

103 *Almanach do Estado de São Paulo para 1891*. São Paulo: Editora Companhia Industrial de São Paulo, 1891, p. 131. O *Almanach* de 1896 mostra como, num curto espaço de tempo, a Repartição foi reestruturada e ganhou novas atribuições.

autoridade. Cabia a eles prestar atendimento de emergência aos acidentados e doentes, além de encaminhar os necessitados para asilos, hospitais ou casas de caridade.[104] Em 1892, foi organizado o primeiro plantão policial e a Repartição Central deixou de fechar nos feriados e finais de semana.[105] Ela era a única delegacia a funcionar 24 horas, com uma escala de plantão, enquanto as demais fechavam ao anoitecer. A Repartição Central era responsável também pela fiscalização de veículos, fazer as posturas municipais serem obedecidas, recolher animais pelas ruas, assim como abrigar loucos e dementes. Este último serviço causou uma troca de cartas entre o chefe de polícia e o Dr. Franco da Rocha (1864-1933), responsável pelo Asilo do Juquerí. Numa correspondência de 1901, o médico reclamava para o chefe de polícia que não lhe remetesse mais nenhum louco, pois não tinha mais espaço para eles. O chefe de polícia notificou o secretário do interior que, desde que se divulgou que a polícia se incumbiria de cuidar dos loucos, "particulares começaram a abandoná-los pelas ruas".[106]

Os chamados "divertimentos públicos", como teatros, bailes, esportes e outras atividades, também eram regulados pela Repartição Central. Cabia à polícia conceder alvarás de funcionamento para os clubes dançantes, agremiações, associações, além da fiscalização e censura das peças teatrais. Os clubes precisavam submeter seus estatutos à Repartição Central, conjuntamente com o nome dos sócios. O alvará só era deferido depois que a polícia investigava os propósitos do clube e os antecedentes dos seus sócios. Todos os anos, os membros do Congresso dos Fenianos enviavam ofícios pedindo autorização para realizar os festejos carnavalescos, assim como a Societá Populare Emiliana solicitava licença para promover seus bailes.[107] A posição da Repartição Central de Polícia na regulação do espaço urbano e das atividades públicas refletia o modo como o estado foi alargando o seu controle sobre a cidade.

---

104 José Libero. "O Exercício da Medicina Legal em São Paulo". *APCSP*, vol. V, 1º semestre 1943, p. 67.

105 Relatório do ano de 1893, *op. cit.*, p. 79.

106 Marco Antônio Cabral dos Santos, *op. cit.*, p. 52-53.

107 Os pedidos dos Fenianos datam de 1896 a 1898, da Societá é de 13 de agosto de 1897. Estão juntos de outros pedidos na caixa C2856. Sobre propostas de estatutos, ver C3257; ver também Livro de Expedição de licenças do Chefe de Polícia-1905, E1622 (Apesp).

O PLANTÃO POLICIAL

Em 1906, iniciaram-se planos para a modernização da Repartição Central. Em 1910, Washington Luís inaugurou um sistema de aviso telegráfico e telefônico importado de Nova York. O sistema *Gamewell Fire Alarm Telegraph* permitia aos policiais nas ruas comunicarem-se imediatamente com a Central de Polícia, por meio de caixas de ferro instaladas nos postes da cidade com chaves para vários tipos de emergência. No caso de um desastre, por exemplo, o policial acionava uma chave que dispararia um alarme na Central acendendo uma luz verde. Os plantonistas saberiam que se tratava de um desastre e enviariam uma ambulância para o local. Num homicídio ou incêndio, acendiam-se luzes de outra cor. As caixas de alarme foram instaladas na Vila Mariana, Ipiranga, Vila Prudente, Penha, Santana, Freguesia do Ó, Lapa, Pinheiros e Matadouro. Para dar uma estrutura de apoio a esse serviço, o secretário de Segurança comprou mais três ambulâncias e cinco outros carros, contratou mais médicos e construiu uma garagem para abrigar a frota policial. A instalação do sistema *Gamewell* acontecia no mesmo momento em que a cidade inaugurava seu grande teatro e as ruas centrais recebiam uma iluminação elétrica moderna.[108]

Em 1923, o delegado Amando Caiuby publicou o livro *Noites de plantão*, relatando experiências vividas no plantão na Repartição Central de Polícia, misturando casos que ficaram célebres no noticiário com episódios vividos por ele. O livro começa com o delegado levando um amigo para acompanhar seu plantão. Ao chegar ele diz: "É aqui que se resolvem as encrencas da cidade. Quem aguenta essa joça, das cinco da tarde até amanhã às onze, sou eu".[109] Logo que eles entram, o convidado pergunta sobre o som estridente das campainhas. O delegado responde que é um sinal para a Assistência; socorro a um doente em casa ou um acidente na

---

108 Relatório apresentado ao Dr. M. J. de Albuquerque Lins presidente do Estado pelo secretário da justiça e segurança pública Washington Luís P. de Souza. Anno de 1911. São Paulo: Typographia Brasil de Rothschild & Cia., 1911, p. 157-162; Palmira Petratti-Teixeira. "Empreendedores na cidade de São Paulo: dos primórdios aos grandes empresários". In: Paula Porta (org.), *op. cit.*, vol. 1, p. 305.

109 Amando Caiuby. *Noites de plantão*. São Paulo, 1923, p. 11.

rua. Em seguida, um ordenança ingressa na sala do delegado trazendo um torcedor envolvido numa briga de futebol. Interrompendo o delegado, surge um imigrante implorando ajuda. Diz que mora ali perto, na rua do Carmo, tem uma prole enorme para cuidar, sogra, sogro, e para ajudar nas despesas sublocou um quartinho, mas o inquilino é uma pessoa violenta que já ameaçou os seus filhos com uma faca. Por caridade, pede ao delegado que tire o inquilino da sua moradia. O delegado manda um inspetor intimar o inquilino. Mal ele termina de atendê-lo, aparece um tuberculoso cuspindo sangue no assoalho. Inconformado, o delegado reclama para o médico: "Esse sujeito entendeu de morrer aqui!".[110]

Assim, no decorrer do livro, Amando Caiuby descreve um outro lado da cidade, revelado nos plantões policiais, onde os personagens eram imigrantes, prostitutas, egressos do hospício e trabalhadores sem recursos. Relatando uma das jornadas de trabalho, o personagem do delegado cita uma moça que bebera veneno por desilusão amorosa; um "pau d'água" esmagado por um automóvel; um incêndio numa fábrica de graxa; um guarda noturno baleado ao ser confundido com um ladrão; uma criança acidentalmente afogada num balde de água fervida, e "uma infinidade de coisas estafantes".[111] Tudo entrecortado pelas campainhas do sistema *Gamewell*. O tempo todo carros de polícia saem e ambulâncias chegam. Um casal, que se beijava na rua e insultou o soldado que os advertiu, é preso e leva um pito do delegado: "Deixem de escândalo! A polícia é coisa séria! O soldado cumpre ordens, não pode ser maltratado de mondrongo. Há xadrez para isso". Liberando o casal, após a bronca, o delegado ainda adverte: "Desenrosque-se, moça!".[112]

Num outro dia, o delegado atendeu a um italiano de cabelos brancos, "cara de desânimo, gordo e amarrotado", que explica ter uma mãe caduca de 80 anos que provoca seus vizinhos de cortiço, atirando objetos e xingando o

---

110 *Ibidem*, p. 14.
111 *Ibidem*, p. 148.
112 *Ibidem*, p. 80-81.

mulherio. Há três anos ele luta para pôr a mãe num Asilo de Inválidos ou na Santa Casa, mas como não tinha "proteção, não era político, não conseguia nada". O delegado, condoído com as lágrimas do italiano, prometeu arranjar uma internação.[113] Em outro capítulo, a ambulância da Assistência vai até um botequim recolher um bêbado prostrado. O dono do bar diz que o rapaz era de "boa família" e dá o endereço dele. A ambulância vai até o palacete, pede licença e coloca o rapaz na cama. Aparece então a dona da casa afirmando que aquele não era seu filho. O médico, desconcertado, leva-o então para o xadrez.[114] Pelo que se deduz, os alcoolizados de "boa família" eram conduzidos para suas casas e os de baixa condição social dormiam na cadeia.

No capítulo final do livro, a cidade é vítima de um forte aguaceiro. A Repartição de Polícia ficou encharcada, auxiliares e escrivães se acomodam nos andares superiores, a delegacia de trânsito teve que desocupar o prédio e os médicos subiram para a sala do delegado. Os bairros populares, localizados próximos à várzea dos rios, foram inundados. A cheia atingiu vários bairros. Atendendo a uma ocorrência provocada pelas chuvas, o delegado narra:

> Enchente, miséria, fome, doença e morte. Já no fim, quando os céus tiveram piedade dessas pobres famílias desabrigadas e as águas baixaram, doeu-me uma cena. Fui ver uma criança afogada que dera as costas no Bom Retiro. Teria quatro anos quando muito. Caíra da cama e sumira nas águas. Ao examinar o corpinho tumefacto, a ordenança chamou-me a atenção para o outro lado da rua: um enterro saía de certa porta. Homens imersos até as coxas, puxavam, na cabeça, o caixão negro. E o caixão saiu da casa e lá veio carregado sobre as cabeças, até o começo da rua. Informaram-me então que era daquele italiano gigantesco, apoplético e caritativo, que fora o amparo de centenas de infelizes e que morrera de tifo, desamparado num alto girão da pobre residência...[115]

---

113 *Ibidem*, p. 105.
114 *Ibidem*, p. 187-189.
115 *Ibidem*, p. 184.

A São Paulo descrita em *Noites de Plantão* não era mais aquela dos primeiros anos da República, mas ainda era tensa, desigual e permeada de conflitos. A cidade vivia uma realidade segregante: as classes populares, "deseducadas e turbulentas", ficavam empilhadas em cortiços ou nos terrenos baixos, mais baratos e sem nenhuma infraestrutura; as classes privilegiadas, de boa educação e hábitos considerados corretos, moravam nos bairros altos, higienicamente mais favoráveis, com acesso a iluminação pública, transporte e rede de esgotos.[116] O sociólogo José de Souza Martins compreende que a cidade de São Paulo foi edificada sobre uma política de classes que gerou "uma ordem espacial segmentadora, apoiada em confinamentos invisíveis e ideológicos".[117]

Vigiando esses espaços estavam os distritos policiais, cuja rotina não era diferente daquela narrada em *Noites de plantão*, pois grande parte do seu trabalho era o de atender ao público. Livres de investigar os crimes de autoria desconhecida, como roubos e homicídios, que eram encaminhados ao Gabinete de Investigações, as delegacias deveriam manter um registro rigoroso do que ocorria na sua área, concentrando-se no atendimento à população do bairro. As queixas chegavam através de reclamações feitas pelos moradores em busca de solução para os seus problemas. As agressões, rixas com vizinhos, furtos e ameaças encabeçavam a lista de queixas. Havia também reclamações contra a perturbação da ordem e a presença incômoda de "vagabundos". Os relatórios dos chefes de polícia mostram que nas delegacias distritais predominavam os casos de agressões, seguidos pelos acidentes de trabalho, desastres, deflorações e furtos:

---

116 Raquel Rolnik. "São Paulo, início da industrialização: o espaço e a política". In: Lúcio Kowaric (org.), *op. cit.*, p. 95-107.

117 José de Souza Martins. "O migrante brasileiro na São Paulo estrangeira". In: Paula Porta (org.), *op. cit.*, vol. 3, p. 186.

Relatório do ano de 1920

Delegacias	Centro	Luz	Santa Ifigênia	Consolação	Liberdade	Cambuci	Mooca	Brás
Total de Inquéritos	331	316	107	219	389	132	338	232
Furto	48	12	7	9	-	10	14	3
Desastres	52	32	-	-	50	20	19	47
Homicídio	6	-	9	-	-	2	8	2
Defloramento	16	42	8	19	-	29	22	33
Agressão	47	29	60	47	-	41	78	57
Acidentes de trabalho	140	126	142	65	41	76	147	167
Prisões	1.335	1.242	736	1.326	459	1.423	1.143	1.274

Fonte: Relatório apresentado ao Exmo. Sr. Dr. Washington Luís Pereira de Souza presidente do estado pelo secretário da justiça e da segurança pública Francisco Cardoso Ribeiro. Anno de 1920. São Paulo: Casa Garraux, 1921, p. 101-106.

Relatório do ano de 1929

Delegacias	Centro	Luz	Santa Ifigênia	Consolação	Liberdade	Cambuci	Mooca	Brás
Total de Inquéritos	568	730	571	395	403	518	388	581
Furto	18	2	9	7	10	9	4	12
Desastres	84	94	53	43	43	63	44	74
Homicídio	10	8	7	5	5	2	5	7
Defloramento	11	59	27	17	43	22	12	-
Agressão	159	198	148	107	97	119	135	164
Acidentes de trabalho	234	266	276	159	114	255	153	292
Prisões	501	490	358	375	387	563	233	993

Fonte: Relatório apresentado ao excelentíssimo senhor Dr. Julio Prestes de Albuquerque presidente do estado pelo secretário da segurança pública Mario Bastos Cruz. Anno de 1929. São Paulo: Typographia do Gabinete de Investigações, 1930, p. 85-104.

Os desastres ocorriam, logicamente, nas áreas de maior movimento de veículos, bondes e carroças. Os furtos, como podemos notar, eram mais noticiados nas áreas dedicadas ao comércio, enquanto os homicídios não têm uma explicação que justifique seus números, exceto a densidade populacional. Eles aparecem distribuídos quase que igualitariamente pela cidade. As agressões, por outro lado, eram mais frequentes onde havia concentração de pessoas, o que oferecia oportunidades de desentendimento. As prisões eram mais numerosas nos locais mais populosos, especialmente nas áreas onde havia uma concentração de mendigos e desempregados. Os defloramentos eram registrados predominantemente nas áreas residenciais.

Sueann Caulfield, que estudou os processos de defloramento ocorridos no Rio de Janeiro entre 1918 e 1940, nos ajuda a entender esses casos. Segundo ela, "moças da classe trabalhadora, ou mais frequentemente seus pais ou responsáveis, recorriam à polícia e à justiça para que intermediassem os conflitos que envolviam a perda da virgindade, geralmente com a esperança de que as autoridades forçassem os defloradores a se casar". Quase todas as moças afirmavam que os defloradores haviam feito promessas de casamento.[118] Os casos de defloramento registrados no relatório mais detalhado que temos, datado de 1895, confirma o quadro levantado por Caulfield. A autoridade policial formalizava os depoimentos e encaminhava o casal para o juiz de paz celebrar o casamento. Com isso, os casos aparecem como solucionados.[119]

Outra queixa muito comum eram os acidentes de trabalho. O trabalhador, ao registrar sua queixa, buscava uma assistência, uma indenização ou compensação pela inatividade, mas as chances eram pequenas. O professor Antônio de Almeida Júnior (1892-1971) revela que, para se obter uma indenização, o trabalhador "precisava provar que houvera dolo ou culpa do patrão". Prova difícil e cara, pois "quase sempre o dano provinha, não do dolo nem da culpa do patrão, mas de caso fortuito ou de culpa do operário".[120] A maioria dos inquéritos, como podemos aferir, são queixas de esfera privada, vindos de pessoas que exigiam algum tipo de reparação. Assim sendo, as delegacias

---

118 Sueann Caulfield. *Em defesa da honra*: moralidade, modernidade e nação no Rio de Janeiro (1918-1940). Campinas: Editora da Unicamp, 2000; ver também: Marcos Luiz Bretas, *op. cit.*, p. 176-189.

119 Relatório de 1895, *op. cit.*, p. 228, 234, 235, 242 e 333.

120 A. Almeida Júnior. *Lições de Medicina Legal*. São Paulo: Companhia Editora Nacional, 1948, p. 217.

assumiam o papel de primeira instância judiciária, intimando, mandando prender, mediando conflitos, efetivando as leis e as normas sociais em uma sociedade tão complexa e desenraizada.

A CIDADE EM TRANSFORMAÇÃO

Entre 1900 e 1925, o número de habitantes da cidade triplicou, saltando de 240 mil para 750 mil. Em 1920, em pleno *boom* financeiro, a cidade viveu um momento especial como polo de atração de investimentos. Empresas estrangeiras como a fábrica de cimento Portland, a Ford, a General Motors e a indústria química Rhodia instalaram linhas de produção nos arredores da cidade.[121] Para o historiador Nicolau Sevcenko, São Paulo "não era uma cidade de negros nem de brancos e nem de mestiços; nem de estrangeiros e nem de brasileiros; nem americana, nem européia, nem nativa"; ela era algo novo. A metrópole emergente era um fenômeno surpreendente para todos.[122]

Marcada pelo desenraizamento de seus habitantes, a cidade de São Paulo havia se tornado um cenário vivo de conflitos por sustento, identidade, inclusão social e espaço político. Nesse cenário, as classes dominantes se esforçavam para impor seus valores e seu ideal de vida, tentando eliminar as diferentes culturas existentes e erradicar os hábitos populares vistos como atrasados ou perigosos.[123] A população de São Paulo havia incorporado o policiamento urbano como uma necessidade, simbolizando uma certa segurança em um mundo povoado por medos, fantasias e sentimento de vulnerabilidade em relação à multidão anônima que coabitava a cidade. Em 1917, o jornal *O Estado de São Paulo* publicou uma das muitas cartas reclamando mais policiamento:

---

[121] Pierre Monbeig. "O crescimento da cidade de São Paulo". In: Tamás Szmrecsányl. *História econômica da cidade de São Paulo*. São Paulo: Globo, 2004, p. 73.

[122] Nicolau Sevcenko. *Orfeu Extático na Metrópole*: São Paulo, sociedade e cultura nos frementes anos 20. São Paulo: Companhia das Letras, 2000, p. 31.

[123] Margareth Rago. "A invenção do cotidiano na metrópole: sociabilidade e lazer em São Paulo, 1900-1950". In: Paula Porta (org.), *op. cit.*, vol. 3, p. 387-435.

> O serviço de policiamento da rua Rodrigues dos Santos é péssimo. Pode-se mesmo dizer que durante o dia todo aquela via pública fica completamente ao abandono. Prevalecendo-se disso, confiantes em que a polícia não os pode incomodar, um sem número de garotos vão todos os dias por ali, e ali ficam horas inteiras a praticar todas as diabruras que bem entendem. (...) O pior é quando os moleques dão para jogar *football*. Então – dizem os moradores daquela rua – os que passam por ali e tem a felicidade de não ser atingido por nenhuma bola perdida propositalmente, não escapam de ouvir palavrões, e dos mais pesados.[124]

Demandas desse tipo enchiam as delegacias, que recebiam milhares de pedidos de providências dos moradores da cidade. No ano de 1921 foram 4.852 queixas, número que subiu para 7.441 em 1929.[125] O medo dos habitantes da cidade era reforçado pelos jornais que noticiavam crimes diariamente, pedindo sempre mais policiamento. Nos anos 1920, os jornais passaram a dar destaque para os traficantes de entorpecentes, notadamente os estrangeiros.[126] O *Diário da Noite* publicou em 1926 uma série de reportagens denunciando o "veneno branco" que inundava a capital paulista. Dois paraguaios presos com 23 frascos de cocaína, 10 de ópio e 35 doses de *pantopon* (um derivado da morfina) tiveram sua foto estampada sobre um texto que misturava horror e devassidão, lembrando o caso do estudante Horácio Martins, que morreu depois de consumir uma dose elevada de cocaína num quarto sórdido em companhia de uma prostituta.[127]

Em 1920, era possível para qualquer pessoa adquirir uma pequena quantidade de cocaína, haxixe, morfina e seus derivados em qualquer grande

---

124 *O Estado de São Paulo*, 4 de setembro de 1917.

125 Relatório apresentado ao Exmo. Sr. Dr. Washington Luís Pereira de Souza Presidente do Estado pelo Secretário da Justiça e Segurança Pública Francisco Cardoso Ribeiro. Anno 1921. São Paulo: Typ. Casa Garraux, 1922, p. 101-108; Relatório do ano de 1929, *op. cit.*, p. 85-104.

126 Guido Fonseca. *O submundo dos tóxicos em São Paulo*. São Paulo: Resenha Tributária, 1994, p. 100-103.

127 *Diário da Noite*, 15 e 18 de julho; "Morfina – romance de horror e paixão", *Diário da Noite*, 7 de agosto de 1926; *Correio Paulistano*, 19 de dezembro de 1923. Ler também "Vítimas dos vícios elegantes – Alguns casos escandalosos". *Jornal do Commercio*, 30 de setembro de 1921.

centro urbano. O historiador David T. Courtwright chamou de "revolução psicoativa" esse salto na capacidade das pessoas consumirem substâncias de efeito estimulante cada vez mais potentes e originárias de lugares remotos. Este fenômeno foi impulsionado pelo consumo de cocaína em bordéis, bares e salões elegantes. Refinada em 1860 para fins terapêuticos e anestésico a partir de folhas de coca cultivadas no Peru, o uso e abuso de cocaína se alastrou rapidamente. Sintetizada em laboratórios na Holanda e na Alemanha, a cocaína tornou-se um ingrediente básico de vários tônicos, remédios e bebidas populares, como qualquer outra *commodity* num mundo cada vez mais interconectado, no qual transitavam hábitos, prazeres e sensações novas.[128]

O consumo de drogas estimulantes encontrou grande freguesia nos centros urbanos. Em 1896, calculava-se que havia 16 milhões de fumantes de ópio na China e 25 mil só em Nova York. No centro de Manhattan podia-se encontrar casas de ópio exclusivas para a clientela branca, onde era proibida a entrada de chineses. Apesar disso, a criminalização do uso e venda de entorpecentes teve um impacto mínimo no consumo. Segundo os jornais de Nova York, o consumo de heroína aumentou com a proibição do ópio, em parte porque ela era acessível e fácil de transportar, mas havia também o gosto por sensações novas.[129] Em São Paulo, o delegado Juvenal Piza, do Gabinete de Investigações, relatava que os tóxicos entravam na capital pelas mais diversas vias:

> Primeiro pelos portos de Santos e Rio de Janeiro, trazidos a bordo de navios estrangeiros e negociados por estivadores dessas cidades marítimas; em segundo pelo Rio Grande do Sul, pela estrada São Paulo – Rio Grande (...) Pela República do Paraguai também penetra o tóxico que é vendido em Mato Grosso e zona Nordeste do Brasil (...) droguistas e viciados têm mandado vir

---

128 David T. Courtwright. *Forces of habit*: drugs and the making of the modern world. Cambridge, MA: Harvard University Press, 2000, p. 46-52.

129 Timothy J. Gilfoyle. *A pickpocket's tale*: the underworld of nineteenth-century New York. Nova York: W. W. Norton, 2006, p. 153-156.

da Europa pequenas quantidades de tóxicos e até dentro de jornais chineses tem entrado ópio no Brasil.[130]

Ao lado das manchetes sobre o "mais repugnantes dos delitos" (o tráfico de drogas), narravam-se crimes horripilantes praticados por pedófilos, atentados anarquistas e assaltos praticados por delinquentes que buscavam refúgio em São Paulo.[131] Afluíam para cá, escreveu o jornalista Sylvio Floreal (1862-1929), tipos que foram escroques em Paris, batedores de carteira em Monte Carlo, contrabandistas no Havre, falsários em Londres e Nova York, *cáftens* na Rússia, Polônia e adjacências.[132] O medo construído socialmente através dos jornais e dos discursos oficiais afetava a todos, definindo uma política de segurança basicamente repressiva. A polícia respondeu às ameaças reais e imaginadas, de um lado mantendo seu amplo poder de arbítrio, praticando prisões sem consulta judicial e, de outro, especializando-se cada vez mais. Especialização parecia ser a resposta para a complexidade da vida moderna.

O grande modelo no campo das inovações era a polícia de Paris. Dirigida por Louis Lépine (1846-1933), um administrador competente com um raro tino publicitário, a velha polícia parisiense passou por uma reforma profunda, reconciliando-a com a população e a imagem da cidade. Lépine instaurou procedimentos modernos de identificação e investigação, aperfeiçoou o treinamento dos seus recrutas e promoveu as relações com o público. As reformas iniciadas por Lépine culminaram em 1907, com a criação de um grupo de escol especializado em investigação, conhecido como Brigade Criminelle.[133] A polícia tornava-se visivelmente mais técnica e profissional,

---

130 *Folha da Manhã*, 10 de janeiro de 1928.
131 "Os Crimes de um Monstro", *A Gazeta*, 5 de janeiro de 1927; "Outra Besta-Fera", *Diário da Noite*, 19 de janeiro de 1927; "Explosão de uma Máquina Infernal: o anarquismo em São Paulo", *Correio Paulistano*, 19 de outubro de 1919; "Bomba Infernal", *O Estado de São Paulo*, 20 de outubro de 1919; "São numerosos os punguistas e vigaristas que a polícia tem prendido, mas são mais numerosos os que andam a solta", *Diário da Noite*, 10 de agosto de 1926; Cantinho Filho. *Gabinete de Investigações* (esboço histórico). São Paulo: Typ. Garraux, 1927, p. 13.
132 Sylvio Floreal. *Ronda da Meia-Noite*. São Paulo: Typ. Cupollo, 1925, p. 54.
133 Jean-Marc Berlière & René Lévy. *Histoire des Polices en France*. Paris: Nouveau Monde Éditions, 2011, p. 59 e p. 109-119.

mas não apenas na França. Em Berlim foi criado um departamento de investigações com equipes para investigar cada tipo de delito – homicídio, roubo, fraude, lenocínio –, com subdivisões para roubo de veículos, roubo a residência, roubo de estabelecimentos comerciais etc. O mesmo se deu nas cidades norte-americanas, a exemplo de Nova York, Detroit e Chicago, onde surgiram esquadrões especializados na investigação de homicídio, roubo, narcótico, pessoas desaparecidas etc.[134]

O Gabinete de Investigações paulista foi o exemplo maior desse tipo de especialização. Dividido em delegacias especializadas para investigar crimes específicos, a ele estava "confiada a guarda e garantia das pessoas; a fiscalização dos bons costumes; a garantia da propriedade pública e privada; a vigilância da ordem política e social e a seleção dos reincidentes", esclarecia seu diretor, o delegado Otávio Ferreira Alves, em 1928.[135] O Gabinete era o departamento mais especializado da polícia, mas não foi o único a se modernizar. O policiamento da capital foi igualmente remodelado para atender às mudanças.

Em 1926, a capital paulista ganhou uma nova Guarda. Criada pelo governador Carlos de Campos, empenhado em reformar o policiamento preventivo de São Paulo e compensar a redução da Força Pública após a rebelião de 1924, a Guarda Civil procurou estimular uma relação de apreço e aproximação com a população.[136] O regulamento da corporação ordenava ao guarda prestar atenção especial às senhoras, idosos, enfermos e crianças, fornecendo seu braço para auxiliá-los na travessia das ruas. Recomendava-se ao policial manter a dignidade na vida privada, para assim ter o reconhecimento esperado dos cidadãos. A aparência física do guarda era muito importante, assim como as suas vestimentas. O uniforme deveria estar

---

134 Sace Elder. *Murder scenes*: normality, deviance, and criminal violence in Weimar Berlin. Ann Arbor: University of Michigan Press, 2010, p. 47-52; Richard Bessel. "Policing, professionalisation and politics in Weimar Germany". In: Clive Emsley & Barbara Weinberger, *op. cit.*, p. 196-199; Robert M. Fogelson, *op. cit.*, p. 78-90.

135 Otávio Ferreira Alves. "A Polícia de S. Paulo", *op. cit.*, p. 68.

136 Hermes Vieira & Oswaldo Silva, *op. cit.*, p. 242-244.

sempre impecável e em perfeita ordem. Um guarda civil deveria apresentar-se aos seus superiores e ao público com todo o garbo possível.[137] Conta um ex-guarda:

> O guarda civil tinha de ficar fora da calçada, não podia entrar em bar, não podia entrar em restaurantes. Ele ficava no posto aguardando o rondante, e esse rondante é que ficava no lugar dele enquanto ele fazia suas necessidades, tomava água etc. Tinha dez minutos e era algo muito rígido. O guarda civil, para dirigir-se a qualquer pessoa, tinha que estar em posição de sentido; não podia sequer apresentar-se com um cigarro na mão, nem mesmo se estivesse conversando com alguém.[138]

O uniforme da Guarda era todo azul, com duas fileiras de botões, cinto e sapatos engraxados. O quepe era do estilo norte-americano, alto com um disco prata da corporação. No peito ficava o distintivo esmaltado com o número do policial. Nas ruas centrais da cidade, não faltavam as luvas brancas combinando com o cassetete. Um apito dourado, preso numa correntinha, dava mais charme ao uniforme. Altos e garbosos, não é exagero dizer que eles eram a atração nos principais cruzamentos de avenidas da cidade. O memorialista Jorge Americano escreveu que na Praça do Patriarca havia dois guardas a cavalo, impecáveis, como se estivessem na Trafalgar Square.[139] O novo corpo contou com um efetivo inicial de mil homens, depois ampliado para mais dois mil policiais espalhados por todo o estado.

Entretanto, a nova Guarda apresentava uma contradição. Se por um lado o seu regulamento exprimia respeito pelo cidadão, por outro, ela excluía os negros das suas fileiras. Como revela um ofício, os guardas deveriam ser brancos, ter não menos de 1,75m de altura, bom comportamento moral e civil, saber ler e escrever, ter mais de 21 anos e menos de 45, não ter nenhum defeito físico ou

---

137 Instruções destinadas ao Serviço de Vigilância e Policiamento a cargo da Guarda Civil. Elaborado pelo coronel Alexandre Gama sob a orientação do diretor Dr. Antônio Pereira Lima. São Paulo, 1928.
138 *Frente Negra Brasileira: Depoimentos*. São Paulo: Quilombhoje, 1998, p. 88-89.
139 Jorge Americano, *op. cit.*, p. 79.

moléstia.[140] Segundo o documento, os negros não eram aptos para representar o policiamento da capital. Relegados às posições mais subalternas da sociedade, prestando serviços como carregadores, ensacadores e empregados domésticos, a população negra da cidade não era digna de representar o estado, emprestando seus rostos a uma guarda moderna. Entidades de filhos e netos de escravos protestaram contra a medida, mas o que predominou na Guarda foi o recrutamento de uma maioria esmagadora de brancos e estrangeiros.[141]

Entre os recrutas da Guarda Civil havia um bom número de imigrantes letões, lituanos, polacos, alemães e austríacos, que haviam deixado uma Europa em frangalhos para reiniciar a vida em terras brasileiras. Os delegados tinham uma estima especial por estes recrutas obedientes, de ar marcial e visceralmente anticomunistas. A corporação apresentava com orgulho alguns filhos de barão e antigos membros da corte vienense que serviam nas suas fileiras.[142] A Guarda Civil ficava sob supervisão do 3º delegado auxiliar Artur Rudge Ramos (1875-1941). Filho da fina flor das famílias paulistas, Rudge Ramos era reconhecido pelo semblante sério, bigode aparado, chapéu coco, bengala e polainas lustrosas. Jovens delegados que serviram com ele lembram-no como "disciplinado e disciplinador". Rudge Ramos entrou para a polícia em 1902, como delegado substituto. Galgou toda a hierarquia até chegar a delegado de 1ª classe na movimentada delegacia da Consolação. Titular de distrito, começou fiscalizando carroças, cuidando das placas e intervindo nos cruzamentos do seu distrito. Tempos depois, tal controle tornou-se um monopólio seu, o qual ele exercia com prazer e bastante rigor.[143]

Em 1915, o governador colocou-lhe nas mãos outra tarefa: a reforma da Estrada do Mar. Para tanto, o secretário da Segurança Eloy Chaves

---

140 Circular "reservada" comunicando os requisitos para a admissão dos candidatos à Guarda Civil, datada de 30 de dezembro de 1926. *Ordem do Dia (1926-27)* (DGP).

141 Flávio Gomes. *Negros e política (1888-1937)*. Rio de Janeiro: Zahar, 2005.

142 *Diário da Noite*, 5 de outubro de 1927.

143 "Dr. Artur Rudge Ramos". *APCSP*, vol. II, 2º semestre 1941, p. 445-446. Rudge Ramos escreveu o primeiro "Regulamento para Trânsito nas Ruas e Praças da capital", datado de 10 de janeiro de 1911. Caixa C3181 (Apesp).

regulamentou uma lei que permitia o uso de presidiários nas obras públicas. A ideia foi defendida como um meio de reabilitar os sentenciados através do trabalho.[144] Na prática, porém, o que se viu foram presos esfarrapados, doentes e sem alimentação, trabalhando de sol a sol, enquanto a empreiteira que os explorava parecia estar satisfeita com o uso da mão de obra carcerária, muito mais em conta do que a livre.[145] Distante das críticas, Rudge Ramos preocupava-se apenas com a estrada. Um delegado contou que ele sempre descia por ela para pescar no final de semana. Durante o trajeto, o delegado aproveitava para inspecionar o calçamento e pedir reparos.

O 3º delegado auxiliar era responsável também por propor medidas para organizar o trânsito da capital. Trânsito que só piorou com a crise energética em São Paulo. A energia elétrica produzida pelas usinas da Light era insuficiente para atender ao crescimento urbano. Em função disso, diminuiu o número de bondes e aumentou consideravelmente o número de carros e ônibus pelas ruas.[146] A cidade começou então a conhecer um outro tipo de realidade: a dos atropelamentos e do caos urbano. Tomar chá na Confeitaria Vienense ou no Mappin da Praça Patriarca exigia o máximo de cuidado, pois tornara-se perigoso atravessar a rua. Os jornais reclamavam que a cidade transformara-se numa "praça de guerra". Em 1920, *O Estado de São Paulo* promoveu uma campanha contra os acidentes e o descaso das autoridades. Num dos seus editoriais, podemos ler:

> Vão se repetindo ultimamente, com frequência apavorante, os desastres de automóveis, funestos muitos deles, e ocasionados quase que sempre pelo abuso da velocidade, praticado pelos *chauffeurs*. (...) Não se pode conceber que em São Paulo tenham os condutores de automóvel a liberdade que ostentam de transformar as ruas da cidade em pista indisputável para as desabaladas correrias a que despejada e impunemente se entregam

---

144 Hermes Pio Vieira. *Eloy Chaves*. Rio de Janeiro: Civilização Brasileira, 1978, p. 196-197.

145 *O Parafuso*, nº 131, 11 de fevereiro de 1919; *Ibidem*, nº 147, 3 de junho de 1919.

146 Raquel Ronik. *A Cidade e a Lei*. São Paulo: Studio Nobel, 1997, p. 160.

quando que tais exercícios lhes dêem gana. É inacreditável, a quem nunca residiu em São Paulo, o ponto a que chegam os *chauffeurs* na vertigem da velocidade a que se entregam nos trechos mais populosos da cidade. E, à noite, quem tiver ocasião de transitar pela Avenida Paulista, pela Angélica e outras longas vias públicas mais fartamente iluminadas, verá atemorizado, passarem furiosamente inúmeros automóveis que, rugindo estrepitosamente pelos motores desimpedidos, voam sobre o asfalto ou sobre o calçamento em doidas e fantásticas arremetidas, levando a morte e o desmantelo às pessoas ou veículos que acaso tentem transpor aquelas avenidas.[147]

Criou-se na cidade moderna uma disputa entre os pedestres e os novos veículos. Qualquer percurso exigia atenção máxima, a velocidade das máquinas modernas demandava uma precaução redobrada. Costumava-se dizer que andar com elegância e às pressas era "andar à americana".[148] Em uma cidade moderna, onde a tecnologia, ao mesmo tempo em que revolucionava, atemorizava a todos, eram os homens e mulheres que deveriam se adaptar ao ritmo da aceleração do progresso, e não o contrário. As delegacias ficaram encarregadas de investigar os acidentes com a ajuda de laudos periciais modernos. A Diretoria do Serviço de Veículos, subordinada ao 3º delegado auxiliar, ficou responsável por fiscalizar, multar, registrar os autos, assim como prover as cartas de habilitação.[149] No relatório de 1930, a polícia informava ter aberto 948 inquéritos sobre acidentes de trânsito e realizado 1.052 corpos de delito. A 3ª delegacia calculava que 34.920 veículos circulavam pela capital, incluindo os bondes e as 4.079 bicicletas.[150]

---

147 *O Estado de São Paulo*, 4 de dezembro de 1920 *apud* Nicolau Sevcenko, *op. cit.*, 2000, p. 76-77.

148 Nicolau Sevcenko. "A capital irradiante: técnica, ritmos e ritos do rio". In: Nicolau Sevcenko (org.), *op. cit.*, 2006, p. 550-551.

149 Relatório de 1929, *op. cit.*, p. 70-78. O Museu do Crime na Acadepol ainda guarda cópias de muitos desses laudos periciais.

150 Mensagem apresentada ao Congresso Legislativo, em 14 de julho de 1930, pelo Dr. Heitor Teixeira Penteado, vice-presidente em exercício do Estado de São Paulo. São Paulo: Imprensa Official, 1930, p. 168-169.

Para coordenar tamanho movimento de veículos, o 3º delegado auxiliar sonhava com a implantação de semáforos automáticos na cidade. Há muito ele vinha estudando a necessidade desse tipo de sinalização, enviando relatórios pormenorizados aos seus superiores.[151] Os primeiros semáforos luminosos surgiram em Cleveland, no verão de 1914, para ordenar o tráfico de veículos que começavam a ser produzidos em massa nos Estados Unidos. Detroit adotou os semáforos em 1920, adicionando uma luz amarela de atenção entre as luzes verde e vermelha. Visitantes europeus ficaram impressionados ao ver motoristas respeitando aquelas luzes. Paris (1922) foi a primeira capital europeia a introduzir semáforos de trânsito, seguida de Berlim (1924) e Londres (1931).[152]

Como se vê, o delegado Rudge Ramos estava atualizado no que se referia ao tráfego de veículos pelas principais cidades do mundo. Em 1926, ele finalmente recebeu verba para instalar os seus semáforos, mas, ao que parece, o governador não ficou satisfeito com o resultado. O deputado Aureliano Leite (1886-1976) conta que o governador Júlio Prestes achou um absurdo ter que parar nos cruzamentos ao voltar para sua casa. Imediatamente ele telefonou para o 3º delegado auxiliar ordenando que todos os semáforos no caminho da sua residência fossem desligados assim que ele deixasse o Palácio. O delegado Rudge Ramos obedeceu, mas quase teve um infarto.[153] Pelo visto, os faróis de trânsito em São Paulo não eram para todos.

CONSIDERAÇÕES FINAIS

A necessidade urgente de instituir uma ordem urbana nos primeiros anos da República levou a um aumento do efetivo policial sem com isso trazer mais segurança para os moradores da cidade. A violência policial e a arbitrariedade marcaram as relações entre polícia e público. De um lado, os jornais intervinham pedindo medidas disciplinares para punir policiais violentos ou corruptos; de outro, os consulados estrangeiros, em resposta às reclamações

---

151 *Diário da Noite*, 13 de julho de 1926; Relatório de 1929, *op. cit.*, p. 78.
152 Akira Iriye & Pierre-Yves Saunier, *op. cit.*, p. 1043.
153 Aureliano Leite. *Páginas de uma vida*. São Paulo, 1955, p. 53.

dos seus concidadãos, exigiam medidas para controlar a brutalidade policial. Pressões internas e externas levaram as autoridades a disciplinar o uso da violência, mas sem abrir mão dela. A prisão sem processo, por tempo indeterminado, agravada pelos maus-tratos, continuou sendo o meio usual da polícia incutir ordem entre a população.

Os deslocamentos populacionais e as mudanças drásticas transformaram São Paulo em expressão concentrada dos problemas que afligiam a sociedade como um todo, entre eles a pobreza e a desigualdade. Tensões iminentes vinham à tona na forma de tumultos e conflitos étnicos. O encontro de milhares de imigrantes de diferentes procedências, migrantes rurais e negros que aqui viviam constituía um dos principais fatores das tensões sociais e dos incidentes, uma vez que ela colocava em contato e em competição populações que apresentavam grandes diferenças culturais, em disputa por recursos e espaço social. A cidade era local da inovação, do comércio, da produção e da concentração de capital, mas igualmente do crescimento desordenado, da pobreza e da criminalidade. O medo da multidão heterogênea perturbava governantes e moradores da cidade. O antigo pânico de uma revolta escrava foi substituído pelo temor em relação aos anarquistas e degenerados, na sua maioria "estrangeiros".

Novos temores substituíram os antigos, transformando a metrópole do café em lugar da insegurança e da incerteza, um lugar onde se faz necessário uma polícia. Para o sociólogo polonês Zygmunt Bauman, quando a solidariedade comum das formas de agrupamento pré-capitalista foi substituída pela competição, os indivíduos se sentiram abandonados e cresceu o sentimento de rancor pelos estranhos, em especial pelos imigrantes que, de modo vívido e claro, lembram que os muros podem ser derrubados, as fronteiras invadidas, o entorno transformado e a ordem contestada.[154] O incrível deslocamento populacional, tanto de populações internas quanto estrangeiras em busca de melhores condições de vida, produziu uma espiral de mudanças que imprimiu uma direção a várias das reformas na organização policial. As queixas direcionadas ao chefe de polícia, registradas em relatórios, notas de jornal e na

---

154 Zygmunt Bauman. *Confiança e medo na cidade*. Rio de Janeiro: Zahar, 2009, p. 21.

massa documental depositada no Apesp, indicam que a população demandava uma polícia que a respeitasse e a acudisse em momentos de necessidade. Por conta dessa demanda, a cidade ganhou plantões policiais e um serviço médico de emergência para atender a população dia e noite. As delegacias tornaram-se locais para o cidadão buscar auxílio à doença, assistência e reparação em relação a desastres, acidentes de trabalho, rixas, agressões e defloramentos, enquanto para os excluídos da nova ordem urbano-industrial sobravam a prisão e a expulsão dos espaços de circulação das elites. Os relatórios revelam que a maioria das prisões não eram motivadas pela ocorrência de crimes contra a pessoa ou o patrimônio, mas para reprimir padrões de comportamento enquadrados como desordem, embriaguez e vadiagem.

Delegacias foram criadas em bairros afastados do Centro; montou-se uma guarda urbana nos moldes europeus para patrulhar as vias centrais da cidade; instalaram-se caixas de alarme nos bairros mais populosos, conectadas diretamente com a Repartição Central de Polícia; disciplinou-se o trânsito de carros, carroças, bondes elétricos e pessoas com a ajuda de normas e procedimentos comuns aos grandes centros urbanos; e, por fim, criou-se delegacias especializadas para direcionar a repressão dos delitos que mais preocupavam os administradores da cidade, entre eles homicídio, roubo, falsificação de moeda, tráfico de drogas, crimes contra os costumes e contra a ordem social. Dessa forma, o crescimento urbano e demográfico promoveu mudanças na organização policial e ela, por sua vez, no *habitus* dos moradores da cidade. Todo esse esforço promovido pelas elites paulistas pode ser visto como uma forma de impor ordem no tumultuado cotidiano da cidade, cujo móvel era produzir um poder simbólico aceito como legítimo, justo e necessário para o progresso social.

4
POLÍCIA E TRABALHO

> *O seu erro, meu caro Amadeu, provém da falta de educação republicana, em que você medrou, com irressarcível dano para o seu formoso espírito. Não conheci seu pai. Imagino que foi um homem à antiga, cheio de preconceitos de honra, e que o mandou para um mestre-escola, quando de preferência, deveria tê-lo mandado ao Sr. Rodolfo de Miranda, que era, já naquele tempo, o decurião-mor da democracia. E supunha, talvez, que, para fazê-lo um bom cidadão, bastava instruí-lo, dar-lhe hábitos de trabalho, incutir-lhe o respeito das leis e das autoridades.*
>
> Moacir de Toledo Piza[1]

EM 1923, O ESCRITOR MOACIR PIZA (1891-1923) publicou um panfleto satírico desmoralizando a elite política paulista. Escrito em forma de uma carta debochada ao seu amigo, o também escritor Amadeu Amaral (1875-1929), Moacir Piza ensinava sarcasticamente que o bom cidadão era aquele que respeitava as leis, as autoridades e, acima de tudo, cultivava o hábito do trabalho. Respeito às autoridades e ao trabalho, nisso se resumia a educação republicana na visão crítica do escritor, que atacava o falso moralismo dos políticos que comandavam o estado.

---

1   Moacyr Piza. *Roupa Suja*. São Paulo, 1923, p. 4.

Por trás da sua roupagem moderna e civilizadora, a República impunha condições de trabalho escorchantes para a maioria dos empregados, muitos dos quais imigrantes que fugiam da miséria e vinham para o Brasil em busca de um futuro mais generoso. O trabalho, no discurso das autoridades, era uma obrigação moral, e todo aquele que não trabalhasse, ou fosse contra os contratos vigentes entre patrões e empregados, era um inimigo da sociedade. A jovem República brasileira, a exemplo de outras nações, impôs uma sociedade contratual partindo do pressuposto de que o cimento da sociedade estava nos contratos, principalmente naqueles que regiam as relações de trabalho. Estas relações deveriam ser estáveis e respeitadas para manter a sociedade unida. Nesse mundo, o bom cidadão era o bom trabalhador, e preservar a ordem do trabalho equivalia a preservar a ordem pública.[2] Em 1912, Washington Luís, discursando para uma plateia formada por representantes das polícias de todo o país, exaltou que o principal papel de uma "polícia preventiva" era "garantir a ordem do trabalho", reprimindo "os que podem e não querem trabalhar" (os vadios); "os que querem e não podem trabalhar" (devido às greves); e aqueles que "não podem e não querem trabalhar" (os dementes e as crianças abandonadas). Os primeiros eram encaminhados para as colônias correcionais, para mais tarde serem restituídos à sociedade "regenerados e com hábitos de trabalho"; os segundos iam para a prisão e os últimos para os manicômios ou institutos disciplinares. Este era o papel esperado de uma polícia moderna, declarou o secretário da segurança de São Paulo.[3]

A atuação na preservação da ordem do trabalho em todas as ocupações remuneradas na cidade, mesmo aquelas consideradas imorais, como a prostituição e o jogo do bicho, tiveram um grande peso na atividade policial, motivo pelo qual merecem um exame em separado. Nas décadas iniciais da República, sindicalismo, anarquismo e imigração estiveram intimamente ligados. A imigração foi fundamental para a classe empreendedora paulista

---

2 Elciene Azevedo *et al* (org.). *Trabalhadores na cidade*: cotidiano e cultura no Rio de Janeiro e em São Paulo, séculos XIX e XX. Campinas: Editora da Unicamp, 2009.

3 *Annaes do Primeiro Convênio Policial Brasileiro realizado em S. Paulo, de 7 a 12 de abril de 1912*. São Paulo: Typographia Brazil de Rothschild & cia, 1912, p. 7.

criar um mercado de mão de obra no campo e na cidade; e o anarquismo foi uma ideologia importada que, tendo vindo com uma parcela de imigrantes, influiu na formação dos sindicatos e na organização dos operários. Este fenômeno, que se multiplicou mundo afora, concorreu para a consolidação de um aparato policial especializado na repressão de ideias revolucionárias e na vigilância de populações flutuantes. O combate ao anarquismo possibilitou que policiais de diversos países, acossados pelos mesmos problemas, estreitassem laços, trocassem informações e elaborassem práticas de identificação para conter e controlar a massa de migrantes e novos trabalhadores que se articulavam nas sombras da modernidade.

A REPRESSÃO À VADIAGEM

Às vésperas do fim da escravidão, a repressão à vadiagem foi intensificada. Pensando na grande massa de libertos que se recusavam a permanecer vivendo em condições precárias na lavoura, os legisladores criaram figuras penais com o objetivo de punir os resistentes ao novo regime de trabalho e disciplinar um amplo segmento da sociedade.[4] O vadio era acusado de não ter interesse em produzir o bem comum nem respeito pelo trabalho. O Código Penal de 1890 classificava como vadio todo aquele que não tinha "profissão, ofício ou qualquer mister em que se ganhe a vida não possuindo meio de subsistência e domicílio certo". Além disso, o Código incluía entre os vadios todos aqueles que sobreviviam "por meio de ocupação proibida por lei ou manifestamente ofensiva da moral e dos bons costumes".[5]

A vadiagem era considerada um "problema" antigo no Brasil. Marginalizados desde os tempos coloniais, os homens livres e pobres, brancos, negros ou mulatos, que vagueavam pelos campos e cidades, eram vistos pela sociedade organizada como uma corja inútil que preferia o ócio ao trabalho. Vivendo num mundo onde todas as atividades econômicas baseavam-se no trabalho compulsório, no qual agregados ou empregados mal pagos

---

4 Sidney Chalhoub. *Trabalho, lar e botequim*. Campinas: Editora da Unicamp, 2008, p. 66-75.
5 Art. 399 do *Código Penal da República dos Estados Unidos do Brasil*, 1890. 4ª ed. Rio de Janeiro: Garnier, 1908.

eram tratados da mesma forma que os escravos, restavam poucas alternativas para o crescente contingente de homens livres e libertos que começava a se avolumar à margem da sociedade.[6] Em 1871, o chefe de polícia da província, Sebastião José Pereira, lamentava: "Entre nós não há proletários; há, porém, uma classe mais perigosa, a qual, dia a dia, tem notável aumento: é a dos vadios". O chefe de polícia de São Paulo reclamava que a lei era completamente ineficaz contra esse mal e, no momento em que o Estado fazia "oneríssimos sacrifícios com a aquisição de colonos", era inaceitável que gente ociosa vivesse ao léu por aí sem trabalhar. "O trabalho é um dever; quem a ele não se sujeita de bom grado, seja compelido por meios coercitivos, porém enérgicos", defendia o chefe de polícia.[7] Os legisladores brasileiros buscaram inspiração no código francês, reconhecido como o mais rigoroso em matéria de repressão à vadiagem.

Entre 1873 e 1896, a economia global viveu uma grande depressão provocada pela queda dos preços agrícolas. A produção de excedentes agrícolas na Austrália, Estados Unidos e América do Sul derrubou os mercados, provocando uma diminuição das importações no mundo todo. Essa crise atingiu especialmente a França que, apesar dos seus ícones de modernidade, era um país ainda basicamente rural. A crise no campo contaminou a indústria, deixando milhares de trabalhadores desempregados. Por fim, o sistema financeiro quase ruiu quando a Argentina, em outubro de 1890, incapaz de honrar seus compromissos, declarou uma moratória, levando bancos importantes a uma situação de insolvência. Essa crise teve consequências desastrosas, inclusive no Brasil, que vivia uma bolha especulativa sem precedentes.[8]

---

6   Lucio Kowarick. *Trabalho e vadiagem*: a origem do trabalho livre no Brasil. São Paulo: Brasiliense, 1987; Laura de Mello e Souza. *Norma e conflito*: aspectos da história de Minas no século XVIII. Belo Horizonte: Editora UFMG, 2006, p. 99-102.

7   Relatório de 1871, *op. cit.*, p. 23-24.

8   Jeffry A. Frieden, *op. cit.*, p. 7-10; Robert A. Nye. *Crime, madness & politics in modern France*. New Jersey: Princeton University Press, 1984, p. 54-55; James Foreman-Peck. *A history of the world economy*: international economic relations since 1850. Harlow, UK: Prentice Hall/Financial Times, 1995, p. 166-167. Sobre as consequências no Brasil, ver Gustavo H. B. Franco. "A primeira década republicana". In: Marcelo de Paiva Abreu (org.). *A ordem do progresso*: cem anos de política econômica republicana, 1889-1989. Rio de Janeiro: Elsevier, 1990, p. 11-30.

Na França, a solução para conter aqueles que não tinham trabalho nem esperança foi interná-los em colônias por longos períodos, sujeitos a uma disciplina severa. O médico francês Théodore Homberg (1802-85), um defensor radical da medida, afirmava que o vagabundo era o "mais perigoso inimigo da sociedade", um amoral que rejeitava o trabalho e se entregava facilmente à bebida e a outros vícios. A campanha contra a vadiagem usou o discurso médico para convencer o legislador e a sociedade de que o vadio era um anormal que trazia consigo o germe da sua condição, desviando o debate dos problemas sociais. Assim se despolitizou a questão, poupando o governo de intervir na economia e nos interesses dos grandes investidores.[9]

O Código Penal de 1890 copiava alguns dos procedimentos do código francês. Pela lei, a autoridade policial podia prender os vadios que bem entendesse, sujeitando-os a uma pena de 30 dias de prisão. O condenado era obrigado a assinar um termo comprometendo-se a encontrar ocupação dentro de 15 dias. Se esse termo fosse quebrado, o infrator seria enviado para uma colônia correcional, em ilhas ou nas fronteiras do território nacional, ficando internado de um a três anos.[10] Os jornais e os relatórios policiais mostram que a cidade de São Paulo estava apinhada de pessoas pobres sem ocupação ou vivendo na informalidade. A crise no campo e a procura por melhores condições de vida empurravam as pessoas para o cenário urbano, onde elas se deparavam com o desemprego. A oportunidade limitada de postos de trabalho e a instabilidade no emprego criavam uma multidão de desempregados vivendo de bicos ou esmolas pelas ruas da cidade.[11]

A polícia reagia a essa situação realizando prisões em massa. Segundo apurou Boris Fausto, entre 1892 e 1916 foram presas 21.422 pessoas por vadiagem na capital. A porcentagem desse tipo de prisão cresceu de 18%, em 1892, para quase 27%, em 1916.[12] A razão desse aumento estava certamente

---

9   Timothy B. Smith. "Assistence and Repression: rural exodus, vagabondage and social crises in France (1880-1914)". *Journal of Social History*, verão-1999; Robert A. Nye, *op. cit.*, p. 51-73.

10 Otávio Goulart de Camargo."A vadiagem no Brasil". *Investigações*, ano I, nº 3, mar. 1949, p. 145.

11 Wilson Cano. *Raízes da concentração industrial em São Paulo*. Rio de Janeiro: Difel, 1977; Maria Inez Machado Borges Pinto, *op. cit.*, cap. 2.

12 Boris Fausto, *op. cit.*, 1984, p. 37.

associada às crises sucessivas provocadas pela queda do preço do café, que afetava todos os setores da economia. Em 1919, a revista *O Parafuso* denunciava: "Cada cidadão que não é parasita dos cofres públicos, está sujeito de um momento para outro a desempregar-se. Ser desempregado no dia de hoje é ser considerado vagabundo", correndo o risco de ir preso e passar semanas jogado numa cela infecta.[13]

Trabalhadores informais com aparência miserável eram considerados vadios pela polícia.[14] A aparência e a condição social eram determinantes para que a polícia prendesse alguém. Os negros engrossavam a multidão dos detidos, segundo um delegado, porque eram "inadaptados às novas condições sociais, deseducados e ignorantes das novas necessidades da civilização industrial". Na opinião do delegado Otávio Goulart de Camargo, muitos negros diziam ser vendedores ambulantes somente para encobrir a "vadiagem franca".[15] Entre os detidos, podemos encontrar pessoas como a lavadeira Maria Antonia da Conceição, presa em 1896 e condenada a cumprir 22 dias de prisão. Em sua defesa, ela alegou que não era vagabunda "e sim trabalhadeira e se há dois meses não trabalha é porque não tem encontrado serviço". Porém, testemunhas afirmavam que ela vivia bêbada pelas ruas, provocando desordens.[16] O espanhol José Guerrero, um sapateiro de 42 anos vindo de Málaga, foi preso naquele mesmo ano. Em sua defesa, ele exibiu as mãos calejadas ao juiz, dizendo que estava em busca de emprego quando foi preso pelo subdelegado do Brás. Testemunhas alegaram que o espanhol era um vagabundo conhecido que dormia pela rua em estado de embriaguez.[17] Outro preso foi Florentino Francisco, de 30 anos, proveniente do Rio de Janeiro. "Como este vagabundo", declarou o delegado do Brás, "muitos outros estão sendo processados nesta delegacia, que é o distrito para onde afluem em massa, todos os desordeiros e desocupados

---

13 *O Parafuso*, nº 142, 29 de abril de 1919.
14 Maria Inez Machado Borges Pinto, *op. cit.*, p. 110.
15 Otávio Goulart de Camargo. "A vadiagem no Brasil", *op. cit.*, p. 145.
16 Processo crime nº ref. 4026 (Apesp).
17 Processo crime nº ref. 2558 (Apesp).

da capital".[18] Os processos criminais indicam que desemprego, embriaguez e pobreza andavam de mãos dadas na São Paulo do final do século.

Em 1902, em plena crise cafeeira, os indigentes tinham se tornado uma realidade embaraçosa para a capital. No dia 29 de abril, poucos meses depois de Cardoso de Almeida assumir o cargo de chefe de polícia, o jornal *O Estado de São Paulo* descreve uma cena desconcertante: o mendigo Alexandre Duarte Vieira, passando em frente da Repartição Central de Polícia, encantou-se com o cavalo de um dos ordenanças do chefe de polícia e, "como bom cavaleiro", montou no animal, saindo em disparada pelas ruas do Centro. Atrás dele toda a guarnição policial. O mendigo só foi detido na rua Florêncio de Abreu, quando precisou desviar de um bonde.[19] Cardoso de Almeida não comenta o incidente no seu relatório, mas com certeza ele deve ter influenciado o chefe de polícia a redobrar os esforços para "banir os vadios" da cidade.

No seu relatório, Cardoso de Almeida discute providências para reprimir a vadiagem, comenta as legislações estrangeiras e recomenda a construção urgente de uma colônia correcional. Só prender não constituía solução para o problema, alegava. A situação requeria "um regime mais de disciplina do que rigorosamente de punição e castigo", escreveu o chefe de polícia.[20] Decidido a solucionar um problema crônico da cidade, Cardoso de Almeida se deslocou até o litoral paulista para vistoriar suas ilhas. Após encontrar uma que lhe pareceu perfeita para instalação de uma colônia correcional, ele comunicou o fato ao governador Rodrigues Alves, que aprovou o projeto. Euclides da Cunha (1866-1909), engenheiro da Superintendência de Obras Públicas, foi designado para fazer as medições do local.[21]

Surgia então outro problema: como identificar os reincidentes? Como saber com certeza que o vadio advertido continuava a reincidir? A utilização de nomes falsos e apelidos era uma estratégia dos detidos para burlar a lei.

---

18 Processo crime nº ref. 2525 (Apesp).
19 *O Estado de São Paulo*, 29 de abril de 1902. Sobre algumas das atividades do escritor como engenheiro ver C4476 (Apesp).
20 Relatório de 1903, *op. cit.*, p. 13.
21 *O Estado de São Paulo*, 23 de fevereiro de 1902.

Contra eles, na maioria das vezes, tinha-se apenas o depoimento de um secreta, o que era pouco para os juízes condenarem alguém recolhido pelas ruas. A primeira resposta para o problema foi fotografá-los, como já se fazia com escravos fugidos, mas essa medida trouxe problemas. A polícia fotografava ladrões desde 1891, porém o Ministério Público recorreu contra a prática, pois as fotos expostas em locais de grande concentração de pessoas, como praças e estações de trem, provocavam muita confusão. Sempre havia pessoas semelhantes àquelas expostas, e pior: os punguistas aproveitavam a distração do público para bater carteiras.[22]

A fotografia não garantia a identificação, por isso recorreu-se à *bertillonnage*, técnica francesa que permitia identificar o indivíduo através de um sistema de medição cuidadoso. O sistema francês partia do registro de medidas corporais e traços particulares inspirado na classificação de animais, flores e insetos. Implantado oficialmente em 1882, o método ficou conhecido como *bertillonnage* em homenagem ao seu inventor, Alphonse Bertillon (1856-1914), um funcionário da Préfecture de Police de Paris, pertencente a uma família de médicos, antropólogos e matemáticos.[23] Seu avô materno, Achille Guillard (1799-1876), era demógrafo; seu pai foi um dos fundadores da Escola de Antropologia Francesa e seu irmão dirigia o serviço de estatística de Paris. Bertillon dava expediente na seção de identificação e registros como um simples escrevente, no meio de uma montanha caótica de fichas. O costume dos delinquentes de inventar nomes falsos e dos policiais de fichá-los sem critério sobrecarregava os arquivos da polícia. Para Bertillon, acostumado ao rigor das pesquisas científicas, tornou-se uma obsessão converter aquele trabalho em uma atividade prática, precisa e racional.[24]

---

22 Justiniano Lisboa. *Breve notícia da organização do Serviço de Identificação Judiciária de São Paulo*. São Paulo: Casa Duprat, 1919, p. 4-6.

23 *Le Petit Parisien*, 28 de fevereiro de 1892.

24 Jürgen Thorwald. *The century of the detective*. Nova York, Harcourt, Brace & World Inc. 1965, p. 6-13; Jean-Marc Berlière. *Le monde des polices en France*. Bruxelles: Editions Complexe, 1996, p. 43; Martine Kaluszynski. "Republican identity: Bertillonage as government technique". In: Jane Caplan & John Torpey (ed.). *Documenting individual identity*: the development of State practices in modern world. New Jersey: Princeton University Press, 2001, p. 123-138.

Bertillon começou então a fazer uma série de experimentos, medindo pessoas e comparando os resultados. Descobriu pontos essenciais, como a circunferência da cabeça, o nariz, a orelha e a cor dos olhos. Seus superiores não o levaram a sério até seu pai ver sua descoberta. Em fevereiro de 1883, ele determinou a identidade do primeiro recidivista e, no final daquele ano, seu trabalho somava 7.336 medições e 49 recidivistas identificados.[25] O invento de Bertillon surgiu num momento em que a França adotava medidas extremas contra os vadios. Tais medidas culminaram na lei Waldeck-Rousseau de 27 de maio de 1885, que instituiu a deportação dos "incorrigíveis" para colônias penais na Guiana Francesa e no Pacífico, expulsando quase dez mil condenados do território francês.[26] Bertillon tornou-se famoso e, em 1892, ganhou as manchetes dos principais jornais franceses ao colaborar na prisão do anarquista Ravachol, responsável por dinamitar o apartamento de um magistrado. Usando informantes, a polícia descobriu que o autor da explosão já havia cumprido pena por roubo. Bertillon pôde assim localizar a ficha de Ravachol e confeccionar uma descrição detalhada do suspeito aos jornais. Ravachol foi reconhecido por um garçom que atentou para sua cicatriz na mão esquerda. O anarquista foi julgado e condenado à guilhotina e Bertillon, condecorado. A publicidade dada ao caso fez dele uma celebridade internacional. Em 1894, a revista norte-americana *McClure's Magazine* alertava que nenhum criminoso identificado por Bertillon poderia estar a salvo da ação da Justiça, mesmo foragido. Onde ele fosse, afirmava o artigo, sua descrição o acompanharia até a captura. A fama de Bertillon ultrapassou fronteiras, levando o comissário de polícia de Dresden, Robert Heindl (1883-1958), a declarar: "Paris transformou-se na Meca da polícia e Bertillon, em seu profeta".[27]

A *bertillonnage* se apoiava na confecção sistemática de fichas signaléticas com o formato de 14,6 x 15 cm. Cada ficha trazia duas fotografias do indivíduo,

---

25 Jean-Marc Belière, *op. cit*, p. 45.

26 Robert A. Nye, *op. cit.*, p. 78-89; Michelle Perrot. *Os excluídos da História*. São Paulo: Paz e Terra, 2001, p. 235-273; Jean-Pierre Allinne & Mathieu Soula (dir.). *Les récidivistes*: représentations et traitements de la récidive XIX-XXI siècle. Rennes: Presses Universitaires de Rennes, 2010.

27 Dorothy & Thomas Hoobler. *The Crimes of Paris*. Lincoln: University of Nebraska Press, 2010, p. 174-176.

uma de frente e outra de perfil; além de observações antropométricas (altura, peso, envergadura do crânio, largura da testa, mensuração da orelha, do antebraço esquerdo, do pé esquerdo e do dedo médio esquerdo); características cromáticas (cor dos olhos, barba e cabelo) e uma descrição geral da pessoa (contorno do nariz, orelha, face, sobrancelhas, disposição corporal). No verso da ficha, anotavam-se os sinais particulares (cicatrizes, tatuagens, furúnculos etc.) e os dados pessoais (nome, sobrenome, idade, apelidos, data de nascimento, nome dos pais, nacionalidade, profissão, endereço e condenações anteriores).[28] As fichas de Bertillon exigiam uma descrição pormenorizada e um culto ao detalhe. Essa prática contribuiu para a profissionalização da polícia, que investiu na formação de um corpo técnico para catalogar e arquivar um número extraordinário de fichas e prontuários acessíveis à consulta.

A *bertillonnage* percorreu as Feiras Universais de Paris (1889) e de Chicago (1893). Polícias do mundo todo adotaram o sistema francês, a começar por Buenos Aires (1890), Cidade do México (1892), Londres (1893), Bucareste (1893), Rio de Janeiro (1894), Nova York (1895), Berlim (1896) e Madri (1896).[29] São Paulo começou a empregar a *bertillonnage* em 1898, mas somente dentro das prisões. No seu trabalho diário, a polícia paulista carecia de um serviço de identificação, assim como de pessoal habilitado para fazê-lo. Cardoso de Almeida procurou sanar essa deficiência montando um Gabinete Antropométrico nas dependências da Repartição Central de Polícia. No dia 17 de julho de 1902, várias autoridades foram convidadas para assistir sua inauguração. Um especialista vindo do Rio de Janeiro fez uma demonstração para ensinar aos paulistas as técnicas da *bertillonnage*. Diante de todos, inclusive dos jornalistas, ele tirou as medidas do gatuno Artur Ramos. Era um processo visivelmente trabalhoso, porém "fruto da mais absoluta ciência". Depois de medido com instrumentos próprios para esse fim, Ramos foi fotografado de frente e de perfil. O estúdio fotográfico, que antes ficava nos fundos da Repartição, agora ocupava as janelas frontais do prédio, permitindo uma iluminação mais adequada e uma

---

28 R. A. Reiss. *Manuel Portrait Parlé*. Paris: TH. Sack Libraire Éditeur, 1905.
29 Ilsen About & Vincent Denis. *Histoire de l'identification des personnes*. Paris: La Découverte, 2010, p. 79.

melhor qualidade das fotos. A cerimônia terminou deixando um sorriso de satisfação no rosto das autoridades, enquanto o gatuno retornava para o xadrez sem pronunciar uma palavra. A polícia de São Paulo colocava-se assim ao lado dos grandes centros urbanos.[30]

MOBILIDADE, IMIGRAÇÃO E CONTROLE POLICIAL

No dia 15 de maio de 1906, o conselheiro Antônio da Silva Prado, presidente da Companhia Paulista de Estradas de Ferro, fazendeiro, industrial e prefeito de São Paulo, recebeu a notícia de que os ferroviários da sua Companhia haviam interrompido o transporte de café para o porto de Santos, exigindo o fim da redução dos salários e dos descontos na folha de pagamento. O conselheiro, depois de conversar com o governador Jorge Tibiriçá, seu primo, recusou-se a negociar com os grevistas. "O único vencedor nessa luta será a força", declarou o empresário.[31] Nos dias seguintes, a paralisação se alastrou pela malha ferroviária, recebendo a solidariedade de estudantes do Largo São Francisco. A polícia prendeu centenas de trabalhadores, proibiu reuniões, fechou a Liga Operária e impediu manifestações nas ruas da capital. Dois grevistas e um soldado morreram durante os confrontos em Jundiaí. Os jornais anunciaram que dois cruzadores da marinha, o *Barroso* e o *Tiradentes*, partiriam do Rio de Janeiro em direção ao porto de Santos, com ordens de ficarem a postos para enfrentar os grevistas. No dia 29 de maio, a Federação Operária, temendo um massacre, decretou o fim da greve.[32]

Numa carta endereçada ao ministro da justiça, Washington Luís manifestou sua opinião sobre as greves em São Paulo:

---

30 *O Estado de São Paulo*, 17 de julho de 1902; Ricardo Gumbleton Daunt. "História da evolução do Serviço de Identificação do Gabinete de Investigações de São Paulo". *Arquivos de Polícia e Identificação*, vol. II, nº 1, 1938-1939, p. 77.

31 Michael Hall. "O movimento operário na cidade de São Paulo: 1890-1950", *op. cit*, p. 270; *O Estado de São Paulo*, 19 de maio de 1906.

32 *O Estado de São Paulo*, 20, 21, 23, 26 e 29 de maio de 1906.

> (...) tive a honra de enviar hoje ao Exº Sr. Ministro do Interior da União um volumoso inquérito no qual está provado que os três principais agitadores anarquistas, em São Paulo, são especuladores de baixa espécie que vivem de greves e que exploram no elemento estrangeiro o desejo de desforra de males que sofreram lá fora (...). A presença dessa gente aqui produz grandes preocupações econômicas e mesmo perturbações materiais da ordem.[33]

A fala do secretário da segurança expressava preocupação com a massa de imigrantes que se instalava na cidade. A maioria das greves ocorridas em São Paulo naquele momento tinham um número significativo de imigrantes entre seus organizadores. Reunidos em torno de várias associações e jornais, eles instigavam a massa proletária a exigir melhorias nas condições de vida e trabalho. As ideias destes militantes, que tornavam explícita a contradição entre os interesses dos empregados e empregadores, eram rotuladas pelas autoridades de "exóticas", trazidas por estrangeiros dedicados a subverter a ordem. Ao mesmo tempo, todos aqueles que as apregoavam eram chamados pelas autoridades e pelos jornais de "agitadores", "desordeiros" e "incendiários".[34]

Este fenômeno não foi apenas local, mas de grande envergadura. A importação de mão de obra para desenvolver economias protegidas por Estados competitivos provocou uma grande migração ao redor do mundo. Portos, ferrovias e indústrias foram construídos com mão de obra estrangeira. O cultivo agrícola e a exploração de minério tiveram um salto graças ao trabalho de milhões de pessoas transplantadas de sua terra natal. Camponeses desesperadamente pobres da Polônia e da Itália foram trabalhar em fábricas do norte da França; outros milhares de necessitados da Europa Oriental seguiram para as indústrias alemãs, enquanto os Estados Unidos tiveram sua força de trabalho reforçada por mais de 30 milhões de indivíduos das mais diversas nacionalidades. França, Alemanha, Estados Unidos, Brasil e Argentina se

---

33 Carta de Washington Luís dirigida ao ministro Afonso Pena em 7 de maio de 1907 *apud* Lená Medeiros de Menezes, *op. cit.*, p. 205-206.

34 Boris Fausto. *Trabalho urbano e conflito social (1890-1920)*. São Paulo: Difel, 1977, p. 62.

desenvolveram industrialmente com a ajuda de milhões de imigrantes dispostos a trabalhar em fábricas, minas, moinhos e fazendas.[35]

Criou-se então um paradoxo, pois ao mesmo tempo em que o êxodo de trabalhadores alimentava o crescimento econômico, seus efeitos contribuíam para desestabilizar antigas formas de controle social tuteladas pela Igreja e pelo Estado, acostumados a lidar com grupos mais homogêneos etnicamente e culturalmente. A grande mobilidade de trabalhadores significou em muitos casos uma ruptura violenta dos laços tradicionais, o isolamento, a incerteza e a desorganização do tecido social. Significou também a criação de novos laços com grupos de compatriotas em torno de associações, clubes e jornais. A imigração em massa estimulou a construção de novas identidades – ser trabalhador e estrangeiro, e se reconhecer como tal, era construir laços e forjar uma identidade em torno de esperanças em comum. As redes de solidariedade estimularam a circulação de cartas, jornais e panfletos com ideias revolucionárias que se propagavam pelo mundo, fragmentadas em diferentes ideologias e propostas de luta, transmitindo aos trabalhadores a sensação de que faziam parte de uma classe cuja luta contra a injustiça ultrapassava os limites das fronteiras nacionais. O anarquismo foi uma destas correntes, que atravessou oceanos e se estabeleceu em metrópoles que acolhiam imigrantes de origens diversas, como Budapeste, Chicago, Barcelona e Buenos Aires.[36]

O anarquismo fazia uma crítica radical à sociedade disciplinar imposta pelo modelo urbano-industrial. Para os seus simpatizantes, a vida não deveria ser controlada por patrões, pelo Estado ou pela Igreja; ela deveria ser construída pelo desejo de todos e pela participação direta de todos na escolha de um caminho novo. Alguns anarquistas resumiam seu credo de maneira simples:

> Para nós não existia senão um rumo, que devíamos seguir para atingir o nosso ideal: a justiça social. Mas, se era difícil dizer

---

35 Leslie Page Moch. *Moving europeans*: migration in western Europe since 1650. Bloomington: Indiana University Press, 2003, p. 102-160; Patrick Manning. *Migration in World History*. Nova York: Routledge, 2008, p. 132-155.

36 Akira Iriye & Pierre-Yves Saunier, *op. cit.*, p. 40; Paul Avrich. *Anarchist portraits*. New Jersey: Princeton University Press, 1988.

onde ela se encontrava exatamente, nós sabíamos onde residia a injustiça social, que gerava miséria, dor, sofrimento, morte.[37]

Após tentativas fracassadas de revolução na Espanha (1868) e na Itália (1873), vários anarquistas emigraram para a América. No México, Argentina, Chile e Brasil, o anarquismo fincou raízes nas colônias estrangeiras. Nos Estados Unidos, o movimento anarquista era quase todo formado por alemães, russos, italianos e judeus.[38] Em São Paulo, o jornalista Everardo Dias (1883-1966) descreveu os velhos militantes italianos e espanhóis que conheceu como sendo abstêmios, poucos fumavam e alguns eram até vegetarianos. A palavra deles era branda e sempre amiga. O ódio era apenas contra a ordem existente que, na opinião deles, servia apenas para os ricos explorarem ao máximo os pobres. Por conta disso, eram radicalmente contra o Estado. A quase totalidade dos anarquistas eram imigrantes ou pessoas que se sentiam excluídas da riqueza produzida pela sociedade. Os mais exaltados discursavam em qualquer lugar, transformando os locais de trabalho, as ruas e praças em espaços de protesto.[39]

Nos subúrbios pobres de Paris, Barcelona e Praga, o ódio contra a sociedade burguesa transformou-se numa onda de violência. Entre 1892 e 1894, 11 bombas mataram nove pessoas em Paris; uma explosão durante uma procissão de *Corpus Christi* em Praga e outra em um teatro em Barcelona resultaram em dezenas de mortos, semeando terror nos cafés e na imprensa. A onda de atentados devia muito aos avanços da química e à invenção da dinamite, criada para ajudar na abertura de túneis, construção de canais e exploração de minas. De fácil manejo e transporte, a dinamite podia ser roubada e escondida.[40] Para alguns, os atentados representavam um sinal de desespero diante da indiferença das massas ao apelo revolucionário; para outros, era um sinal de que a revolu-

---

37   Everardo Dias. *História das lutas sociais no Brasil*. São Paulo: Alfa-Omega, 1977, p. 36.

38   William G. Martin (coord.). *Making waves*: worldwide social movements, 1750-2005. Boulder, CO: Paradigm, 2007, p. 65-68.

39   Everardo Dias, *op. cit.*, p. 7-8.

40   Frederic S. Zuckerman. *The Tsarist Secret Police Abroad*: Policing Europe in a Modernising World. Nova York: Palgrave, 2003, p. 4-5.

ção estava próxima. Na sua maior parte, os atentados foram atos individuais ou de pequenos grupos radicais.[41] O líder anarquista Enrico Malatesta (1853-1932) lamentava estas ações dizendo que não era mais o amor à humanidade que guiava esses atos, mas um sentimento descontrolado de vingança contra a sociedade.[42] Os ataques vitimando presidentes, reis, ministros e rainhas alcançaram 16 países, da Austrália à Argentina. Segundo um estudo da época, somente entre 1897 e 1902 ocorreram 59 atentados contra chefes de Estado.[43]

O Brasil acompanhou com preocupação esses atentados. Rui Barbosa manifestou seu repúdio aos gestos anarquistas tachando-os de "odiosos e degenerados".[44] A imprensa diária brasileira deu grande destaque aos atentados, assim como às execuções dos anarquistas condenados.[45] A onda de atentados projetou sobre todo imigrante um olhar suspeito. Em 1894, os jornais paulistas comemoraram a prisão de nove anarquistas italianos, frustrando "seus sinistros intentos". O chefe de polícia atribuiu a essa "raça de gente perigosa, verdadeiros homens fera", a responsabilidade pelos conflitos entre imigrantes e nacionais que tomavam as ruas de São Paulo.[46] No ano seguinte, o chefe de polícia Bento Pereira Bueno escreveu que a população imigrante era insuflada por alguns "maus elementos, a começar por certos estrangeiros" que aqui fundam suas empresas jornalísticas para fomentarem "a discórdia e o descrédito" nas autoridades.[47] Os comissários de imigração, instalados nos principais portos da Europa para fazer propaganda e acompanhar a seleção

---

41 John Merriman. *The Dynamite Club*: how a bombing in fin-de-siècle Paris ignited the age of modern terror. Nova York: Harcourt, 2009.

42 Nunzio Pernicone. *Italian Anarchism, 1864-1892*. Oakland: AK Press, 2009, p. 275.

43 John Merriman, *op. cit.*, 2009, p. 4; Paul Knepper, *op. cit.*, p. 131.

44 Rui Barbosa. *Criminologia e Direito Criminal* (Seleções e Dicionário de Pensamentos). Campinas: Romana, 2003, p. 77.

45 Claudia Leal. "Subversivos italianos em São Paulo: vigilância e controle policiais nos anos 1890". In: Maria Tucci Carneiro *et al* (org.). *História do trabalho e histórias da imigração*. São Paulo: Edusp, 2010, p. 105-132.

46 Relatório apresentado ao secretário da justiça do Estado de São Paulo pelo chefe de polícia Theodoro Dias de Carvalho Jr. em 31 de janeiro de 1895. São Paulo: Typ. Espindola & Comp., 1895, p. 5; *Correio Paulistano*, 27 de junho de 1894.

47 Relatório do ano de 1895, *op. cit.*, p. 3-4.

dos imigrantes, receberam instruções para ficarem atentos ao embarque de anarquistas para o Brasil.[48]

O auge da histeria ocorreu no dia 10 de setembro de 1898, quando um anarquista italiano esfaqueou a imperatriz da Áustria numa estação ferroviária. Uma semana depois, o ministro da Justiça da Itália convidou representantes de 22 países da Europa para uma Conferência em Roma. O monitoramento de suspeitos e a necessidade de uma ação conjunta foram discutidas a portas fechadas. Ficou acertado que as polícias trocariam prontuários e informações para refrear a circulação de indivíduos fichados e coibir a propaganda radical. A Conferência de Roma estreitou laços entre as polícias europeias, com vistas a refrear o espírito de revolta que se alastrava entre alguns segmentos da sociedade.[49]

O crescimento de comunidades estrangeiras em seus territórios parecia uma ameaça aos Estados nacionais. O choque cultural, as crises econômicas cíclicas e os conflitos entre capital e trabalho levaram um número cada vez maior de países a adotar passaportes e leis segregacionistas. O anarquista, o *cáften* e o criminoso comum eram apontados como faces de um mesmo problema. Eram todos considerados criminosos e uma ameaça ao progresso da sociedade. Os relatos ampliados de que os criminosos haviam se internacionalizado, deslocando-se facilmente pelas fronteiras, usando o anonimato para se misturarem à multidão e praticar seus intentos sinistros, foi disseminado pelos jornais, tornando-se tema de tramas policiais. As célebres coleções de Arthème Fayard, como *Fantômas*, fizeram sucesso extraordinário na França. *Fantômas* era um criminoso sem rosto que envenenava perfumes em lojas de departamento, sequestrava trens de metrô, explodia navios transatlânticos e decapitava pessoas, desaparecendo na multidão. Este símbolo do criminoso internacional parecia estar em todos os lugares, ameaçando a vida de qualquer um.[50]

---

48   Claudia Leal, *op. cit.*, p. 108. Ver lista de passageiros suspeitos em C3223 (Apesp).
49   Paul Knepper, *op. cit.*, p. 153-155; Mathieu Deflem, *op. cit.*, p. 66-68; Frederic S. Zuckerman, *op. cit.*, p. 60-61; Hsi-Huey Liang, *op. cit.*, p. 163-166.
50   Dominique Kalifa. *L'encre et le sang*: récits de crimes et société à la Belle Époque. Paris: Fayard, 1995, p. 32-52.

Por trás de enredos assim havia o medo real provocado pelo aumento do número de estranhos nas cidades, que não parava de crescer. Em 1851, metade dos ingleses e alemães moravam em centros urbanos. A população da Europa havia aumentado de aproximadamente 205 milhões para 414 milhões de indivíduos, entre 1800 e 1900.[51] A circulação de pessoas e a migração dentro da Europa reforçou em alguns países o racismo e o preconceito contra os estrangeiros. Aumentou a necessidade de se estabelecer formas de identificação individual para os governantes controlarem melhor a população e conhecer seus contribuintes, trabalhadores, conscritos e delinquentes. A identificação individual não podia mais ser construída sobre relações familiares e de classe. O indivíduo precisava ter uma identidade em relação à multidão, um documento útil para o controle do Estado e que assegurasse seus direitos como cidadão, concedendo-lhe uma identidade oficial.[52] Vários experimentos foram feitos com fotografias e documentos descritivos. Na França, prover a identidade individual converteu-se numa tarefa de Estado, colocando a *bertillonnage* no centro de uma política governamental que buscava monitorar e manter sob vigilância uma população flutuante, constituída sobretudo de estrangeiros e pessoas excluídas do mercado de trabalho.[53] Os franceses diziam que o lema da pátria dali em diante seria: "liberdade, igualdade e carteira de identidade".[54]

Não obstante, fora da França, a *bertillonnage* era alvo de crítica por ser trabalhosa e sujeita a erros. Os ingleses queixavam-se de que a *bertillonnage* não servia para identificar indianos, chineses ou malaios. Para o olhar britânico, os nativos eram totalmente desarmônicos, tinham olhos e pele escura, além de traços físicos diferentes daqueles catalogados por Bertillon. Para contornar o problema, os policiais ingleses adotaram uma prática de

---

51 Hannu Salmi. *Nineteenth-century Europe*: a cultural history. Cambridge, UK: Polity, 2010, p. 89; T. C. W. Blanning. *The nineteenth century*. Nova York: Oxford University Press, 2000, p. 1.

52 John Torpey. *The invention of the passport*: surveillance, citzenship and the State. Cambridge: Cambridge University Press, 2000.

53 Clifford Rosemberg. *Policing Paris*: the origins of modern immigration control between the wars. Ithaca: Cornell University Press, 2006, p. 2-5; Martine Kaluszynski. "Republican identity: Bertillonage as government technique", *op. cit.*, p. 123-138.

54 Jean-Marc Berlière, *op. cit.*, 1996, p. 67.

identificação disseminada no Oriente que usava a impressão dos dedos da mão. A impressão da ponta dos dedos era utilizada há séculos como forma de assinar trabalhos artesanais ou garantir um contrato. Da China, ela migrou para o Japão, Tibet e Índia, atraindo a curiosidade dos exploradores europeus. Em Bengala, funcionários britânicos aprenderam a usar as impressões digitais para forçar os nativos a dar cumprimento às obrigações contratuais. A impressão digital tornou-se objeto de estudo dos ingleses no seu esforço para controlar e restringir a circulação dos nativos no subcontinente indiano.[55]

Em 1895, o inspetor chefe de polícia em Bengala, Edward Henry (1850-1931), experimentou um sistema de identificação criado por dois auxiliares indianos, Azizul Haque e Hem Chandra Bose, que usava uma combinação de letras e números para descrever os padrões dos desenhos papilares.[56] Dois anos depois, o governador geral aprovou a utilização do sistema nos presídios e nas repartições policiais da Índia. Em 1897, Henry levou essa prática para a África do Sul, onde organizou a polícia de Johannesburgo e Pretoria, publicando um livro sobre classificação de impressões digitais antes de ser promovido chefe do *bureau* de identificação da Scotland Yard. Em 1901, a polícia metropolitana londrina adotou o sistema datiloscópico de Henry. Quase que imediatamente, outros países europeus se interessaram pelo invento. A Áustria-Hungria adotou um fichário datiloscópico baseado no sistema inglês em 1902, sendo copiada pela Dinamarca, Espanha, Suíça e Alemanha. O sistema inglês chegou aos Estados Unidos e, em 1906, foi implementado pela Suécia, Noruega, Itália e Rússia.

Curiosamente, a América Latina adotou nessa mesma época um sistema datiloscópico próprio, criado na Argentina por um imigrante croata antes

---

55 Simon A. Cole. *Suspect identities*: a history of fingerprinting and criminal identification. Cambridge: Havard University Press, 2002, p. 60-73.

56 Os dois funcionários da polícia indiana pediram, em 1924, o reconhecimento e uma compensação pela criação do sistema datiloscópico inglês, no que foram parcialmente atendidos pelo governo britânico. Ver G. S. Sodhi & Jasjeet Kaur. "The forgotten Indian pioneers of fingerprint science". *Current Science*, vol. 88, nº 1, 10 jan. 2005, p. 185-191.

da instituição do método inglês.[57] O inventor do sistema de identificação argentino chamava-se Ivan Vucetic (1858-1925), imigrante nascido na Dalmácia que desembarcou na Argentina em meados de 1884, adotando o nome Juan Vucetich. Quatro anos depois, ele estava empregado na Polícia de la Provincia de Buenos Aires, em La Plata.[58] Em 1891, seu chefe o incumbiu de estudar os sistemas de identificação usados na Europa. Junto do material que lhe foi entregue, havia um exemplar da *Revue Scientifique* com um artigo sobre datiloscopia assinado pelo inglês Francis Galton (1822-1911). Vucetich ficou maravilhado com o que leu. Galton explicava que as impressões dos dedos eram únicas e não mudavam durante toda a vida do indivíduo. Esta constatação trazia a possibilidade de se criar um sistema de identificação barato e confiável. O problema era que não existia uma forma prática de classificar as impressões digitais de modo a permitir que elas fossem armazenáveis e úteis para o serviço policial. Vucetich decidiu tentar essa classificação por conta própria. Depois de meses de tentativas, ele estabeleceu um método simples e engenhoso. Pondo-o em prática, conseguiu identificar 21 infratores reincidentes e ajudar na solução de um caso de homicídio ao examinar uma impressão digital borrada de sangue.[59] Apesar do sucesso, demorou uma década para os cientistas argentinos aceitarem aquele novo método, pretensiosamente superior a um sistema criado na França.[60]

Em 1901, Vucetich foi a um congresso em Montevidéu apresentar seu estudo, procurando sensibilizar os países vizinhos, e o seu próprio, para a adoção da datiloscopia. Representantes do Brasil, Chile, Uruguai, Colômbia e Venezuela ouviram Vucetich explicar como a polícia de La Plata tinha obtido

---

57 Simon A. Cole, *op. cit.*, p. 85-89; Jürgen Thorwald, *op. cit.*, p. 81-83; Colin Beavan. *Fingerprints*: the origins of crime detection and the murder case that launched forensic science. Nova York: Hyperion, 2001, p. 136-146 e p. 185.

58 Julia Rodriguez. "South Atlantic crossings: fingerprints, science, and the State in turn-of-the-century Argentina". *The American Historical Review*, vol. 109, n° 2, abr. 2004; Idem. *Civilizing Argentina*: science, medicine, and the modern State. Chapel Hill: University of North Carolina Press, 2006, p. 48.

59 Jürgen Thorwald, *op. cit.*, p. 51-54.

60 Kristin Ruggiero. "Fingerprinting and the Argentine plan for universal identification in the late nineteenth and early twentieth centuries". In: Jane Caplan & John Torpey (ed.), *op. cit.*, p. 184-196.

um completo sucesso na identificação de "pessoas nocivas à ordem pública". O palestrante insistia que o continente só estaria seguro se todos os seus países adotassem arquivos datiloscópicos e trocassem informações, controlando o ingresso de estrangeiros e identificando criminosos foragidos. José Félix Alves Pacheco (1879-1935), um jovem representante do Brasil, conhecido mais por suas pretensões poéticas e por ser sobrinho de um senador do que por ocupar a chefia do Gabinete de Identificação e Estatística do Rio de Janeiro, saiu da conferência impressionado, recomendando ao presidente Rodrigues Alves a implantação do sistema argentino na capital da República.[61]

Em 1903, o médico Evaristo da Veiga, responsável pela cadeia pública de São Paulo, defendeu através de artigos de jornal a adoção da datiloscopia. Ele argumentava que a coleta de impressões digitais era mais prática e barata, enquanto que a *bertillonnage* dependia de milímetros e exigia dos seus operadores um culto ao detalhe. Evaristo da Veiga contou ter ficado decepcionado com o método francês quando foi a Paris visitar Bertillon. Mesmo lá, disse o médico, os funcionários pareciam desatentos ao serviço, instalado no sótão de um edifício antigo e mofado, às margens do Sena. Encerrando o artigo, Evaristo da Veiga elogiou o trabalho do argentino Juan Vucetich e lembrou que São Paulo abrigava mais de um milhão de estrangeiros. Diante desse desafio, o médico apontou a datiloscopia como sendo o melhor procedimento para identificar essa massa humana.[62]

Em agosto de 1905, autoridades cariocas convidaram as polícias de La Plata, Buenos Aires, Montevidéu e Santiago do Chile para estabelecer procedimentos comuns, visando a adoção da datiloscopia. No encontro, brasileiros e argentinos revelaram sua preocupação com o ingresso de anarquistas e socialistas nos seus territórios.[63] O Brasil não podia continuar servindo de asilo para "o

---

61 Testemunho do Desembargador Goulart de Oliveira nos Anais do Congresso Nacional de Identificação. *Arquivos de Medicina Legal e Identificação*, Rio de Janeiro, ano IV, nº 10, ago. 1934, p. 103-104; Leonídio Ribeiro. *Polícia Scientifica*. Rio de Janeiro: Editora Guanabara, 1934, p. 39-42.

62 *Correio Paulistano*, 5 de janeiro de 1903.

63 *A Polícia Argentina e a Polícia Brazileira no Terceiro Congresso Scientifico Latino Americano, reunido no Rio de Janeiro de 6 a 16 de agosto de 1905*. Rio de Janeiro: Imprensa Nacional, 1905, p. 87.

rebotalho das populações criminosas e degeneradas das demais nações", declarou um delegado carioca, citando a prisão no Rio de Janeiro de um anarquista acusado de participação no atentado contra a vida do rei da Espanha. Segundo a polícia do Rio de Janeiro, todos os movimentos grevistas ocorridos na cidade tinham sido instigados por elemento "nocivo e estrangeiro, perverso e alheio aos nossos hábitos de trabalho e paz".[64] Terminado os debates, os participantes do encontro reconheceram o método argentino como um meio seguro e eficaz de identificar uma população que se deslocava com facilidade pelas fronteiras. Em outubro, os membros do encontro ratificaram em Buenos Aires um acordo de cooperação para a troca de prontuários pelo método de Vucetich.[65]

A IDENTIFICAÇÃO DO TRABALHADOR

Após a greve que paralisou as ferrovias em 1906, a bancada paulista propôs no Congresso medidas duras contra os imigrantes. Em janeiro de 1907, o Congresso Nacional aprovou uma lei permitindo expulsar do território nacional todo estrangeiro indesejável residente no país por menos de dois anos. O projeto era de autoria do deputado Adolfo da Silva Gordo (1858-1929), cunhado de Prudente de Moraes e ligado por casamento à família de Campos Salles.[66] A lei estabelecia uma linha divisória entre indivíduos bons, ordeiros e úteis para o "engrandecimento do país"; e os maus, nocivos e perigosos para a coletividade. Estes últimos englobavam todos aqueles que atentassem contra a tranquilidade pública, fossem eles grevistas, mendigos, ladrões ou *cáftens*. A lei não fazia distinção entre crime político e de natureza comum.[67]

Em outubro de 1907, após uma nova onda de greves reivindicando a redução da jornada de trabalho para oito horas diárias, o secretário da Segurança

---

64 *Ibidem*, p. 91-93.

65 Mercedes Garcia Ferrari. *Ladrones conecidos/Sospechosos reservados*: identificación policial en Buenos Aires, 1880-1905. Buenos Aires: Prometeo, 2010, p. 178-185.

66 Alice Beatriz da Silva Gordo Lang. *Adolpho Gordo, Senador da Primeira República*. Brasília: Senado Federal, 1989, p. 47.

67 Lená Medeiros de Menezes. *Os indesejáveis*: protesto, crime e expulsão na capital federal (1890-1930). Rio de Janeiro: EdUERJ, 1996, p. 204-211.

Washington Luís dirigiu-se ao Rio de Janeiro para firmar um convênio com a polícia do Distrito Federal, visando a "completa execução da lei de expulsão de estrangeiros".[68] A intenção do secretário era identificar os "agitadores" e expulsá-los do território nacional. Decidido a equipar a polícia paulista com o sistema Vucetich, Washington Luís seguiu para o Rio de Janeiro acompanhado pelo delegado João Batista de Souza. O diretor do Gabinete de Identificação da polícia carioca, Elysio de Carvalho (1880-1925), recebeu-os pessoalmente. Carvalho era descrito como um apaixonado pelo trabalho policial. Casado com uma rica herdeira, ele possuía na sua mansão uma das melhores bibliotecas particulares do Rio de Janeiro, deixando para trás os tempos de estudante, quando fora um poeta boêmio simpático à causa anarquista.[69] Agora, Elysio de Carvalho era o respeitado editor do *Boletim Policial*, revista que fazia publicar trazendo artigos de criminalistas europeus famosos com os quais mantinha correspondência.

De volta a São Paulo, Washington Luís implantou a datiloscopia, mandando identificar todos os indivíduos recolhidos nas cadeias e os presos em flagrante. O secretário elaborou também um projeto regulamentando a identificação judiciária civil. Dessa forma, ao longo do tempo a polícia teria um arquivo com as impressões digitais de todos os cidadãos, possibilitando a identificação em massa de trabalhadores, criminosos e anarquistas.[70] Em julho de 1908, a polícia comemorou a primeira identificação de um reincidente por meio das impressões digitais: tratava-se da vítima fatal de um bonde. Chamava-se Bernardino Tavares da Silva, um indigente de origem portuguesa fichado por vadiagem.[71] Washington Luís parecia seguir os conselhos da polícia argentina, que dizia: "o criminoso que tem prontuário está sempre preso na polícia".[72] O chefe da Comisaría de Investigaciones da polícia de Buenos Aires, Don José Rossi, ensinava:

---

68 *Boletim Policial*, ano I, nº 6, out. 1907, p. 12-13.

69 Jeffrey D. Needell. *Belle Époque Tropical*. São Paulo: Companhia das Letras, 1987, p. 244.

70 Justiniano Lisboa, *op. cit.*, p. 16.

71 Ofício do Gabinete de Identificações datado de 2 de julho de 1908 (Apesp) *apud* Marco Antônio Cabral dos Santos, *op. cit.*, p. 287.

72 *Annaes do Primeiro Convênio Policial Brasileiro, op. cit.*, p. 57.

> A polícia, para poder bem desempenhar com êxito sua alta missão social, necessita conhecer todas as pessoas do meio em que há de executar sua ação, para observá-las e impedir seus atentados ou erros. O prontuário destina-se antes de tudo a estabelecer a existência das pessoas, todas as generalidades (sic) que lhe são próprias e que permitem sua distinção, em suas peculiaridades de caráter físico, psíquico, social etc.[73]

Para tornar esse processo ágil, Washington Luís criou, em fevereiro de 1909, o Gabinete de Investigações. A missão da nova repartição era organizar os prontuários segundo o sistema Vucetich e confeccionar uma lista de criminosos.[74] A ideia deste tipo de Gabinete tomou forma depois de uma visita do delegado Ascânio Cerqueira a Buenos Aires, onde ele pôde observar o funcionamento de uma repartição policial com as mesmas funções.[75] A Argentina havia montado um aparato de vigilância impressionante para controlar e disciplinar uma força de trabalho de seis milhões de imigrantes, atraídos das regiões mais pobres da Europa para trabalhar em estâncias, fábricas e matadouros. A polícia de Buenos Aires possuía técnicas modernas de identificação, classificação e custódia de presos. A Comisaría de Investigaciones portenha conseguiu aumentar seu número de prontuários, de 3.500 em 1902 para 292.500 em 1909. Durante esse mesmo período, o orçamento anual da polícia cresceu de 113.900 para 5.500.000 de pesos.[76] A experiência argentina impressionava os delegados paulistas, que viam nela um modelo a ser seguido.[77]

---

73 *Ibidem.*

74 Cantinho Filho. *Gabinete de Investigações (esboço histórico), 1909-1927.* São Paulo: Casa Garraux, 1927, p. 4.

75 "Dr. Ascânio Cerqueira". *APCSP,* vol. XII, 2º semestre 1946, p. 481.

76 Laura Kalmanowiecki. "Police, politics, and repression in modern Argentina". In: Carlos A. Aguirre & Robert Buffington (ed.). *Reconstructing criminality in Latin America.* Wilmington, Delaware: Scholary Resources Books, 2000, p. 195-218; Julia Rodriguez, *op. cit.;* Ricardo D. Salvatore. "Positivist criminology and State formation in modern Argentina, 1890-1940". In: Peter Becker & Richard F. Wetzell (ed.). *Criminals and Theirs scientists*: the history of criminology in international perspective. Nova York: Cambridge University Press, 2006, p. 253-279.

77 No Relatório de 1920, *op. cit.*, p. 75, o delegado geral escreveu: "Criamos Gabinetes para especialização e maior desenvolvimento dos serviços de investigação, pois, é esse sistema que, notadamente na República Argentina, tem produzido resultados que a estatística aponta e com freqüência admiramos".

O Gabinete de Investigações foi instalado num espaço do prédio da Repartição Central de Polícia. Logo o local revelou-se insuficiente para a quantidade de prontuários e o Gabinete foi removido para um prédio vizinho à Central. O número de criminosos capturados em 1909, data em que foi inaugurado, foi de 136. Nos dois anos seguintes, o número atingiu 1.274 capturas. O secretário comemorou a cifra em seu relatório.[78] Outro a comemorar foi o chefe do Gabinete de Identificação, Manuel Viotti, que recebeu telegramas de congratulações de diversos especialistas estrangeiros, entre eles Galton, Lacassagne, Locard e Vucetich, em resposta ao envio de um livreto comunicando os progressos da polícia paulista.[79] A datiloscopia tornou-se o núcleo do aparelho de vigilância montado por Washington Luís, instituído para todos os cidadãos e não só aos criminosos, pois todos deveriam ter uma identidade, uma individualidade definitivamente fixada; todos deveriam ter uma profissão, um patrão e gerar ganho a alguém; todos deveriam, enfim, estar situados dentro de uma hierarquia. Dali em diante, as pessoas seriam classificadas em prontuários, convertendo-se naquilo que seus prontuários diziam.

Para completar este esforço, Washington Luís organizou o Primeiro Convênio Policial Brasileiro. O objetivo do encontro era acertar medidas que permitissem a troca de prontuários entre todos os estados do Brasil. O intercâmbio asseguraria que aqueles expulsos do país por atentados contra a ordem não retornassem, instalando-se em outras regiões. A reunião teve início no dia 7 de abril de 1912 no prédio do Instituto Histórico e Geográfico de São Paulo, do qual Washington Luís era membro. Logo na abertura dos trabalhos, ele explicou que a principal missão da polícia de São Paulo era a "defesa coletiva", garantido a "tranquilidade e o trabalho de todos". Em seguida, o secretário enumerou os avanços da polícia paulista e brindou a todos por estarem ali em "prol do bem comum". Terminada a sua exposição, o Dr. Manuel Viotti discursou para os convidados:

---

78   Relatório de 1911, *op. cit.*, p. 106.
79   Manuel Viotti. *Dactyloscopia e Filiação Morphologica (o systema Vucetich)*. São Paulo, 1909. Exemplar da biblioteca de Washington Luís (Apesp).

> Seja-me lícito repetir e ninguém ignora que estamos hoje sob o domínio de condições de existência bem diversas daquelas que nos animavam anteriormente: há, por assim dizer, um sopro benéfico e vivificante que anima todas as nobres e elevadas aspirações para o bem; a ânsia de progresso e de engrandecimento agita o organismo nacional, e esta reunião, estou certo, há de construir o elo de uma cadeia de frutuosos benefícios em prol da instituição policial que representais; quando nada, representará o primeiro passo para o necessário e indispensável estreitamento de laços fraternos entre os estados, na obra social de defesa coletiva.[80]

Depois dos aplausos, Elysio de Carvalho, representando o Rio de Janeiro, propôs aos colegas que telegrafassem às polícias de La Plata, Montevidéu, Buenos Aires e Santiago do Chile comunicando a instalação do Convênio Policial Brasileiro. Foram cinco dias de reuniões e almoços. No final dos trabalhos, Elysio de Carvalho fez um discurso emocionado:

> Nesse momento da raça e da civilização latina, modificada sob o céu da América, há mister em que saibamos proteger a sociedade contra os elementos perturbadores de sua marcha natural para a finalidade prevista pelos legisladores e filósofos, organizando a defesa social sob bases mais sólidas e amplas, e estas não tem terreno mais seguro nem mais eficaz que a ação comum da polícia continental no combate contra as múltiplas formas de criminalidade. (...) Não há missão mais necessária e mais nobre que a de evitar o crime.[81]

O Primeiro Convênio Policial Brasileiro difundiu as vantagens dos arquivos datiloscópicos. Em pouco tempo, as polícias paulista e carioca estavam trocando fichas com as polícias da Bahia, Minas e Paraná. Em 1914, o Gabinete de Investigações paulista registrou a permuta de 652 fichas datiloscópicas com Niterói, Belo Horizonte, Paraná, Bahia e Rio Grande do Sul,

---

80 *Annaes do Primeiro Convênio Policial Brasileiro, op. cit.*, p. 8.
81 *Ibidem*, p. 42.

tendo recebido 303 fichas provenientes de Montevidéu, Assunção e Buenos Aires. Em contrapartida, o serviço de identificação paulista recebeu ofícios de Madri, Buenos Aires, Rosário e Santiago do Chile solicitando fichas datiloscópicas de indivíduos suspeitos.[82]

Em 1914, a datiloscopia estava estabelecida mundialmente como um método seguro de identificação. Com o falecimento de Bertillon, a França adotou o sistema criado por Vucetich, coroando um processo de âmbito global. Criada no periferia do sistema por indianos e um croata radicado na América do Sul, a datiloscopia foi incorporada pelas polícias europeias para dali ser divulgada às demais capitais do mundo, da América do Norte à China, num círculo característico dos fluxos transnacionais. Às vésperas da Primeira Guerra Mundial, policiais orgulhosos de sua *expertise* organizaram em Monte Carlo o Premier Congrès de Police Judiciaire Internationale para discutir procedimentos de identificação, debater propostas de trabalho conjunto e afirmar acordos entre polícias de diversos países.[83]

O Congresso acolheu representantes de 24 países, entre eles França, Itália, Alemanha, Rússia, Pérsia, Cuba e México. Um dos secretários do encontro foi o delegado Virgílio do Nascimento, do Gabinete de Investigações paulista. Entre as pautas, estava a implementação de um sistema datiloscópico universal, além de formas de comunicação direta entre as polícias por meio de telégrafo e linhas telefônicas. O diretor do Bureau de Identificação de Copenhague, Hakon Jørgesen, anunciou a criação de um sistema que transformava as digitais em um código que podia ser telegrafado para qualquer parte do mundo. Os presentes aplaudiram a criação dinamarquesa.[84]

O maior desafio para esta polícia, que se expandia pela sociedade, veio com a eclosão da guerra na Europa, em agosto de 1914. Mais uma vez, a polícia foi convocada para controlar a circulação de pessoas. O medo de sabotadores e

---

82   Relatório apresentado ao Dr. Francisco de Paula Rodrigues Alves, presidente do Estado, pelo secretário da justiça e segurança pública Eloy de Miranda Chaves. Anno de 1914. São Paulo: Typ. Brasil de Rothschild & Cia., 1915, p. 87.
83   Mathieu Deflem, *op. cit.*, p. 102-103.
84   Simon A. Cole, *op. cit.*, p. 225.

espiões levou à elaboração de listas de suspeitos, à investigação de estranhos e ao reforço da vigilância dos estrangeiros. Na Inglaterra, tornou-se obrigatório o porte de carteira de identidade com foto. 75 mil indivíduos foram fichados simplesmente por viajarem constantemente ou manterem correspondência com outros países. Na França, mais de 1.207.000 estrangeiros foram investigados. Os suspeitos tiveram seus nomes anexados em um *carnet B*, uma ficha que os colocava na lista de pessoas perigosas à segurança nacional. O maior trabalho das polícias, no entanto, recaiu no controle dos distúrbios causados pelas longas filas de abastecimento provocadas pelo racionamento de alimentos e pela falta de produtos de consumo básicos como pão, manteiga, farinha e óleo.[85] Todos os Estados, tanto os beligerantes como aqueles que sofriam com os graves efeitos da guerra, se empenharam no controle de sua população como nunca antes. A guerra e os problemas decorrentes dela obrigaram as polícias a redobrar seus esforços para garantir a ordem e evitar o caos.

A GUERRA E A GRANDE GREVE

A Primeira Guerra Mundial trouxe consequências desastrosas para o cenário mundial, mesmo naqueles locais distantes da carnificina. O conflito armado entre as grandes potências provocou um colapso nos mercados, empurrando a América Latina para uma grave crise. Bancos fecharam as portas, a libra esterlina desapareceu, o crédito secou e o preço dos alimentos subiu às alturas. A piora das condições de vida gerou protestos e enfrentamentos por todo o continente, especialmente nos centros urbanos, onde a carestia provocava os maiores estragos. Cidades como Buenos Aires, Rosário, Santa Fé, Santiago, Lima e Callao foram tomadas por greves. Eventos semelhantes atingiram Colômbia, Equador, Bolívia, Uruguai e Cuba.[86] No Brasil, as greves

---

85 Christopher Andrew. *Defend the realm*: the authorized history of MI5. Nova York: Vintage, 2009, p. 79; Hsi-Huey Liang, *op. cit.*, p. 203; Christopher Capozzola. *Uncle Sam wants you*: World War I and the making of the modern american citizen. New York: Oxford University Press, 2010; David Englander. "Police and public order in Britain 1914-1918". In: Clive Emsley & Barbara Weinberger, *op. cit.*, p. 90-138.

86 Bill Albert. *South America and the First World War*: the impact of the war on Brazil, Argentina, Peru and Chile. Nova York: Cambridge University Press, 2002.

acenderam o debate sobre a "questão social", expressão da época que designava o conflito entre classes e o risco de um desmoronamento da ordem.

Na manhã do dia 10 de junho de 1917, os operários da tecelagem Crespi, na Mooca, entraram em greve pedindo um aumento de 20% e o pagamento dos turnos extras. Era a segunda vez, desde maio daquele ano, que os trabalhadores cruzavam os braços. O jornal O *Estado de São Paulo* já havia alertado para o problema do aumento do custo de vida. Os aluguéis haviam subido e os alimentos sumido por causa da guerra. O jornal acusava os açambarcadores de aproveitarem a alta dos preços para vender tudo que fosse possível às nações em guerra, provocando inflação e escassez de alimentos. Para piorar a situação dos operários, havia o rebaixamento dos salários provocado pela contratação de mulheres e crianças no lugar de adultos.[87]

Ao ser informado da paralisação, o comendador Rodolfo Crespi (1874-1939) recusou-se a negociar com os grevistas, alegando quebra de disciplina. Os funcionários que aderiram à paralisação foram demitidos e fábricas fechadas para pressionar os grevistas. Porém, os trabalhadores estavam resolutos e a polícia teve que intervir. No dia 13 de junho, o delegado do Brás, Everardo Toledo Bandeira de Mello, intimou os líderes da paralisação a comparecerem à delegacia. O delegado chamou-os de "malfeitores, desordeiros e incendiários", acusando-os de derramar notas falsas para financiar a greve. A autoridade policial não reconhecia a greve como uma forma de luta dos trabalhadores nem a situação de carestia dos operários, atribuindo o movimento a intenções criminosas.[88]

No dia 19, um grupo de 500 operários dirigiu-se à Repartição Central de Polícia para pedir a libertação dos companheiros presos na delegacia do Brás. O delegado geral Thyrso Martins ouviu-os e mandou soltar os detidos para serenar os ânimos. O delegado Thyrso Queirolo Martins de Souza (1882-1941) era natural do Rio de Janeiro e, segundo sua biografia, descendente de uma "estirpe honrada". Antes de ingressar na polícia, ele teve uma breve carreira

---

[87] *O Estado de São Paulo*, 10 de maio de 1917.

[88] Christina Roquette Lopreato. *O espírito da revolta*: a greve geral anarquista de 1917. São Paulo: Annablume, 2000, p. 113-120.

política no seu estado, mas abandonou-a, transferindo-se para São Paulo, onde tornou-se delegado em 1911. Cinco anos depois, já era delegado regional em Jaú. Amigo pessoal do secretário da Segurança Eloy Chaves, Thyrso Martins foi convidado para ser delegado geral em 1917.[89]

A paralisação iniciada pelos trabalhadores da tecelagem Crespi ganhou a adesão de outras categorias e o movimento agigantou-se. O governo do estado, perplexo com o rumo dos acontecimentos, convocou a Força Pública para proteger as fábricas. Os protestos tomaram conta das ruas. No dia 9 de julho, policiais e grevistas enfrentaram-se diante da fábrica de bebidas Antarctica, na Mooca. Em seguida, os manifestantes se deslocaram para o Brás, em direção à fábrica de tecidos Mariângela, que aderiu à paralisação. Uma tropa de reforço, comandada pelo subdelegado Pamphilo Marmo, foi repelida pela multidão. Os policiais informaram o delegado geral, solicitando reforços. Thyrso Martins foi recebido com vaias e pedradas. Os soldados abriram fogo atingindo mortalmente um sapateiro.

Na manhã seguinte, um cortejo fúnebre se formou em frente à residência do sapateiro morto. Edgard Leuenroth, diretor do jornal *A Plebe*, descreveu a cena como um "mar de gente".[90] Sob um silêncio impressionante, uma massa de operários, mulheres e crianças tomou as ruas da cidade para acompanhar o enterro. Fileiras de soldados da Força Pública bloquearam o acesso da multidão ao Largo do Palácio. Porém, no desvio da rua Quinze de Novembro, a multidão parou e aos gritos pediu a libertação do anarquista Antônio Nalepinski, preso durante os confrontos. O delegado Thyrso Martins procurou acalmar a multidão, prometendo soltá-lo após o enterro.

No dia 12 de julho de 1917, o comércio da cidade fechou, os bondes foram impedidos de circular, faltou gás e comida. Padeiros, leiteiros e funcionários das concessionárias de transporte aderiram à paralisação. A cidade ficou refém da greve. Houve depredações e saques em armazéns. O delegado geral fez apelos aos trabalhadores no sentido deles manterem a ordem

---

89 Prontuário RG. 185.88; "Dr. Thyrso Martins". *APCSP*, vol. I, 1º semestre 1941, p. 351-353; Hermes Pio Vieira, *op. cit.*, 1978, p. 320.

90 John W. F. Dulles, *op. cit.*, p. 51.

e não cederem aos "agitadores", oferecendo-se como intermediário na negociação com os patrões. Dado o impasse, o secretário da Segurança Eloy Chaves reuniu-se com os industriais para convencê-los a atender algumas das reivindicações dos grevistas.[91]

No dia seguinte, São Paulo amanheceu ocupada por sete mil soldados postados na frente das lojas e dos prédios públicos. Em um boletim dirigido à população, o delegado geral aconselhou as "pessoas ordeiras" a não sair às ruas porque a polícia agiria com toda energia contra os "anarquistas que vinham alimentando a desordem na cidade". Pelo menos duas pessoas foram mortas pelos soldados e relatados vários incidentes.[92] O secretário da Segurança interferiu na negociação entre patrões e empregados e, no dia 16 de julho, uma segunda-feira, os trabalhadores saíram às ruas para deliberar sobre o acordo. Uma multidão reunida na Praça da Sé, e outra em frente ao Teatro Colombo, no Brás, decidiram suspender a greve. Ficou acertado que os empregados receberiam 20% de aumento. Promessas como a redução da jornada de trabalho para oito horas, o fim do trabalho infantil, a diminuição dos aluguéis e o tabelamento dos alimentos não foram cumpridas. Os jornais comemoraram o fim da greve. Entretanto, a ação repressiva não tardou.

O "PERIGO ANARQUISTA"

Na madrugada do dia 13 de setembro, um carro lotado de policiais parou em frente à casa nº 296 na rua da Mooca. Os secretas pularam do carro e escalaram os muros, enquanto o subdelegado batia na porta. Cercado, o português Antônio Candeias Duarte, figura popular nos comícios, entregou-se. Ao fundo, seus filhos choravam e sua mulher perguntava para onde o levariam. Como ele, foram presas mais 20 pessoas que haviam se destacado durante a greve. Todos acusados de "planejar um ataque ao palácio do governador". A esposa de Duarte percorreu várias delegacias sem conseguir notícias do marido. Desesperada, ela pediu ajuda ao cônsul de Portugal. O cônsul intermediou a libertação de Duarte,

---

91 Christina Roquette Lopreato, *op. cit.*, p. 38-46.
92 *Ibidem*, p. 53.

após descobrir que os presos haviam sido levados para o porto de Santos. Duarte conseguiu ser solto enquanto seus companheiros eram deportados.[93] O delegado geral Thyrso Martins declarou que a ação da polícia pretendia pôr um "fim definitivo ao clima de inquietação que reinava em São Paulo".[94] A deportação era uma forma rápida do governo livrar-se dos indesejáveis, dispensando os julgamentos e a necessidade de recolher um conjunto robusto de provas.

A repressão também se voltou contra a imprensa. O jornalista Paolo Mazzoldi, do *Il Piccolo*, foi preso acusado de "conspirar contra o governo". O advogado Vicente Rao retrucou que a polícia pretendia deportar o seu cliente baseado apenas no depoimento de um secreta que já fora acusado de falsificação de moeda.[95] *O Combate, Fanfulla, Avanti!, Diário Popular* e *O Estado de São Paulo* foram igualmente acusados de incentivar "maquinações subversivas". Para o *Fanfulla*, a polícia simplesmente inventou um complô, um "fantasma anárquico", para "golpear uma dúzia de indivíduos que tinham discurso socialista e organizavam ligas de resistência contra os capitalistas".[96] Entre estes, estava Edgard Leuenroth (1881-1968), redator do jornal operário *A Plebe*, cercado por policiais enquanto caminhava para o trabalho e levado para a delegacia do Brás.

Leuenroth era filho de um imigrante alemão. Órfão de pai, cresceu no Brás vendo de perto miséria e passando dificuldade. Começou a trabalhar ainda criança, fora menino de recados num escritório de corretagem e depois caixeiro numa loja de tecidos na rua São João. Com 14 anos, se tornou tipógrafo e ajudou a formar a União dos Trabalhadores Gráficos, onde abraçou o credo anarquista e se dedicou a tornar os operários conscientes da exploração que sofriam. Ele escrevia em um jornal anticlerical até a véspera da grande greve, quando lançou *A Plebe*, que seria o periódico de maior expressão do movimento de luta sindicalista em São Paulo.[97]

---

93 *O Estado de São Paulo*, 24 e 25 de setembro de 1917.
94 *Correio Paulistano*, 27 de setembro de 1917.
95 *O Estado de São Paulo*, 5 de outubro de 1917.
96 *Fanfulla*, 23 de setembro de 1917.
97 Yara Maria Aun Khoury. *Edgard Leuenroth*: uma voz libertária. Imprensa, memória e militância anarco-sindicalista. Tese (doutorado) – Departamento de Sociologia da USP, São Paulo, 1988, p. 10-11 e 230-231.

Ao chegar à delegacia, Leuenroth descobriu que havia contra ele um inquérito que o acusava de incitar um assalto ao depósito de farinha do Moinho Santista durante a greve. Por trás da acusação, acreditavam seus companheiros, estava o fato dele ser brasileiro, o que impedia a sua deportação. O promotor Roberto Moreira, futuro chefe de polícia, acatou a denúncia contra o diretor de *A Plebe*. Leuenroth permaneceu na prisão por seis meses até ir a júri. Defendido por Evaristo de Moraes (1871-1939), um advogado negro do Rio de Janeiro, filho de lavadeira e defensor dos operários, Leuenroth professou sua fé nos princípios libertários e negou ter praticado ou incitado qualquer crime. Sua atuação era puramente de ideias, afirmou. Sem precisar deliberar por horas, o júri decidiu pela inocência do réu. O juiz declarou ao final que não ficara provada a participação do jornalista nos saques.[98]

As prisões e perseguições arrefeceram por algum tempo o movimento operário, porém, lembra o jornalista Paulo Duarte, falava-se muito em "infiltração anarquista".[99] O anarquismo era apontado como culpado pelos conflitos entre patrões e empregados em São Paulo. A grande imprensa não fazia distinção entre libertários, socialistas e sindicalistas. Eram todos tachados simplesmente de "anarquistas", palavra que denotava "ódio contra a sociedade". No entanto, havia diferenças profundas de postura e objetivo mesmo entre aqueles que se proclamavam anarquistas. Havia os libertários, que eram contrários aos sindicatos, e aqueles que achavam o sindicato fundamental para a construção de uma sociedade igualitária. Edilene Toledo esclarece que o movimento operário em São Paulo no início do século XX foi muito mais sindicalista revolucionário do que anarquista, e mais sindicalista que revolucionário.[100] Alheio a estes detalhes, o governador Altino Arantes (1876-1965) escreveu em seu diário pessoal que o anarquismo era

---

98 Sobre Evaristo de Moraes, ver Evaristo de Moraes. *Reminiscências de um criminalista*. Rio de Janeiro: Briguiet, 1989; Joseli Maria Nunes Mendonça. *Evaristo de Moraes*: tribuno da República. Campinas: Editora da Unicamp, 2009.

99 Paulo Duarte, *op. cit.*, vol. 5, 1977, p. 327.

100 Edilene Toledo, *op. cit.*, p. 27.

um "incômodo tumor que nos anda molestando há tempos e que precisa desaparecer".[101]

Com a Revolução Russa e a tentativa de levantes operários na Alemanha e na Hungria, as autoridades brasileiras passaram a enxergar nos movimentos grevistas algo bem mais sinistro. A deflagração de uma greve geral no Rio de Janeiro, logo após o fim do conflito na Europa, alimentou os temores das autoridades. No dia 18 de novembro de 1918, a capital da República ouviu explosões em pontos diferentes da cidade. O chefe de polícia do Distrito Federal imediatamente atribuiu o atentado a grupos anarquistas insuflados pelo movimento bolchevique na Rússia. Dezenas de anarquistas foram presos e deportados: os estrangeiros para o exterior e os nacionais para a ilha de Fernando de Noronha. A imprensa diária divulgou que a greve e os atentados eram produto de "maquinações estrangeiras", obra de "criminosos e inimigos do Brasil".[102]

Durante o ano de 1919, o clima político radicalizou-se no mundo inteiro. Notícias vindas dos Estados Unidos e da Europa alimentavam a ideia de que uma revolução mundial estava em curso.[103] Na Argentina, grevistas e policiais se enfrentaram na chamada *semana trágica*, que culminou em dezenas de mortes e na perseguição dos judeus estabelecidos em Buenos Aires. A imprensa conservadora falava em "complô soviético", enquanto o cônsul argentino em Haia advertia para o embarque de russos com destino à América do Sul. Nos Estados Unidos, 2.500 pessoas foram presas depois da explosão de nove bombas em oito cidades. Uma onda de histerismo tomou conta do país, levando o Congresso a aprovar a deportação de mais de 500 imigrantes radicais, incluindo a anarquista Emma Goldman (1869-1940), embarcada à força num navio apelidado pela imprensa de "arca

---

101 Diário Íntimo de Altino Arantes, 12 de setembro de 1917 (Apesp).

102 Sheldon Leslie Maram. *Anarquistas, imigrantes e Movimento Operário Brasileiro (1890-1920)*. Rio de Janeiro: Paz e Terra, 1979; Carlos Augusto Addor. *A Insurreição Anarquista no Rio de Janeiro*. Rio de Janeiro: Dois Pontos, 1986.

103 "Bolchevismo na França". *O Estado de São Paulo*, 25 de setembro de 1919; "Os socialistas provocam desordem em Roma dando vivas a Lênin", *Ibidem*, 30 de setembro de 1919; "As greves e o Bolchevismo nos Estados Unidos", *Ibidem*, 16 de outubro de 1919.

soviética".[104] O senador Adolfo Gordo, alertando para o "perigo" que ameaçava todo o continente, leu em plenário uma lei argentina de repressão ao anarquismo e sugeriu que alguns dos seus dispositivos também fossem adotados no Brasil.[105]

A repressão ao movimento operário intensificou-se. No dia 17 de outubro de 1919, numa ação conjunta com a polícia carioca, agentes do Gabinete de Investigações invadiram as oficinas do *A Plebe* para recolher "propaganda subversiva". Dois dias depois, uma explosão levou pelos ares uma casa no Brás. Sob os escombros foram encontrados três corpos mutilados. Uma quarta pessoa foi socorrida com ferimentos graves, morrendo na Santa Casa. Uma mulher e duas crianças, moradores da casa, ficaram com ferimentos leves. Os vizinhos assustados reconheceram um dos mortos como sendo Belarmino Fernandes, um anarquista fichado pela polícia. O delegado geral Thyrso Martins compareceu ao local acompanhado dos delegados do Gabinete de Investigações. Tudo foi fotografado e apreendido, inclusive um grande número de panfletos. A polícia declarou aos jornais que as vítimas, fugindo das batidas policiais, estavam escondendo explosivos que seriam usados na fabricação de "máquinas infernais", ou seja, bombas.[106]

Com ajuda das impressões digitais, a polícia conseguiu identificar as vítimas da explosão e iniciou uma onda de prisões. Dezenas de anarquistas foram presos, entre eles o jornalista Everardo Dias, espanhol naturalizado brasileiro. Mesmo assim, ele teve sua deportação pedida pelo delegado Virgílio do Nascimento, que ligou-o a uma das vítimas da explosão no Brás. Segundo o delegado, Everardo e Belarmino Fernandes eram conhecidos e já haviam viajado juntos para o Rio de Janeiro. Dias também conhecia Raphael Esteves, outro anarquista preso na Argentina por atentado à bomba em 1909. Costurando informações guardadas nos arquivos e solicitando prontuários de países vizinhos, o Gabinete de Investigações montou um volumoso inquérito

---

104 David Rock, *op. cit.*, p. 157-179; Ann Hagedorn. *Savage peace*: hope and fear in America, 1919. Nova York: Simon & Schuster, 2007, p. 422.

105 *Correio Paulistano*, 19 de outubro de 1919.

106 *O Estado de São Paulo*, 21 de outubro de 1919.

contra os detidos. No seu relatório, o delegado Virgilio do Nascimento acusou Everardo Dias de não se acanhar em defender a utilização de meios violentos para transformar a sociedade, "destruindo à dinamite" qualquer empecilho à sua causa.[107] Com base no inquérito policial, o jornalista foi removido para o porto de Santos junto com outros presos. Ali, denunciou *O Parafuso*, eles foram chicoteados e ficaram quatro dias despidos e sem alimentação, enquanto aguardavam um navio para leva-los até o Rio de Janeiro.[108]

Na capital federal, Everardo Dias foi embarcado doente em outro navio, acompanhado por um alfaiate estrangeiro detido com panfletos anarquistas; um espanhol preso por protestar contra um filme dentro do cinema; um marceneiro que se dizia perseguido por um delegado; e dois outros imigrantes que se declaravam anarquistas.[109] Todos deixavam esposa e filhos no Brasil. O advogado Evaristo de Moraes representou contra a expulsão alegando sua inconstitucionalidade, porém o Superior Tribunal Federal decidiu que todo estrangeiro que violasse as leis e pregasse uma guerra declarada contra o Estado, mesmo radicado no Brasil, não merecia o abrigo da lei.[110] Em sentença favorável à expulsão, os juízes do STF acusavam os militantes anarquistas de casarem com brasileiras "na suposição que de que assim ficam a coberto da providência administrativa da expulsão". Os juízes alegavam que "a defesa da organização social é, presentemente, o maior dos deveres do Estado", o que justificava a expulsão de "hóspedes nocivos" que perturbavam os "naturais sentimentos de ordem e subordinação à lei" dos operários brasileiros.[111]

Os dias seguintes à explosão no Brás foram dias de pânico em São Paulo. Todo indivíduo suspeito era detido e jogado em celas lotadas. As cadeias estavam abarrotadas, denunciava o jornal *O Estado de São Paulo*. Enquanto isso, uma onda de incêndios iluminou os céus da cidade. Armazéns lotados ardiam

---

107 Guido Fonseca. "Dops: um pouco de sua história". *Revista ADPESP*, ano 4, n. 18, ago. 1989, p. 51.

108 Depoimento de José Righetti ao *Parafuso*, nº 177, 31 de dezembro de 1919.

109 Lená Medeiros de Menezes, *op. cit.*, p. 23-25.

110 John W. F. Dulles, *op. cit.*, p. 104.

111 Kátia Cristina Kenez & Tatiana da Silva Calsavara. "O anarquista como inimigo social". In: Nilo Odalia & João Ricardo de Castro Caldeira, *op. cit.*, p. 146-147.

sob o olhar da população, que assistia amedrontada àquele espetáculo. A polícia periciou os locais e chegou à conclusão de que alguns empresários, aproveitando o clima de pânico, incendiaram suas empresas para fraudar as companhias de seguro.[112] No início de novembro, os jornais anunciam a descoberta de outra casa repleta de explosivos. A polícia foi alertada por um morador que se assustara ao ver objetos que lembravam bombas. Os cômodos da casa estavam desocupados, porém o dono reconheceu os inquilinos por fotografia. Eram as vítimas da explosão no Brás.[113]

Anos mais tarde, o anarquista italiano Luiggi Damiani (1876-1953), expulso do Brasil em 1919, diria ao seu biógrafo que a explosão do Brás foi um verdadeiro desastre, que teria acidentalmente frustrado os planos do seu grupo e provocado uma perseguição de proporções nunca antes vistas.[114] Ao jornalista Paulo Duarte, o governador Altino Arantes teria revelado que o grupo anarquista pretendia explodir o palanque das autoridades durante o desfile de 15 de novembro. O governador soubera do atentado através de um padre, alertado no confessionário pela esposa de um dos anarquistas. O padre procurou o bispo, que o aconselhou a avisar o governador, mas sem revelar o nome da mulher. Para Altino Arantes, a explosão no Brás fora um verdadeiro milagre que evitou males maiores.[115]

O governo agiu de forma rápida, acusando toda organização operária de extremista. Everardo Dias narra em suas memórias que a polícia "recrutou espécimes do *bas-found* social formando uma teia tenebrosa de espionagem".[116] Segundo um jornal operário, as portas de fábrica ficaram apinhadas de secretas. Um deles, conhecido como Schmidt, escoltava os caminhões da Companhia Antarctica "acompanhado por vagabundos, ladrões e desordeiros que se dizem secretas e que talvez o sejam para dar caça ao operário grevista

---

112   *O Estado de São Paulo*, 16 de novembro e 14 de dezembro de 1919.
113   *O Estado de São Paulo*, 7 e 8 de novembro de 1919.
114   John W. F. Dulles, *op. cit.*, p. 98.
115   Paulo Duarte, *op. cit.*, vol. 5, p. 328-329.
116   Everardo Dias, *op. cit.*, p. 93-94.

ou como tal considerado".[117] O jornal *A Voz do Povo* noticiava o sumiço de pais de família, como o carpinteiro Firmino Duarte e o pedreiro João Lopes, que desapareceram durante as batidas policiais.[118] Não há um número exato de pessoas deportadas durante a histeria anarquista. Os documentos disponíveis indicam apenas que bastava o depoimento de um secreta, na maioria das vezes escalado para vigiar o suspeito, para a pessoa ser deportada.

Durante os anos seguintes, a polícia continuou atuando contra os chamados "semeadores do mal". No relatório de 1921, o delegado geral celebrou:

> Não tivemos a registrar, felizmente, perturbações de maior volume na ordem pública. (...) A atividade anarquista sofreu constante vigilância da polícia e esse desempenho de perseguição aos semeadores do mal, teve manifestação positiva na belíssima diligência levada a êxito no dia 29 de abril corrente, no bairro de Pirituba, pelo diretor do Gabinete de Investigações, que conseguiu apreender um grande material ali escondido. (...) nada menos de 76 cartuchos de dinamite (...) e 4 bombas preparadas.[119]

Em 1924, durante a rebelião militar que ocupou a cidade, o presidente da Associação Comercial de São Paulo alertou o chefe dos revoltosos, o general Isidoro Dias Lopes, sobre o "perigo anarquista":

> Não faltam na cidade perigosíssimos elementos anarquistas – italianos, espanhóis, russos e de outras nacionalidades, esperando só o momento oportuno para subverter a ordem pública e a ordem social. Representante das classes conservadoras, venho apelar para V. Exa., afim de que seja prestado ao sr. Dr. Franklin Piza, diretor da Penitenciária, todo o auxílio material e moral afim de que ele possa continuar a manter num campo neutro

---

117 *Germinal*, 21 de junho de 1919 *apud* Kátia Cristina Kenez. *Movimento operário em 1919: repressão e controle social*. Dissertação (mestrado) – Departamento de História da USP, São Paulo, 2001, p. 116.

118 *A Voz do Povo*, 15 de agosto de 1920 *apud* Lená Medeiros de Menezes, *op. cit.*, p. 228.

119 Relatório apresentado ao Exmo. Sr. Dr. Washington Luís Pereira de Souza, presidente do Estado, pelo Secretário da Justiça e Segurança Pública Francisco Cardoso Ribeiro. Anno 1921. São Paulo: Typ. Casa Garraux, 1922, p. 85.

garantidor da ordem social, os sentenciados que se acham sob responsabilidade daquele ilustre paulista.[120]

A despeito do pânico disseminado pelos meios de comunicação, o "perigo anarquista" nunca foi uma ameaça real, muito menos um grupo organizado atuando de forma coordenada e conjunta em São Paulo ou no resto do mundo. O movimento anarquista refletiu, em muitos momentos, uma revolta latente contra a injustiça, porém seus simpatizantes eram libertários reunidos em diversas correntes, a maioria delas associativas e contrárias à violência. No entanto, a imagem do anarquista furioso, construída pelas autoridades e divulgada pela grande imprensa, servia para alarmar a sociedade e incentivar a montagem de um aparelho de vigilância que reprimisse a todo custo o movimento operário. O pânico relacionado ao anarquismo impulsionou o aparelhamento da polícia paulista e a criação de um departamento especializado no controle de explosivos e na vigilância do meio operário.

A DELEGACIA DE ORDEM POLÍTICA E SOCIAL

Em 1921, Washington Luís assumiu o governo do estado prometendo uma administração arrojada. Em seus discursos, ele prometia renovação, mas na prática permaneceu ligado às famílias de Tibiriçá e Bernardino de Campos, fazendo política como seus antecessores. O jornalista e poeta Amadeu Amaral acusou o ex-secretário da Segurança de representar o atraso porque enxergava a questão social como "caso de polícia".[121] Embora Washington Luís nunca tenha usado tal expressão, era notório que ele considerava a "agitação operária" uma questão de "ordem pública", portanto, problema da polícia.[122]

Washington Luís, em seus discursos de candidato, elogiava a polícia de carreira, "que tão bons serviços tem prestado à ordem pública", e a Força Pública,

---

120 "Carta endereçada pelo Dr. José Carlos de Macedo Soares ao Chefe dos Revoltosos", 21 de julho de 1924. Arquivo Macedo Soares, caixa 153, pacote 3 (Apesp).
121 *O Estado de São Paulo*, 22 de abril de 1922.
122 Célio Debes, *op. cit.*, p. 299.

que deveria continuar "disciplinada para render toda a eficiência de que é capaz".[123] O candidato reafirmava assim a máxima de Campos Salles: "uma boa polícia é condição de um bom governo". Preocupado em manter a polícia civil fiel e atuante, o governador eleito indicou o delegado João Batista de Souza (1875-1949), um antigo colaborador seu, para ocupar o cargo de delegado geral. Souza estava entre os mais antigos delegados da polícia paulista. Natural de Itu, formou-se advogado sonhando montar um escritório, mas suas amizades o levaram a assumir um posto de juiz de paz e depois o de subdelegado na delegacia da Barra Funda, em 1902. Ali, atuou como auxiliar do delegado Ascânio Cerqueira, tornando-se mais tarde assistente do chefe de polícia Antônio de Godoy, em nome do qual estreitou laços com a polícia argentina.[124]

Depois do falecimento precoce de Antônio de Godoy, Souza ascendeu ao cargo de titular da 1ª Delegacia, onde relatou inquéritos famosos que ganharam as manchetes dos jornais, entre eles o crime da mala, o crime da Galeria Cristal e o assassinato do coronel Negrel. Em 1906, Washington Luís o encarregou das questões operárias e, em pouco tempo, ele era apontado como braço direito do enérgico secretário da Segurança.[125] João Batista de Souza mantinha laços estreitos com antigos colegas dos bancos da Faculdade, como o genealogista Frederico de Barros Brotero, cujo filho casou-se com uma neta de Tibiriçá, e o banqueiro José Maria Whitaker, de quem chegou a ser sócio. Ao ser nomeado delegado geral, Souza trabalhou pela indicação de outro amigo das Arcadas, o juiz Francisco Cardoso Ribeiro, para ocupar a Secretaria da Segurança.[126]

Como delegado geral, ele defendeu reformas urgentes na polícia. São Paulo ainda era policiada como em 1910, escreveu em seu relatório de 1920.[127]

---

123 Eugenio Êgas, *op. cit.*, vol. 3, p. 33-34.

124 Agnelo Rodrigues de Melo. "Antônio de Godoi Moreira e Costa e os Fundamentos da Atual Polícia de São Paulo". *APCSP*, vol. XII, 2º semestre 1946, p. 230

125 "Dr. João Batista de Souza, o criador das delegacias especializadas de São Paulo". *APCSP*, vol. XII, 2º semestre 1946, p. 485-486.

126 Frederico de Barros Brotero, *op. cit.*, 1947, p. 117-119.

127 Relatório apresentado ao Dr. Francisco Cardoso Ribeiro, Secretário da Justiça e Segurança Pública, pelo Delegado Geral Dr. João Batista de Souza referente ao ano de 1920, p. 79.

Seguindo a tendência dos países industrializados, o delegado geral propôs uma profunda reforma no antigo Gabinete de Investigações, criando departamentos especializados para a investigação de crimes de naturezas diversas. Escreveu o delegado no seu relatório:

> Um breve relancear de olhos pelo vasto campo de operações ininterruptas (da polícia) põe logo em evidência claríssima o relevante papel do serviço de investigações nas modernas organizações policiais. Serviço extremamente difícil, visceralmente delicado e cheio de lances inesperados, o seu modelar aparelhamento é cousa de vantagens indiscutíveis. Nos grandes centros a polícia de investigações mantém-se em atividade permanente e incalculáveis são os proveitos que se tiram dessa vigilância.[128]

O Gabinete de Investigações passaria a comportar sete delegacias especializadas: a Delegacia de Segurança Pessoal; de Furto e Roubos; de Vigilância e Capturas; de Jogos e Costumes; de Falsificações; de Técnica Policial; e de Ordem Política e Social. O projeto de reforma ficou pronto em 1922 e foi posto em execução logo após o movimento militar de 1924. Uma das novas delegacias especializadas que mais recebeu recursos foi a Delegacia de Ordem Política e Social, encarregada da prevenção e repressão dos delitos de ordem política, assim como da fiscalização do fabrico de armas e explosivos. O Dops, como ficou conhecido, recebeu um fichário próprio, além de uma verba especial. Tão logo a delegacia entrou em atividade, foram-lhe fornecidos pelas fábricas mais de cem mil cartões com os dados dos seus operários.[129] Somado a isto, o Dops promoveu um censo industrial que pretendia fichar todos os trabalhadores do estado. O delegado Cantinho Filho, chefe do Gabinete de Investigações, recomendou que a medida fosse estendida também para o comércio e seus empregados.[130]

---

128 Relatório apresentado ao Dr. Francisco Cardoso Ribeiro em "Dr. João Batista de Souza, o criador das delegacias especializadas de São Paulo", op. cit., p. 489.

129 Cantinho Filho, op. cit., p. 20.

130 O Gabinete de Investigações (Annaes de 1926) apresentado ao exmo. Sr. Dr. Roberto Moreira, DD. Chefe de Polícia do estado pelo Dr. Raphael Cantinho Filho, Chefe do Gabinete de Investigações. São Paulo: Diário Oficial, 1927, p. 8-11.

Em 1927, o Gabinete de Investigações contava com um arquivo de mais de 200 mil prontuários, acumulados desde 1910.[131] No ano seguinte, o chefe do Gabinete, fazendo um balanço do seu trabalho, destacou a atuação do Dops:

> Uma perfeita estatística do operariado vem sendo feita com êxito, de molde a permitir um perfeito conhecimento dessas massas de obreiros que fazem o progresso material de S. Paulo. Por essa estatística desmente-se a afirmação de que a maior parte dos nossos operários se constitui de estrangeiros, porque a verdade é que ela se compõe de brasileiros. O engano vem do fato de muitos brasileiros, especialmente em São Paulo, terem os nomes de origem estrangeira.[132]

Com isso, o delegado deixava claro que a tática de expulsão estava superada, restando ao estado pensar em outras estratégias para vigiar e controlar um setor da sociedade fundamental para o progresso de São Paulo. O delegado relatava que o trabalho do Dops "requer mil cautelas e cuidados e uma constante vigilância, no sentido de ser evitada a perturbação da ordem". Assim, justificava-se a infiltração do meio operário nos moldes do que já era feito com a marginalidade. Contudo, a identificação permaneceu sendo a principal arma para combater os "perturbadores da ordem", por isso o chefe do Gabinete pedia recursos para ampliar o mapeamento do meio operário, dizendo que "seria de grande vantagem que se tornasse obrigatória a identificação dos operários, da mesma forma por que já se exige hoje a identificação dos condutores de veículos, vendedores ambulantes, carregadores e empregados domésticos".[133]

O trabalho do Dops era exaustivo e minucioso. A delegacia contava com informações sobre 203.736 trabalhadores, com endereço, salário e informações cruzadas sobre associações, hábitos e redes sociais dos fichados. Destes, 2.800 apareciam classificados como "agitadores", estrangeiros a maioria. A delegacia planejava recensear os empregados domésticos e do comércio em geral, além

---

131 Relatório de 1926, *op. cit.*, p. 6; Cantinho Filho, *op. cit.*, p. 15.
132 Otávio Ferreira Alves. "Polícia de S. Paulo", *op. cit.*, p. 74.
133 *Ibidem*.

de mapear os trabalhadores de outras cidades.[134] O relatório de 1929 inicia assegurando que o Dops continuava sua ação "ininterrupta" de "vigilância dos elementos perniciosos à segurança interna da República e da ordem social: agitadores profissionais e demais adeptos de ideias subversivas". Com esse objetivo, prosseguiam os esforços de realizar "um escrupuloso recenseamento proletário". Trabalhando nesse sentido, a delegacia procedeu a identificação de 698 *garçonettes*.[135] Segundo um cronista, "essas louras criaturas" que servem nos cafés de São Paulo eram, na sua grande maioria, de origem estrangeira, principalmente dos países da Europa Central. Moravam em "cortiços no Brás ou em porões no Bexiga" e, para escapar da fome, muitas aceitavam trabalhar em bares frequentados por homens em troca de altas gorjetas.[136]

A atividade das *garçonettes* não passou despercebida pelo Dops no seu esforço de mapear uma sociedade que se transformava continuamente. Nenhuma atividade que gerasse renda e mobilizasse um número expressivo de pessoas parecia escapar à vigilância policial. Controlar todas as formas de trabalho era uma forma de controlar a população, fosse o trabalho lícito ou não, como no caso do jogo e da prostituição, que serviam de fonte de renda para alguns e de lazer para outros.

A ILEGALIDADE TOLERADA

O jogo e a prostituição eram formas de trabalho não reconhecidas formalmente, acompanhadas de perto pela polícia. Condenadas pela moral e postas na ilegalidade, ambas atividades serviam de fonte de renda para muita gente. Pessoas inválidas, ex-sentenciados e excluídos do mercado de trabalho encontravam no jogo do bicho uma forma de sustento, enquanto moças necessitadas, muitas delas nascidas em lares pobres na Europa, viviam da prostituição para fugir da miséria.[137] A prostituição, embora moralmente re-

---

134 Mensagem apresentada ao Congresso Legislativo, em 14 de julho de 1927, pelo Dr. Antônio Dino da Costa Bueno, presidente do Estado de São Paulo, p. 75.
135 Relatório de 1929, *op. cit.*, p. 112.
136 *O Malho*, 13 de setembro de 1930.
137 Beatriz Kushnir. *Baile de máscaras*: mulheres judias e prostituição. Rio de Janeiro: Imago, 1996.

provada, era bem-vinda na sociedade paulista, pois segundo alguns juristas, ela preservava a "moralidade dos lares, a pureza dos costumes no seio das famílias" e permitia aos moços arrefecer seus impulsos numa fase em que a sexualidade se mostrava muito intensa.[138] Ambas atividades eram condenadas publicamente, mas sem efeitos práticos. De tempos em tempos, a polícia lançava campanhas moralistas que não duravam mais de dois meses.

Ambas atividades também traduziam as mudanças operadas na cidade. O jogo do bicho surgiu no Rio de Janeiro quase simultaneamente à República. O sorteio de números premiados de forma clandestina existia na Itália, em Cuba e nos Estados Unidos, onde era muito popular entre os negros e os latinos.[139] Introduzido no Brasil por estrangeiros e explorado por filhos de imigrantes, o sorteio de números relacionados com animais caiu no gosto popular, tornando-se uma atividade barata, fácil e lúdica. O escritor João Ribeiro (1860-1934) dizia que "o jogo do bicho é o único que permite arriscar um vintém ou um tostão com todo o aparato imaginativo do sonho e do palpite".[140] Num ambiente regido pelo trabalho duro e mal remunerado, o jogo do bicho oferecia uma possibilidade de enriquecimento para aqueles que apostavam em seus animais, mas principalmente para os que bancavam o jogo.[141]

O jornal *O Estado de São Paulo* denunciava, no início de 1900, que o jogo já havia se expandido pelo interior do estado, chegando até Batatais.[142] Segundo o *Correio Paulistano*, o Brás era o bairro onde mais se jogava, não havendo

---

138 Nelson Hungria. *Comentários ao Código Penal* (1940). Rio de Janeiro: Forense, 1980, p. 271.

139 Joseph Bonanno. *A man of honour*: the autobiography of a godfather. Londres: Unwin Paperbacks, 1984, p. 20; Ann Fabian. *Card sharps and bucket shops*: gambling in nineteenth century America. Nova York: Routledge, 1999, p. 108-152; Shane White et al. *Playing the numbers*: gambling in Harlem between the wars. Cambridge: Harvard University Press, 2010.

140 *O Estado de São Paulo*, 20 de fevereiro de 1930, apud Renato José Costa Pacheco. *Antologia do jogo do bicho*. Rio de Janeiro: Simões Editora, 1957, p. 54.

141 Micael Herschmann & Kátia Lerner. *Lance de sorte*: o futebol e o jogo do bicho na *Belle Époque* carioca. Rio de Janeiro: Diadorim, 1993; Simone Simões Ferreira Soares. *O jogo do bicho*: a saga de um fato social brasileiro. Rio de Janeiro: Bertrand, 1993; Roberto DaMatta & Elena Soárez. *Águias, burros e borboletas*: um estudo antropológico do jogo do bicho. Rio de Janeiro: Rocco, 1999, p. 93-99.

142 *O Estado de São Paulo*, 19 de abril de 1900.

um armazém, quiosque ou quitanda que não aceitasse uma "fezinha".[143] A cidade oferecia jogos de toda espécie: roleta, dados, carteado. Em 1896, num momento em que a República era ameaçada por revoltas e crises internas, os jornais reclamavam que São Paulo estava infestada de casas de jogos. Atendendo ao "clamor público", o chefe de polícia promoveu uma campanha "saneadora" contra o jogo. Clubes com nomes sugestivos, tais como Sportmann Club, Clube dos Girondinos e Círculo Paulista, foram fechados e todo o material de jogo apreendido e levado para a frente da Repartição Central de Polícia. Ali, na vista do público, o chefe de polícia ordenou a queima de roletas, mesas, baralhos e todo o material confiscado nas casas de jogos.[144] A campanha moralizadora alcançou também o jogo do bicho. No dia 31 de julho, a imprensa informava que o português Manuel Vicente Ribeiro, dono de uma quitanda no Largo do Rosário e tido como o maior bicheiro de São Paulo, teve seu estabelecimento fechado. Porém seus apontadores continuavam espalhados pela cidade.[145]

Há no Arquivo do Tribunal de Justiça de São Paulo um processo contra o bicheiro Francisco La Regina, autuado em 18 novembro de 1908. La Regina explorava o jogo do seu chalé, localizado na rua Quinze de Novembro, à vista de todos. O inquérito policial apresenta como indício contra o bicheiro mais de 30 páginas cheias de bilhetes de aposta preenchidos à mão, além de registros contábeis e da propaganda encontrada no chalé. Seu defensor, um advogado de prestígio em São Paulo, argumentava em folhas timbradas e datilografadas que o processo era nulo porque a polícia se baseava no depoimento de secretas "incumbidos de espionar" o seu cliente. Além disso, o estabelecimento e a atividade comercial do acusado eram legais perante a Prefeitura, pagando ele regiamente todas as taxas de funcionamento. Em sua sentença, o juiz Luís Ayres de Almeida Freitas considerou improcedente a acusação contra La Regina.[146]

---

143 *Ibidem*, 29 de julho de 1896 e 16 de fevereiro de 1902.
144 *Correio Paulistano*, 29 e 31 de maio, 2, 3 e 6 de junho de 1896.
145 *Ibidem*, 31 de julho de 1896.
146 Sentença do processo contra Francisco La Regina, datado de 2 de dezembro de 1908 (ATJSP).

Em 1915, o senador do Distrito Federal, Érico Coelho, propôs a legalização do jogo do bicho, alegando que a atividade havia se tornado um negócio extremamente rentável e difícil de combater. A proposta do senador foi derrotada e o jogo do bicho continuou uma contravenção, um caso de polícia.[147] A relação do Estado com o jogo era, no mínimo, ambígua. Jogos populares, como o jogo do bicho e as brigas de galo, eram perseguidos, enquanto as autoridades, tão zelosas da moral e dos bons costumes, permitiam as corridas de cavalo, frequentadas por cavalheiros e damas num ambiente marcado pela elegância e o requinte. Um dos órgãos de imprensa que mais denunciava a hipocrisia das autoridades era *O Parafuso*:

> Não se passa um dia sem que se abra em S. Paulo mais um antro de vício em que o jogo do bicho é bancado às escancaras. O Triangulo está infestado por todos os lados. As ruas adjacentes contam uma casa em cada quarteirão. Os arrabaldes ostentam bancas em rebuços. Até os bairros longínquos foram invadidos pela praga.
>
> Que faz a polícia? Depois de um ou outro cerco esporádico, cruza os braços e deixa correr o marfim. (...) Ao nosso ver é aqui que está a explicação da atitude da polícia. Não convêm, de modo nenhum, exterminar o bicho porque seria suprimir uma gorda fonte de renda.[148]

Fazendo questão de atingir pessoas poderosas, *O Parafuso* informava aos seus leitores que "o pessoal graúdo do *Automóvel Club*, quando perde no *baccarat*, sai em busca de uma fezinha na roleta da *Rôtisserie Sportsman*", onde se jogava desbragadamente e, se o secretário da Segurança ignorava, é porque "lhe convinha".[149] Determinado a desmascarar as autoridades, Benedito de Andrade (1889-1921), dono do *Parafuso*, publicou as declarações de um ex-delegado de polícia que acusava os seus superiores de proteger e lucrar com a jogatina. O

---

147 Micael Herschmann & Kátia Lerner, *op. cit.*, p. 67.
148 *O Parafuso*, nº 20, 6 de novembro de 1915.
149 *Ibidem*, nº 137, 25 de março de 1919.

delegado Paulo Lacerda havia sido transferido da cidade de Batatais devido à investigação de um assassinato por encomenda. Segundo o delegado, o mandante parecia ser "conterrâneo, amigo ou talvez parente do Sr. Altino Arantes", motivo pelo qual o transferiram para São Manuel. Em sua nova comarca, o delegado moveu uma perseguição ao jogo, entrando em conflito com o subdelegado local, "cria dos Rodrigues Alves". Lacerda acabou removido novamente, dessa vez para Mogi-Mirim. Ali, os donos de terra eram também empresários do jogo e logo o delegado entrou em choque com eles. Chamado a São Paulo, Lacerda ouviu do delegado geral que "o chefe político de Mogi-Mirim se queixava de que o estavam prejudicando econômica e politicamente, (...) pois os bicheiros eram eleitores e, assim, a sua perseguição às vésperas de um pleito eleitoral influiria no resultado das urnas". O Dr. Thyrso Martins aconselhou-o a desistir da campanha, dizendo que o secretário da Segurança, Herculano de Freitas, em sua sabedoria, se referia ao jogo como "uma das bases da fortuna pública". Diante disso, o delegado deixou a reunião e pediu exoneração.[150]

Paulo Lacerda era filho de um juiz austero do município de Vassouras, no Rio de Janeiro; um magistrado que no passado lutara pela Abolição e pela República, fora ministro de Prudente de Morais e exercia um cargo no Supremo Tribunal Federal. O juiz colocou o filho na polícia de São Paulo esperando que ele "criasse juízo". Contudo, a carreira do filho foi curta. Depois do desentendimento com seus superiores por causa do jogo, Lacerda voltou para o Rio de Janeiro. Lá, abriu um escritório de advocacia, defendeu um operário e, para desespero da sua esposa, filiou-se ao partido comunista. Sua esposa, filha de uma família rica, exigiu que ele escolhesse entre a "camarilha do PCB" e ela. Paulo Lacerda optou pelo comunismo, tornando-se um dos líderes do partido nos anos 1930.[151]

Benedito de Andrade chamava o jogo de "cancro social", mas ele próprio era um jogador inveterado que terminou perdendo muito dinheiro e devendo para agiotas. O escritor Oswald de Andrade (1890-1954) revela em suas

---

150 Ibidem.
151 John W. F. Dulles. *Carlos Lacerda*: a vida de um lutador, vol. I. Rio de Janeiro: Nova Fronteira, 1992, p. 5-13; *Idem, op. cit.*, 1977, p. 208.

memórias que o dono do *Parafuso* era "um bastardo da família Souza Queiroz, filho da cozinheira com o patrão".[152] Mulato, forte e briguento, Babi, como ele gostava de ser chamado, usava sua revista para incomodar uma sociedade cujas portas estavam cerradas para ele. Ofereceram-lhe a colocação de telegrafista e soldado, mas ele nunca se contentou em viver numa posição subalterna, brigando para ocupar um espaço de relevo numa sociedade sabidamente preconceituosa e que o lembrava de sua origem a todo instante. Depois de trabalhar em revistas de cultura e variedades, Babi fundou O *Parafuso* em 1915. Usando e abusando do escárnio e do escândalo, ele enfrentou a fúria do deputado Antônio Moraes de Barros em plena rua, trocou ofensas com Júlio de Mesquita e foi condenado a quatro meses de cadeia por acusar o secretário da Segurança Eloy Chaves de falcatruas.[153] Segundo o jornalista Paulo Duarte, Babi de Andrade usava seu semanário para arrancar quantias imensas de pessoas que pagavam para não ver seus nomes metidos em escândalos. Falido e na iminência de perder a revista, preferiu dar um tiro na cabeça a se ver na miséria e tornar-se motivo de chacota dos seus inimigos.[154]

Apesar de ser uma contravenção, o jogo se espalhava. Quando Washington Luís assumiu o governo do estado em 1921, São Paulo assistiu a uma nova campanha contra o jogo.[155] O *Estado de São Paulo* elogiou a ação: "Nunca na nossa civilizada capital se jogou tanto como agora. Era uma vergonha se tal anomalia continuasse. A polícia não podia ficar impassível ante as contínuas reclamações que se faziam nesse sentido".[156] Assim pensava a Liga Nacionalista, que empreendia

---

152   Oswald de Andrade. *Um homem sem profissão*. Rio de Janeiro: Civilização Brasileira, 1976, p. 53.

153   O *Parafuso*, nº 4, 20 de março de 1915; nº 5, 27 de março de 1915; nº 6, 3 de abril de 1915 e nº 31, 22 de janeiro de 1916.

154   Paulo Duarte, *op. cit.*, vol. 8, 1978, p. 215-218; Laudo de suicídio de Benedito de Andrade datado de 20 de dezembro de 1921. In: Corpos de Delicto, Livro nº 7920 (Apesp).

155   Washington Luís, quando foi secretário da segurança, fez publicar um manual, *Instruções policiais para a repressão dos jogos* (S. Paulo: Typ. Brazil de Rothschild & Cia, 1909), com instruções para combater o jogo. Na sua introdução, o secretário adverte os delegados: "Dentro da lei encontrarei os meios para perseguição do terrível vício do jogo, e só com a lei deveis agir". A despeito de desaprovar abertamente o jogo, sua administração não promoveu um combate efetivo contra a jogatina, provavelmente para não desagradar seus aliados políticos.

156   Relatório de 1920, *op. cit.*, p. 84-85.

através dos jornais uma campanha incansável contra o jogo. A Liga declarava que "o jogo tira o hábito do trabalho, conduz à ociosidade, inutiliza o cidadão para as carreiras produtivas, rouba o sustento e infelicita muitas famílias". "São Paulo", dizia o artigo, "deve ser a capital do trabalho, da indústria e do comércio", não do vício.[157] O delegado geral João Batista de Souza era da opinião de que a repressão ao jogo dava à polícia conforto moral e um apoio valioso.

Porém, a repressão policial teve pouco fôlego. O delegado geral alegava que o maior entrave para fechar os cassinos espalhados pela cidade era um decreto de 1920, concedendo aos clubes e cassinos, localizados em estações balneárias, permissão legal para explorar jogos de azar. Era corrente que a lei fora feita de encomenda para a família dos donos do luxuoso Hotel Copacabana, onde havia um cassino frequentado por políticos e pessoas da alta sociedade. Os Guinles eram empresários respeitadíssimos que, além do cassino, controlavam as docas de Santos e do Rio de Janeiro.[158] O delegado geral lamentava que funcionários da Fazenda concedessem licenças para cassinos funcionarem em São Paulo como se aqui fosse uma estação balneária. Empresários muito bem relacionados aproveitavam a lei para abrir estabelecimentos como o Club Appollo, o Sport Club (que funcionava numa casa de tolerância), o Recreativo Sport Club (que ficava na tradicional Rôtisserie Sportsman) e o Palácio Club na rua Quinze de Novembro.

Ilustrando os males do jogo, o delegado enumerou algumas tragédias em seu relatório, tais como o suicídio de uma francesa arruinada em uma mesa de apostas; o suicídio de um funcionário da Estrada de Ferro Araraquarense, que desviou uma quantia elevada da companhia para jogar, além de outros empresários que deram cabo das suas vidas depois de desfalcarem os negócios e suas famílias.[159] Dali em diante, a atuação policial

---

157 *O Estado de São Paulo*, 2 de setembro de 1919.

158 Marcos Luiz Bretas, *op. cit.*, p. 74.

159 Relatório apresentado ao Exmo. Sr. Dr. Washington Luís Pereira de Souza presidente do Estado pelo secretário da justiça e da segurança pública Francisco Cardoso Ribeiro. Anno de 1921. São Paulo: Casa Garraux, 1922, p. 86-96; Relatório da polícia do Distrito Federal apresentado ao Exmo. Sr. Dr. Augusto de Vianna do Castello ministro da justiça e negócios interiores pelo Dr. Coriolano de Araújo Góes Filho chefe de polícia do Distrito Federal. Rio de Janeiro: Imprensa Nacional, 1929, p. 18.

se restringiu a multar os estabelecimentos de jogo e comemorar quando o valor das multas arrecadadas aumentava.[160]

O crescimento demográfico da cidade estimulou mudanças culturais profundas. Nesse momento de intenso incremento comercial e de expansão do consumo, a vida boêmia passou a exercer um enorme fascínio como lugar de evasão da vida cotidiana regrada. Daí a proliferação de novas formas de diversão inspiradas em hábitos europeus, como cinemas, teatros, restaurantes, cafés, assim como bordéis luxuosos e salões de jogos modernos. Walter Benjamin comparava o salão de jogos ao bordel, dizendo que os dois ofereciam o mesmo deleite: "enfrentar o destino no prazer".[161] Concentrados nas áreas centrais da cidade, próximos aos bares, teatros e cinemas, os cassinos e bordéis atraíam toda sorte de pessoas: de políticos a marginais. O mais famoso e elegante bordel da cidade era o Hotel dos Estrangeiros, um cenário suntuoso, com espelhos, bailarinas e muitas mundanas estrangeiras em busca de comissários de café e endinheirados da elite paulista.[162] A prostituição era vista como um mal necessário que deveria ser tolerado, porém rigorosamente controlado.

A primeira tentativa de regulamentar a prostituição na cidade de São Paulo ocorreu em 1896, durante a chefia de Xavier de Toledo. O 2º delegado auxiliar Cândido Motta, obedecendo a um pedido do chefe de polícia, baixou um regulamento defendendo os "bons costumes". O regulamento procurava evitar escândalos e cenas imorais no espaço público. Pela primeira vez, se produziu uma lista das meretrizes, com nomes, idades e endereços. Eram quase todas estrangeiras, assim como aqueles que as exploravam. Em sua maioria, os homens que as traziam de vilas pobres perdidas nos confins da Europa Oriental eram de origem judaica, dizendo-se negociantes, mas vivendo da prostituição. O 2º delegado auxiliar relatou que quando eles não

---

160 Mensagem apresentada ao Congresso Legislativo na seção da 14ª legislatura, em 14 de julho de 1929, pelo Dr. Júlio Prestes de Albuquerque, Presidente do Estado de São Paulo. São Paulo: Typographia do Diário Official, 1929, p. 183.
161 Walter Benjamin, *op. cit.*, p. 531.
162 Margareth Rago. *Os prazeres da noite*: prostituição e códigos da sexualidade feminina em São Paulo (1890-1930). São Paulo: Paz e Terra, 1991, p. 80 e 89.

estavam fiscalizando suas rameiras, podiam ser vistos jogando em clubes nas ruas Senador Feijó, Quintino Bocaiúva e Glória.[163]

A imprensa sensacionalista denunciava o tráfico internacional de mulheres usando muita liberdade imaginativa para descrever a perdição das "jovens ingênuas exploradas por rufiões desalmados". Essas histórias inspiraram uma leva de películas que causavam indignação no público.[164] O tráfico de "escravas brancas" foi um dos muitos fantasmas que assustaram a sociedade no *fin-de-siècle*. Associações filantrópicas, como a Associação Judia para a Proteção de Mulheres e Meninas (JAPGW), se mobilizaram para denunciar o tráfico e a exploração de mulheres. Patrocinada pela herdeira de uma família de banqueiros, a associação organizava conferências pelo mundo alertando contra o comércio imoral de mulheres brancas, recrutadas dos lugares mais pobres da Europa. A repercussão das denúncias levou à realização de congressos internacionais na Inglaterra, Holanda, França e Alemanha, com a finalidade de reprimir o comércio de "escravas brancas" e dotar os países de uma legislação mais apropriada para enfrentar o problema.[165]

A historiadora Margareth Rago pondera que a grita em torno do tráfico acabou sendo maior do que ele próprio, construindo um "minotauro moderno" através do qual se enrijeceram os padrões femininos de moralidade. A anarquista Emma Golman insistia que o debate sobre o problema da prostituição estava sendo desviado das condições socioeconômicas que levavam à exploração da mulher, para um discurso criminalizante do *cáften*.[166] Discurso este que fortalecia a vigilância e a suspeição sobre os estrangeiros. Em 1912, o secretário da Segurança Raphael Sampaio Vidal informava que a polícia estava atenta para evitar a entrada de *cáftens* e anarquistas pelo porto de Santos. No ano seguinte, o relatório da secre-

---

163 Guido Fonseca. *História da prostituição em São Paulo*. São Paulo: Resenha Universitária, 1982, p. 145.
164 Margareth Rago, *op. cit.*, p. 255-256.
165 Paul Knepper, *op. cit.*, p. 98-127.
166 Margareth Rago, *op. cit.*, p. 256.

taria comemorava a expulsão de 39 "exploradores do lenocínio". Todos estrangeiros.[167] Dessa forma, o combate ao tráfico de "escravas brancas" auxiliava a polícia a reforçar seu controle sobre os milhares de imigrantes que aqui aportavam.

Com a criação das delegacias especializadas, a vigilância sobre a prostituição ficou a cargo da Delegacia de Costumes. No relatório de 1927, Cantinho Filho informava que a delegacia tinha 12.642 prostitutas fichadas. Destas, 993 tinham prontuário desde 1915. Aproximadamente metade delas eram estrangeiras. Os prontuários das prostitutas continham fotos, impressões digitais, dados pessoais, endereço, prisões e todas as ocorrências que pudessem ser anotadas.[168] As prostitutas eram na maior parte jovens pobres que se enveredavam pelas redes construídas pelos *cáftens* e donas de bordel, de quem acabavam dependendo para viver em todos os sentidos. Para escapar dessa rede, as mais bonitas e espertas procuravam protetores entre as classes privilegiadas, como fez a famosa cortesã Nenê Romano (1897-1923). Nascida na pobreza, mas decidida a desfrutar do conforto reservado à alta sociedade paulista, Nenê, natural de Turim na Itália, veio para o Brasil com dois anos de idade. Seu nome verdadeiro era Romilda Marchiaverni.[169] Segundo testemunhas arroladas no inquérito policial que apurou sua morte, Nenê era de família muito pobre e trabalhou em fábricas desde pequena. Sua beleza chamava a atenção dos capatazes, tornando-a alvo constante de assédio. Aos 17 anos já ganhava a vida em bordéis famosos e, em pouco tempo, estava bem alojada numa casa na rua dos Timbiras, sustentada por um poderoso político. Moacir de Toledo Piza insinuava que o protetor de Nenê Romano – cujo nome foi encoberto no inquérito policial – seria o senador Rodolfo Miranda (1862-1943), um

---

167 Relatório apresentado ao Dr. Francisco de Paula Rodrigues Alves, presidente do estado, pelo secretário da justiça e da segurança pública Raphael A. Sampaio Vidal. São Paulo: Typ. Rothschild & Cia., 1912, p. 3; Relatório apresentado ao Dr. Carlos Augusto Pereira Guimarães, vice-presidente do estado em exercício, pelo secretário da justiça e da segurança pública de S. Paulo, Eloy de Miranda Chaves, anno 1913. São Paulo: Typ. Rothschild & Cia., p. 194.

168 Cantinho Filho, *op. cit.*, 1927, p. 35.

169 Prontuário nº 80.624 (IIRGD).

fazendeiro rico e boêmio, dono de indústria e casas comerciais no interior paulista e em Santos.[170]

Em 1918, Nenê foi anavalhada. O corte deixou uma cicatriz na altura do pescoço, que ela cobria com o cabelo. Decidida a processar a mandante da agressão, ela contratou os serviços do escritório de Vicente Rao, um respeitado professor da Faculdade de Direito que advogava para italianos. Lá ela conheceu o jovem advogado Moacir de Toledo Piza. Os dois iniciaram um tórrido romance. Moacir jantava e dormia na casa dela, porém as cenas de ciúmes por parte dele tornaram o relacionamento impossível. Testemunhas relatam que ele era possuído por um ciúme doentio que o levava a bater nela e ameaçar acabar com a vida dos dois.[171] Para piorar, Moacir se dedicava de corpo e alma à política, ou melhor, a combater a política, ridicularizando os mais poderosos líderes das fileiras do Partido Republicano Paulista.

Moacir de Toledo Piza fazia parte de uma geração de jovens inconformados com os rumos da República, jovens talentosos que escreviam em jornais e desafiavam aqueles que estavam encastelados no poder. Ele possuía um sobrenome ilustre, era primo do delegado Franklin Toledo Piza, mas não tinha fortuna. Órfão de pai, ele e seu irmão precisaram trabalhar para se sustentar. Seu irmão era médico da Assistência Policial, e Moacir fora nomeado delegado de polícia assim que se formou em 1917. Indignado com as fraudes e com a política praticada pelo PRP, ele escreveu uma carta malcriada ao secretário da Segurança pedindo sua exoneração. Em seguida, candidatou-se a vereador e deputado estadual. Perdeu nas duas vezes. O jornalista Paulo Duarte escreveu que "a sua bravura romântica me fazia inveja, mas a violência das suas paixões me atemorizava".[172]

---

170 Sobre o senador, ver Joseph Love, *op. cit.*, p. 236-237.

171 Inquérito policial datado de 29 de outubro de 1923, p. 43-44. 1ª vara criminal. Réu: Moacyr de Toledo Piza (ATJSP).

172 "Há 40 anos falecia Moacyr Piza". *O Estado de São Paulo*, 25 de outubro de 1963; prontuário nº 1.957 (IIRGD).

Em 1923, Moacir lançou um livro avacalhando as maiores figuras políticas do estado. O livro, com o título sugestivo de *Roupa Suja*, se concentra nas festas do centenário da Independência realizadas no ano anterior, em especial no jantar oferecido pelo governador Washington Luís, descrito como "eleito pela Providência para a egrégia função de *rodoviar* a terra paulista". Comparecendo à festa sem ser convidado, Moacir zomba dos convidados ilustres:

> Ah! O governo negou-me uma cadeira no Congresso do estado, mas deu-me canja e peru com farofa! Posso afirmar, com conhecimento de causa, que, no pleito ali travado para a satisfação das minhas aspirações de *gourmand*, houve a mais ampla liberdade de pensamento e ação. O presidente foi de uma imparcialidade única. Não tolerou a fraude, nem com ela fez transações; tanto que, não obstante os empenhos da Comissão Diretora junto do *maitre d'hotel*, eu, vencido nas pugnas eleitorais do oitavo distrito, fui servido antes do Sr. Narciso Gomes, e empanturrei-me. A regeneração eleitoral é um fato...[173]

Fazendo galhofa e provocando as autoridades presentes, Moacir, tomado de ciúmes, escandalizou a opinião pública ao revelar que, na festa da República, ao lado do presidente do estado, estavam várias prostitutas. Entre elas, Nenê Romano:

> (...) ao lado do presidente, bela, quase divina, a distribuir sorrisos, como uma fonte de alegria. A pessoa que a mandou lá foi um deputado, tido e havido como cavalheiro da maior circunspeção. (...) passada a festa, vem conhecer-se a verdade. A verdade é um escândalo para a burguesia, que (...) não pode perdoar ter estado, numa festa oficial, pública, de par com o presidente, uma senhora alegre...[174]

---

173 Moacyr Piza, *op. cit.*, p. 65-66.
174 *Ibidem*, p. 60-61.

Depois da publicação do livro, Nenê rompe com Moacir. Ela se queixa para sua cozinheira que, por causa dele, seus clientes se afastaram e seus rendimentos caíram. Nenê conta que passou a ser chamada na rua de "mulher do roupa suja". Ela diz a familiares que Moacir era pobre e não poderia dar-lhe uma boa vida como estava acostumada.[175] Inconformado com o fim do relacionamento, Moacir envia para Nenê um faqueiro de prata como presente no dia em que ela completava 26 anos. Ela recusou o presente, mas cedeu em falar com Moacir. Os dois se encontraram e partiram num táxi no meio da noite. O motorista ouviu o casal discutir enquanto o táxi percorria a avenida Angélica. Nenê permanecia irredutível. Moacir, transtornado, lhe dá três tiros à queima-roupa. O motorista parou o táxi assustado e assistiu ao momento em que o escritor desfechou um tiro contra o próprio peito.[176] Os grandes jornais fizeram silêncio sobre o crime em respeito ao sobrenome do envolvido, mas outros veículos da imprensa narraram o ocorrido com detalhes. O jornal *O Combate*, de propriedade de um amigo de Moacir, escreveu para os seus leitores:

> Matou-se Moacir Piza, o brilhante, o audaz, o valoroso escritor que toda São Paulo admirava. Matou-se depois de ter matado Nenê Romano, a mulher fatal, que tinha um rosto de anjo e uma alma perversa. (...) Nenê Romano, flor da rua e da lama, mulher do povo e contra o povo, que possuía o sorriso que acendia os mais perigosos fogos de paixão torturante e louca; o mais completo símbolo da leviandade e da perversidade feminina conseguiu, com a sugestão da mulher que faz sofrer e ri, armar o braço de Moacir Piza...[177]

Para o jornal, Nenê viveu e morreu como uma devoradora de homens. Moacir, proveniente de uma família respeitável, foi cortejado como vítima de uma "fatídica e formosa mundana" e enterrado cercado de amigos e homenagens. Mais de 200 carros seguiram o cortejo fúnebre até o cemitério da

---

175 Inquérito policial datado de 28 de outubro de 1923, p. 25 (ATJSP).
176 Relatório do Dr. Terceiro delegado de polícia nos autos do inquérito, datado de 22 de maio de 1924 (ATJSP).
177 "Paixão Fatal". *O Combate*, 26 de outubro de 1923.

Consolação, enquanto Nenê era enterrada no Araçá, sem a presença de um padre e rodeada de amigas consternadas que os jornalistas insinuavam serem também prostitutas.[178]

CONSIDERAÇÕES FINAIS

Fragmentos da vida de Moacir Piza, Nenê Romano, Babi de Andrade, Edgard Leuenroth, Everardo Dias e outros mais ficaram retidos nos arquivos policiais. Esses retalhos são indícios preciosos, impregnados de silêncios, mas também de identidades sociais que exprimem formas de representação de si e dos outros em uma sociedade onde a polícia se tornava mais intrusiva e vigilante. Estes fragmentos têm ainda o poder de iluminar o desenvolvimento do policiar, da relação tensa entre a polícia e o público, abrindo uma janela para os medos e aspirações, tanto daqueles que buscavam governar, quanto daqueles que protestavam ou procuravam simplesmente seguir com suas vidas.

Ao longo das primeiras décadas do século XX, a polícia se empenhou para vigiar e controlar o crescimento da classe operária e o ingresso de milhões de imigrantes no estado de São Paulo. A expansão do mercado de trabalho contratual gerou conflitos e lutas que comprometiam o projeto modernizador das elites paulistas. As constantes ameaças à ordem exigiram o reaparelhamento contínuo da polícia, especialmente nos anos posteriores à Primeira Guerra Mundial, quando agravaram-se os conflitos entre patrões e empregados e desgastaram-se as bases políticas da República. Foi nesse contexto que criou-se uma delegacia especializada na repressão dos movimentos políticos e sociais, refletindo um medo real por parte das classes conservadoras diante de um cenário de revoluções e transformações que pareciam fugir do seu controle.

O tratamento dispensado às prostitutas, bicheiros e anarquistas revela que o universo ideológico construído pelas classes dominantes paulistas era claramente dividido em dois mundos que se definiam por sua oposição mútua: de um lado havia o mundo do trabalho e da ordem; de outro, o mundo do

---
178 "O Enterro de Nenê Romano". *O Combate*, 28 de outubro de 1923.

crime e da desordem. A polícia não estabelecia diferenças entre criminosos comuns e trabalhadores que desafiavam seus patrões. Reprimir o movimento operário equivalia a combater a criminalidade. O delegado do Brás, Bandeira de Mello, chamou os grevistas da tecelagem Crespi de "desordeiros e falsificadores de moeda". Washington Luis considerava os líderes ferroviários "especuladores de baixa espécie que vivem de greves e exploram no elemento estrangeiro o desejo de desforra". Na definição do delegado João Batista de Souza, eram todos "semeadores do mal" que manifestavam um ódio doentio contra a sociedade.

Neste universo ideológico, a sociedade vivia em guerra permanente contra os transgressores das normas impostas. Os transgressores eram acusados de subverter a ordem, produzir a infelicidade e atrapalhar a marcha do progresso. Os *cáftens* eram responsáveis por trazer prostitutas da Europa, explorá-las e perverter-lhes o caráter; as prostitutas destruíam lares, transmitiam doenças e induziam os moços aos vícios e desatinos; os anarquistas provocavam greves e incutiam um sentimento de revolta nos trabalhadores; os vadios desprezavam o trabalho e não tinham respeito pelo esforço alheio; enquanto os gatunos ameaçavam a propriedade de todos. Essa guerra diária justificava a vigilância e a repressão, pois a garantia do bem-estar público era caso de polícia. Fica evidente então que os transgressores eram parte fundamental de um sistema que precisava deles para reafirmar as bases da sua ideologia de trabalho, ordem e progresso.

POLÍCIA E CRIMINALIDADE

> *A humanidade progride. Mas tanto progride para o lado do bem, quanto para o lado do mal. (...) Os antigos processos policiais de há cinquenta anos não têm êxito hoje; é preciso combater o criminoso com armas iguais, superá-los, se for possível, em argúcia, o que somente se alcançará com a introdução de método científico nas buscas judiciárias. Esta aplicação de métodos científicos nas buscas judiciárias é de data recente. Deve-se a esforços de eminentes criminalistas e cientistas como Bertillon, Gross, os irmãos Minovici, Lacassagne, Galton, Henry etc. E tornou-se um ramo científico conhecido pelo nome de polícia científica.*
>
> Rodolphe A. Reiss [1]

EM UM DOS SEUS PRIMEIROS ENSAIOS para o *Boletim Policial*, publicado em 1907, Elysio de Carvalho introduziu o assunto da transformação das práticas policiais utilizando uma aula inaugural do professor suíço Rodolphe Archibald Reiss (1875-1929). Carvalho defendia que uma polícia moderna deveria possuir um corpo treinado, detentor de um conhecimento específico que auxiliasse na produção de provas incontestáveis e processualmente válidas. Carvalho sabia, assim como muitos outros criminalistas com os quais ele se correspondia, que

---

[1] *Boletim Policial*, ano I, nº 1, maio de 1907, p. 16. Sobre a aula inaugural de Reiss, debates e repercussões, ver Nicolas Quinche. *Crime, science et identité*: anthologie des textes fondateurs de la criminalistique européenne (1860-1930). Genebra: Éditions Slatkine, 2006.

para legitimar seu papel social e ocupar um lugar respeitável no imaginário do público a polícia precisava adotar técnicas modernas de investigação, pois a ciência havia tomado o cotidiano das pessoas de assalto, inspirando novelas, contos de detetive e invadindo a imaginação de jurados e magistrados. Os policiais necessitavam aprender urgentemente a linguagem do conhecimento científico se pretendiam conquistar apoio e prestígio.

Esta nova polícia, denominada polícia científica, se reinventou adotando a fotografia, a antropometria e a análise de vestígios, pretendendo assim se colocar na posição de uma instituição moderna, habilitada para prevenir e reprimir a criminalidade. Os dois países onde a polícia científica mais recebeu incentivo foram justamente a França e a Itália, duas nações que enfrentavam problemas sociais sérios agravados pela depressão mundial, que se faziam sentir nas mobilizações populares, greves e atentados.[2] França e Itália eram também países onde a criminologia tinha alcançado maior relevo, prometendo extirpar os criminosos da sociedade. Como dizia o professor italiano Alfredo Niceforo (1876-1960), o escopo da criminologia era estudar o homem delinquente, e o da polícia científica o de apontar os criminosos com provas irrefutáveis.[3]

Mas para o historiador Jean-Marc Berlière, a polícia científica nunca passou de uma ilusão, um mito criado e nutrido pelos seus próprios integrantes para ganhar respeito, admiração e poder, criando a sensação de que tinha meios seguros para garantir a punição dos transgressores. Berlière argumenta que não se trata de minimizar o papel desempenhado pela datiloscopia, a química e a fotografia na investigação policial, mas de reconhecer que a polícia nunca esteve perto de ser uma ciência. E, lembrando um antigo chefe de polícia francês, Berlière rebate que o verdadeiro poder da polícia não está no que ela realmente é capaz de produzir, mas no que a população acredita que ela seja capaz.[4]

---

2   Ilsen About. "La police scientifique en quête de modeles: institutions et controverses en France et en Italie (1900-1930)". In: Jean-Claude Fracy et al (dir.). *L'enquête judiciarie en Europe au XIX siècle*. Paris: Creaphis, 2007, p. 257-269.

3   Alfredo Niceforo. *La police et l'enquête judiciaire scientifiques*. Paris: Librairie Universalle, 1907, p. 411-424.

4   Jean-Marc Berlière. "The profissionalisation of the police under the Third Republic in France, 1875-1914". In: Clive Emsley & Barbara Weinberger (ed.), *op. cit.*, p. 49.

A polícia científica era apresentada como uma resposta ao progresso da sociedade, inclusive dos criminosos. Em termos gerais, tudo tendia a evoluir e a polícia precisava acompanhar o deslanchar dos novos tempos. Como prova da evolução dos crimes, os jornais destacavam ocorrências sensacionais – delitos praticados com a utilização de meios modernos e conhecimento técnico. A sociedade do final do século XIX testemunhou o aparecimento de novas modalidades criminais, tais como roubos de caixas fortes, atentados a bomba, tráfico de mulheres, crimes misteriosos e cadáveres sem identificação. Para acalmar a sociedade e dar um senso de ordem às transformações globais, a polícia precisou se especializar na investigação de delitos que ganhavam as manchetes dos jornais e se multiplicavam pelos grandes centros urbanos. O crime havia, pelo menos na imaginação dos criminalistas, se internacionalizado, seguindo os cabos telegráficos, as linhas de ferro e as rotas marítimas.

CRIMES SENSACIONAIS

No dia 5 de setembro de 1908, os jornais estamparam a notícia do mais sensacional crime acontecido até então na cidade de São Paulo: o crime da mala. Em uma nota surpreendente, o *Correio Paulistano* comemorou o acontecimento como uma mostra do progresso paulista:

> Há quem afirme que os grandes crimes sensacionais são expoentes marcando o grau de civilização do meio onde esses requintes de crueldade ocorrem com frequência. Se não é um paradoxo, a afirmação que lembramos, pode-se dizer, sem exagero, que São Paulo dia a dia se civiliza, competindo com os grandes centros.[5]

O assassinato e a ocultação do corpo de um comerciante dentro de uma mala, preparada exclusivamente para o crime, depois conduzida de trem até o porto de Santos e de lá embarcada num transatlântico, de onde deveria ser finalmente lançada ao mar, não foi vista pelos redatores do jornal como mais uma tragédia ou um ato bárbaro, mas como um crime espetacular,

---

5   *Correio Paulistano*, 5 de setembro de 1908.

comparado àqueles ocorridos nas principais cidades da Europa. Um crime diferenciado dos demais porque envolvia premeditação e inteligência. Um crime planejado e executado com a utilização de meios modernos. Todos estes ingredientes formavam aquilo que, aos olhos dos redatores do *Correio Paulistano*, representava um sinal de progresso.

Na madrugada do dia 2 de setembro, o contador libanês Michel Trad, de 23 anos, foi surpreendido a bordo do navio francês *Cordillére* no momento em que tentava jogar uma mala em alto-mar. Na mala foi encontrado um cadáver em adiantado estado de decomposição. O navio aportou no Rio de Janeiro e o libanês foi entregue às autoridades locais. Antes, porém, o capitão do navio enviou um telegrama para a polícia de São Paulo informando o ocorrido. Trad havia embarcado com sua mala no porto de Santos com destino a Bourdeaux, na França, por isso o capitão achou acertado informar as autoridades paulistas. Ao receber o telegrama, o delegado João Batista de Souza suspeitou que o cadáver seria do comerciante libanês Elias Fahrat, patrão de Trad e desaparecido desde o dia primeiro daquele mês.

Trad havia estado na Repartição Central de Polícia no dia anterior, acompanhado dos irmãos da vítima, preocupados com o desaparecimento de Fahrat. Imediatamente após receber o telegrama, o delegado e seus auxiliares partiram para a residência de Trad, na rua Boa Vista nº 39, em busca de indícios do crime. No sobrado foram encontrados pedaços de corda e outros materiais que poderiam ter sido usados para acomodar o corpo dentro da mala. Em seguida, o delegado decidiu ir até a casa da viúva, Carolina Fahrat, onde apreendeu algumas cartas e telegramas. A polícia dispunha então de amplos poderes para decretar buscas sem ordem judicial. Com a viúva, foram encontradas correspondências comprometedoras, escritas em francês, e um telegrama enviado de Santos pouco antes de Trad embarcar no *Cordillére*. O telegrama era assinado por um Sr. Dart que, como supôs o delegado, poderia significar Trad escrito de trás para frente.[6]

---

6   Ibidem, 6, 7, 8 e 12 de setembro de 1908; Adalberto Garcia. *No plenário do crime*. São Paulo: Albino Gonçalves & Comp., 1913, p. 99-106.

A notícia do crime repercutiu em São Paulo e em todo o país. O secretário da Segurança Washington Luís demonstrou ter consciência do que poderia representar um crime como aquele para a imagem da polícia que ele estava construindo. Provavelmente, ele se recordava das críticas sobre a atuação policial no caso do suicídio do negociante de café ocorrido há um ano. Em março de 1907, o rico comerciante de café João Adolfo Ferreira suicidou-se em casa, na elegante rua Maranhão. Sozinho, em sua sala de visitas, ele pegou um revólver e deu um tiro na cabeça. Familiares e amigos confirmaram que há tempos ele vinha exibindo um comportamento desequilibrado, chorando sem parar e falando em tirar a própria vida. Ao saber da morte do marido, sua esposa pediu que os empregados avisassem a polícia. Antes, porém, ajeitou a cabeça do esposo numa almofada e arrumou a casa para receber as autoridades. Quando o delegado chegou com seus auxiliares, ela mandou servir-lhes um café. Até aí tudo não passava de um incidente infeliz.[7]

Dias depois, quando começou a disputa em torno da herança, a viúva foi acusada de ter premeditado a morte do marido. A arrumação da casa e sua atitude diante do cadáver foram apontados como indícios da sua culpa. Os jornais se encheram de opiniões sobre o caso. Versões as mais desencontradas surgiam todos os dias. Testemunhas alegavam ter visto uma pessoa sair correndo da casa depois do disparo; outras diziam ter ouvido gritos ou presenciado a viúva contente livrando-se de roupas sujas de sangue no quintal. O delegado que atendeu a ocorrência, o Dr. Rudge Ramos, foi chamado a depor. Em São Paulo, como no restante do país, os autos do corpo de delito ainda eram descritivos, feitos à mão pelo delegado e seu escrivão. O relato do delegado entrou em conflito com a descrição do local de crime feita por testemunhas perante o juiz. Surgiram dúvidas e essa falta de concordância alimentou os boatos atirados na imprensa. Não havia sequer certeza se a arma apreendida pela polícia era realmente a arma do crime. O perito nomeado pela polícia, um dono de lojas de armas, dizia que sim; o perito dos irmãos da vítima, outro armeiro, dizia que não. Depois de tantas insinuações, a viúva foi impronunciada pelo juiz. A acusação contra ela foi

---

[7] Adalberto Garcia, *op. cit.*, p. 220-298.

declarada sem nenhuma base e a atuação da polícia foi considerada desastrada, expondo o seu método ultrapassado de investigação.[8]

Washington Luís, provavelmente decidido a não permitir que um vexame igual voltasse a se repetir, se interessou em conhecer os aparelhos importados por Elysio de Carvalho para fotografar locais de crime, quando foi ao Rio de Janeiro avaliar o sistema Vucetich e aprimorar as técnicas de identificação da polícia paulista.[9] Nessa ocasião, ele teve a oportunidade de conhecer uma prática inovadora no campo da investigação criminal, desenvolvida por Bertillon para registrar e preservar os vestígios dos crimes. Desde 1891, Bertillon ia pessoalmente aos locais onde ocorreram assassinatos, roubos e acidentes com uma câmera montada num tripé altíssimo, de mais de dois metros. Dessa forma, era possível se obter um registro amplo da cena do crime, como o olhar de Deus, notou um observador.[10] De volta a São Paulo, Washington Luís recomendou que se fotografassem as cenas de crime, procurando dessa forma aperfeiçoar o exame de corpo de delito.

Ao ser notificado da prisão de Trad, o secretário da Segurança determinou que nenhum esforço fosse poupado na solução do crime. O primeiro despacho do inquérito policial foi uma portaria sua, ordenando ao delegado João Batista de Souza que tomasse todas as providências para o esclarecimento do caso.[11] Washington Luís acompanhou de perto o desenrolar das investigações, interrogando testemunhas, ouvindo suspeitos, chegando até a ir ao Rio de Janeiro coletar indícios. A tal ponto que o réu, Michel Trad, reclamou para a imprensa que o secretário estava pessoalmente empenhado na sua condenação.[12]

---

8   *O Estado de São Paulo*, 3, 6, 7, 8, 9, 23 e 26 de março de 1907.

9   *Boletim Policial*, ano I, nº 6, outubro de 1907, p. 307-318.

10 R. A. Reiss. *La Photographie Judiciaire*. Paris: Charles Mendel Éditeur, 1903, p. 28-31; Eugenia Parry. *Crime Album Stories*: Paris, 1886-1902. Berlin: Scalo, 2000, p. 53; Luc Sante. *Evidence*. Nova York: Farrar, Straus and Giroux, 1999, p. 99.

11 Portaria do secretário da justiça e segurança pública Washington Luís Pereira de Souza datada de 4 de setembro de 1908 (ATJSP).

12 *Correio Paulistano*, 19 de março de 1909.

Trad foi escoltado de volta a São Paulo, junto com a mala, laudos e fotos do cadáver. Ele negava ter planejado o crime, atribuindo-o a dois italianos que o obrigaram a sumir com o corpo. O delegado confrontou o contador com a informação de que ele teria encomendado a mala na Ladeira Porto Geral, no dia 19 de agosto. O fabricante havia procurado a polícia, revelando que Trad encomendara uma mala com medidas especiais, toda revestida de zinco para não deixar escapar o odor dos "perfumes" que ele pretendia transportar nela. O delegado declarou à imprensa que Trad permaneceu sereno ao ouvir as declarações do fabricante, mas quando mostraram-lhe as cartas apreendidas em poder da viúva, ele mudou de atitude.[13]

O delegado João Batista de Souza deixou claro que não acreditava no libanês e iria indiciar o casal pelo assassinato de Elias Fahrat. Trad negou ter um romance com a viúva, mas propôs um acordo. Ele se dizia disposto a revelar detalhes do crime se o delegado lhe permitisse um encontro reservado com a viúva. O delegado aceitou. A viúva, no entanto, resistiu, cedendo somente após convencerem-na de que assim ela estaria colaborando no esclarecimento da morte do seu marido. Como combinado, Trad e Carolina ficaram a sós no gabinete do delegado, apenas com um policial que não compreendia francês vigiando-os. Os dois se falaram brevemente. A viúva mostrava-se visivelmente constrangida. Ao final, Trad confessou o assassinato, isentando a viúva de qualquer participação. O motivo do crime, porém, ele jamais revelaria.[14]

O delegado anexou a confissão de Trad ao inquérito e indiciou a viúva como coautora do assassinato. Carolina era uma bonita moça italiana de 24 anos, funcionária da fábrica de calçados de Fahrat, na rua Vinte e Cinco de Março. Ela conta, no seu depoimento, ter casado com o patrão por insistência da família. Nessa ocasião, ela tinha 15 anos de idade. Nas páginas do inquérito policial, ficamos sabendo que Elias, bem mais velho, era rude e de pouca instrução; vivia para os negócios e carecia das qualidades que Carolina parecia apreciar em Trad. O casal nunca teve filhos. A família de Fahrat implicava com

---

13   *Ibidem*, 7 de setembro de 1908.
14   *Ibidem*, 9 de setembro de 1908.

ela, tratando-a como uma estranha, "uma italiana", o que a fazia sofrer bastante. Seu marido conhecera Trad pouco depois que este chegou de Beirute, oferecendo-lhe o emprego de guarda-livros. Não demorou, Trad conquistou a amizade de Fahrat e seus irmãos, além das atenções de Carolina. Seu conhecimento de línguas permitia-lhe viajar pela Europa e Egito, comprando as mercadorias que Fahrat repassava para os mascates.

No dia 1º de setembro de 1908, Fahrat e Trad saíram juntos da fábrica, depois do que Fahrat nunca mais foi visto. Trad confessou ter levado o patrão até o seu apartamento, onde o estrangulou pelas costas. Trad colocou o corpo dentro da mala, mas não notou que a tampa de zinco, feita especialmente para vedá-la, estava no seu fundo. Sem conseguir remover o corpo para pegar a tampa, Trad desistiu e embarcou a mala assim mesmo para o porto de Santos, temendo perder o navio.[15]

A viúva foi presa, mas obteve um *habeas corpus* e respondeu às acusações em liberdade. Para o promotor do caso, não restavam dúvidas de que Carolina prestou "concurso moral" para a execução do crime. Mas seu advogado, o eminente jurista Alfredo Pujol, que se ofereceu para defendê-la gratuitamente, rebateu a acusação dizendo que uma mulher como a sua cliente não podia ser julgada da mesma forma que uma "moça culta", pertencente às melhores camadas da sociedade. Alegando a origem dela, "filha de operários e operária ela também", o advogado convenceu o tribunal de que Carolina não tinha condições de perceber as intenções de Trad, um homem "instruído e sofisticado". Pujol ainda censurou a polícia pela violação de correspondência da ré, e assim Carolina Fahrat foi inocentada.[16] A sentença parece ter agradado ao público, que deu vivas enquanto ela deixava o tribunal. Um jornalista do Rio de Janeiro escreveu: "jamais, estampada em face mais linda, a inocência falou à justiça dos homens".[17]

O julgamento do crime da mala se transformou em um espetáculo e os seus participantes, em personagens de um drama novelesco. Trad permaneceu

---

15   Relatório do inquérito policial datado de 16 de setembro de 1908 (ATJSP).
16   *Correio Paulistano*, 15 de setembro de 1908.
17   *A Careta*, 19 de setembro de 1908.

preso até o dia do julgamento, em 19 de março de 1909. Os debates foram acalorados e prolongaram-se noite adentro. Aqueles que não conseguiram lugar para acompanhar o julgamento ficaram na rua esperando notícias. A polícia precisou deslocar reforços para controlar a multidão nas cercanias do tribunal, localizado na rua Riachuelo. Trad saiu do tribunal condenado a 25 anos e seis meses de prisão. O resultado foi comemorado em São Paulo, o promotor Adalberto Garcia foi aplaudido de pé e a polícia paulista festejada.[18]

O crime da mala provocou uma cobertura nunca vista antes na imprensa nacional. Jornais do país inteiro acompanharam diariamente o caso por meio de telegramas. Livros contando o crime apareceram aos montes. Dois deles, *O Crime da Mala – sensacional romance ilustrado* e *O Crime da Mala ou um criminoso inocente*, foram escritos no calor dos acontecimentos para aproveitar a curiosidade do público. No ano seguinte, apareceram mais livros. Além disso, três filmes, dois cariocas e um paulista, foram realizados às pressas. O primeiro deles, chamado de *A Mala Sinistra*, filmado por Marc Ferrez, estreou no Rio de Janeiro em outubro, um mês após o crime. Na rua do Ouvidor, onde ficava o Cine Palace, filas se acotovelavam para assistir à reconstituição do crime nas telas.[19]

Crimes sensacionais envolvendo despojos de cadáveres provocavam *frisson* na *Belle Époque*.[20] Paixões proibidas, assassinatos frios, traições e confis-

---

18   *Correio Paulistano*, 20 de março de 1909; *O Estado de São Paulo*, 20 de março de 1909.

19   Guido Fonseca, *op. cit.*, 1988, p. 132; Vicente de Paula Araújo. *A Bela Época do Cinema Brasileiro*. São Paulo: Perspectiva, 1976, p. 268-270.

20   Em 1894, um cadáver mutilado foi encontrado espalhado por diferentes logradouros de Buenos Aires. A polícia argentina conseguiu identificar a vítima usando técnicas sofisticadas de antropometria. O autor do crime, Raúl Tremblié, fugiu para a França, onde foi preso e condenado. O tribunal francês elogiou a investigação da polícia portenha. Em 1896, outro cadáver foi encontrado em uma mala abandonada na Avenue Versailles. Um novelista viciado em morfina foi condenado pelo crime. Em 1897, partes de um cadáver foram encontrados por crianças em Nova York. O caso teve enorme repercussão nos jornais. Em abril de 1899, os jornais parisienses estamparam a notícia de mais um cadáver encontrado numa mala jogada no rio Sena, próximo à Pont de Sèvres; o crime nunca foi esclarecido. Em 1904, foi a vez de Berlim parar para acompanhar a investigação da morte de uma menina de nove anos, encontrada próxima a uma mala manchada de sangue. O próprio chefe de polícia conduziu as diligências que levaram à prisão de uma prostituta e seu amante, vizinhos da vítima. Em 1910, a Inglaterra assistiu eletrizada a caçada ao médico Hawley Crippen, acusado de matar e ocultar o corpo de sua esposa. A investigação e a fuga do médico mobilizaram toda a imprensa, que acompanhou sua prisão em um transatlântico rumo ao Canadá. Diego Galeano. *Escritores, detectives y archivistas*: la cultura policial en

sões dramáticas fariam dos crimes um produto lucrativo para os jornais que se estabeleciam como empresas capitalistas. Uma multidão de leitores buscava histórias que provocassem calafrios e os libertasse da apatia e do cotidiano. O jornalista James Gordon Bennet (1795-1872), de Nova York, que fundou seu próprio jornal explorando dramas sanguinolentos, ensinava que o importante era dar ao público emoções. Assim sendo, se os detalhes de um crime não o satisfaziam, ele os modificava ao seu gosto sem nenhum constrangimento.[21] Na França, o apetite por crimes chegou a lotar os necrotérios nos finais de semana. O escritor Emile Zola (1840-1902) comparou o necrotério de Paris a um teatro cheio de surpresas. O Musée Grevin, procurando aumentar o seu público, reconstruiu cenas de crimes famosos em cera. Foi um sucesso.[22] Essa febre alimentou o aparecimento de publicações especializadas em crimes. Foi o caso da *Gazette des Tribunaux* e do *Le Petit Parisien*, com uma tiragem que chegava a 690 mil exemplares, trazendo grandes ilustrações de capa para atrair o público.[23] Washington Luís possuía em sua biblioteca particular uma coleção encadernada do *Le Petit Parisien*, recheada de crimes.[24]

A atuação da imprensa, cobrindo crimes que arrebatavam a imaginação popular, ajudou a polícia a conquistar um papel central numa sociedade que havia transformado seu cotidiano em espetáculo. Neste enredo, a polícia deixava de ser um amontoado de rotinas cansativas para tornar-se um personagem identificado com o desejo do público em desvendar mistérios e ver

---

Buenos Aires, 1821-1910. Buenos Aires: Teseo, 2009, p. 129-141; Eugenia Parry. *op. cit.*, 2000; Paul Collins. *The Murder of the Century*: the gilded age crime that scandalized a city & sparked the tabloid wars. Nova York: Crown, 2011; Peter Fritzsche. "Talk of the town: the murder of Lucie Berlin and the production of local knowledge". In: Peter Becker & Richard F. Wetzell (ed.), *op. cit.*, p. 377-398; Jürgen Thorwald, *op. cit.*; Alan Moss & Keith Skinner. *The Scotland Yard Files*: Milestones in crime detection. Surrey: The National Archive, 2006, p. 121-132.

21 Paul Starr. *The creation of media*. Nova York: Basic Books, 2004, p. 130-134.

22 Vanessa R. Schwartz. "Cinematic spectatorship before the apparatus: the public taste for reality in *Fin-de-Siècle* Paris". In: Leo Charney & Vanessa R. Schwartz. *Cinema and the invention of modern life*. Berkeley: University of California Press, 1995, p. 297-316.

23 Thomas Cragin. *Murder in Parisian streets*: manufacturing crime and justice in the popular press, 1880-1900. Lewisburg: Bucknell University Press, 2006, p. 33.

24 Parte da biblioteca de Washington Luís encontra-se no Arquivo Público do Estado de São Paulo.

punidos os criminosos. Havia um público ávido por acompanhar investigações policiais, deleitando-se com os mais intrincados crimes, e a polícia só tinha a ganhar com isso. Essa polícia, ao mesmo tempo personagem e autor de uma narrativa, acabou por se misturar com os romances policiais. Foi o que se viu no primeiro crime da mala a arrebatar o público francês.

O *Affair de la Malle Sanglante*, como foi chamado pela imprensa, foi noticiado com estardalhaço na França. A história teve início com a descoberta de um cadáver irreconhecível dentro de uma mala nos arredores de Lion, no dia 27 de julho de 1889. O crime arrebatou o público por meses, vendeu milhões de jornais e fez brilhar o nome da polícia parisiense e do comissário Marie-François Goron (1847-1933). Os chamados crimes da mala eram fenômenos estritamente urbanos. Em sua maioria, eram o meio pelo qual o assassino procurava fazer desaparecer o corpo da vítima. Algo bem difícil de ser executado devido à proximidade dos vizinhos e à dificuldade de se transportar um cadáver cheio de fluidos e mau cheiro sem chamar a atenção. A investigação do comissário Goron foi repleta de novidades. Pela primeira vez, foram utilizadas técnicas de medição dos ossos e fios de cabelo ampliados microscopicamente para assegurar a identidade da vítima. A ação da polícia foi coordenada de Paris, usando-se um telefone, e todos os detalhes da investigação, cercada de traições, paixões e vilania, foram descritos pela imprensa, que contribuiu para dar ao caso um formato de suspense bem ao estilo das novelas.[25]

Por fim, o próprio comissário escreveu sobre o crime, recontando o caso para o *Le Journal*. Suas memórias foram depois publicadas pela editora Flamarion em forma de romance, repleto de descrições e imagens de efeito bem ao estilo da literatura popular que fazia sucesso nas ruas.[26] O livro de Goron era mais um de uma série de memórias de ex-policiais que se mistu-

---

25 Jürgen Thorwald, *op. cit.*, p. 117-137; Pierre Darmon, *op. cit.*, p. 233-236; Colin Evans. *The Casebook of Forensic Detection*. Nova York: John Wiley & Sons, 1996, p. 124-126; Jean-Batiste Bourrat & Sophie de Sivry (dir.). *Dans les secrets de la police*: quatre siècle d'Historie, de crimes et lê faits divers dans lês archives de lá Préfecture de Police. Paris: L'Iconoclaste, 2008, p. 136-137.

26 Marie-François Goron. *L'amour criminel*: mémories du chef de la Sûreté à la Belle Époque. Bruxelas: André Versaille Éditeur, 2010.

ravam com os romances de detetive. Não se pode esquecer que os romances de detetive tinham um público fiel e que o mais famoso detetive da literatura surgiu nessa época. Sherlock Holmes, invenção do escritor inglês Arthur Conan Doyle (1859-1930), apareceu em 1887 e logo atraiu inúmeros leitores. O detetive inglês era um personagem que cultivava um método investigativo totalmente científico. Suas aventuras alimentavam a crença de que todos os problemas, até mesmo os mais difíceis enigmas, poderiam ser resolvidos através do raciocínio lógico e do conhecimento científico.[27] Mesmo assim, realidade e ficção se confundiam nas suas páginas. Sherlock Holmes elogiava Bertillon como se o conhecesse, enquanto Bertillon era retratado por aqueles que registravam sua atividade como uma pessoa dotada do mesmo brilhantismo do detetive ficcional.[28] Em última análise, o detetive – tanto o real quanto o ficcional – prometia uma resposta aos problemas da sociedade moderna, ameaçadora e complexa.

Elysio de Carvalho recomendava a todos que desempenhavam "as difíceis funções da investigação criminal" uma leitura atenta das aventuras de Sherlock Holmes.[29] Para incentivar essa leitura, ele traduziu e publicou no *Boletim Policial* contos do detetive, como *A Estrela de Prata*, *A Luneta de Aros de Ouro* e *A Abadia de Orange*, além do clássico *O Assassinato da Rua Morgue*, de Edgar Allan Poe. Para Elysio, a figura do detetive funcionava como um paradigma de investigação, fundamentado na observação criteriosa dos vestígios do crime e na formulação de hipóteses. Carvalho era um dos maiores defensores da chamada polícia científica, anunciando que "já se foram os tempos de uma polícia empírica, arbitrária e obsoleta", superada por uma "fase absolutamente científica".[30] Crente disso, ele acompanhava o trabalho dos mais famosos criminalistas europeus, divulgando-os incansavelmente. Dentre estes, Carvalho tinha fascinação por Rodolphe Reiss, a quem reputava como o

---

27 Ronald R. Thomas. *Detective fiction and the rise of forensic science*. Nova York: Cambridge University Press, 1999.
28 Dorothy & Thomas Hoobler, *op. cit.*, p. 162-163.
29 *Boletim Policial*, ano II, nº 4, agosto de 1908, p. 174.
30 *Ibidem*, ano VIII, nº 2, fevereiro de 1914.

"mais completo investigador criminal que se tem notícia (...) Reiss é um tipo de detetive lógico, completo, perfeito, porque possui a profissão, a ciência e a arte de polícia". Reiss era um "Sherlock Holmes autêntico, em carne e osso", declarou Carvalho.[31]

REISS EM SÃO PAULO

No começo de 1913, o governo paulista iniciou negociações para trazer Reiss a São Paulo. A contratação do renomado criminologista suíço coroaria a modernização de sua polícia e serviria de propaganda do progresso paulista. São Paulo não poupava esforços para exibir seu progresso material e cultural, atestando assim a capacidade dos seus dirigentes. Rodrigues Alves acabava de assumir o governo estadual e já se falava na sucessão presidencial. Mais uma vez, os nomes de Campos Salles e Rodrigues Alves foram lembrados como possíveis sucessores. Nesse meio tempo, o governo paulista contratou o famoso especialista suíço pela quantia de 50 mil francos para lecionar um curso de três meses. Uma quantia extremamente alta, mesmo para os padrões europeus.[32] O jornal *O Estado de São Paulo* aplaudiu a contratação do "Dr. Reiss", declarando que "uma boa polícia é uma prova de cultura, e S. Paulo impõe-se por esforçar-se para se mostrar digno do nome de um Estado Culto".[33]

A trajetória de Reiss se confunde com os enredos de mistério dos livros de detetive. Sua fama parece ter se espalhado depois de um crime no porto de Le Havre, que ele teria ajudado a solucionar examinando um fio de bigode e os restos de parafina de uma vela.[34] Em parte, a história era verdadeira. Nascido na Alemanha, sabia-se que ele contava com uma fortuna razoável à sua disposição. A origem do dinheiro ele fazia questão de não esclarecer. Rumores diziam que ele era filho bastardo de um príncipe, que instalara sua

---

31   *O Estado de São Paulo*, 12 de julho de 1913.
32   O biógrafo de Reiss, o professor Mathyer, ficou impressionado com a quantia. Jacques Mathyer. *Rodolphe A. Reiss*: pionnier de la Criminalistique. Lausanne: Payot, 2000, p. 98.
33   *O Estado de São Paulo*, 13 de julho de 1913.
34   Colin Wilson & Damon Wilson. *Written in blood*: a history of forensic detection. Nova York: Carroll & Graf, 2003, p. 382-385.

mãe na Suíça com uma boa mesada.[35] Pura lenda. Reiss, de fato, era neto de um banqueiro de Frankfurt, mas por sofrer problemas cardíacos foi morar na Suíça muito jovem, onde estudou química e fundou uma escola de polícia científica na Universidade de Lausanne com o seu próprio dinheiro. Apaixonado por fotografia, ficara fascinado pelas imagens de locais de crime, decidindo, a partir dali, dedicar-se àquela nova arte. Reiss não se importava com os rumores; na realidade, ele gostava de cultivar uma aura de mistério em torno de si.[36]

Trabalhou com Bertillon em Paris, onde conquistou uma reputação de exímio fotógrafo. Suas fotos eram capazes de registrar os mais insignificantes detalhes de forma precisa e magistral. Nenhum detalhe escapava à sua lente. Em 1906, ele inaugurou em Lausanne um curso de fotografia forense, depois ampliado para polícia científica. Reiss treinou policiais franceses, poloneses e húngaros. Deu cursos em Bucareste, Luxemburgo, Belgrado e São Petersburgo.[37] Escreveu livros considerados bíblias da moderna técnica policial: *La Photographie Judiciaire* (1903), *Manuel de Portrait Parlé* (1905) e *Manuel de Police Scientifique* (1911). Este último traz um prefácio escrito por Louis Lépine, o famoso chefe de polícia de Paris. Em comum com Sherlock Holmes, Reiss tinha apenas o hábito de carregar uma potente lupa e ser um fumante inveterado de charutos, cigarrilhas e cachimbos.

Para o suíço, viajar era parte do ofício de divulgar a moderna prática policial. Reiss pregava que o crime havia se internacionalizado, rompido fronteiras e o seu combate havia se tornado uma missão conjunta dos povos civilizados.[38] O técnico suíço chegou ao porto de Santos no dia 26 de junho de 1913, acompanhado de seus dois assistentes, Marc Bischoff e Parker Tuck, um suíço e um norte-americano. À sua espera estava o delegado Carlos Américo de

---

35   Harry Söderman. *Policeman's Lot*. Nova York: Funk & Wagnalls, 1956, p. 336.
36   Jacques Mathyer, *op. cit.*, p. 7-32.
37   R. Ryckere. "L'enseignement de la Police Judiaire: Paris, Lausanne, Rome". In: *Archives D'antropologie Criminalle de Medicine Lêgale*, tomo 28. Paris, 1913, p. 574-580.
38   Nicolas Quinche. "L'ascension du criminaliste Rodolphe Arquibald Reiss". In: *Le Théâtre du Crime*: Rodolphe A. Reiss, 1875-1929. Lausanne: Presses Polytechniques et Universitaires Romandes, 2009, p. 231-250.

Sampaio Vianna (1883-1939), do Gabinete de Investigações. Vianna era neto de barão e filho de um dos diretores da Cia. Paulista de Estradas de Ferro, falava fluentemente francês e tinha ordens de acompanhar e servir o professor suíço durante sua estadia em São Paulo.[39] Reiss trouxe uma bagagem colossal, com toda sua parafernália para ilustrar as aulas que daria em São Paulo. A comitiva desembarcou na Estação da Luz, onde foi recebida pelo secretário da Segurança, o diretor da Faculdade de Direito, o cônsul da Suíça e diversas autoridades. O secretário da Segurança era então o bacharel Rafael de Abreu Sampaio Vidal (1870-1941), um rico plantador de café e pessoa íntima da família Rodrigues Alves.[40]

Reiss e seus assistentes ficaram hospedados no Grand Hotel Rotisserie Sportsman, em frente ao parque do Anhangabaú e do Teatro Municipal. Suas aulas seriam diárias, das oito da manhã até o meio da tarde. Seriam assistidas por todos os delegados da capital e pelo maior número possível do interior. As aulas foram ministradas em francês, no prédio da Repartição Central de Polícia. A língua não constituía um obstáculo, pois o francês era considerado um idioma universal e não era estranho para boa parte dos bacharéis. À noite, Reiss faria palestras para magistrados, professores da Faculdade de Direito, advogados e jornalistas. Essas conferências seriam nos salões das escolas modelo da cidade.[41]

Em sua tão aguardada primeira aula, o professor suíço fez uma síntese do estudo do crime, analisando suas duas principais escolas: a francesa de Bertillon e a italiana do médico Cesare Lombroso (1835-1909); a prática e a teórica, como ele as definia. A escola prática, que ele seguia, era aquela que se preocupava em identificar o criminoso e esclarecer o delito mediante laudos técnicos e perícias que reconstituíam a ação criminosa. Todo o outro discurso, que partia da procura de estigmas no corpo do criminoso para produzir provas, como Lombroso fazia, era para Reiss algo pouco recomendável. A polícia científica, dizia ele, consistia em "saber encontrar um traço, um sinal,

---

39 Frederico Barros Brotero, *op. cit.*, p. 292.
40 "Dr. Rafael de Abreu Sampaio Vidal". APCSP, vol. II, 2º semestre 1941, p. 443-444.
41 Guido Fonseca. "Rudolph Archibald Reiss: o introdutor do ensino policial científico em São Paulo". In: *Arquivos da Polícia Civil*, vol. 42, 1984, p. 117.

um vestígio que oriente a justiça na sua ação". Dito isso, ele assegurou que suas aulas pretendiam desenvolver métodos práticos, reconhecidos como úteis para auxiliar a ação policial e judiciária. Criticando os seguidores da escola italiana, também chamada de antropologia criminal, Reiss pontuou:

> Os antropólogos querem fazer da polícia científica uma ciência puramente abstrata, que permaneça nas grandes elevações da especulação abstrata e não desça às realidades da vida. Ao contrário, a escola francesa prática, e eu falo como aluno de Bertillon, diz: não somos filósofos; não queremos senão obter resultados práticos, estudando tão somente os dados reais que nos fornecem a técnica e a prática de todos os dias. É preciso procurar o motivo do crime e estabelecer a identidade do criminoso.[42]

Em suas aulas iniciais, Reiss falou do valor das provas e do cuidado com elas. A noção de prova havia sido ampliada muito nos últimos anos. Um botão, um pelo ou um dedo engordurado constituíam provas valiosíssimas, na medida em que podiam associar cientificamente uma pessoa ao local do crime. Reiss se estendeu em aulas só sobre locais de crime: como protegê-los, inspecioná-los e fotografá-los. Não há crime, dizia ele, em que o criminoso não deixe a sua marca. Por isso, além de uma observação rigorosa, o local deveria ser fotografado para que ficassem registrados todos os seus pormenores, evitando que eles se perdessem no tempo. As aulas sobre fotografia eram acompanhadas de projeções luminosas e exercícios práticos. A fotografia, ensinava Reiss, é o melhor instrumento que o perito tem para detectar falsificações. Por meio da ampliação fotográfica e outras técnicas era possível expor a ação dos fraudadores. A fotografia também permitia reproduzir impressões digitais praticamente invisíveis a olho nu. Lentamente, o professor suíço ia revelando uma quantidade de informações que excitava seus

---

42 As aulas de Reiss em francês estão datilografadas e encadernadas em cinco volumes, depositados na biblioteca da Academia de Polícia "Dr. Coriolano Nogueira Cobra". *A. R. Reiss: Polícia Scientifica*, vol. I, p. 6 (Acadepol).

ouvintes e transformava o mundo dos delegados paulistas. A reconstituição de um crime, através dos seus vestígios, constituía para a prática policial a "grande arte". Os vestígios de um crime não mentem, ensinava Reiss, mas precisavam ser decifrados e nada requeria mais de um policial do que isso.

Reiss passou dias discorrendo sobre os tipos de vestígios mais importantes para a investigação. Eram eles: a arma do crime, as manchas de sangue, as pegadas, as impressões digitais e os hábitos do criminoso. Um exame minucioso do local de crime sempre revelaria algum deles. Para o detetive suíço, o local do crime era como um livro escrito com tinta invisível, o qual poderia ser lido através da perícia e do preparo do policial. Nesse ponto, Reiss insistia no ensino da prática policial. Se um médico precisava estudar pelo menos cinco anos para poder tratar de um braço quebrado, como se pode entregar a investigação de um crime a um policial sem nenhum preparo?, perguntava ele.

Reiss não se limitava a dar aulas. Por diversas vezes, ele realizou diligências e procedeu perícias com os técnicos paulistas. Numa ocasião, o médico da polícia, Xavier de Barros, trouxe o chapéu e as vestes de uma vítima de assalto para o professor examinar. A vítima, um gerente de uma firma de café, contou em depoimento que fora roubado de madrugada, perto do Jardim da Luz. Disse ter lutado contra os agressores, mas acabou dominado e roubado. Um ladrão o segurou enquanto o outro arrancava-lhe o dinheiro guardado dentro do colete, rasgando-o com uma faca. O gerente conseguiu se soltar, mas deram-lhe um tiro na cabeça que, por sorte, furou apenas o seu chapéu.[43] Reiss examinou as roupas e o chapéu do gerente. Depois de uma análise minuciosa, ele demonstrou a impossibilidade dos golpes terem acontecido da forma como a vítima havia narrado. O colete fora cortado provavelmente por uma tesoura e não por um punhal, como a vítima afirmara. O chapéu, com o furo de bala, tinha marcas de pólvora, o que indicava que o tiro fora dado de muito próximo. Uns trinta centímetros, calculou o professor. E o mais estranho: de cima para baixo. Portanto, para dar aquele tiro, o assaltante teria que

---

43 *O Estado de São Paulo*, 15 de julho de 1913.

ter mais de três metros de altura, a não ser que o chapéu estivesse no chão, o que contrariava a história contada pela vítima.

O delegado Franklin de Toledo Piza foi até o local onde o gerente disse ter sido atacado. Ele notou que a uns 20 metros do local ficava o Quartel da Luz. As sentinelas de serviço na noite do assalto disseram não ter ouvido tiros. Outra testemunha, uma senhora que morava de frente ao local do assalto e acordava toda noite para amamentar o filho pequeno, também disse não ter escutado nenhum estampido vindo da rua naquela noite. O delegado passou então a suspeitar do gerente, principalmente quando ficou esclarecido que o dinheiro roubado, 47 contos de réis, não era seu, mas da firma para a qual ele trabalhava. Confrontado com as conclusões do exame e das testemunhas arroladas pelo delegado, a vítima tentou retirar a queixa de assalto, mas terminou indiciada por furto e falsa notificação de crime.[44]

Em outro caso, Reiss interrompeu sua aula para examinar um cadáver. Um jovem italiano de 25 anos fora encontrado morto em sua cama, pela mãe. O rapaz, Benedito Adami, tinha sinais de enforcamento, mas não havia sinais de uma corda no local. O delegado do Brás, que atendeu a ocorrência, mandou chamar imediatamente o professor. Reiss chegou acompanhado de seus alunos e do fotógrafo. Ele iniciou realizando um cuidadoso exame do local. Havia marcas de corda bem visíveis na garganta do rapaz, como se o cadáver tivesse ficado suspenso por um tempo, porém o rapaz estava deitado na cama. A família parecia nervosa.[45] A mãe do rapaz foi levada para a delegacia e tudo ficou esclarecido. Mais calma, ela contou que encontrara o filho enforcado na latrina da casa. O rapaz tinha se suicidado. O vizinho acudiu aos seus gritos, pegando uma faca na cozinha e cortando a corda usada no enforcamento. Depois, temendo problemas com a polícia, se livraram da corda e da faca, e esconderam o ocorrido das autoridades.[46]

---

44   *Ibidem*, 24 de julho de 1913.

45   *Ibidem*, 19 de agosto de 1913.

46   *Ibidem*, 21 de agosto de 1913.

As aulas de Reiss eram bem movimentadas. Ele ia constantemente a locais de arrombamento, acidente, incêndio e homicídio, levando seus alunos. Nesses momentos, Reiss tinha a oportunidade de colocar em prática seus conhecimentos e instruir os policiais paulistas. Nos momentos de descanso, ele caçava borboletas nos arredores da cidade. Certo dia, repousando no hotel, Reiss recebeu uma carta de uma cafetina cobrando-o pelos seus gastos no estabelecimento dela. O professor alegou que nunca havia colocado os pés na casa da cafetina e mostrou a carta para o delegado Sampaio Vianna. Rindo, disse que alguém certamente havia aplicado um golpe naquela *madame*. O Gabinete de Investigações apurou o caso e prendeu o estelionatário Evaristo Gurgel, que havia gastado a rodo no bordel, passando-se pelo criminalista suíço. Depois da farra, o espertalhão deu a ela um cartão falso e pediu para enviar a conta para o hotel, contou um jornalista.[47]

Na manhã do dia 26 de setembro, outro crime interrompeu uma das suas últimas aulas em São Paulo. Logo cedo, a polícia foi informada do assassinato de uma prostituta dentro do próprio domicílio. A vítima chamava-se Emma Bellini, uma meretriz obesa vinda de Buenos Aires, que morava sozinha num casebre no Largo do Paissandu, de fundo para uma pequena quitanda. Seus vizinhos, também italianos, sabiam que ela atendia os clientes em casa, mas estranharam ao ver a lamparina ainda acesa na manhã seguinte. Espiando por uma fresta da janela, a esposa do quitandeiro viu-a caída no chão e chamou a polícia. Emma Bellini foi encontrada morta por um guarda cívico, que avisou a Repartição Central de Polícia usando a caixa de alarme. Seu rosto apresentava sinais típicos de estrangulamento. No pescoço notava-se uma equimose alongada. Caído no chão, os policiais encontraram um trancelim de chapéu, provavelmente usado para estrangular a vítima.[48]

O quarto estava completamente revirado. Emma Bellini apresentava sinais de ter sido facilmente subjugada. Perto do cadáver via-se um pequeno cofre vazio; em cima de uma mesinha improvisada, garrafas de cerveja

---

47 *Ibidem*, 29 de agosto de 1913.
48 *Correio Paulistano*, 27 de setembro de 1913.

vazias; ao lado da cama, um gramofone ligado e um papagaio na gaiola. O Dr. Archer de Castilho fez um exame demorado no cadáver e os peritos procuraram por impressões digitais, sem sucesso. Na opinião de Reiss, o motivo do crime teria sido roubo. Os delegados Franklin de Toledo Piza e Cantinho Filho, que estavam assistindo à sua aula e o acompanharam até a casa da prostituta, concordaram. Enquanto isso, a população, atraída pela chegada da ambulância e dos automóveis da polícia, se aglomerou em frente à porta da casa onde se encontrava o corpo. Policiais fardados, com ordens de vedar a entrada de pessoas estranhas no local, afastavam os curiosos. Os jornais abriram as manchetes no dia seguinte, anunciando que depois de "um período sem crimes chocantes, de reportagens sobre agressões e desavenças sem interesse", a cidade amanhecia "alarmada com a notícia de um assassinato misterioso, cometido nas mais repugnantes circunstâncias".[49]

O CASO EMMA BELLINI

O inquérito sobre o assassinato de Emma Bellini mobilizou a polícia, tornando-se um espécie de teste para os delegados que, há quase três meses, aprendiam técnicas modernas de investigação. O caso, no entanto, revelou as dificuldades reais de se esclarecer um crime ocorrido entre quatro paredes. As primeiras suspeitas da polícia recaíram no quitandeiro que, segundo a imprensa, tinha "péssimos precedentes e um filho ladrão", fichado no Gabinete de Investigações. O quitandeiro e sua esposa ficaram presos enquanto a polícia interrogava antigos clientes da vítima. Foram detidos e interrogados três italianos e dois sírios. As suspeitas voltaram-se então para o ex-companheiro da vítima, André Brovi, que a trouxera da Itália e era apontado pela penteadeira da prostituta como seu possível assassino. Enquanto isso, os jornais traçavam uma biografia da prostituta morta. Emma Bellini fugira de casa, em Veneza, aos 17 anos de idade, indo morar com um homem mais velho. Na Itália, ela conhecera Brovi, um camareiro de navio, que a levou para a Argentina. De lá, vieram para São Paulo. Os jornais diziam que Brovi era um

---

49 *Ibidem.*

"proxeneta despudorado", o que ele negava, dizendo à polícia que havia cortado seus vínculos com a vítima desde que se casara com a filha do dono de um botequim. Para o delegado Cantinho Filho, o casamento servia somente para mascarar a verdadeira atividade de Brovi, que era "extorquir decaídas".[50]

A polícia não encontrou nenhum indício contra os presos, mesmo assim Brovi continuou trancado nas celas da delegacia. Atraídos pela repercussão do crime, dois moradores de Osasco procuraram a polícia com "pistas do assassino". Ao delegado, eles contaram terem presenciado na madrugada do crime o embarque na estação ferroviária de uma pessoa suspeita, escondendo o rosto. Ela estava acompanhada de um cocheiro conhecido na região como "Olho de Vidro". A polícia prendeu o cocheiro, mas chegou à conclusão de que a tal pessoa suspeita nada tinha a ver com a morte de Emma Bellini.[51] Nesse ínterim, chegou aos ouvidos do delegado Cantinho Filho, titular do distrito onde ocorreu o crime, o nome de uma prostituta que conheceria os assassinos. Ela chamava-se Dolores da Silva e trabalhava num prostíbulo da rua São João, descrito pelos jornais como "um ponto de gatunos". Interrogada pelo delegado, ela confirmou que ouvira dois clientes dizerem que iriam à casa de Emma Bellini na noite do crime. Eram eles Julio Manetti e Elia Del Sole, residentes em Santos. O Dr. Cantinho Filho passou a informação para o Dr. Franklin Piza, do Gabinete de Investigações que, por sua vez, telefonou para o delegado de Santos. Os dois suspeitos estavam hospedados na pensão Bosque da Meia Noite, na praia do José Menino. A polícia não teve dificuldade em prendê-los, juntamente com suas acompanhantes. Todos foram trazidos escoltados para São Paulo, onde a imprensa os aguardava ansiosamente.[52]

Oriundos de Florença, na Itália, os dois juraram sequer conhecer a vítima. Eles não tinham emprego, mas negavam ser criminosos. Alegaram à polícia que vendiam tecidos e roupas. *O Estado de São Paulo*, no entanto, descreveu Elia como um "verdadeiro tipo criminoso", com tatuagens pelo corpo e aspecto de *apache*,

---

50 *O Estado de São Paulo*, 28 de setembro de 1913.
51 *O Commercio de São Paulo*, 28 de setembro de 1913.
52 *Correio Paulistano*, 4 de outubro de 1913.

se referindo aos delinquentes franceses que cresciam nas ruas, se reuniam em bando e viviam de crimes.[53] As digitais de ambos foram enviadas para a Argentina e Itália. A polícia relatou ter encontrado dinheiro falso e um chapéu-coco sem o trancelim, na bagagem dos presos. Para o delegado Cantinho Filho, estas "coincidências comprometedoras" confirmavam as suspeitas iniciais da polícia: o estrangulamento seria obra de "profissionais do crime", "eternos infratores da lei, em constante conflito com a ordem social".[54] O delegado foi até a pensão onde os dois disseram ter dormido na noite do crime. O porteiro declarou que eles haviam chegado depois das duas da manhã, desmentindo o depoimento dos suspeitos e confirmando o parecer do médico-legista, que dava o horário da morte de Bellini entre as dez da noite e uma da manhã. No dia seguinte à prisão dos dois italianos, um empregado do Teatro Municipal pediu insistentemente para falar com o delegado Piza. Eugênio Manfredo afirmava ter reconhecido os dois italianos, pelas fotos de jornal, como sendo os mesmos que ele vira contando dinheiro no Café Guarany, na manhã seguinte ao crime. Mais duas testemunhas procuraram a polícia. Uma delas, o português Jacob Soares, revelou ter ido à casa de Emma Bellini na madrugada do dia do crime e presenciado os dois suspeitos sufocando a prostituta. Assustado, ele teria fugido do local. Outra testemunha, o italiano Fernando Renzo, contou que havia perdido o bonde e por isso resolveu dormir na casa da prostituta, mas lá chegando encontrou duas pessoas com ela. Um deles abraçado a ela, na beirada da cama, e outro de chapéu-coco sentado numa cadeira. Renzo ficou na rua esperando pacientemente que eles fossem embora. Algum tempo depois, ele os viu saírem apressados com um embrulho debaixo do braço. O italiano chamou por Bellini, mas como ela não respondeu, ele foi embora frustrado.[55]

A investigação tinha, na realidade, pouco de científico, permanecendo um conjunto de indícios contra os suspeitos. O delegado Cantinho Filho juntou os depoimentos um tanto desencontrados ao inquérito e denunciou os dois italianos pelo assassinato. No relatório, o delegado deu destaque para

---

53 Sobre os *apaches*, recomendo a leitura de Michelle Perrot. Os excluídos da História. São Paulo: Paz e Terra, 2001, p. 315-322.

54 *Correio Paulistano*, 16 de outubro de 1913.

55 *Ibidem*, 5 de outubro de 1913.

os laudos a respeito do horário aproximado da morte, da marca de estrangulamento e do chapéu encontrado com os suspeitos.[56] Aproveitando o rumor provocado pelo crime, o Gabinete de Investigações anunciou aos jornais que a polícia havia desbaratado uma perigosa quadrilha, da qual faziam parte os dois suspeitos pela morte de Emma Bellini. Os jornais divulgaram as fotos de 12 presos, qualificando-os de gatunos, *cáftens* e arrombadores. A polícia pediu a deportação de todos eles.[57]

O julgamento do assassinato de Emma Bellini foi ainda mais tumultuado do que as investigações, graças ao advogado dos réus, o Dr. Antônio Covello, que cultivava uma barba pontuda igual à do jurista italiano Enrico Ferri (1856-1929). Grande admirador do famoso jurista italiano, a sua barba pontuda garantiu-lhe o apelido de "Mefistófeles" nos fóruns paulistas. Covello era conhecido no tribunal do júri por sua atuação exagerada e até dramática. Contava-se que ele, com seus olhos penetrantes, costumava se aproximar dos jurados e dizer, apontando para o réu, que se Deus descesse à Terra, infinita seria a sua tolerância para com os que erraram.[58] O advogado, que perseguia casos de grande repercussão e colecionava inúmeras vitórias, se apaixonou pela causa dos acusados.

Tão logo o juiz começou o interrogatório das testemunhas, Covello tentou interferir no que dizia uma delas e foi chamado à atenção pelo juiz Gastão de Mesquita. De pronto, o advogado respondeu ao magistrado que ali não era a fazenda dele, onde ele mandava como bem entendia. O juiz mandou prendê-lo na hora, iniciando um tumulto no qual um dos réus aproveitou para atirar um tinteiro na testemunha. O advogado acabou suspenso e processado por desacato.[59] Durante o julgamento, os jornais noticiaram que Fernando Renzo, a única testemunha italiana contra os réus, procurou o delegado Piza pedindo

---

56   Relatório do inquérito policial datado de 16 de outubro de 1913. 1ª vara criminal. Réus: Elia Del Sole e Júlio Manetti (ATJSP).

57   *O Estado de São Paulo*, 5 de outubro de 1913; *Correio Paulistano*, 14 de janeiro de 1914.

58   Pedro Paulo Filho. *Grandes advogados, grandes julgamentos*. Campinas: Milleninium, 2003, p. 148; A. A. Covello. "Homenagem a Enrico Ferri". *Revista de Criminologia e Medicina Legal*, vol. VI, dez. 1929, p. 149-154.

59   *O Estado de São Paulo*, 11 de novembro de 1913.

proteção. Renzo contava ter sido ameaçado por amigos dos réus, queixando-se também que ele e sua esposa estavam sofrendo maus tratos na rua. Um italiano não podia prejudicar outro italiano, diziam seus vizinhos. O jornal *O Estado de São Paulo* não perdeu a oportunidade de chamar a vizinhança de "camorra".[60]

Mesmo suspenso, o advogado dos réus conseguiu adiar o julgamento com pedidos de novas perícias, até poder retornar ao tribunal. A polícia, enquanto isso, remexia no passado delituoso dos réus. O delegado Franklin Piza revelou à imprensa que os prontuários de Júlio Manetti e Elias Del Sole, em Florença e Buenos Aires, continham passagens por furto, assalto e jogatina.[61] A estratégia de transformá-los em criminosos profissionais aumentava as chances de condenação, pois era senso comum que criminosos reincidentes cometiam toda sorte de crime; portanto, os dois poderiam, dado o seu passado, ter matado friamente Emma Bellini. Contudo, a estratégia não funcionou. O advogado dos réus desqualificou as testemunhas e lançou dúvidas sobre as provas colhidas pela polícia. Depois de uma votação apertada, o júri inocentou os dois italianos por um voto de diferença. A promotoria recorreu alegando que as provas haviam sido "estrabicamente compreendidas e julgadas". Os réus permaneceram presos até a decisão final do Tribunal de Justiça, confirmando a sentença.[62] O resultado do julgamento não foi aquele que a polícia esperava, mas serviu, mesmo assim, para reforçar a ideia de que a sociedade paulista estava sitiada por uma classe criminosa voraz.

Reiss proferiu sua última conferência no dia 27 de setembro.[63] Antes de retornar à Europa, porém, ele visitou o Rio de Janeiro a convite de Elysio de Carvalho e do chefe de polícia do Distrito Federal. No Rio, ele deu um curso breve para os policiais cariocas, resumindo suas aulas para o espaço de uma semana. Terminado o curso, Carvalho pediu ao professor que avaliasse a polícia da capital da República. O balanço que ele fez foi bem desfavorável:

---

60   *Ibidem*, 16 de novembro de 1913.
61   *Ibidem*, 25 de novembro de 1913.
62   *O Commercio de São Paulo*, 11 de dezembro de 1916.
63   *O Estado de São Paulo*, 28 de setembro de 1913.

> (...) tive ocasião de conhecer uma polícia que, devo dizê-lo com franqueza, é essencialmente influenciada pela política. Aí entram, como delegados, indivíduos que não possuem a menor preparação técnica e não podem, por conseguinte, cumprir a missão com o equilíbrio devido ao cargo que lhes foi confiado. Um caixa de banco, um jornalista, um empregado do comércio (contanto que seja bacharel em direito) é de um dia para o outro elevado à categoria de delegado de polícia. E aqueles que porventura são portadores de alguma competência, podem igualmente, de uma hora para outra, serem demitidos dos seus postos. Sob este ponto de vista, para que negá-lo? A polícia do Rio deixa muito a desejar, pois a proteção política dá mais fácil acesso aos postos policiais do que o preparo técnico. Um meio único há a estabelecer, e do qual São Paulo deu no Brasil um soberbo exemplo: a polícia de carreira. Por essa maneira, a polícia emancipar-se-á da influência nefasta dos empenhos e considerações políticas, que a tornam refúgio de quantos protegidos pretendem colocar-se pelo favor de padrinhos.[64]

As críticas não traziam novidade, pois os jornais cariocas as estampavam diariamente. Rui Barbosa chegou a liderar uma verdadeira campanha contra a polícia do Rio de Janeiro. "Não há, no mundo civilizado, polícia pior, pior polícia não há no Brasil", sentenciou.[65] O motivo era a brutalidade, a corrupção e o apadrinhamento descarado. A avaliação de Reiss tocava em pontos já conhecidos, mas representava um ganho para a polícia paulista, que se afirmava como modelo para as demais polícias do país. Reiss retornou a Lausanne, mudando-se para a Sérvia durante a guerra. Amigo pessoal do rei Alexandre I e responsável por instruir a polícia de Belgrado, o famoso criminalista adotou a Sérvia como pátria. Durante o conflito, ele denunciou as atrocidades cometidas pela Áustria e doou parte de sua fortuna para a reconstrução da Sérvia. Reiss faleceu em 1929, vítima de um infarto, recebendo um funeral com honras militares.[66]

---

64   *Boletim Policial*, ano VIII, nº 1, jan. 1914, p. 45.
65   Rui Barbosa. *Obras Completas*. Vol. XXV, tomo II. Rio de Janeiro: Ministério da Educação, 1947, p. 66.
66   Jacques Mathyer, *op. cit.*, p. 149-153.

O GABINETE DE INVESTIGAÇÕES

"A polícia de investigações é o centro dentro do qual gira o aparelho policial; em todas as polícias modernas, a tendência vencedora é para a ampliação do serviço de investigações, por assim dizer, a alma da polícia preventiva."[67] Com estas palavras, o Gabinete de Investigações ganhava destaque no relatório de 1913. O secretário da Segurança comemorava o número de prisões efetuadas pelo Gabinete e o extraordinário número de prontuários arquivados: 13.254. No ano seguinte, o serviço de identificação teria em seu poder 60 mil fichas datiloscópicas.[68] O Gabinete passou a ser a mais importante repartição do aparelho policial paulista, embora fosse ainda um corpo diminuto, formado por três delegados, 23 inspetores e 43 aprendizes. Mesmo assim, ele conquistou rapidamente espaço como principal órgão na luta contra a criminalidade em São Paulo.

Com a chancela de Reiss, a polícia paulista se colocou no rol das polícias que haviam aderido às práticas modernas de investigação. Graças a esse passo, a polícia paulista figurou no livro do criminalista francês Edmond Locard (1877-1966), onde ele estabelece as bases do trabalho pericial moderno, como um modelo digno de ser seguido. Locard considerava que São Paulo havia realizado uma reforma audaciosa, conquistando conhecimento, pessoal e recursos para organizar um laboratório de investigação nos moldes de Paris, Lion e de outros gabinetes respeitáveis.[69] O Gabinete de Investigações passou a contar com um corpo especializado para fazer perícias e investigar crimes de autoria desconhecida, seguindo as diretrizes de Reiss. O delegado Sampaio Vianna tornou-se responsável pelos exames de local de crime contra a pessoa, enquanto o perito Moisés Marx (1883-1949) ficou encarregado dos acidentes e incêndios. Marx foi engenheiro do Corpo de Bombeiros e responsável pela

---

[67] Relatório apresentado ao Dr. Carlos Augusto Pereira Guimarães, vice-presidente do estado em exercício, pelo Secretário da Justiça e Segurança Pública Eloy de Miranda Chaves. Anno de 1913. São Paulo: Rothschild & Cia, 1914, p. 187.

[68] Relatório apresentado ao Dr. Francisco de Paula Rodrigues Alves, presidente do estado, pelo Secretário de Justiça e Segurança Pública Eloy de Miranda Chaves. Anno de 1914. São Paulo: Typ. Brasil de Rothschild & Cia., 1915, p. 76.

[69] Edmond Locard. *La Police*: ce qu'ele est ce qu'elle devrait être. Paris: Payot & C., 1919, p. 120.

instalação das caixas telegráficas *Gamewell* na capital. Conta-se que ele fez um trabalho brilhante, ficando "emprestado" à polícia civil por determinação do secretário da Segurança.[70]

Logo, o Gabinete aparecia nos jornais efetuando prisões como a do degolador de prostitutas Bernadino Barceló y Gomilla. Em 1914, a polícia prendeu um espanhol que havia tentado matar uma prostituta. Através do exame das suas impressões digitais, os técnicos do Gabinete descobriram ser ele o autor do assassinato da meretriz Lili das Joias, no Rio de Janeiro. Rosa Schwatz, conhecida como Lili das Joias, foi encontrada degolada em seu quarto, na rua das Marrecas. Ao lado do corpo, a polícia carioca encontrou uma navalha com uma impressão manchada de sangue. A digital pertencia a Gomilla.[71] Em 1915, o Gabinete esclareceu o assalto à Casa Hanau, famosa joalheria localizada na rua São Bento. Os ladrões haviam penetrado na loja escavando a parede de um apartamento vizinho ao estabelecimento. Depois, arrombaram o cofre com uma engenhoca especial, levando uma fortuna em joias.[72] O delegado Franklin Piza interrogou o proprietário do apartamento usado para penetrar na joalheria. O proprietário forneceu a descrição do inquilino e o contrato de aluguel. Baseado nestas informações, o Gabinete separou cerca de 70 prontuários de ladrões conhecidos entre 4000. Analisando cuidadosamente a assinatura dos prontuários com a do contrato, os peritos do Gabinete chegaram a um suspeito: Mário Ricardini, ladrão que segundo informantes morava no Bom Retiro. A prisão de Ricardini levou os policiais até Frederico Gobbi, o chefe da quadrilha. Com ele foram encontrados os instrumentos usados no assalto e parte das joias. O feito mereceu manchetes com fotos dos delegados do Gabinete de Investigações – Franklin Piza, Virgilio do Nascimento e Sampaio Vianna – ao lado do governador Rodrigues Alves.[73]

---

70 "In memoriam de Moyses Marx", *op. cit.*, p. 470.

71 *O Estado de São Paulo*, 5 de novembro de 1914; *O Commercio de São Paulo*, 6 de novembro de 1914; *O Imparcial*, 14 de outubro de 1914.

72 *O Estado de São Paulo*, 11 de abril de 1915.

73 *Ibidem*, 15 de abril de 1915; Guido Fonseca, *op. cit.*, 1988, p. 156-170.

A revista *A Cigarra* não se acanhou em declarar: "Se houvesse ainda um cético que descresse da competência técnica da nossa organização policial, o seu pessimismo teria desaparecido diante da captura dos autores do sensacional roubo da Casa Hanau & Cia".[74] O roubo nada ficava "a dever pela originalidade de processos, educação profissional e intelectual à criminalidade das capitais mais adiantadas da Europa e América". O fato da quadrilha operar no exterior só fez crescer o valor da captura. Afinal, a polícia paulista se mostrava à altura de prender ladrões internacionais. O prestígio do Gabinete de Investigações crescia, atraindo aqueles que queriam subir na carreira e ver seu nome estampado nos jornais.

Em 1916, o chefe do Gabinete de Investigações foi nomeado delegado geral. Com a indicação de Piza, a chefia do Gabinete foi entregue ao delegado Virgilio do Nascimento, o que contribuiu para aumentar a popularidade daquela repartição. A fama de pupilo de Reiss acompanhava Virgilio do Nascimento desde que ele fora escolhido para aperfeiçoar seus conhecimentos em Lausanne. No jantar de despedida, Reiss fizera um convite no sentido de levar consigo um delegado para continuar seus estudos e ter a oportunidade de conhecer como operavam outras polícias. Nascimento foi o escolhido, passando sete meses na Europa.

Virgilio do Nascimento (1884-1927) iniciou a carreira como suplente de delegado, e depois subdelegado, na movimentada delegacia da Consolação. Seu biógrafo escreveu que ele tinha um interesse profundo pelo trabalho policial desde a infância. Das aulas na Faculdade de Direto ele ia direto para a delegacia. Em 1910, com o diploma na mão, foi nomeado delegado em Xiririca. Três anos depois, estava de volta à capital como encarregado da seção de Vigilância e Capturas do Gabinete de Investigações. Chamava a atenção sua dedicação ao trabalho, destacando-se pela habilidade em colher impressões digitais. Nascimento, enquanto esteve na Europa, aproveitou para conhecer outras polícias levando cartas de apresentação de Reiss, e participou do Primeiro Congresso Internacional de Polícia em Monte Carlo, às vésperas da Grande Guerra de 1914.[75]

---

74 *A Cigarra*, nº XX, 21 de abril de 1915.
75 Prontuário nº 1425; Afonso Celso de Paula e Lima. "Virgilio do Nascimento". *APCSP*, vol. I, 1º semestre 1941, p. 321-323.

O delegado se vestia com esmero, fumava cachimbos exóticos e costumava trabalhar com um cachorro de estimação aos seus pés. Sem desperdiçar uma chance de impressionar seus interlocutores, ele exibia seu conhecimento descrevendo com detalhes os arquivos de São Petersburgo ou a escola de polícia em Roma.[76] Delegados que o viram trabalhar contavam histórias a respeito do seu "faro policial". Um destes o descreveu da seguinte forma:

> [Era] um apaixonado pela profissão a que, de corpo e alma, se dedicou. Deleite se constituía ouvir o que dizia ou presenciar o que fazia dentro da esfera das suas atribuições. Um tanto teatral diante dos criminosos, era simples, bem simples, no trato íntimo. Em ação, no desenvolvimento do seu trabalho investigativo, tudo nele era calculado e artificial. Não desprezava o menor detalhe. A sua postura, o modo de olhar, a modulação da voz, as palavras, os gestos, a disposição dos móveis na sala e a colocação do interrogado, para os efeitos de luz, tinham a sua finalidade e obedeciam a determinado plano. Senhor de longa prática, fino psicólogo, raros foram os delinquentes que resistiram ao seu cerrado "baratino".[77]

Virgilio do Nascimento fazia da investigação um ritual e não foi por menos que disseram que nele "tudo era calculado". Em um de seus livros, guardado na biblioteca da Academia de Polícia, podemos ler anotações suas ao pé da página:

> É necessário não esquecer estas regras:
>
> I- Não desviar o olhar dos olhos do interrogado;
>
> II- Não perguntar o que se quiser saber;
>
> III- Não deixar que o interrogado perceba até onde vai a nossa ignorância a respeito do assunto; ele deve crer sempre que o nosso conhecimento é mais extenso e mais profundo do que o real;

---

76 Artur Leite de Barros. "E por falar em polícia...". *APCSP*, vol. XII, 2º semestre 1946, p. 326-327.

77 Idem. "O Antigo Gabinete de Investigações". *Investigações*, nº 25, 1951, p. 58-59.

IV- Reduzir a importância do caso aos termos de um ato comum, justificável, que qualquer um de nós em seu lugar praticaria;

V- Não se impacientar nem se zangar ante as respostas absurdas ou indelicadas. É preferível fazer crer que não entendemos".[78]

O jornalista Paulo Duarte lembraria dele em suas memórias: "Havia um delegado em São Paulo, conhecido por sua probidade e pelo seu tino criminal, do qual eu era amigo. Costumava mesmo visitá-lo no Gabinete de Investigações, à rua 7 de Abril, quando saía do trabalho antes da meia-noite. Chamava-se Virgilio Nascimento".[79] Durante sua gestão, seus colegas declararam que "não ficou nas trevas um único homicídio misterioso na cidade", sendo que ele ainda colaborou no esclarecimento de um grande roubo ocorrido na Argentina. Caso que lhe valeu uma medalha no país vizinho.[80] O delegado também teve uma participação importante na repressão ao anarquismo. Everardo Dias conta como ficou horas no Gabinete de Investigações esperando para ser interrogado pelo delegado Virgilio do Nascimento, "o delegado mais arguto, mais Sherlock que São Paulo possui. É o turuna da polícia, o suco das autoridades", escreveu.[81]

O prestígio acumulado pelo delegado, contudo, não foi suficiente para mantê-lo na chefia do Gabinete de Investigações. Ele terminou a carreira rebaixado. Depois de uma discussão com o delegado geral em 1920, Nascimento foi transferido para a Delegacia de Falsificações. O delegado Afonso Celso, seu admirador e biógrafo, escreveu: "Virgilio do Nascimento, como quase todos os da polícia, teve dias amargos e tristes. Passou, a cabo de 20 anos de dedicados serviços, de delegado auxiliar, que era, a delegado especializado. Rebaixaram-no porque fora intrépido até o fim". Ainda segundo Afonso Celso, ele passou mal uma manhã. Fraco do coração, pediu para ser levado imediatamente para casa, pois não queria morrer sem ver

---

78 Don Emilio Casal de Nis. *La policía y sus misterios*. Valencia: Mirabet, 1922, p. 76-77.
79 Paulo Duarte, *op. cit.*, vol. VIII, p. 153.
80 Cantinho Filho, *op. cit.*, p. 51.
81 Guido Fonseca. "Dops: um pouco de sua história", *op. cit.*, p. 51.

suas filhas. O delegado conta que ele expirou pouco depois de transpor a porta da sua casa, na cama, ao lado da esposa. Virgilio do Nascimento estava com 43 anos de idade.[82] O delegado Cantinho Filho, escrevendo uma nota de falecimento sobre o amigo, fez questão de destacar que ele não gozou um dia sequer de férias ou licença, com o intuito de ressaltar o quão extenuante era o exercício da carreira policial.[83]

POLÍCIA E IMPRENSA

Em 1920, o Gabinete de Investigações recebeu a visita do cônsul americano Charles Hoover. O cônsul declarou ter ficado impressionado com o funcionamento daquela repartição, especialmente da sua seção de identificação. Tendo visitado departamentos idênticos em Nova York, Chicago, Madri, Viena e Berlim, podia afirmar que a polícia de São Paulo nada ficava a dever às outras. Na presença de jornalistas, o cônsul afirmou que São Paulo tinha um dos melhores serviços de segurança pública que já vira. "São Paulo deve orgulhar-se da polícia que possui, e isso muito contribuirá para a imigração de bons elementos, bem como para a segurança do emprego do capital estrangeiro", declarou.[84]

O Gabinete de Investigações construiu a imagem de departamento especializado com ajuda da imprensa. Polícia e imprensa têm um relacionamento de dependência mútua e não há como evitar essa situação. A polícia é a principal fonte de informações sobre a criminalidade; por outro lado, os policiais sabem que a imprensa é capaz de construir imagens e destruir carreiras, facilitar ou dificultar o trabalho policial. As relações entre policiais e jornalistas costumam ser cultivadas e negociadas.[85] Nas primeiras décadas do século XX, ambas instituições, a imprensa e a polícia, consideravam-se "guardiãs

---

82 Afonso Celso de Paula Lima. "Virgilio Nascimento". *APCSP*, vol. I, 1º semestre 1941, p. 326. Virgilio do Nascimento faleceu em 7 de janeiro de 1927.
83 Cantinho Filho, *op. cit.*, p. 52.
84 Carneiro Leão. *São Paulo em 1920*. São Paulo, 1921, p. 118-120.
85 Ver depoimentos de jornalistas colhidos em Silvia Ramos e Anabela Paiva. *Mídia e violência*. Rio de Janeiro: Iuperj, 2007.

da moral" e "defensoras da sociedade"; ambas lutavam para se estabelecer profissionalmente; ambas eram fortemente ligadas à elite paulista e dirigidas por bacharéis que tomaram para si a tarefa de pensar os rumos da sociedade paulista. As duas instituições se esbarravam, mas pareciam caminhar em um mesmo sentido: defender a ordem constituída.

Durante as grandes transformações econômicas do final do século XIX, a imprensa paulista passou a ocupar um espaço privilegiado na sociedade. A cidade intrometia-se na imprensa e a imprensa, na cidade, observou Heloisa de Faria Cruz.[86] Os jornais divulgavam assuntos de interesse da coletividade, traziam novidades, lançavam moda e, especialmente, se firmavam como "representantes do interesse público". A imprensa tomava para si a responsabilidade não apenas de informar o público, mas também de cobrar das autoridades respostas aos anseios dos seus leitores, atendendo as necessidades dos diferentes segmentos étnicos, profissionais e de classe. Os dois maiores jornais diários paulistas, *O Estado de São Paulo* e o *Correio Paulistano*, eram umbilicalmente ligados a famílias poderosas que gravitavam em torno dos grandes negócios e das disputas do mundo político, o mesmo acontecendo com dezenas de outras publicações menores. Em uma sociedade calcada por uma relação íntima de dependência entre o Estado, os capitalistas e o PRP, a imprensa era financiada em grande parte pelo dinheiro de interesses entrelaçados.[87]

De um modo geral, os discursos da imprensa paulista enalteciam padrões considerados civilizados de comportamento e convívio social valorizados pela elite dominante, exigindo sempre mais polícia, mais policiamento e a punição dos criminosos. As críticas, e haviam muitas, eram sempre dirigidas a "maus policiais", nunca contra a instituição, cujo papel era "resguardar a tranquilidade de todos".[88] Durante as primeiras décadas da República, a imprensa teve um papel

---

86 Heloisa de Faria Cruz. "A imprensa paulistana: do primeiro jornal aos anos 50". In: Paula Porta, *op. cit.*, vol. 2, p. 351-382.

87 Janes Jorge. "A imprensa paulistana: entre as demandas do povo e os interesses oligárquicos (1890-1920)". *Revista Histórica*, nº 7, jun./jul./ago. 2002, p. 16.

88 Mesmo o *Parafuso*, que atacava durante vários delegados, costumava lembrar aos leitores que na época do secretário Washington Luís ela era "uma instituição invejada", de ótimos serviços. *O Parafuso*, 3 de abril de 1915.

crucial na construção da imagem dos criminosos e dos agentes da lei. Jornais sisudos, sérios, como *O Estado de São Paulo* e o *Correio Paulistano*, começaram a dar destaque para matérias policiais, publicando fotos dos criminosos a partir de 1910. Percebe-se que as fotos eram as mesmas tiradas pela polícia, onde os detidos apareciam sinistros e desarrumados, de frente e perfilados, feios e sujos, contrastando com as fotos das autoridades policiais tiradas em estúdio, com retoques e capricho.[89] Os jornais usavam os crimes para reforçar valores e normas, assim como para delimitar claramente os papéis sociais, inclusive de raça, classe e gênero. No crime da mala, por exemplo, o *Correio Paulistano* relatava incessantemente que a viúva, Carolina Fahrat, estaria arrependida. Mas arrependida do quê? Embora não existisse nenhuma prova da sua infidelidade ou participação no crime, o fato dela ter sido alvo dos galanteios de Trad a colocava como o pivô da tragédia. Cobrava-se dela resignação para com as dificuldades do casamento. Imaginar que uma esposa, ainda que infeliz, pudesse se permitir outra coisa era abrir uma porta para a tragédia, deixavam explícito os redatores do jornal.[90]

As mulheres tinham um papel a desempenhar na sociedade. A *Folha da Manhã* culpava a esposa do coronel Afro Marcondes de Rezende por levá-lo "à loucura", "martirizando-o e martirizando-o", "como uma demente". Os jornais a descreveram como uma "senhora voluntariosa", que não respeitava o lar e o marido, incentivando os encontros amorosos da filha, o que teria levado o coronel a descarregar sua arma contra ela. "Chocado" com a tragédia e alegando "privação dos sentidos", o coronel recebeu dezenas de visitas de solidariedade no quartel onde ficou temporariamente detido.[91] A violência "justificada" contra a mulher parece refletir uma sociedade que se sentia ameaçada por qualquer transgressão à sua estrutura hierárquica, dentro ou fora do lar. Fica evidente que o tratamento dispensado pelos jornais para certos crimes dependia muito da posição social dos seus personagens. Quando o senador Peixoto Gomide matou sua filha e se suicidou em seguida, a grande

---

89 Sobre as fotos policiais, ver o interessante trabalho de Fernanda Torres Magalhães. *O suspeito através das lentes*. Dissertação (mestrado) – Departamento de História da USP, São Paulo, 2001.

90 *Correio Paulistano*, 12 de setembro de 1908.

91 *Folha da Manhã*, 17 de novembro de 1926; *A Gazeta*, 18 de novembro de 1926.

imprensa se calou. O senador atirou na sua filha dentro do lar para impedir que ela se casasse com alguém considerado por ele inferior à sua condição social. Os jornais apenas lamentaram a "tragédia", esquivando-se de usar a palavra "crime" e limitando-se a divulgar uma lista de pessoas enlutadas.[92]

Por outro lado, os crimes entre imigrantes ou pessoas pobres eram fartamente ilustrados, alimentando os estereótipos. Os crimes eram descritos como "pavorosas cenas de sangue" e os italianos eram chamados de "camorra", indivíduos que agiam com "desfaçatez", "perversidade" e que se "comprazíam em farras". "Turco é doido para matar turco, num café", dizia o cronista do *Correio Paulistano*.[93] Todo indivíduo pobre preso era imediatamente tratado como gatuno, vadio, passador de conto ou mundana. Os locais que essa gente frequentava eram sempre "casas suspeitas", que mereciam descrições detalhadas, para não dizer imaginosas. A hospedaria onde os suspeitos do estrangulamento de Emma Bellini foram presos foi classificada de "espelunca", conhecida "pelas ignóbeis patifarias que ali se praticam à sombra da madrugada".[94] Essas histórias, contadas e recontadas inúmeras vezes, reforçavam e tornavam aceitável a presença da polícia no cotidiano da população, contribuindo para cimentar a ideia de que a sociedade estava sitiada por uma classe criminosa.

PROGRESSO E CRIMINALIDADE

Apesar do investimento maciço na modernização da polícia, os números indicavam um crescimento dos delitos na cidade, especialmente contra a propriedade. As causas eram discutidas em jornais, mas o fato é que eles já estavam em ascendência desde o início da década de 1920.[95] O delegado Cantinho Filho buscava explicações no progresso de São Paulo, que nada ficava "a dever às capitais mais adiantadas da Europa e América".[96] O progresso

---

92 *Correio Paulistano*, 21 de janeiro de 1906.
93 *Ibidem*, 8 de junho de 1922.
94 *Ibidem*, 3 de outubro de 1913.
95 *A Gazeta*, 20 de janeiro de 1927; *Diário da Noite*, 11 de outubro de 1926.
96 Cantinho Filho, *op. cit.*, p. 12.

atraía criminosos. Os delitos estavam crescendo no mundo inteiro, alegava o delegado, ao explicar que São Paulo, por sua riqueza e ambiente cosmopolita, atraía "criminosos de todos os matizes":

> (...) desde o elegante e audacioso *scroc* de maneiras requintadas e de aspecto simpático e insinuante até o arrombador temível, mas esperto, que não se esquece de nenhuma das precauções que possam desorientar a polícia mais bem aparelhada. (...) Ao lado desses, que pertencem à vasta e temível categoria dos delinquentes internacionais, existe em S. Paulo uma classe não pequena de criminosos, reincidentes contumazes, contra os quais embora existam indícios veementes de culpabilidade, difícil se torna fazer uma prova judiciária capaz de lhes acarretar uma pena que, segregando-os por um tempo mais ou menos longo do meio social, possa servir para regenerá-los. (...) É contra essa criminalidade latente, sem contudo esquecer os criminosos de ocasião, que muitas vezes são protagonistas de fatos de acentuada perversidade, produzindo as ações verdadeiro alarma na sociedade, que mais particularmente se tem voltado a atenção do Gabinete.[97]

As causas apontadas com mais frequência para o crescimento dos delitos eram o encarecimento do custo de vida, a perturbação social decorrente da Primeira Guerra Mundial e a imigração de estrangeiros "arruinados, desgostosos, feridos pelas arestas duras da pobreza", que vinham para São Paulo seduzidos pela esperança de fazer fortuna.[98] As autoridades responsabilizavam o elemento estrangeiro pelo avanço da criminalidade, das greves e da decadência moral em São Paulo. O chefe do Gabinete de Investigações afirmava que era justamente entre os estrangeiros que "se encontram os piores agitadores".[99] Mais incisivo, o delegado Amando Soares Caiuby afirmava:

---

97 *Ibidem*, p. 13.
98 Relatório do chefe do Gabinete de Investigações, delegado Otávio Ferreira Alves, publicado na *Revista de Criminologia e Medicina Legal*, anno I, n° 1, jul. 1928, p. 68-71.
99 Cantinho Filho, *op. cit.*, p. 19. Sobre o avanço da criminalidade: *O Estado de São Paulo*, 10 de janeiro de 1925; *Diário da Noite*, 19 de outubro de 1926.

> Necessitando de imigração, [o Brasil] recebe estrangeiros de ínfima qualidade dos pontos mais exóticos da Terra. E as teorias extremistas, as taras degenerativas, as índoles desses povos, a perversão, os vícios e a audácia, aqui vem explodir nos mais refinados crimes. E não contentes com o excesso de liberdade, conspiram contra as nossas instituições, organizam-se contra a ordem pública, subverte a segurança e ameaçam nossa propriedade e vidas. Somente a polícia consegue refrear essa horda perigosa que, conforme o verniz de cultura, se infiltra até ao âmago da sociedade brasileira.[100]

Na década de 1920, nomes de outra origem invadiram a crônica policial, refletindo uma nova onda imigratória. Um austríaco, um alemão e um polonês foram associados a crimes chocantes. Franz Glognitza, de 23 anos, apareceu na imprensa acusado da morte de um menino no Alto da Mooca. A vítima, também austríaca, vivia pelas ruas engraxando sapatos e teria resistido ao assédio sexual de Glognitza. O delegado Juvenal Piza, do Gabinete de Investigações, escreveu em seu relatório que Glognitza era "um desses muitos homens vindos da Europa, acossados pela fome para estas plagas, com o desejo de fazer fortuna de qualquer maneira".[101] Outro assassino que mobilizou a imprensa foi Werner Otto Kyrath, que matou um engenheiro nos terrenos do Parque da Mooca. Além de assassino e ladrão, a polícia o acusava de ter participado da Rebelião de 1924, integrando os temidos "batalhões estrangeiros".[102] Outro autor de um crime bárbaro foi Francisco Wolnicki, um operário polonês que, "desesperado por se ver na miséria", matou a esposa e os três filhos num piquenique no Horto Florestal. Considerado "louco epilético", ele foi internado no Hospital Juquerí.[103] Os três faziam parte de

---

100 *Archivos de Polícia e Identificação*, vol. I, 1936-1937, p. 183.
101 Relatório do delegado de Segurança Pessoal Juvenal Piza, datado de 2 de fevereiro de 1927. 4ª vara criminal. Réu: Franz Glognitza (ATJSP); *Diário da Noite*, 19 de janeiro de 1927; *A Gazeta*, 19 de janeiro de 1927; *O Estado de São Paulo*, 24 de janeiro de 1927; *Folha da Manhã*, 25 de janeiro de 1927.
102 Processo 731. 1ª vara criminal. Réu: Werner Otto Hermann Kirath; *O Estado de São Paulo*, 18 de fevereiro e 4 de março de 1925 (ATJSP).
103 *A Plateia e Correio Paulistano*, 4 de fevereiro de 1926.

uma nova onda imigratória, residiam no país há pouco tempo e não tinham vínculo empregatício. Para a polícia, estas características faziam de diferentes indivíduos um mesmo tipo de criminoso: o degenerado improdutivo destituído de freios morais.

Em 1927, o delegado encarregado da Delegacia de Roubos queixava-se que aconteciam diariamente seis, sete, até onze casos de arrombamento numa noite: "Dada esta situação esta delegacia começou a agir com energia, mandando prender sistematicamente ladrões, deter suspeitos, proceder rondas e, finalmente, em companhia do comissário ficava até duas, três e quatro horas da madrugada nas ruas rondando". O delegado tinha a impressão de que todos os ladrões perigosos encontravam-se soltos.[104] O aumento dos crimes contra propriedade obrigou o Gabinete de Investigações a desmembrar a Delegacia de Furtos e Roubos. Essa medida foi tomada depois que os assaltos aos palacetes da elite paulista tomaram proporções alarmantes. No início de 1926, a mansão do deputado Francisco Junqueira, na alameda Santos, foi saqueada. O ladrão levou joias. Naquela mesma rua, dias depois, a residência do industrial Eduardo Matarazzo também foi invadida, assim como a do ex-secretário da Segurança Sampaio Vidal, na avenida Angélica.[105] O delegado de roubos, Artur Leite de Barros, escreveu em seu relatório:

> De meio ano para cá, os assaltos às casas de habitação, nesta capital, tomaram um desenvolvimento extraordinário. Os assaltos se realizavam entre 18 e 24 horas, isto é, durante a ausência dos moradores, quando estes se achavam em passeios, diversões ou visitas a parentes ou amigos. As vivendas, escolhidas para tais roubos, confinavam, de ordinário, com um terreno baldio. O mecanismo de efração variava, ora se empregava uma talhadeira ou pé de cabra, ora eram serradas as tabuinhas ligadas aos caixilhos das persianas. Aqui, os meliantes só levavam dinheiro, jóias, armas; acolá, vestes, enxovais e até perfumes. Algumas

---

104 Despacho do delegado Francisco de Assis Carvalho Franco para o chefe do Gabinete de Investigações, datado de 8 de setembro de 1927 (DGP).
105 Célia de Bernardi. *O lendário Meneghetti*. São Paulo: Annablume, 2000, p. 79.

vezes operavam com certo método, conservando a casa em relativa ordem; outras vezes, tudo revolviam e danificavam, denunciando propósitos ferozes e vandálicos.[106]

Não se sabia se os assaltos partiam de um único ladrão, uma quadrilha, ou se havia mais de um grupo operando. O que se notou é que o arrombador não deixava impressões digitais; era experiente, portanto, pois aprendera a roubar sem deixar vestígios. A estratégia do delegado foi prender todos os escrunchantes de São Paulo. Todos os receptadores e arrombadores conhecidos foram interrogados até surgir o nome de um certo Menotti Minguetti, ladrão desconhecido da polícia, que morava com a mulher e dois filhos no Bexiga. Os inspetores vigiaram a casa do suspeito e o surpreenderam dormindo. Ainda aturdido, ele pediu para se vestir e numa fração de segundos saltou pela janela, escalou o muro e sumiu com uma agilidade impressionante.[107] Os investigadores prenderam a esposa do fugitivo. No interrogatório, ela revelou a verdadeira identidade do seu companheiro: era Amleto Meneghetti (1888-1976), conhecido como Gino, um arrombador procurado por inúmeros roubos em São Paulo, Belo Horizonte, Porto Alegre e Rio de Janeiro, foragido do antigo presídio da rua Tiradentes desde 1915.

Nascido perto de Piza, na Itália, Meneghetti desembarcou no Brasil em 1913. Pobre e filho de pai alcoólatra, passou boa parte da infância em reformatórios, cumprindo pena por furto.[108] Meneghetti veio para São Paulo sonhando fazer fortuna, mas do seu jeito: roubando. A um jornalista ele teria declarado: "O roubo para mim é um processo natural, um processo de vida tão justo como qualquer outro".[109] Em 1914, um ajudante de barbeiro foi à Casa Sarli, na rua São João, comprar munição para o patrão. O atendente reparou que a arma que ele trazia fazia parte de um lote roubado da loja em fevereiro, quando ladrões arrombaram o estabelecimento e levaram

---

106 Relatório datado de 24 de maio de 1926, p. 227. 1ª vara da capital, processo. nº 758 (ATJSP).
107 *Correio Paulistano*, 4 de abril de 1926.
108 Prontuário nº 1630 (IIRGD).
109 *Correio Paulistano*, 5 de junho de 1926.

uma parte do estoque. O roubo foi avaliado em mais de um conto de réis. A polícia foi chamada e o barbeiro explicou que tinha comprado a arma de um patrício, um eletricista que morava em Santana. O eletricista foi ouvido, declarando ao subdelegado Lincoln de Albuquerque que havia comprado o revólver de outro italiano, que apareceu no seu bairro vendendo armas. O vendedor justificava o baixo preço dizendo que as armas eram contrabandeadas.

O subdelegado continuou sua diligência até encontrar o vendedor. Ele chamava-se Gino Meneghetti, 26 anos, morador do Cambuci. Sua casa foi vigiada até o subdelegado certificar-se de que o suspeito não tinha parceiros, então o prendeu. Com ele foi encontrado um lote de armas pertencentes à Casa Sarli. Meneghetti negou a autoria do roubo veementemente e, apontando para a sua companheira Concetta Tovani, grávida, falou que não iria desgraçar a vida praticando um roubo. Ao subdelegado, Meneghetti disse que comprou as armas de outro italiano, pensando se tratar de contrabando. Ele deu o nome do italiano e se dispôs a ajudar a polícia a encontrá-lo. Perguntado se tinha emprego, respondeu que no momento estava desempregado, mas enumerou uma lista de lugares onde já trabalhara, descreveu suas habilidades e jurou ser um homem honesto. Mas as explicações não surtiram efeito porque o tio de sua companheira contou à polícia que nunca o viu trabalhar. Dono da pensão onde Meneghetti morava, ele contou que o marido de sua sobrinha parecia estar sempre com dinheiro, embora dormisse o dia todo e passasse as noites fora.[110]

O subdelegado mandou tirar as impressões digitais de Meneghetti e, para surpresa do italiano, elas conferiram com as impressões encontradas na Casa Sarli. Preso, ele foi condenado a oito anos de cadeia. Meses depois, Meneghetti escalou os muros do presídio e fugiu.[111] O jornal *O Combate*, simpático à colônia italiana e crítico da administração do secretário da Segurança Eloy Chaves, publicou uma carta atribuída a Meneghetti, onde o ladrão

---

110   *O Estado de São Paulo*, 31 de março de 1914.
111   *Ibidem*, 14 de julho de 1915.

zombava da polícia: "os Reiss de meia tigela jamais me encontrarão!"[112] Longe de São Paulo, Meneghetti continuou praticando roubos. Nas vezes em que foi preso, fingiu estar louco e foi internado em manicômios de onde se evadia com facilidade. Sempre que apanhado, o italiano dava um nome falso, mas as fichas com suas digitais acabavam sendo enviadas para São Paulo, o que possibilitou ao Gabinete de Investigações elaborar um extenso histórico do ladrão foragido, acusado de 92 roubos. Em 1924, depois de passar um tempo na Argentina, Meneghetti retornou a São Paulo com documentos falsos.[113]

O delegado Leite de Barros foi até a casa de Meneghetti comandar as buscas. Uma quantidade gigantesca de objetos roubados foi encontrada escondida no porão da casa. Malas abarrotadas de joias, relógios, armas e notas promissórias estavam enterradas debaixo do piso.[114] Meneghetti era um homem rico, poderia ter parado de roubar e até mesmo aberto um negócio, mas ele não conseguia ou não queria parar. Roubar lhe dava prazer e extravasava o seu ódio pelos ricos. Antigos policiais contam que ele tinha costume de defecar nas casas que roubava, fato omitido do inquérito para não constranger ainda mais as vítimas. Desmascarado, Meneghetti viu o Gabinete de Investigações em peso sair no seu encalço. Os jornais imprimiram à caçada um clima de suspense, alimentando o duelo entre o ladrão e a polícia. *O Estado de São Paulo* denunciou que a "imprensa vinha mantendo em torno de Gino Meneghetti uma auréola de quase heroísmo (...), publicando-lhe cartas atrevidas e narrando coisas passadas em outras terras, talvez mesmo inventando e ampliando gestos".[115]

Pelo menos nove apartamentos usados pelo ladrão para se esconder foram descobertos e vigiados. Os dois filhos de Meneghetti, batizados de Spartaco e Lenine, em homenagem aos seus heróis, ficaram com uma tia, enquanto sua companheira permaneceu presa. A polícia sabia do seu apego aos

---

112 *O Combate*, 20 de julho de 1915, *apud* Célia de Bernardi, *op. cit.*, p. 238.
113 Prontuário nº 1630 (IIRGD).
114 Relatório do delegado Artur Leite de Barros datado de 24 de maio de 1926 (DGP).
115 *O Estado de São Paulo*, 5 de junho de 1926.

filhos e armou uma cilada. A casa da tia, na rua dos Gusmões, foi vigiada dia e noite. Inspetores ficavam num apartamento em frente à casa, com um telefone para avisar o Gabinete no caso do ladrão tentar ver os filhos. Dois meses se passaram até que, na madrugada do dia 4 de junho de 1926, os agentes policiais viram um táxi parar na porta da residência. Observaram um homem entrar, aparentemente depois de forçar a fechadura. Avisadas, as autoridades de plantão no Gabinete correram para o local. O motorista foi detido ainda na esquina. Dentro do táxi havia um bêbado que acompanhou o ladrão sem saber quem ele era. Meneghetti, que também tinha bebido além da conta, foi surpreendido ao tentar rever os filhos. O comissário Waldemar Doria invadiu a casa de arma na mão, seguido pelos inspetores. No momento em que ele acendeu as luzes da sala, disparos o atingiram no ventre. De um corredor escuro, Meneghetti atirou em direção aos policiais e correu para a janela do banheiro. Os policiais revidaram os tiros, mas o ladrão conseguiu escalar a parede e desaparecer. O comissário foi levado para o hospital em estado grave.

Ainda no meio da madrugada, o chefe de polícia Roberto Moreira se deslocou para a região e comandou um cerco no quarteirão. Soldados da Força Pública e do Corpo de Bombeiros foram convocados para auxiliarem nas buscas. As ruas ficaram isoladas. Os delegados do Gabinete coordenaram as buscas, vasculhando as casas uma a uma, enquanto os jornalistas assistiam à operação. Os prédios foram destelhados e as moradias, reviradas. Uma multidão acompanhou atentamente a caçada. Em alguns momentos, os policiais pensavam ver o ladrão e iniciavam uma fuzilaria. "A polícia dava tiros a esmo... Foi necessário que o Dr. Pereira Lima, 1º delegado auxiliar, bradasse energicamente para cessar o fogo", contou o repórter do *Estado*.[116] Às onze da manhã, Meneghetti foi desalojado do forro de uma casa. O ladrão saltou pelos telhados, mas um deles cedeu fazendo-o despencar no meio de uma sala. A prisão do ladrão mereceu a primeira página dos jornais. Uma multidão de curiosos cercou o Gabinete de Investigações, ávida por ver o famoso bandido. A cidade não tinha outro assunto que não fosse a prisão de Meneghetti.

---

116   *Ibidem*, 5 de junho de 1926.

Enquanto Meneghetti era conduzido à prisão, falecia o comissário Waldemar Mondim da Costa Doria em decorrência dos ferimentos. Sua morte comoveu a polícia. Waldemar Doria tinha 34 anos, era formado pela Faculdade de Direito do Largo São Francisco e tinha três filhos pequenos. Ele atuava como comissário do Gabinete de Investigações, isto é, auxiliar dos delegados especializados. O Gabinete de Investigações, por ser considerado um departamento técnico, não admitia subdelegados ou autoridades leigas no seu quadro, de modo que o cargo de comissário foi instituído para suprir o Gabinete com bacharéis.[117] O funeral do comissário se transformou em um ato público, com a presença das principais autoridades do estado. Na Assembleia Legislativa, organizou-se uma homenagem ao policial morto. O jornalista e poeta Menotti del Picchia discursou em nome do governo:

> Doria, como um preclaro exemplo, soube mostrar, fazendo do seu corpo uma barreira ao crime, que as autoridades paulistas, vigilantes sobre a ordem do estado e as garantias de todos os cidadãos, não hesitam em sacrificar a sua própria vida no sacrossanto cumprimento do seu dever. Foi assim que ele caiu: encarnando o princípio assegurador da tranquilidade social, com um heroísmo sereno, sem gestos espetaculosos, como uma vítima imolada para que o sossego paire sobre os lares paulistas.[118]

Doria foi elevado à condição de "vítima imolada" e Meneghetti, à de inimigo público. O *Estado de São Paulo* e o *Correio Paulistano* rotularam-no de celerado, besta-fera, delinquente-nato, anormal, sanguinário e facínora. *A Plateia* comparou-o a Bonnot, o assaltante francês que se declarava anarquista e morreu em um confronto violento com a polícia.[119] Para os redatores d'*O Estado de São Paulo*, Meneghetti não passava de um "degenerado

---

117 Cantinho Filho, *op. cit.*, p. 53-54; Dr. João Lucio de Bittencourt Filho. *Consolidação das leis policiais em vigor no Estado de São Paulo*. São Paulo: Livraria Zenith, 1931, p. 207-208.

118 Anais da Câmara dos Deputados de São Paulo, 6ª sessão ordinária, 22 de julho de 1926, *apud* Célia de Bernardi, *op. cit.*, p. 202.

119 *A Plateia, O São Paulo – Jornal, Correio Paulistano*, 5 de junho de 1926; sobre Jules Bonnot (1876-1913) ver Jean-Baptiste Bourrat & Sophie de Sivry, *op. cit.*, p. 172-187.

revoltado contra tudo e contra todos", "um cérebro eivado de ideias anarquista", o que explicava seu "comportamento amoral".[120] Assim, ligavam-se ideias políticas com criminalidade e degeneração. Meneghetti representava uma "classe criminosa" que ameaçava a vida de todos na cidade. Ele era estrangeiro e um elemento indesejável, portanto uma pessoa que poderia ser facilmente extraditada como tantos outros. Contudo, as autoridades preferiram fazer dele um exemplo, condenando-o a mais de 42 anos de prisão. O arrombador italiano, arrogante e desafiador, passou quase 18 anos numa solitária por, entre outras coisas, cuspir fezes no rosto de autoridades. Visitantes da Penitenciária contavam que o ladrão gritava do fundo da cela: "Io sono un uomo!"[121]

A CONTENÇÃO DAS "CLASSES CRIMINOSAS"

A construção da Penitenciária do Estado representou uma das maiores realizações do governo paulista. Tal era a pretensão do projeto, que a Penitenciária tornou-se parada obrigatória das visitas que passavam pela cidade. Fernando Salla apontou um número espantoso de autoridades, personalidades e visitantes que passavam quase que diariamente pela Penitenciária, deixando suas expressões de admiração registradas no livro de visitas.[122] A Penitenciária do Estado, projetada por Ramos de Azevedo, foi saudada entusiasticamente como um marco na evolução das prisões no Brasil. Construída para abrigar 1.200 presos, ela oferecia o que havia de mais moderno em matéria de isolar e recuperar o infrator, através do trabalho e da disciplina.[123] Quando a obra ficou pronta, em 1920, o governo do estado comemorou festivamente. Quem via seus muros altos, claros, com seus pavilhões encarreirados e chaminés, pensaria estar diante de uma fábrica ao invés de um presídio. O jornalista Paulo Duarte, presente no evento, lembraria:

---

120   *O Estado de São Paulo*, 6 de junho de 1926.
121   Paulo Duarte, *op. cit.*, vol. 4, p. 88-89.
122   Fernando Salla. *As prisões de São Paulo, 1822-1940*. São Paulo: Annablume, 1999, p. 193-195.
123   *O Estado de São Paulo*, 13 de maio de 1911; Relatório de 1911, *op. cit.*, p. 30-39.

> A inauguração da Penitenciária, no dia 21 de abril, foi um acontecimento. Estavam lá o presidente Altino Arantes, acompanhado do José Rubião, chefe da Casa Civil e do major Herculano de Carvalho, um dos seus ajudantes de ordens e mais do Paulo, oficial de gabinete; lá estava Herculano de Freitas, também, com todo o seu Estado Maior, estava também Cândido Motta, secretário da Agricultura e professor de Direito Penal. O diretor da Faculdade de Direito era, se não me engano, Amâncio de Carvalho, professor de Medicina Legal. Lá estava, magro e longo, Franco da Rocha, diretor do Hospital Juqueri, quase todas as autoridades civis e militares, uma multidão enorme. Fomos todos conduzidos ao auditório grande, novinho em folha, todo decorado de flores. Os condenados já haviam sido transferidos da velha penitenciária da avenida Tiradentes, estavam todos alinhados numa ala do auditório. Houve discursos vários, inclusive um muito bom do Altino Arantes, que era bom orador. Mas o discurso que mais impressionou a todos foi aquele que veio vestido com a eloquência de Herculano de Freitas que discorreu com todo o brilho sobre a criminologia moderna, que dignificava e redimia o condenado.[124]

Herculano de Freitas, secretário da Segurança, chamou os condenados de "meus irmãos". Disse que eles ali estavam como numa casa de saúde, para se recuperar e voltar ao seio da sociedade. O caricaturista Voltolino aproveitou as palavras do secretário para publicar uma caricatura dele, rodeado de caras sinistras vestidas de uniforme-zebra, com a legenda: "Meus queridos irmãos!".[125] O delegado Franklin Toledo Piza foi indicado para dirigir a nova Penitenciária. Ninguém melhor do que um delegado especializado, conhecedor profundo da criminalidade, para dirigir aquele empreendimento. A escolha parecia lógica.

Piza tinha claro para si que a prisão constituía o instrumento adequado para fazer do "homem doente e transviado", um "elemento útil à sociedade e

---

124 Paulo Duarte, *op. cit.*, vol. 6, p. 304.
125 *Ibidem*, p. 305.

à sua família". Num artigo publicado em 1928, o delegado defendeu os rigores da prisão, que obrigavam o sentenciado a "uma ginástica contínua de suas faculdades morais". Diariamente, durante semanas, meses e anos, o condenado tinha que aprender a disciplinar-se, e assim "aprender a viver com modéstia, tolerância e respeito, no regime da ordem e do trabalho". Tudo isso trazia grandes sofrimentos, reconhecia o delegado, mas era preciso compreender que "só no sofrimento aprendemos a ser pacientes, resignados, tolerantes e bons". Concluindo seu artigo, o delegado Piza ressaltou:

> A tendência natural da humanidade é para o constante aperfeiçoamento moral, lento e imperceptível, com fases de retrocesso algumas vezes, mas seguro e positivo. A evolução é uma lei natural, indestrutível e exata como a própria verdade. Encanecido na lide com criminosos, eu trabalho com fé, porque creio firmemente na melhoria moral da humanidade e na correção dos que erram e violam as leis garantidoras dos direitos individuais e sociais. Não há regra sem exceção. Os desenganos e reveses com alguns são compensados pelos triunfos que nos estimulam a continuar, sem desfalecimento, nesta tarefa, que é obra de caridade, cultura e de civilização.[126]

"Uma obra de civilização", assim o delegado Piza qualificava o seu trabalho. Para o delegado, os presos regenerados, aqueles que obtinham direito ao livramento condicional, estimulavam o árduo trabalho de corrigir os sentenciados. Entre os poucos beneficiados, estava José Rodrigues de Mello, um ex-sargento da Força Pública que baleou dois oficiais da Missão Francesa, entre eles o coronel Negrel, em 1906. O prontuário do sargento Mello atesta que ele foi punido repetidas vezes por embriaguez, embora sua folha de serviço "em defesa das instituições republicanas" estivesse também recheada de elogios. O sargento alegou ter atirado no oficial francês porque tinha sido punido injustamente, levando uma chicotada por não prestar continência

---

[126] Franklin Piza. "Penitenciaria de S. Paulo". *Revista de Criminologia e Medicina Legal*, anno I, nº 2, ago. 1928, p. 272-278.

ao superior com o seu ombro ferido. A França pediu a pena de morte para o sargento. Como não havia esta pena no Brasil, a Justiça respondeu condenando-o à pena máxima: 30 anos de prisão. Em 1928, o sentenciado pediu livramento condicional em virtude do seu comportamento exemplar na prisão. A seu favor, havia testemunhos de que o ex-sargento ajudava a manter a disciplina entre os presos, inclusive durante a rebelião militar de 1924, quando a Penitenciária ficou praticamente desguarnecida. Em face dos depoimentos, o conselho penitenciário, presidido pelo professor Cândido Motta (1873-1941), lhe concedeu um parecer favorável.[127]

José de Mello teve uma vida pacata até sofrer um infarto na rua, em 1944. Mas ele não pode ser considerado uma pessoa igual aos demais presos. O ex-sargento nunca se identificou com os sentenciados, permanecendo a todo momento ao lado das autoridades do presídio. Outro preso agraciado com livramento condicional foi Michel Trad, considerado regenerado em 1924. Trad viveu uma vida obscura até o Gabinete de Investigações receber informações de que ele vendia entorpecentes. O libanês, celebrizado como protagonista do crime da mala, foi preso e expulso do país. No dia 17 de setembro de 1927, Trad foi atraído para um encontro na rua Brigadeiro Luís Antônio por um investigador se passando por comprador de cocaína. Trad foi preso em flagrante dentro de um carro, com algumas gramas de entorpecente. O relatório do delegado Juvenal Piza informa que foram encontrados na casa do libanês mais de 54 gramas de cocaína, 2 vidros de morfina, várias seringas e agulhas. O relatório acusa Trad de dedicar-se ao "comércio de tóxico, espalhando morte entre os moços" por puro "ódio à sociedade que o condenara". Mais adiante, o delegado reforça o perfil criminoso de Trad dizendo que ele praticava "atos repugnantes de imoralidade" com sua noiva, fotografando-a nua para satisfazer seus "instintos bestiais de sátiro". Para o delegado, as fotos encontradas pelos investigadores confirmavam "a baixeza do caráter de Michel Trad".[128]

---

[127] Parecer nº 1 do Conselho Penitenciário de São Paulo. *Revista de Criminologia se Medicina Legal*, anno I, nº 1, jul. 1928, p. 79-83.

[128] Relatório datado de 4 de outubro de 1927, anexado no prontuário de Michel Trad – nº 1051 (IIRGD).

A repercussão do caso levou o bacharel Cândido Motta Filho (1897-1977), filho do conhecido professor de direito penal, a escrever um artigo alertando para a inexistência de uma terapia capaz de curar os delinquentes.[129] O secretário da Segurança era da mesma opinião, declarando: "O crime é uma perigosa moléstia social, que nenhuma profilaxia ainda pode eliminar". Diante deste fato incontestável, restava à sociedade reprimir, porque "reprimir é também prevenir, (...) é evitar a contaminação da delinquência, do mesmo modo que pelo isolamento dos doentes se impede a propagação das infecções contagiosas".[130] Utilizando argumentos racionais e analogias, a polícia ia se tornando mais preventiva, intrusiva e intervencionista. Não apenas em São Paulo, mas em vários países essa tendência parecia servir de resposta às crises sociais que se acentuaram no pós-guerra.[131]

Essa estratégia aumentava a proteção de alguns, colocando outros em situação de risco. A polícia reprimia com vigor a vadiagem, a desordem, as greves, os atentados à moral e à propriedade. Entretanto, dava pouca atenção para a prevaricação, o abuso de autoridade, a exploração do trabalho infantil, a violência contra a mulher e as fraudes eleitorais. A criminalidade podia estar presente em todas as camadas sociais, porém a ação da polícia incidia com maior peso sobre as classes subalternas, como mostra o relatório da delegacia de costumes de 1927:

> Na campanha saneadora dos costumes e da moral pública, atentou-se particularmente para os chamados bailes públicos – verdadeiros focos de corrupção e de exploradores. Foram fechados cerca de duzentas sociedades dançantes, frequentadas quase

---

129 Cândido Motta Filho. "Um novo aspecto do combate à delinquência". *Revista de Criminologia e Medicina Legal*, anno I, n° 3 e 4, set./out. 1928, p. 46-55.

130 A. C. Salles Júnior. "A crise do direito penal". *Revista de Criminologia e Medicina Legal*, anno I, n° 1, jul. 1928, p. 45.

131 Gunter Lewy. *The nazi persecution of the gypsies*. Nova York: Oxford Univesrsity Press, 2000, p. 1-62; Jonathan Dunnage. "Social control in facist Italy: the role of police". In: Clive Emsley, Eric Johnson & Peter Spierenburg (ed.), *op. cit.*, p. 261-280; Clifford Rosenberg. *Policing Paris*: the origins of modern immigration control between the wars. Ithaca: Cornell University Press, 2006; Clive Esmeley, *op. cit.*, 2007, p. 246-266.

exclusivamente por menores inexperientes, que nesses antros de prostituição encontravam a desonra e perdição.

Não foram esquecidos também os falsos espíritas, os intrujões, os curandeiros, os charlatães, os cáftens, os cartomantes e os pederastas.[132]

Justificando a ação policial contra as crenças populares, o relatório de 1929 alegava que "o espiritismo, quando cultivado por pessoas de alcance intelectual, poderá produzir frutos proveitosos, mas é fora de dúvida que aos fracos e impressionáveis a sua ação é deletéria, levando seus adeptos à loucura e às vezes à prática de crimes".[133] A criminalização dos pobres foi a forma da elite paulista lidar com transformações sobre as quais ela não tinha controle. O medo das elites advinha do fato de que cada vez mais se tornava patente a disposição das camadas populares de lutar para ampliar seus direitos. O resultado foi, nas palavras da professora Ana Montoia, uma "cidade entrincheirada (...) contra um sempre desconhecido inimigo".[134] Através do olhar do delegado Braz di Francesco (1885-1968), podemos perceber uma sociedade cindida entre cidadãos bons e criminosos incorrigíveis:

> Dez anos de escrupulosos serviços prestados à função policial, nos convenceram que os elementos daninhos que infestam a sociedade, não merecem ser cultivados com o mesmo acatado desvelo dos indivíduos úteis e bons, para o sossego público e eficiência da própria polícia.[135]

O delegado afirmava que o contato com "o cinismo, as artimanhas e a malvadeza" dos criminosos fazia cair por terra todo "humanitarismo exagerado" por esta outra "classe de indivíduos", para os quais a "cadeia nada vale e a justiça

---

132 Cantinho Filho, *op. cit.*, p. 35.
133 Relatório de 1929, *op. cit.*, p. 118.
134 Ana Montoia. "O ideal de cidade: a reforma dos costumes e a gênese do cidadão em São Paulo no século XIX". In: Paula Porta (org.), *op. cit.*, vol. 2, p. 185.
135 Braz di Francesco. *Pela cultura policial*. São Paulo: Casa Duprat, 1931, p. 72.

não causa temor". "São numerosos os punguistas e vigaristas que a polícia tem prendido, mas são mais numerosos os que andam às soltas", destacava o *Diário da Noite*, ressaltando que a sociedade estava acossada pela criminalidade.[136] Este resíduo social formava o que muitos chamavam de "classes criminosas". As classes criminosas foram um tema muito explorado por jornalistas e romancistas do século XIX.[137] O termo foi criado para descrever um grupo nebuloso de indivíduos que se alimentava do crime: homens, mulheres e crianças que haviam se desvencilhado do mundo do trabalho, vivendo à margem da sociedade. O jornalista inglês Henry Mayhew (1812-87) os descrevia como "nossas tribos de criminosos".[138] Observadores diziam que eles possuíam seu próprio *argot* (gíria), locais de encontro, rituais, costumes e eram dados a toda forma de vício. Convém ressaltar que, para esses observadores, a criminalidade não era um produto da sociedade, mas o seu inimigo. Para estes, a explicação para o crime estava dentro do indivíduo, na sua natureza deformada, não nas relações sociais que produziam pobreza, conflito e violência. Essa classe perigosa, que parecia se multiplicar pelas ruas e becos das cidades industriais, causava um medo que se sobrepunha a qualquer outro. Contra ela, a Inglaterra criou o Habitual Criminals Act de 1869 e o Prevention of Crime Act de 1871, enquanto a França instituiu a Lei Waldeck-Rousseau de 1885, para expurgar os "incorrigíveis" antes que eles contaminassem o corpo social como uma "gangrena".[139]

É esse "delinquente natural", fruto da imaginação de jornalistas e romancistas, que a criminologia vai estudar. A criminologia fez do criminoso um ser inadaptável, dominado por uma natureza própria. Os italianos classificavam-nos por tipos: criminosos natos, ocasionais, habituais etc.; os franceses, por especialidade: ladrões, arrombadores, estelionatários,

---

136 *Diário da Noite*, 10 de agosto de 1926.

137 Louis Chevalier. *Laboring classes & dangerous classes in Paris during the first half of nineteenth century*. Nova York: Howard Fertig, 2000.

138 Henry Mayhew & John Binny. *The criminal prisons of London and scenes of prison life* (1856), apud Martin J. Wiener. *Reconstructing the criminal*: culture, law, and policy in England, 1830-1914. Nova York: Cambridge University Press, 1994, p. 24.

139 Clive Emsley. *Crime and society in England, 1750-1900*. Londres: Pearson, 2005, p. 173-182; Robert A. Nye, *op. cit.*, p. 82-91.

batedores de carteira etc.¹⁴⁰ Reiss dedicou grande parte do seu tempo ao estudo das classes criminosas. Com sua máquina fotográfica, ele registrou crianças nos cortiços de Marselha, meninos maltrapilhos vivendo pelas ruas, ciganos lendo a sorte, *apaches* ao lado de prostitutas e recidivistas com os corpos cobertos de tatuagens.¹⁴¹ Reiss dizia que o policial, para bem exercer sua atividade, deveria conhecer o criminoso, seus hábitos e compulsões. Para tal, ele propôs uma espécie de "história natural da delinquência", um estudo minucioso do delito e dos delinquentes.¹⁴²

Reiss agrupava os delinquentes em *voleurs, caroublears, pickpockets, escrocs, roulottiers, endormeurs, nourrisseurs, apaches, homicides passionnels, homicides sexuelles* etc., cada um especializado em um tipo de delito. Se a marcha do progresso conduzia o ser humano para a especialização em todas as áreas, com a delinquência não seria diferente. A classificação do professor suíço inspirou os policiais paulistas a dividir os delinquentes em: punguistas, achacadores, escamoteadores, descuidistas, ratos de hotel, escruchantes, gravateiros, micheiros, ventanistas e penoseiros. Estabeleceu-se uma hierarquia entre eles de acordo com o tipo de crime, pois tudo na sociedade seguia uma ordem. Os ratos de hotel, conhecidos pela elegância e cultura, eram colocados no topo da lista. Alguns ratos de hotel tinham viajado o mundo, frequentavam lugares finos, falavam várias línguas e se portavam como pessoas educadas. Outras categorias, como os escruchantes, tornaram-se respeitadas na medida em que foram se aprimorando. O subdelegado Lincoln de Albuquerque escreveu a respeito:

> Obdecendo a lei geral do mundo, em que tudo evolui, o escruchante também tem evoluído. Com o aparecimento de mecanismos verdadeiramente engenhosos, inteligentemente construídos por hábeis profissionais mecânicos, o físico e o moral do arrombador

---

140 Cesare Lombroso. *L'uomo delinquente*. Torino: Fratelli Bocca Editori, 1889; Edmond Locard. *Le Crime et les Criminels*. Paris: Renaissance du Livre, 1925.

141 *Le Théâtre du crime*, op. cit., p. 314-315.

142 R. A. Reiss. *Manuel de Police Scientifique*. Paris: Félix Alcan, 1911, p. 11.

tem se modificado e por que não dizê-lo? para melhor. Por isso já o encontramos colocados em um plano superior ao dos seus antigos colegas, que, homens incultos, da mais baixa camada social, só empregavam o pé de cabra como instrumento da sua profissão, porque outra condição não exige senão a força bruta.[143]

No patamar mais baixo da criminalidade estava o penoseiro, o ladrão de galinha, que no livro do subdelegado é ilustrado com a foto de um negro. Na legenda, o policial conta que o penoseiro durante o dia tocava violão pelas ruas e imitava pássaros, furtando galinhas à noite. O ladrão de galinha, explicava o subdelegado, "é um tipo sem aspiração nem ideal, vivendo maltrapilho", frequentemente visto "embriagado pelos botequins".[144] Comparando sua foto com a dos escruchantes estrangeiros elegantemente trajados, percebemos que a classificação policial reproduzia os valores da elite paulista. A criminalidade, como demonstra o livro do subdelegado, corresponde a uma construção social, que congrega crenças, ideias e valores conforme a época e o lugar.[145] A noção de criminalidade transcendia o ato delituoso, interagindo com questões de gênero, etnia e classe. As classes criminosas não existiam de fato, não da forma como ela era apresentada nos compêndios de criminologia. A grande maioria dos delitos eram cometidos por pessoas pobres em busca de ganhos para sobreviver ou se inserir no mundo do consumo. Os prontuários criminais das Casas de Correção revelam que a massa dos delinquentes não era diferente das camadas pobres da população.[146] Ela tinha a mesma bagagem cultural e social dos cidadãos honestos, portanto não constituía um grupo de pessoas apartadas da sociedade, vivendo somente para o crime.

Michelle Perrot, ao estudar a delinquência na França do século XIX, concluiu que não existem "fatos criminais" ou um "delinquente natural", como

---

143 Lincoln de Albuquerque, *op. cit.*, p. 48.

144 *Ibidem*, p. 50-51.

145 Ver Clive Emsley. "Historical perspectives on crime". In: Mike Maguire *et al* (ed.). *The Oxford Handbook of Criminology*. Nova York: Oxford University Press, 2007, p. 122-138.

146 Fernando Salla, *op. cit.*; Sandra Jatahy Pesavento. *Visões do cárcere*. Porto Alegre: Zouk, 2009; Myrian Sepúlveda dos Santos. *Os porões da República*: a barbárie nas prisões da Ilha Grande, 1894-1945. Rio de Janeiro: Garamond, 2009.

queria a literatura criminológica, apenas um processo decisório que institui o que é crime, designando seus atos e atores; um discurso criminal que traduz as obsessões de uma sociedade.[147] Em outras palavras, a elite paulista criou um sentido para a criminalidade, construindo um discurso que agregava valores tradicionais e ideias progressistas. Essa representação da realidade servia de guia e referência para a atividade cotidiana num contexto de tensão social, instabilidade econômica e crise política, ordenando o mundo conflituoso que caracterizava a São Paulo das primeiras décadas republicanas.

CONSIDERAÇÕES FINAIS

Chegando próximo do final do nosso estudo, podemos avaliar que a modernização da polícia não aboliu a violência nem diminuiu a ocorrência de crimes em São Paulo. A introdução de práticas modernas de identificação e investigação não conteve a incidência de assaltos, roubos e assassinatos, nem refreou a violência policial. O delegado Franklin Piza, chefe do Gabinete de Investigações, diria anos mais tarde: "Fui, por vezes, acusado de práticas de violências e de ações ilegais e arbitrárias, mas a verdade é que nenhum homem de bem jamais se queixou de ter sofrido qualquer violência de mim ou, pelo menos, por minha ordem".[148] Os interrogatórios com uso de palmatórias e canos de borracha persistiram ao lado do aprimoramento das técnicas de produção de provas. Justificando o uso de tais métodos, o delegado Braz di Francesco escreveu:

> A prática nos tem ensinado que os criminosos profissionais somente confessam seus crimes em circunstâncias especiais e que nunca o fazem quando são acusados pelos indícios: então nada consegue os interrogatórios, pois está no próprio instinto de conservação do indivíduo, a negativa do crime, o que, para os criminosos constitui um instituto que os fr3anceses consolidaram no seguinte brocado: *sour-tout, n'avouez jamais*. Usa a polícia

---

147 Michelle Perrot, *op. cit.*, p. 244.
148 "Posse do novo diretor da Escola de Polícia de São Paulo". In: *APCSP*, vol. XIII, 1º semestre 1947, p. 528.

de mil truques para conseguir confissões, desde as maneiras melífluas (doces), até as subreptícias (ilícitas); desde a intimidação até a solitária ou a abstinência, ao suplício de Tântalo (sede), depois de uma alimentação salgada.[149]

Suspeitos eram tirados de suas casas no meio da noite e levados para distritos policiais onde eram ameaçados e surrados sistematicamente. Pessoas pobres, sujas e maltrajadas, eram detidas para averiguação e trancadas em celas lotadas por tempo indeterminado. A greve era reprimida com extrema violência. Seus líderes eram identificados, sequestrados e extraditados sem julgamento. A violência era um instrumento para manter as estruturas de poder vigentes, mas ela não constituía uma prática corrente apenas em São Paulo ou no Brasil. A polícia de Paris não deixou de empregar métodos brutais nos porões da Sûreté por conta dos avanços das técnicas de investigação policial. Goron e Cochefert eram impiedosos nos interrogatórios de suspeitos. Os jornais diziam que o comissário Armand Cochefert (1850-1911) conseguia fazer falar até mesmo uma girafa. Cansado de assistir a esse tipo ação, Locard escreveu: "Umas vezes, o suspeito é esbofeteado cada vez que se recusa a reconhecer-se culpado, outras vezes é moído de pancadas e até espezinhado, como conheço vários exemplos (...). Costumes desta ordem são a vergonha das polícias européias".[150] Espancar suspeitos para arrancar confissões era também rotina nas polícias das metrópoles norte-americanas.[151] Ainda assim, ninguém duvidava de que essas polícias eram modernas.

A modernização das polícias se concentrou na adoção de padrões reconhecidos de policiamento, na divisão e especialização das atividades de investigação e sobretudo no aprimoramento de práticas científicas de identificação, possibilitando a criação de fichas e prontuários de qualquer pessoa. As delegacias de São Paulo transformavam as prisões no seu

---

149 Braz di Francesco, *op. cit.*, p. 124-125.

150 Edmond Locard. *A investigação criminal e os métodos científicos*. São Paulo: Saraiva & C., 1939 [1920], p. 15-16.

151 Marilynn S. Johnsonn. *Street Justice*: a history of police violence in New York City. Boston: Beacon Press, 2003, p. 114-148.

distrito em mapas detalhados, preenchidos à mão e enviados à Repartição Central de Polícia mensalmente. Os relatórios de 1893, 1894 e 1895, por exemplo, apresentam uma descrição detalhada dos presos de origem estrangeira detidos por vadiagem, desordem, embriaguez, gatunagem, agressão etc., separados por nacionalidade: italianos, portugueses, espanhóis, russos, franceses, turcos etc. No relatório de 1915, o Gabinete de Investigações informava ter prendido 1.063 estrangeiros, entres os quais 373 tinham antecedentes criminais.[152] O delegado Cantinho Filho assegurava: "A estatística representa para as administrações o mesmo papel que os olhos para os indivíduos".[153]

A coleta e apresentação de dados numéricos produziam indicadores que ajudavam a fixar verdades e determinar os rumos da atuação policial. A historiadora Célia de Bernardi acredita que a classificação das prisões quanto à nacionalidade, com uma maior porcentagem de italianos, demonstra que esse grupo estava mais sujeito ao controle policial.[154] A vigilância de certos segmentos sociais era uma das formas de disciplinar e enquadrar grupos que ainda não estavam ligados às estruturas de apadrinhamento que sustentavam o sistema político, e excluir aqueles que não tinham função específica, como os negros, mulheres pobres, vadios e loucos. Em 1933, o trabalho estatístico do Gabinete de Investigações foi reagrupado em uma repartição exclusivamente dedicada a produzir informações, coletando notícias de jornal, inquéritos, mapas de prisões e o movimento de estrangeiros.[155] Essas informações confirmavam a escalada da criminalidade e as ameaças à ordem pública. Para Foucault, a polícia não teria sido aceita e tolerada se não fosse a "construção do delinquente", permitindo à lei impor

---

152 Relatório de 1915, *op. cit.*, p. 77.

153 O Gabinete de Investigações (Annaes de 1926) apresentado ao exmo. Sr. Dr. Roberto Moreira, DD. Chefe de Polícia do estado pelo Dr. Raphael Cantinho Filho, Chefe do Gabinete de Investigações. São Paulo: Diário Oficial, 1927, p. 33.

154 Célia de Bernardi, *op. cit.*, p. 40.

155 F. de A. Carvalho Franco. *Gabinete de Investigações*: Relatório de 1934. São Paulo: Typographia do Gabinete de Investigações, 1935, p. 21.

coações sobre todos os cidadãos em nome da segurança coletiva, exigindo documentos, tributos e respeito à autoridade. Para que esse controle fosse aceito era preciso que houvesse dentro das fronteiras do próprio sistema uma delinquência "numerosa e perigosa", ampliada pela imprensa, pela literatura e pelo cinema.[156]

A historiadora Marie-Christine Leps concorda com o filósofo francês, mas foi mais além, pontuando que, de modo geral, a criminalidade serviu também como um instrumento de integração social em um momento histórico no qual os países construíam suas identidades nacionais. Tanto para a antropologia quanto para a psicologia, a identidade é uma construção relacional. Para existir ela depende de algo fora dela, de uma outra identidade. Assim se construiu o cidadão em oposição ao criminoso, integrando sob um Estado nacional uma massa populacional heterogênea e conflituosa, dividida por diferenças étnicas, culturais e econômicas.[157] O sociólogo Émile Durkheim, que estudou a sociedade francesa do *fin-de-siècle*, era da opinião de que o crime e a pena tinham uma função social específica. A pena aplicada ao criminoso não tinha o objetivo de corrigir o culpado ou intimidar seus possíveis imitadores, mas manter intacta a coesão social, reparando o mal que o crime faz aos membros sensíveis da sociedade, fortalecendo a harmonia social.[158] Outro observador arguto, o sociólogo norte-americano George H. Mead (1863-1931), percebeu que o criminoso não ameaçava seriamente a estrutura da sociedade com suas atividades destrutivas; por de outro lado, ele era responsável por um sentido de solidariedade despertado entre aqueles cuja atenção, em outras circunstâncias, se concentraria em interesses muito divergentes.[159] Do mesmo modo que um inimigo externo, que ameaça ou que se acredita ameaçar o

---

156 Michel Foucault, *op. cit.*, 1991, p. 250-255; Idem. *Estratégia, Poder-Saber*. Manoel Barros da Motta (org.). Rio de Janeiro: Forense Universitária, 2003, p. 168.

157 Marie-Christine Leps. *Apprehending the criminal*: the production of deviance in nineteenth-century discourse. Durham: Duke University Press, 1992, p. 221-223.

158 Émile Durkheim. *Da divisão do trabalho social*. São Paulo: Martins Fontes, 2008 [1895], p. 81-83.

159 George H. Mead. "The psychology of punitive justice". In: Lewis A. Coser & Bernard Rosemberg (org.). *Sociological Theory*. Nova York: Macmillan, 1964, p. 596.

que os membros de um grupo têm em comum, a ideia de um inimigo interno, representado pelas classes criminosas, provocava reações conservadoras e impunha uma certa visão do mundo social.

O repúdio da população ao crime reiterava os laços sociais e fortalecia as instituições encarregadas de cuidar da segurança pública, criando um senso de coletividade entre pessoas de diferentes classes e origem. Toda a população, até mesmo as crianças, sabiam que por trás dos muros dos presídios havia "criminosos perigosíssimos". O jornalista Sylvio Floreal comentava que de nada servia visitar a moderna Penitenciária do Estado se não fosse para ver seus "célebres sentenciados", assassinos e ladrões que ficaram conhecidos do público através dos jornais.[160] A criminalidade fazia-se assim visível e temível para todos. Dessa forma, contrariando o senso comum, a República não criou cidadãos plenos de direitos, mas criminosos, pessoas encaradas como ameaçadoras, perturbadoras e indesejáveis, mantendo desse modo uma dominação cultural, social e política.

---

160 Sylvio Floreal. *Ronda da Meia Noite*. São Paulo, 1925, p. 83.

6
EPÍLOGO E CONCLUSÃO

"Aquilo que herdaste dos seus pais, conquista-o para fazê-lo seu."
Goethe

A QUEBRA DAS BOLSAS, em 29 de outubro de 1929, revelou a fragilidade da ordem na qual a América Latina buscara se inserir de modo tão intenso. A economia mundial, formada em torno dos centros financeiros de Londres e Nova York, da Divisão Internacional do Trabalho, do padrão-ouro e de tantas ideias incontestáveis, ruíra completamente. O sistema econômico internacional, construído no decorrer de uma "era de progresso incessante", saiu da Primeira Guerra Mundial arrasado. Sem crédito e endividados, países que haviam mobilizado todos os seus esforços numa guerra sem precedentes se fecharam à importação e a crise foi se espraiando para outros mercados até atingir os Estados Unidos, a maior economia do mundo. A quebra da Bolsa de valores de Nova York equivaleu a um colapso da economia mundial.[1]

Mesmo antes da quebra, os cafeicultores paulistas estavam desesperados. A supersafra de 1929 havia provocado uma baixa alarmante no

---

[1] Harold James. *The end of globalization*: lessons from the Great Depression. Cambridge: Harvard University Press, 2003; Dietmar Rothermund. *The global impact of Great Depression, 1929-1939*. Nova York: Routledge, 2006.

preço do café.² Incapaz de auxiliar os agricultores sem comprometer a estabilidade cambial e o programa de reforma monetária, o governo federal preferiu manter o ajuste fiscal na esperança de atrair investimentos estrangeiros e assim equilibrar suas contas. A economia brasileira continuava dramaticamente dependente dos fluxos de capital da economia mundial para resgatar sua enorme dívida pública e movimentar o setor doméstico. Esta dependência alimentou sucessivas crises que acabariam por esgarçar o tecido social além da sua capacidade de resistência, minando as bases das alianças políticas e os limites do projeto de modernização imaginado para o país.³

Diante de uma recessão profunda e dos ressentimentos regionais, Washington Luís apostou todas suas fichas na eleição de Júlio Prestes para sucedê-lo na presidência da República. Contra a imposição de mais um paulista, formou-se uma aliança de forças erguendo a bandeira da "regeneração dos costumes políticos". A eleição ocorreu em março de 1930, dando a vitória a Júlio Prestes apesar das denúncias de fraude. A situação parecia se acalmar quando o candidato dissidente, João Pessoa (1878-1930), foi assassinado na Paraíba. Embora fosse um caso de crime passional, o assassinato serviu para despertar a opinião pública e impulsionar uma revolta contra o "governo oligárquico de Washington Luís". Articulados com um grupo de militares descontentes, as forças derrotadas nas eleições marcharam contra o Rio de Janeiro. O movimento de 1930 pôs fim de modo imprevisto e trágico ao projeto de poder da elite política paulista.⁴

REVOLUÇÃO E ORDEM

A chamada Revolução de 1930, em seus primeiros dias, proporcionou à população de São Paulo meios para que "desabafasse seus desvarios",

---

2   James P. Woodard, *op. cit.*, p. 192-195.

3   Winston Fritsch. "Apogeu e crise na Primeira República, 1900-1930". In: Marcelo de Paiva Abreu (org.), *op. cit.*, p. 31-72.

4   Vavy Pacheco Borges. "Anos trinta e política: história e historiografia". In: Marcos Cezar Freitas (org.). *Historiografia brasileira em perspectiva*. São Paulo: Contexto, 2003, p. 159-182.

escreveu Cândido Motta Filho.[5] "O povo paulistano, preocupado com seu trabalho, quase que indiferente aos acontecimentos políticos, tornou-se uma fera de mil cabeças à procura dos vencidos!", registrou o escritor que era também diretor do *São Paulo Jornal*, de propriedade do deputado Sílvio de Campos. Conhecida a deposição do presidente Washington Luís, na tarde do dia 24 de outubro de 1930, começaram as depredações. Jornais governistas foram empastelados; lojas de armas, saqueadas, e os escritórios de políticos proeminentes do PRP, destruídos. Uma multidão invadiu o escritório do deputado Cyrillo Júnior (1886-1965) no edifício Martinelli, atirando os móveis pela janela para serem queimados na rua. Os tumultos e depredações se espalharam pelo estado.[6] A delegacia do Cambuci, apelidada de "Bastilha", foi arrombada e depredada. Suas celas, estreitas e úmidas, foram fotografadas para serem exibidas como prova do "abuso de poder praticado pelos que tinham sob sua direção a manutenção da ordem pública".[7] Até a casa do delegado Laudelino de Abreu, do Dops, foi saqueada e incendiada. Ele perdeu tudo: a casa e o emprego.

O general Hastinfilo de Moura, representando a junta militar do Rio de Janeiro, assumiu o governo do estado e ordenou às suas tropas que impedissem a depredação dos prédios públicos. Em entendimento com a Força Pública, o general distribuiu uma nota conclamando a população a se afastar das ruas e evitar desordens.[8] O chefe de polícia, o delegado Mário Bastos Cruz, entregou o cargo a um capitão do exército, deixando a polícia sem comando.[9] A população precisava ser contida. Às três da madrugada, um carro buscou o professor Vicente Rao (1892-1978) na sua residência, para uma reunião com o general. Rao era membro da comissão executiva do Partido Democrático, presidente do Instituto dos Advogados e professor da Faculdade de Direito.

---

5   Cândido Motta Filho. *Contagem regressiva*. Rio de Janeiro: José Olympio, 1972, p. 149.
6   *Diário da Noite*, 24 de outubro de 1930; James P. Woodard, *op. cit.*, p. 209-212.
7   *Diário da Noite*, 25 de outubro de 1930.
8   *Diário de São Paulo*, 25 de outubro de 1930.
9   *Diário da Noite*, 25 de outubro de 1930; Leven Vampré. *São Paulo, terra ocupada*. São Paulo: Sociedade Impressora Paulista, 1932, p. 51.

Filho de imigrantes, o professor tinha um irmão padre, uma irmã freira e uma conhecida postura conservadora.[10] Pessoas influentes ligadas ao golpe haviam sugerido seu nome para ocupar a chefia de polícia. Rao convenceu o general que não seria conveniente empregar soldados para pôr ordem na cidade, comprometendo-se a conclamar os estudantes a saírem nas ruas pedindo à população que se abstivesse de qualquer tumulto ou violência.[11] Vicente Rao demitiu os delegados auxiliares, nomeando membros do seu partido para os cargos. Um deles, Aureliano Leite, acabava de sair da Cadeia Pública quando recebeu o recado para apresentar-se ao novo chefe de polícia.[12] Os delegados recém-empossados nomearam correligionários e afilhados políticos para preencher as vagas dos afastados. Em toda polícia, nomearam-se inspetores e subdelegados aos montes.

Um deles foi Mário Gonçalves, nomeado inspetor em 1931. Rememorando aqueles dias, contou que tinha que passar diariamente por uma lousa, na entrada da delegacia, para ver se o seu nome estava lá. Os funcionários eram admitidos e exonerados na ponta do giz. Com 18 anos incompletos, Gonçalves foi nomeado inspetor de 2ª classe a pedido do seu pai, um chefe político do Cambuci. O pai, vítima de um derrame, empregou os filhos para eles terem como se sustentar. Gonçalves ficou chocado com o que viu na polícia. "O senhor sabe o que é sair de uma escola de padres, onde eu passei toda a vida, para cair num lugar daqueles?" perguntou, relatando ter visto inspetores ébrios e viciados em jogo, em meio a outros que não tinham vergonha de se dizerem mancomunados com quadrilhas. Todos nomeados por algum padrinho."[13]

Longe das delegacias, os delegados exonerados viviam dias de apreensão. Alguns respondiam a processo, enquanto outros se escondiam na casa de pessoas influentes. Uns poucos foram presos, como o delegado Laudelino

---

10 Joseph Love, *op. cit.*, p. 240.
11 Leven Vampré, *op. cit.*, p. 55.
12 Aureliano Leite, *op. cit.*, 1955, p. 53.
13 Entrevista com o Dr. Mário Gonçalves em 19 de setembro de 1999. Apesar do início traumatizante, o entrevistado fez carreira na polícia, tornando-se um investigador bastante respeitado pelos colegas.

de Abreu (1894-1962).[14] Laudelino era pobre, filho de um modesto capataz de fazenda em Jaú, que gostava de lembrar dos seus antepassados ilustres, como Luís Fernandes de Abreu, um companheiro do bandeirante Jorge Velho. Precisando ajudar no sustento da família, Laudelino aceitou a nomeação de delegado de polícia assim que se bacharelou. Ele iniciou a carreira em 1920. Cinco anos depois era delegado regional em Ribeirão Preto. Biógrafos contam que seu "desempenho enérgico e sua coragem" chamaram a atenção dos seus superiores, além do que ele tinha um respeito profundo pela hierarquia e nutria uma verdadeira veneração por Washington Luís.[15]

O que os biógrafos não dizem é que sua desavença com políticos influentes da região o trouxe rapidamente para a capital. Depois de um tempo no comando do 1º distrito, recebeu a chefia do Dops "para garantir a ordem em São Paulo".[16] Em 1930, ele prendeu vários líderes exaltados da Aliança Liberal, apreendendo explosivos e material de propaganda.[17] Semanas depois, reprimiu uma marcha estudantil em homenagem a João Pessoa no Largo São Francisco. A polícia proibiu a manifestação, mas os estudantes não se intimidaram. Houve luta, depredações e tiros.[18] Os alunos da Faculdade de Direito arrancaram a sua foto do quadro de alunos e a queimaram em público. Meses depois, são os seus móveis que ardem em chamas. Sua casa é saqueada e os seus pertences, roupas e livros, incendiados no meio da rua.[19]

Laudelino foi preso acusado de usufruir da verba especial do Dops. Para aqueles que o conheciam, a acusação era absurda, pois o delegado era católico praticante e rigoroso em questões morais. Aberto o cofre da polícia e contabilizados os valores, verificou-se a correção das contas. Sem emprego,

---

14 *A Gazeta*, 30 de janeiro de 1931.

15 Prontuário nº 504 (IIRGD); entrevista com o Dr. José Ari Bauer, delegado aposentado, em 5 de janeiro de 2003.

16 John W. F. Dulles, *op. cit.*, p. 356.

17 Hélio Silva. *1930: a revolução traída*. Rio de Janeiro: Civilização Brasileira, 1972, p. 28.

18 *Jornal do Commércio*, 10 de agosto de 1930.

19 Benedito Nunes Dias. *Laudelino de Abreu (uma vida exemplar)*. São Paulo: Associação dos Delegados de Polícia do Estado de São Paulo, 1987, p. 28-30.

Laudelino mudou-se para Ribeirão Preto a convite do sogro, um médico ilustre da cidade.[20] Enquanto isso, os delegados menos visados encontravam-se todos os dias na casa do delegado Cisalpino de Souza (1892-1940), do Gabinete de Investigações. Cisalpino morava numa casa grande, na Alameda Nothman, cercado de filhos. Delegados lembram que as conversas eram interrompidas pelas brincadeiras das crianças. Um dia, ao chegarem, encontraram Cisalpino aprendendo a dirigir. Em tom de piada, o delegado diz que se o comunismo tomasse conta do país, ele poderia se virar como motorista de praça.[21] As reuniões na casa do delegado tinham o propósito de unir a classe e trocar informações sobre o rumo dos acontecimentos. O objetivo de todos ali era ser reintegrado na polícia. Muitos não tinham outro meio de vida; outros não admitiam abrir mão da carreira.

Um dos poucos funcionários graduados a permanecer no Gabinete de Investigações foi o engenheiro Moisés Marx. Perito em incêndio, eletricidade, mecânica e fotografia, o engenheiro recebeu a incumbência de dirigir aquela repartição. Anos mais tarde, diria que buscou fazer com que o "princípio da autoridade" voltasse a reinar num ambiente "tumultuado por aventureiros de toda espécie".[22] Exausto, o perito pediu sua substituição no dia 3 de dezembro de 1931. Para o seu lugar, o secretário da Segurança, general Miguel Costa (1885-1959), nomeou Antonio Bráulio de Mendonça Filho (1887-1959), um delegado exonerado arbitrariamente pelo governador Carlos de Campos em 1924. Menos de uma semana depois, Vicente Rao foi afastado da chefia de polícia acusado de proteger amigos e correligionários.[23] Começou então o período dos oficiais do exército no comando da polícia, sobre os quais também recaíram acusações de desvio de verbas e emprego de protegidos.[24]

20 Ibidem, p. 33.

21 Augusto de Gonzaga. "Cisalpino". APCSP, vol. I, 1º semestre 1941, p. 348-349.

22 Guido Fonseca. "Contribuição à História do Departamento Estadual de Investigações Criminais-DEIC". Arquivos da Polícia Civil, vol. XXXIX, 2º semestre 1982, p. 67; "In memoriam de Moysés Marx". Revista de Criminologia, ano I, nº 1, 1954, p. 201.

23 Edgar Carone. A República Nova (1930-1937). São Paulo: Difel, 1982, p. 292.

24 Leven Vampré, op. cit., p. 184.

Mendonça Filho era primo de José Carlos de Macedo Soares, presidente da Associação Comercial de São Paulo e uma das lideranças do PD. Entrou para a polícia em 1911. Foi subdelegado por quatro anos até ser nomeado delegado em 1915. Desde 1924, estava afastado da polícia, recorrendo na Justiça, quando foi chamado para reorganizar o Gabinete de Investigações.[25] O delegado iniciou anunciando aos jornais o fim das violências no Gabinete e a desativação das suas celas escuras e geladas. Alguns órgãos de imprensa comemoram o fato, cumprimentando-o por tirar a polícia da paralisia; outros acusaram-no de servir a um "grupo de politiqueiros ambiciosos".[26] Mendonça Filho intercedeu pelo reingresso dos antigos delegados, enquanto, em segredo, socorria colegas em situação econômica difícil.[27] Em seu prontuário podemos encontrar alguns desses pedidos, um dos quais em forma de poesia bem humorada:

> Amigo Bráulio, bom dia,
> Saúde e felicidade.
> De há muito que eu já sabia
> Da tua excelsa bondade,
> Atendendo, sem tardança,
> As agruras de um colega,
> Que chora como criança
> A falta de uma pelega
> Para comprar os feijões...
> Ora, assim sendo, confesso,
> Miquiado, sem dez tostões,
> Por meio desta, a ti peço
> Enviar-me, os meus quinhentões
> Com os quais devo comprar
> Esturricados feijões
> Para a prole alimentar.[28]

---

25 Prontuário nº 104 (IIRGD).
26 *Diário de São Paulo*, 10 de outubro de 1931; *O Tempo*, 19 de setembro de 1931.
27 Entrevista com a Sra. Josefina Scaramuzza em 25 de maio de 2005.
28 Carta datada de 14 de abril de 1932, escrita em papel timbrado da 1ª delegacia auxiliar. Anexada no prontuário nº 104 (IIRGD).

Provavelmente denunciado por algum desafeto, o delegado foi chamado a responder pelos gastos com a verba de diligências. Num ofício para o secretário da Justiça, ele explicou:

> V. Excia. sabe que a ação policial investigadora, que é a do Gabinete, se desenvolve na penumbra e no sigilo, sendo mesmo alguns dos seus passos dados sob a mais absoluta reserva (...). Em se tratando, então, das questões de ordem política, em que as investigações se desenrolam num ambiente de grandes responsabilidades e jogando com interesses que afetam a estabilidade dos poderes da nação, V. Excia., bem compreenderá a soma de precauções que devem ser tomadas para que não sejam divulgados nomes, máxime daqueles que, por abnegação ou interesse, vem em auxílio da polícia, fornecendo-lhe as informações de que necessita para conhecer, prevenir e reprimir os choques que se tramam.[29]

E assim o delegado Mendonça Filho justificou seus gastos "extras", além daqueles com material, gasolina, peças para os automóveis e gratificações. Muito habilidoso, o delegado construiu um bom relacionamento com o novo chefe de polícia, o major Osvaldo Cordeiro de Farias (1901-81), a quem convidou para conhecer as dependências do Gabinete de Investigações. O clima de incerteza reinante em São Paulo e a desconfiança em relação à Força Pública aproximaram os líderes revolucionários da polícia civil, que se colocou desde o primeiro dia a serviço da manutenção da ordem. No início de 1931, circularam rumores da preparação de uma revolta armada nas fileiras da Força Pública. Oficias são afastados e outros detidos. O comandante da Região Militar é transferido e os batalhões do exército, colocados de prontidão. Um ex-oficial escreveria que, alijada do poder e incomodada em servir àqueles a quem combatia antes do golpe de 1930, a Força Pública era um poço de ressentimento e frustração.[30]

---

29   Ofício do chefe do Gabinete de Investigações ao sr. Dr. Abrahão Ribeiro, secretário da justiça e da segurança pública, datado de 16 de outubro de 1931, e anexado no prontuário nº 104 (IIRGD).

30   Heliodoro Tenório & Odilon Aquino de Oliveira. *São Paulo contra a Ditadura*. São Paulo: Revista dos Tribunais, 1934, p. 65-108.

O chefe do Gabinete de Investigações convenceu o major Cordeiro de Farias que, para a polícia voltar a funcionar exemplarmente, teria que haver mais do que uma limpeza nos seus quadros: era preciso fazer uma reforma ampla de salários, cargos e legislação para tornar todos os funcionários da polícia estáveis. Desde a derrubada do regime em 1930, os inspetores de polícia se mobilizavam, pleiteando as mesmas garantias de trabalho dos delegados. O inspetor Pedro Cápua, figura popular entre os colegas e dono de uma academia de boxe na rua dos Gusmões, fundou uma agremiação chamada de Centro de Cultura Física Policial para unir sua classe.[31] Cápua reclamou a alguns jornalistas que sua classe vivia uma "dolorosa desunião" que a agremiação pretendia reverter. O inspetor declarou que "os da velha guarda", como ele, "devem mostrar aos nossos gratuitos detratores que o agente de polícia, o inspetor de segurança da polícia de São Paulo, não é um passivo, um cansado intelectual que sobejou na sociedade e se fez tira".[32] Cápua convidou Mendonça Filho e outros delegados para conhecerem a agremiação.

A ânsia por reformas levou o chefe do Gabinete de Investigações a anunciar a criação de uma Caixa Beneficente para garantir o sustento dos inspetores e das suas famílias em caso de invalidez. O delegado, em reunião aberta com os inspetores, pediu também a compreensão em relação aos atrasos de salário e prometeu que, tão logo a situação financeira do estado permitisse, os vencimentos seriam melhorados.[33] Com o apoio do chefe de polícia, iniciou-se uma depuração nos quadros de funcionários. Muitos são exonerados, outros, rebaixados. As reclamações enchiam os jornais.[34] O delegado Carvalho Franco participou ativamente das correições no Gabinete de Investigações. De 1931 a 1933, encontramos inúmeros despachos seus exonerando ou mantendo no cargo inspetores e escrivães de polícia. Desde 1931, ele vinha auxiliando o delegado Mendonça Filho na reestruturação do Gabinete. Muitas das sindicâncias levam

---

31 Juvenal de Queiroz. *No mundo do boxe*. São Paulo, 1989, p. 148.
32 *A Razão*, 17 de setembro de 1931.
33 *A Plateia*, 14 de setembro de 1931.
34 *O Dia*, 22 de junho de 1932; *A Gazeta*, 25 de junho de 1932.

a sua assinatura, como a do aspirante a inspetor Luiz Fernandes, denunciado por extorquir bicheiros. Carvalho Franco faz questão de destacar que Fernandes entrou para a polícia logo após a "Revolução". Além da denúncia que pesava contra o aspirante, o delegado escreveu que o mesmo era "indivíduo sem moral e desrespeitador do lar alheio" e que, nessas condições, "não deve continuar a desempenhar o cargo que ocupa".[35] Como esta, há outras sindicâncias onde Carvalho Franco pede a exoneração de funcionários envolvidos em furto, bebedeira, sumiço de fichas datiloscópicas, abandono de trabalho e brigas.

Quando a acusação recaía sobre um funcionário antigo, o delegado mudava de postura, fazendo uma clara defesa dos acusados, como no caso do inspetor Theophilo Tavares Paes. Neste caso, Carvalho Franco escreve que o acusado "tem sido há quinze anos um dedicado e honesto cooperador do renome que atingiu nesse estado a polícia de carreira". Antigo servidor de "reconhecida lealdade aos superiores com quem serviu", Paes foi acusado de desonestidade por inspetores exonerados. Carvalho Franco toma a defesa do policial, relatando que não há provas contra ele e indicia seus detratores por calúnia. Curioso é que os acusadores chamavam Paes de "carcomido", termo usado para se referir aos filiados do PRP.[36] Carvalho Franco toma a mesma atitude diante de outro antigo inspetor, Paschoal de Lucca, acusado pelas filhas da dona de uma mercearia de contrair dívidas em seu estabelecimento e ainda ameaçá-las. Carvalho Franco defende o policial, descrevendo-o como um funcionário de "comportamento exemplar", e afirma nos autos que as reclamantes eram "geniosas", causando o bate-boca com o inspetor.[37]

Restabelecida a hierarquia, os inspetores de polícia são finalmente transformados em servidores públicos, com direito a férias, aposentadoria e demais regalias.[38] Tudo dentro do espírito do novo governo, que desde seus primeiros dias prometeu direitos a todos os trabalhadores. Entre as entidades que faziam ape-

---

35 Relatório de sindicância do Gabinete de Investigações, datado de 11 de abril de 1931 (DGP).
36 *Ibidem*, datado de 12 de agosto de 1933 (DGP).
37 *Ibidem*, datado de 6 de março de 1931 (DGP).
38 Decreto nº 6.053 de 19 de agosto de 1933.

los nesse sentido, estava a Frente Negra Brasileira, formada por filhos e netos de escravos que exigiam o direito de seus membros serem aceitos na Guarda Civil. Desde que a corporação fora criada em 1926, representantes da comunidade negra protestavam contra o decreto do governo paulista proibindo o ingresso de negros na Guarda Civil.[39] Em 1932, eles conseguem uma audiência com Getúlio Vargas para reclamar o direito de ingressarem no serviço público. Seus membros contam que o presidente intercedeu por eles, ordenando que a Guarda Civil aceitasse 200 negros em suas fileiras. Para muitos, este foi o primeiro emprego fixo a proporcionar renda para educar e alimentar a família.[40]

Todas as delegacias auxiliares sofrem correição, com demissões e remoção de funcionários. Em 1931, o major Cordeiro de Farias nomeia o delegado José Ferreira da Costa Neto (1894-1939) para ocupar a 3ª delegacia auxiliar, por indicação de Mendonça Filho, seu amigo. Costa Neto assumiu o posto preocupado em aumentar o efetivo da Guarda Civil e em mostrar que a polícia estava mais atuante do que nunca para garantir a ordem na capital.[41] Com zelo exagerado, Costa Neto se pôs a "limpar" as ruas da cidade, prendendo prostitutas, curandeiros, cartomantes e vadios. O delegado Mendonça Filho conta que os jornais o acusavam de intransigente na aplicação da lei, ao que ele respondia dizendo que "estava pondo ordem onde só havia confusão". Fregueses de bares e cafés do Centro reclamavam da maneira espalhafatosa como eram revistados pela polícia, como se fossem "desordeiros prontuariados no Gabinete de Investigações".[42] Costa Neto declara a um jornalista que no momento a sua ação não estava sendo bem compreendida, mas depois todos o aplaudiriam. A um repórter que o criticava, Costa Neto teria retrucado: "Gosto de ser atacado pelos jornais. É um reclame gratuito para minha ascensão".[43]

---

39 Flávio Gomes. *Negros e política (1888-1937)*. Rio de Janeiro: Zahar, 2005, p. 46.

40 *Frente Negra Brasileira*: depoimentos/ entrevistas e textos; Márcio Barbosa. São Paulo: Quilombhoje, 1998, p. 55 e p. 86-89.

41 "Costa Neto". *APCSP*, vol. I, 1º semestre 1941, p. 337-343.

42 *A Plateia*, 11 de setembro de 1931.

43 "Costa Neto", *op. cit.*, p. 340.

Costa Neto era filho de comerciantes, estudou em Guaratinguetá e Santos, onde se preparou para entrar na Faculdade de Direito. Em 1920 inicia a carreira policial, chegando a delegado regional. Em outubro de 1930, foi exonerado junto dos seus pares, mas voltou pronto a exercer aquilo que se esperava das forças mantenedoras da ordem. Outro delegado que voltou a ocupar seu antigo posto foi Durval Vilalva (1895-1942), nomeado pelo major Cordeiro de Farias 1ª delegado auxiliar em maio de 1932. Titular da 1ª delegacia auxiliar desde 1927, até ser afastado pelo governo provisório em 1930, Vilalva era filho de um alto funcionário do Tribunal de Justiça.[44] Nomeado delegado em 1920 pelo Dr. Herculano de Freitas, amigo de seu pai, ele viu sua carreira deslanchar em 1924, quando foi incumbido de organizar o abastecimento das tropas legalistas durante o cerco à cidade. Terminado o conflito, ele foi promovido delegado de 1ª classe, logo depois ocupando a vaga de 2º delegado auxiliar. Nesse posto e, mais tarde, no de 1º delegado auxiliar, Vilalva construiu sua imagem de administrador eficiente, habilidoso para tratar com as pessoas e resolver situações difíceis.[45] O delegado Augusto Gonzaga, seu admirador, assim o descreveu ocupando o cargo de 1º delegado auxiliar:

> Vestia sempre pelos últimos figurinos: perfumes, novidades, gravatas finas, jóias de preço, padrões modernos da melhor casimira inglesa, eram, para ele, artigos de uso obrigatório. Sendo um elegante, um gentilhomem, não desdenhava a companhia dos mais modestos, fazia para eles um camarada simples e acessível. Sua natural bonomia permitia-lhe essa dupla feição. Agora vemo-lo pisando com desembaraço as alfombras palacianas; logo depois, ei-lo em camisa, à mesa de uma cantina do Brás...[46]

Tudo indica que o major Cordeiro de Farias não viu problemas em reconduzir Vilalva para o seu antigo cargo de diretor dos distritos da capital. Já para a 2ª delegacia auxiliar foi chamado de volta o delegado João Clímaco Pereira

---

44   "Durval Vilalva". *APCSP*, vol. IX, 1º semestre 1945, p. 636.

45   Prontuário nº 101 (IIRGD).

46   "Durval Vilalva", *op. cit.*, p. 636.

(1894-1943), que assumiu provisoriamente o comando das delegacias do interior do estado, mas se afastou em decorrência de problemas de saúde. Sabe-se que, originário do Rio de Janeiro, ele tinha parentes no exército e era cunhado do ex-chefe de polícia Thyrso Martins.[47] Para o seu lugar, o major Cordeiro Farias escolheu o delegado Afonso Celso de Paula Lima (1889-1951), um antigo quadro da polícia. Considerado pessoa de extrema educação pelos colegas, o delegado era neto do Visconde de Ouro Preto, que ele dizia ser o seu guia e modelo na vida pública e particular. Criado em Itu, Afonso Celso estudou nos melhores colégios, entrando para a polícia em 1914. Dizia publicamente que a polícia era uma das profissões mais importantes do mundo, cuja missão era "orientar as habilidades dos cidadãos". Sem ela não haveria civilização ou progresso, explicava.[48] Estes foram os delegados chamados para ocupar os mais altos postos da polícia paulista depois da derrubada de Washington Luís. Todos delegados de carreira, experientes e ligados à velha ordem, o que poderia levar um observador a imaginar que a chamada Revolução de 1930 mais se assemelha a uma contrarrevolução.

Em 1930, a cidade de São Paulo tinha quase um milhão de habitantes, dos quais 67% eram estrangeiros ou filhos de estrangeiros.[49] A agitação política brotava da falência do projeto de modernização e progresso idealizado pela elite paulista, desgastado pelas sucessivas crises econômicas. Da mesma forma que os policiais se movimentavam para reassumir seus postos, os trabalhadores se organizavam para reclamar as promessas da "Revolução". Nas portas de fábrica, comunistas, trotskistas e anarquistas incitavam os trabalhadores a se mobilizarem contra a redução dos salários e a carestia.[50] Diante desse quadro, os setores das classes dominantes que mais temiam as reivindicações populares optaram por convocar os velhos policiais para manter a ordem nas ruas e nas fábricas. Como escreveu Paulo Sérgio Pinheiro: "Na vi-

---

47 "Dr. João Climaco Pereira". *APCSP*, vol. VI, 2º semestre 1943, p. 353-356; prontuário nº 1000 (IIRGD).
48 "Dr. Afonso Celso de Paula Lima". *APCSP*, vol. XII, 2º semestre 1946, p. 592; prontuário nº 102 (IIRGD).
49 Michael Hall. "Imigrantes na cidade de São Paulo". In: Paula Porta (org.), *op. cit.*, p. 121.
50 John W. F. Dulles, *op. cit.*, p. 366-403.

são dos revolucionários, a massa sempre encontrava-se à beira do descontrole, e não faltava realismo a esta avaliação porque, enquanto dura, a multidão mostra um largo grau de autonomia"[51]

Militante comunista por longos anos, Astrojildo Pereira (1890-1965) garantiu que "em tempo nenhum, no Brasil, foi o movimento operário sujeito a tamanha violência como depois de 24 de outubro de 1930".[52] Os centros operários foram desmontados, tipografias fechadas, residências vasculhadas, livros e jornais destruídos. Em setembro, os órgãos da imprensa anunciaram a prisão de vários comunistas na Mooca, em uma diligência comandada pelo delegado Ignácio da Costa Ferreira (1892-1958).[53] Conhecido como Ferrignac, Costa Ferreira fora um artista de talento, ilustrando capas das revistas *A Cigarra*, *O Pirralho* e *Vida Moderna*. Fez parte do grupo de amigos íntimos do escritor Oswald de Andrade, frequentando sua *garçonnière* na rua Líbero Badaró e participando da Semana de Arte Moderna de 1922. Cosmopolita, culto e amante das artes, ingressou na polícia como comissário em 1925. Foi delegado do Gabinete de Investigações até ser exonerado com os colegas. Retornou como delegado titular do Dops.[54]

Diariamente os jornais noticiavam crimes e ameaças à vida dos moradores da Cidade. Os comunistas eram descritos como "estrangeiros a serviço de Moscou"; os *cáftens* como "abutres do tráfico de carne branca que não descansam"; a Penha como "o paraíso dos ladrões"; o Belenzinho como bairro "completamente despoliciado". Segundo o noticiário, os ladrões agiam impunemente, enquanto assassinos "bárbaros e sanguinários" continuavam à solta.[55] Enfim, o crime continuava assombrando a vida da Cidade e o Gabinete

---

51 Paulo Sérgio Pinheiro. *Estratégias da ilusão*: a Revolução Mundial e o Brasil (1922-35). São Paulo: Companhia das Letras, 1991, p. 264.

52 Marcos Tarcísio Florindo. *O serviço reservado da Delegacia de Ordem Política e Social de São Paulo na Era Vargas*. São Paulo: Editora Unesp, 2006, p. 48.

53 *A Plateia*, 5 de setembro de 1931.

54 Márcia Camargos. *13 a 18 de fevereiro de 1922. A Semana de 22: revolução estética?* São Paulo: Companhia Editora Nacional, 2007, p. 10-11; prontuário nº 427 (IIRGD).

55 *A Plateia*, 4, 5, 8, 16, 17 de setembro e 2 de outubro de 1931; *A Gazeta*, 10, 12 e 15 de setembro de 1931; *Diário da Noite*, 3, 9 e 16 de setembro de 1931; *Diário de São Paulo*, 5 de setembro de 1931.

de Investigações, principal órgão de combate à criminalidade, era assunto de uma série de matérias jornalísticas na *Folha da Noite*, mostrando sua ação incansável contra gatunos, ladrões, *cáftens*, traficantes, viciados, desordeiros, golpistas, vadios, assassinos e degenerados de toda espécie.[56] Essa guerra diária justificava o reforço do policiamento.

DESPEDIDA

Em junho de 1932, antes de partir para o Rio de Janeiro, o major Cordeiro de Farias agradeceu publicamente os delegados pela colaboração durante a sua gestão. À noite, jantou na casa do delegado Bráulio de Mendonça Filho em companhia da família do chefe do Gabinete de Investigações.[57] Começava ali um relacionamento duradouro entre os delegados paulistas e os novos defensores da ordem e da segurança nacional.

Em 1933, após São Paulo pegar em armas contra o governo federal, Armando Sales de Oliveira (1887-1945) assumiu provisoriamente o governo do estado. Uma das suas primeiras preocupações foi reconstruir a máquina estatal. Por decreto, a maioria dos delegados destituídos foram reincorporados. O ex-delegado Laudelino de Abreu voltou prestigiado, assumindo o recém-criado cargo de Corregedor Geral de Polícia. Os cargos de delegado de polícia ficam assegurados por lei.[58] Os delegados auxiliares, entronados em seus postos, passam a ser chamados de "cardeais" pelos subalternos. Deles emanavam as decisões administrativas, as promoções e punições. Efetivamente, a polícia civil respondia a eles e eles ao secretário da Segurança e ao governador. Defendendo a posição conquistada, os delegados auxiliares fundamentavam seu poder argumentando que eram "todos antigos policiais que adquiriram madura experiência da vida e do serviço, estando assim habilitados a discer-

---

56   *Folha da Noite*, 8, 10, 11, 12 de outubro de 1931. Interessante notar que as matérias foram assinadas por um repórter que era também inspetor de polícia.

57   *Diário de São Paulo*, 8 de junho de 1932.

58   "A Polícia de Carreira e o Anti-Projeto de Constituição do Estado – Memorial apresentado pelo Dr. Amando Soares Caiuby à Assembleia Constituinte". In: *Archivos de Polícia e Identificação*, vol. I, 1936-1937, p. 181-188.

nir o defeito e a virtude do procedimento da cada um". Havendo "atingido o pináculo da carreira", estariam mais preparados e "a coberto de fraquezas ou sentimentos de rivalidade".[59]

No dia 10 de novembro de 1937, Getúlio Vargas, com apoio do exército, fecha o Congresso Nacional alegando a iminência de um golpe comunista. Logo após o anúncio do presidente, o major Dúlcidio do Espírito Santo Cardoso (1896-1978) se apresenta em São Paulo para assumir a Secretaria da Segurança Pública. Cardoso fora chefe interino da polícia carioca e conhecia a maior parte da cúpula policial paulista. Ele traz uma mensagem do presidente explicando que o país precisava de união e ordem. O novo secretário faz questão de prestigiar a polícia paulista, que respondeu cerrando fileiras com o novo regime.[60] O delegado auxiliar Afonso Celso, professor da Escola de Polícia, bem que dizia: "O mundo segue uma evolução vertiginosa, as idéias avançam e as doutrinas se modificam e o policial deve ser o fiel da balança; deve controlar, dirigir, aplainar, moldar, consertar e às vezes até destruir".[61]

CONCLUSÃO

O chefe de polícia Sebastião José Pereira lamentava que era impossível prevenir e reprimir os crimes "sem meios pecuniários e sem pessoal suficiente". Talvez um dia, quando o "progresso e a civilização" trouxessem a "reforma dos homens e dos costumes", o Estado pudesse "prescindir de agentes armados", discorria o chefe de polícia em 1871.[62] São Paulo era então uma província muito pouco policiada, com soldados indisciplinados, precariamente equipados e delegados provisórios. Seis décadas depois, em 1936, São Paulo

---

59 "Representação dos Delegados Auxiliares da Polícia do Estado ao Sr. Secretário da Segurança Pública". *APCSP*, vol. XI, 1º semestre 1946, p. 461.

60 "Cem anos de Polícia". *APCSP*, vol. V, 1º semestre 1943, p. 88-89; Isabel Beloch & Alzira Alves de Abreu (coord.), *op. cit*, vol. 1, p. 625-626; Getúlio Vargas. *Diário*. Vol. II, 1937-1942. São Paulo: Siciliano/Editora FGV, 1995, p. 521.

61 Afonso Celso de Paula Lima. "O Policial". *Arquivos de Medicina Legal e Identificação*, Rio de Janeiro, ano IV, nº 10, 1934, p. 192. Palestra proferida no Congresso Nacional de Polícia realizado no Rio de Janeiro em 18 de junho de 1934.

62 Relatório de 1871, *op. cit.*, p. 2 e 8.

orgulhava-se de possuir uma polícia robusta e equipada, com um serviço de Rádio Patrulha, três mil Guardas Civis fardados patrulhando as ruas, delegacias especializadas, laboratórios de criminalística, delegados estáveis e bem remunerados e 6.214 soldados de prontidão nos quartéis da Força Pública.[63] Acima deste aparato estava um delegado de carreira, respondendo pela Secretaria da Segurança Pública. O delegado Artur Leite de Barros Júnior (1892-1962), antigo membro do Gabinete de Investigações e discípulo declarado de Virgilio do Nascimento, foi o primeiro delegado a ocupar a secretaria, denotando o prestígio alcançado pela sua classe. A presença intrusiva da polícia na vida dos moradores de São Paulo era justificada, no relatório de 1936, como uma "garantia real do direito dos indivíduos insolitamente ameaçados" por "elementos que tentam quebrar o equilíbrio social". Graças à polícia, afirmava o relatório, a sociedade podia desfrutar "tranqüila o seu direito ao progresso e à cultura ascendente".[64]

Entre estas duas falas, ocorreram mudanças profundas na sociedade paulista. De regime escravista, regido por formas paternalistas de deferência e controle social, São Paulo passou a uma sociedade de massas, regulada e disciplinada para atender às demandas do capitalismo industrial. Em um espaço relativamente curto de tempo, a sociedade paulista tornou-se policiada e acostumada com policiais na soleira de sua porta. Esse processo foi, no entendimento de alguns, parte de um projeto civilizador pautado pela imposição de normas de conduta e padrões de comportamento que a aproximava do modelo de ordem europeu. Esse projeto, que pode muito bem ser chamado de "civilização do delegado", para usar uma expressão da época, produziu tensões, conflitos e formas de resistência; ainda assim, foi parte importante das transformações impostas por uma série histórica de eventos que impulsionaram a formação de uma rede complexa de interdependências que dava consistência ao mundo moderno.

---

63 *Diário de São Paulo*, 5 de julho de 1936; José César Pestana. *Manual de organização policial do estado de São Paulo*. São Paulo: Escola de Polícia, 1959, p. 211.

64 Relatório do Gabinete de Investigações do ano de 1936. São Paulo: Secretaria da Segurança Pública do Estado de São Paulo, 1936, p. 231.

A polícia, no entanto, não foi fruto de um desenvolvimento natural a reboque do processo civilizador. Ela resultou, em grande medida, de uma história política, social e cultural. A reforma e modernização da polícia paulista foram conduzidas e impostas por uma elite formada pelos indivíduos mais ricos e poderosos de São Paulo, que haviam acumulado fortunas com a agricultura e o comércio e procuravam proteger seus investimentos e patrimônio se apoderando do estado. Porém, como bem frisou Revel, as instituições não são simples instrumentos da classe dominante, mas parte da configuração do jogo social.[65] Entre suas múltiplas funções, a polícia atendia queixas, prestava socorro e arbitrava conflitos; aplicava novas normas e obedecia práticas antigas; materializava os medos da classe dominante atemorizada com o crescimento da classe operária e do recrudescimento dos movimentos sociais, enquanto servia de guardiã dos medos da ampla maioria dos moradores de São Paulo, apavorados com o aumento da criminalidade. Através dela, pessoas oriundas dos setores mais desassistidos da sociedade, com pouca instrução, conseguiram construir uma identidade no terreno social como policiais; e bacharéis pertencentes aos setores privilegiados obtiveram prestígio e reconhecimento social como delegados. A polícia oferecia aos seus integrantes a possibilidade de um emprego regular atrelado à máquina estatal, mas também reconhecimento dentro de uma escala de poder como representantes da própria essência do Estado moderno. Nesse sentido, a polícia representou uma oportunidade de inserção em um mundo onde tudo parecia mudar num ritmo acelerado.

As micro-histórias que povoam o texto refletem justamente esse mundo, no qual indivíduos de origem e trajetórias diversas procuravam se inserir no campo social, em um cenário onde as relações humanas eram dissolvidas e reinventadas. São Paulo viu fazendeiros converterem-se em industriais e banqueiros; políticos em sócios de empresas multinacionais; cocheiros, pintores e serventes em agentes de polícia; bacharéis, escritores e artistas em delegados de carreira; operárias em cortesãs; imigrantes pobres em cabos eleitorais; crianças em gatunos; assassinos em celebridades; um negro em

---

65 Jacques Revel, *op. cit.*, p. 137.

dono de revista; trabalhadores desenraizados em anarquistas; operários explorados em classe social. Essas trajetórias espelham um aspecto que marcou a modernidade: a desarticulação de identidades e a abertura de novas articulações. Identidades que no passado tinham fornecido sólidas localizações para os indivíduos precisaram se readequar para se inserirem no interior das estruturas sustentadoras da sociedade moderna.[66]

A modernidade foi em grande parte uma construção de identidades novas, argumenta Colin Heywood. Para o historiador da Universidade de Nottingham, o século XIX assistiu à formação de várias comunidades imaginadas formadas pelo fluxo intenso de pessoas e mudanças nas condições materiais de vida. Pessoas se deslocavam do campo para a cidade, de cidade em cidade ou mesmo de países. Ofícios inovadores, vivências, dificuldades, desilusões e convicções moldaram identidades individuais e coletivas, forjando novas redes sociais. Essas comunidades, grandes ou pequenas, do tamanho de países ou clubes recreativos, proporcionaram fontes de significado para os seus próprios atores.[67]

Foi no decorrer desse processo que a necessidade de identificar um grande contingente humano atraiu a inventividade de pessoas como Bertillon, Vucetich, Henry e Reiss, lhes conferindo um lugar de destaque no mundo social e no imaginário coletivo. Essa onda criativa sem um centro particular, fundada na circulação de ideias, por isso transnacional, permitiu assentar as bases de uma nova polícia, possuidora de um corpo treinado e detentora de um conhecimento específico. Despertando para essa realidade, o criminalista francês Edmond Locard se lançou na tarefa de compor uma enciclopédia em vários volumes para reunir o conhecimento e as experiências acumulados por todo o mundo no campo da investigação policial. A luta contra o crime era, para ele e muitos outros, universal, e quanto mais divulgadas suas formas de ação, mais a humanidade avançaria.[68]

---

66 Stuart Hall & Bram Gieben (ed.). *Formations of modernity*. Cambridge, UK: Polity, 2010; Stuart Hall. *A identidade cultural na pós-modernidade*. Rio de Janeiro: DP&A, 2011.

67 Colin Heywood. "Society". In: T. C. W. Blanning, *op. cit.*, p. 47-77.

68 Michel Mazévet, *op. cit.*, p. 141-142. O *Traité de Criminalistique* de Locard foi redigido entre 1931 e 1940 e se tornou o livro base da investigação policial.

Essa polícia essencialmente moderna, inspirada em novelas e chamada por alguns de polícia científica, serviu de modelo para muitas instituições, entre elas a polícia de São Paulo. A *expertise* desse novo tipo de polícia, valorizada em todo o mundo, foi fundamental para os delegados paulistas atingirem um *status* profissional que lhes permitiu ocupar um lugar privilegiado no jogo social. A partir da construção de uma identidade própria e uma carreira estável, os delegados puderam se inserir nos quadros da administração pública, mostrando-se suficientemente articulados para resistir aos terremotos políticos dos anos 1930 e levar a reboque a manutenção do aparato policial construído, em parte, por eles mesmos.

Com essa abordagem, pretendemos demonstrar que a modernização da polícia paulista está associada a um fenômeno transnacional, alimentado por múltiplas redes que ligavam pessoas e instituições além das fronteiras geográficas. Essa visão panorâmica possibilita perceber que a história se dá também na circulação, no movimento e encontro de ideias e pessoas, e não apenas no cenário local, registrado em fragmentos que revelam um passado carregado de incerteza, insegurança e violência, assim como o nosso presente.

FONTES E BIBLIOGRAFIA

1. ARQUIVOS E BIBLIOTECAS

Academia de Polícia Dr. Coriolano Nogueira Cobra (Acadepol)

Arquivo Público do Estado de São Paulo (Apesp)

Arquivo do Tribunal de Justiça de São Paulo (ATJSP)

Associação dos Delegados de Polícia do Estado de São Paulo (ADPESP)

Biblioteca da Faculdade de Filosofia, Letras e Ciências Humanas da USP

Biblioteca "Laudelino de Abreu" da Delegacia Geral de Polícia (DGP)

Biblioteca "Mário de Andrade"

Biblioteca "Prefeito Prestes Maia"

Biblioteca "Virgilio do Nascimento" da Academia de Polícia Dr. Coriolano Nogueira Cobra (Acadepol)

Delegacia Geral de Polícia (DGP)

Instituto de Identificação Ricardo Gumbleton Daunt (IIRGD)

Museu do Crime de São Paulo (Acadepol)

Sindicato dos Investigadores de Polícia do Estado de São Paulo – Coleção "Milton Berdnaski" (Sipesp)

2. RELATÓRIOS OFICIAIS E OUTRAS FONTES DOCUMENTAIS

Relatórios dos chefes de polícia de São Paulo (DGP) (Apesp)

Relatórios do Gabinete de Investigações (DGP)

Relatórios de chefes de polícia e governadores de outros estados (Apesp)

Mensagens do Presidente do Estado de São Paulo ao Congresso Legislativo (Apesp)

Prontuários de delegados e pessoas fichadas (IIRGD)

Livro de inquéritos policiais (DGP)

Livro de ocorrências, mensagens, correspondência e descarga, 1922-34 (DGP)

Livro de ofícios do Gabinete de Investigações: Ordem do Dia, 1926-27 (DGP)

Boletim Policial, 1907-14 (DGP)

Almanaque da Polícia Civil de São Paulo, 1941 (DGP)

Arquivos da Polícia Civil do Estado de São Paulo (*APCSP*), 1941-54 (DGP)

Arquivos da Polícia Civil: Revista técnico-policial (ADPESP)

Arquivos de Polícia e Identificação, 1934-40 (DGP)

Arquivos de Medicina Legal e Identificação, 1934-36 (DGP)

Arquivos da Polícia do Distrito Federal, 1934 (DGP)

Arquivos de Medicina Legal, 1924-41 (Acadepol)

Revista da Faculdade de Direito de São Paulo, 1902-30 (Acadepol)

Diários do delegado Cantinho Filho. 2 volumes, 1907-18 (coleção particular)

Processos criminais (ATJSP)

3. JORNAIS E REVISTAS

Correio Paulistano, O Estado de São Paulo, Diário da Noite, Diário de São Paulo, A Gazeta, A Plateia, Folha da Noite, O Commércio de São Paulo, O Combate, O Parafuso, A Careta, A Cigarra, O Malho.

4. BIBLIOGRAFIA

ABOUT, Ilsen & DENIS, Vincent. *Histoire de l'identification des personnes*. Paris: La Découverte, 2010.

ABREU, Marcelo de Paiva (org.). *A Ordem do Progresso*: cem anos de política econômica republicana, 1889-1989. Rio de Janeiro: Elsevier, 1990.

ACKROYD, Peter. *Dickens' London*: an imaginative vision. Londres: Headline, 1989.

ADDOR, Carlos Augusto. *A Insurreição Anarquista no Rio de Janeiro*. Rio de Janeiro: Dois Pontos, 1986.

ADLER, Jeffrey S. *First in violence, deepest in dirt*: homicide in Chicago, 1875-1920. Cambridge, MA: Harvard University Press, 2006.

ADORNO, Sérgio. *Os aprendizes do poder*. São Paulo: Paz e Terra, 1988.

AGUIRRE, Carlos A. & BUFFINGTON, Robert. *Reconstructing criminality in Latin America*. Delaware: Scholarly Resources, 2000.

_____. *The Criminals of Lima and their worlds*: the prison experience, 1850-1935. Durham: Duke University Press, 2005.

ALBERT, Bill. *South America and the First World War*: the impact of war in Brazil, Argentina, Peru and Chile. Nova York: Cambridge University Press, 2002.

ALBUQUERQUE, Lincoln de. *A vida dos ladrões*. São Paulo: Officinas Typographicas do Diário Español, 1924.

ALLINNE, Jean-Pierre & SOULA, Mathieu (dir.). *Les récidivistes*: représentations et traitements de la récidive XIX-XXIe siècle. Rennes: Presses Universitaires de Rennes, 2010.

ALMEIDA, A. Tavares de. *Oeste Paulista*: a experiência etnográfica e cultural. Rio de Janeiro: Alba Editora, 1943.

ALMEIDA JR., João Mendes de. *O Processo Criminal Brasileiro*. Rio de Janeiro: Typ. Baptista e Souza, 1920.

ALONSO, Ângela M. *Ideias em movimento*: a geração de 70 na crise do Brasil Império. Rio de Janeiro: Paz e Terra, 2002.

ALVAREZ, Marcos César. *Bacharéis, criminologistas e juristas*: saber jurídico e Nova Escola Penal no Brasil. São Paulo: Método, 2003.

AMARAL, Pedro Ferraz do. *Celso Garcia*. São Paulo: Livraria Martins Editora, 1972.

AMERICANO, Jorge. *São Paulo nesse tempo (1915-35)*. São Paulo: Melhoramentos, 1962.

ANDERSON, Bernard. *Imagined communities*. Nova York: Verso, 1991.

ANDRADE, Euclides & CÂMARA, Hely F. da. *A Força Pública de São Paulo*: esboço histórico (1831-1931). São Paulo: Sociedade Impressora Paulista, 1931.

ANDRADE, Oswald de. *Um homem sem profissão*. Rio de Janeiro: Civilização Brasileira, 1976.

ANDREW, Christopher. *Defend the realm*: the authorized history of MI5. Nova York: Vintage, 2009.

ANDRZEJEWSKI, Anna Vemer. *Building Power*: architeture and surveillance in victorian America. Knoxville: The University of Tennessee Press, 2008.

AQUINO, Maria Aparecida *et al* (org.). *No coração das trevas*: O DEOPS/SP visto por dentro. São Paulo: Imprensa Oficial, 2001.

_____. *A constância do olhar vigilante*: a preocupação com o crime político. São Paulo: Imprensa Oficial, 2002.

ARAÚJO, Vicente de Paula. *A Bela Época do cinema brasileiro*. São Paulo: Perspectiva, 1976.

AVRICH, Paul. *Anarchist portraits*. New Jersey: Princeton University Press, 1988.

AZEVEDO, Célia Marinho. *Onda negra, medo branco*: o negro no imaginário das elites no século XIX. São Paulo: Paz e Terra, 1987.

AZEVEDO, Elciene *et al* (org.). *Trabalhadores na cidade*: cotidiano e cultura no Rio de Janeiro e em São Paulo, séculos XIX e XX. Campinas: Editora da Unicamp, 2009.

BACELLAR, Carlos de Almeida Prado & BRIOSCHI, Lucila Reis (org.). *Na Estrada do Anhanguera*: uma visão regional da história paulista. São Paulo: Humanitas, 1999.

BADE, Klaus J. *Migration in European History*. Malden, MA: Blackwel, 2003.

BAILEY, John & Dammert. *Public security and police reform in the Americas*. Pittsburg: University of Pittsburg Press, 2006.

BAIERL, Luzia Fátima. *Medo social*: da violência visível ao invisível da violência. São Paulo: Editora Cortez, 2004.

BANTON, Mandy. *Administering the Empire, 1801-1968*. Londres: Institute of Historical Research/The National Archives of the UK, 2008.

BARBOSA, Rui. *Criminologia e Direito Criminal*. Campinas: Editora Romana, 2003.

BARBUY, Heloisa. *A Cidade-Exposição*: comércio e cosmopolitanismo em São Paulo, 1860-1914. São Paulo: Edusp, 2006.

BARTELT, Dawid Danilo. *Sertão, República e Nação*. São Paulo: Edusp, 2009.

BASTOS, Tavares. *A Província*: estudo sobre a descentralização no Brazil. São Paulo: Companhia Editora Nacional, 1937.

BATTIBUGLI, Thaís. *Polícia, democracia e política em São Paulo (1946-1964)*. São Paulo: Humanitas, 2010.

BAUMAN, Zygmunt. *Confiança e medo na cidade*. Rio de Janeiro: Zahar, 2009.

BAYLEY, David H. *Police for the future*. Nova York: Oxford University Press, 1996.

_____. *Padrões de policiamento*. São Paulo: Edusp, 2001.

BAYLY, C. A. *The birth of the modern world, 1780-1914*. Malden, MA: Blackwell, 2005.

BECKER, Peter & WETZELl, Richard F. (ed.). *Criminals and their Scientists*: the history of criminology in international perspective. Nova York: Cambridge University Press, 2006.

BEIGUELMAN, Paula. *Pequeno estudo de ciência política*. São Paulo: Pioneira, 1973.

_____. *A crise do escravismo e a grande imigração*. São Paulo: Brasiliense, 1981.

BEIRNE, Pierre. *Inventing criminology*. Albany: State University of New York Press, 1993.

BELOCH, Israel & ABREU, Alzira Alves de (coord.). *Dicionário histórico-biográfico brasileiro (1930-83)*. Rio de Janeiro: Forense Universitária, 1984.

BENDER, Thomas (ed.). *Rethinking American History in a Global Age*. Berkeley: University of California Press, 2002.

BENJAMIN, Walter. *Passagens*. São Paulo: Editora UFMG, 2009.

BERLIÈRE, Jean-Marc. *Le monde des polices en France*. Bruxelas: Editions Complexe, 1996.

_____; DENYS, Catherine; KALIFA, Dominique; MILLIOT, Vincent (dir.). *Métiers de Police*: Être policier en Europe, XVIII-XXe siècle. Rennes: Presses Universitaires de Rennes, 2008.

_____; LÉVY, René. *Histoire des Polices en France*. Paris: Nouveau Monde Éditions, 2011.

_____. *Naissance de la police moderne*. Paris: Perrin, 2011.

BERNARDI, Célia de. *O lendário Meneghetti*: imprensa, memória e poder. São Paulo: Annablume, 2000.

BITTENCOURT FILHO, João Lucio de. *Consolidação das leis policiais em vigor no estado de São Paulo*. São Paulo: Livraria Zenith, 1931.

BITTNER, Egon. *Aspectos do trabalho policial*. São Paulo: Edusp, 2003.

BLANNING, T. C. W. *The nineteenth century Europe, 1789-1914*. Nova York: Oxford University Press, 2000.

BLOK, Anton. *Honour and violence*. Cambridge, UK: Polity, 2001.

BOAVENTURA, Maria Eugenia. *O salão e a selva*: uma biografia de Oswald de Andrade. Campinas: Editora da Unicamp, 1995.

BONANNO, Joseph. *A man of honor*: The autobiography of a godfather. Londres: Unwin, 1984.

BORDUA, David J. (ed.). *The Police*: six sociological essays. Nova York: Wiley, 1967.

BOTANI, Aparecida Sales Linares. *Justiça e polícia na administração provincial*. Manuscrito sem notas tipográficas. 285 p.

BOURRAT, Jean-Batiste & SIRVY, Sophie de (dir.). *Dans les Secrets de la police*: quatre siècle d'histoire, de crimes et le faits divers dans les archives de la Préfecture de Police. Paris: L'Iconoclaste, 2008.

BRAUDEL, Fernand. *Gramática das civilizações*. São Paulo: Martins Fontes, 2004.

BRESCIANI, Maria Stella Martins. *Liberalismo*: ideologia e controle social. Um estudo sobre São Paulo de 1850-1910. Tese (doutorado) – Departamento de História da USP, São Paulo, 1976.

BRETAS, Marcos Luiz. *Ordem na cidade*: o exercício do da autoridade policial no Rio de Janeiro, 1907-1930. Rio de Janeiro: Rocco, 1997.

BROTERO, Frederico de Barros. *Tribunal de Relação e Tribunal de Justiça de São Paulo sob o ponto de vista genealógico*. São Paulo, 1941.

_____. *Bacharéis de 1896*: traços biográficos e genealógicos. São Paulo: [n.e.], 1947.

BROWN, Stephen R. *A most damnable invention*: dynamite, nitrates, and the making of the modern world. Nova York: St Martin's Press, 2005.

BRUNO, Ernani Silva. *O planalto e os cafezais*. São Paulo: Cultrix, 1959.

BUENO, Clodoaldo. *Política externa da Primeira República*: os anos de apogeu – de 1902 a 1918. São Paulo: Paz e Terra, 2003.

BUENO, José Antônio Pimenta. *Apontamentos sobre o processo criminal brasileiro*. Lisboa: Livraria Clássica Editora, 1910.

BUFFINGTON, Robert M. *Criminal and citizen in modern Mexico*. Lincoln: University of Nebraska Press, 2000.

BULMER-THOMAS, Victor. *The economic history of Latin America since Independence*. Nova York: Cambridge University Press, 2003.

CAIUBY, Amando. *Noites de plantão*. São Paulo: [s.e.], 1923.

CALDEIRA, Teresa Pires do Rio. *Cidades de muros*: crime, segregação e cidadania em São Paulo. São Paulo: Editora 34/Edusp, 2000.

CAMARGOS, Márcia. *13 a 18 de fevereiro de 1922. A Semana de 22*: revolução estética? São Paulo: Companhia Editora Nacional, 2007.

CAMPOS, Cândido Malta. *Os rumos da cidade*: urbanismo e modernização em São Paulo. São Paulo: Senac, 2002.

CAMPOS, Cristina de. *Ferrovias e saneamento em São Paulo*: o engenheiro Antônio Francisco de Paula Souza e a construção da rede de infraestrutura territorial e urbana paulista, 1870-1893. Campinas: Pontes Editores, 2010.

CANCELLI, Elizabeth. *O mundo da violência*: a polícia na Era Vargas. Brasília: EdUnB, 1993.

CANO, Wilson. *Raízes da concentração industrial em São Paulo*. Rio de Janeiro: Difel, 1977.

CAPELATO, Maria Helena. *Os arautos do liberalismo*: imprensa paulista (1920-1945). São Paulo: Brasiliense, 1989.

CAPLAN, Jane & TORPEY, John (ed.). *Documenting individual identity*: the development of State practices in modern world. New Jersey: Princeton University Press, 2001.

CAPOZZOLA, Christopher. *Uncle Sam Wants You*: World War I and the making of modern American citzen. Nova York: Oxford University Press, 2010.

CARDOSO, Vicente Licinio (org.). *À margem da história da República*. Brasília: EdUnB, 1981.

CARNEIRO, Maria Luiza Tucci et al (ed.). *História do trabalho e histórias da imigração*. São Paulo: Edusp, 2010.

CARONE, Edgard. *A República Velha I e II (1889-1930)*. São Paulo: Difel, 1983.

_____. *A República Nova (1930-1937)*. São Paulo: Difel, 1982.

CARVALHO, José Murilo de. *A construção da ordem*. Rio de Janeiro: Relume, 1982.

_____. *A formação das almas*: o imaginário da República no Brasil. São Paulo: Companhia das Letras, 2006

_____ (org.). *Nação e cidadania no Império*: novos horizontes. Rio de Janeiro: Civilização Brasileira, 2007.

CARVALHO, Selma Siqueira. *Dioguinho (1863-1897)*: estudo de um caso de um bandido paulista. Dissertação (mestrado em Ciências Sociais) – PUC/SP, São Paulo, 1988.

CASALECCHI, José Ênio. *O Partido Republicano Paulista*: política e poder (1889-1930). São Paulo: Brasiliense, 1987.

CASTRO, Ana Claudia Veiga de. *A São Paulo de Menotti del Picchia*. São Paulo: Alameda, 2008.

CASTRO, Norberto de. *Organização policial do estado de São Paulo*. São Paulo: Sociedade Impressora Paulista, 1929.

CAULFIELD, Sueann. *Em defesa da honra*: moralidade, modernidade e Nação no Rio de Janeiro (1918-1940). Campinas: Editora da Unicamp, 2000.

CHALHOUB, Sidney. *A guerra contra os cortiços*. Cidade do Rio, 1850-1906. Campinas: Editora da Unicamp, 1999.

_____. *Trabalho, lar e botequim*. Campinas: Editora da Unicamp, 2008.

CHARNEY, Leo & SCHWARTZ, Vanessa R. *Cinema and the invention of modern life*. Berkeley: University of California Press, 1995.

CHEVALIER, Louis. *Laboring classes & dangerous classes in Paris during the first half of nineteenth century*. Nova York: Howard Fertig, 2000.

CHOUDHURY, Deep Kanta Lahiri. *Telegraphic imperialism*: crisis and panic in the Indian Empire, c. 1830. Nova York: Palgrave, 2010.

COBRA, Coriolano Nogueira. *Manual de investigação policial*. São Paulo: Saraiva, 1987.

COHEN, Albert K. *Transgressão e controle*. São Paulo: Pioneira, 1968.

COHEN, Ilka Stern. *Bombas sobre São Paulo*: a revolução de 1924. São Paulo: Editora Unesp, 2007.

COLE, Simon A. *Suspect identities*: a history of fingerprint and criminal identification. Cambridge: Harvard University Press, 2002.

COLLINS, Paul. *The Murder of the Century*: the gilged age crime that scandalized a city & sparked the tabloid wars. Nova York: Crown, 2011.

CONDE, R. C. *Historia de la polícia de la cidade de Buenos Aires*. Buenos Aires: Biblioteca Policial, 1935.

CONRAD, Sebastian & SACHSENMAIER, Dominic (ed.). *Competing visions of world order*: global moments and movements, 1880s-1930s. Nova York: Palgrave, 2008.

CORRÊA, Joyce Luziara & ASSEF Júnior, Valdir. "Segurança Pública: construindo espaços de diálogo". *Revista Brasileira de Segurança Pública*, ano 4, edição 7, ago./set. 2010.

CORRÊA, Mariza. *Morte em família*. Rio de Janeiro: Graal, 1983.

CORRÊA, Valmir Batista. *Coronéis e bandidos em Mato Grosso (1889-1944)*. Tese (doutorado) – Departamento de História da USP, São Paulo, 1981.

COSER, Lewis A. & ROSEMBERG, Bernard (org.). *Sociological Theory*. Nova York: Macmillan, 1964.

COSTA, Emilia Viotti. *Da Monarquia à República*. São Paulo: Editora Unesp, 2007.

COURTWRIGTH, David T. *Forces of habit*: drugs and the making of modern world. Cambridge: Harvard University Press, 2000.

CRAGIN, Thomas. *Murder in parisian streets*: manufacturing crime and justice in the popular press, 1880-1900. Lewisburg: Bucknell University Press, 2006.

CRUZ, Heloisa F. "Mercado e Polícia em São Paulo (1890-1915)". *Revista Brasileira de História*, vol. 7, n° 14, 1987.

CRUZ, João Francisco da. *Tratado de Polícia*. São Paulo: Revista dos Tribunais, 1932.

CURTHOYS, Ann & LAKE, Marilyn (ed.). *Connected worlds*: history in transnational perspective. Camberra: Australian National University Press, 2005.

D'ÁGUA, Flávio Borda. *Catástrofe e ordem pública*: o terremoto de 1755 e a criação da Intendência-Geral da Polícia da Corte e do Reino. Disponível em: <http://unige.academia.edu/FlavioBordadAgua>. Acesso em: 7 jun. de 2011.

DALLARI, Dalmo Abreu. *O Pequeno Exército Paulista*. São Paulo: Perspectiva, 1977.

DAMATTA, Roberto & SOÁREZ, Elena. *Águias, burros e borboletas*: um estudo antropológico do jogo do bicho. Rio de Janeiro: Rocco, 1999.

DARMON, Pierre. *Médicos e assassinos na Belle Époque*. São Paulo: Paz e Terra, 1991.

DAUNTON, Martin & RIEGER, Bernhard (ed.). *Meanings of modernity*: Britain from the Late-Victorian Era to World War II. Oxford: Berg, 2001.

DAVIS, Diane E. & PEREIRA, Anthony W. (ed.). *Irregular Armed Forces and their role in politics and state formation*. Nova York: Cambridge University Press, 2008.

DE NIS, E. C. *La policia y sus misterios*. Valencia: Mirabet, 1922.

DEBES, Célio. *Washington Luís (1869-1924)*. São Paulo: Imprensa Oficial, 1994.

DEFLEM, Mathieu. *Policing world society*: historical foundations of international police cooperation. Nova York: Oxford University Press, 2004.

DEL PICCHIA, Menotti. *Dente de Ouro e o crime daquela noite*. São Paulo: Livraria Martins Editora, 1949.

DENYS, Catherine *et al* (dir.). *Réformer la police*: les memoires policiers en Europe au XVIIIe siècle. Rennes: Presses Universitaires de Rennes, 2009.

DI FRANCESCO, Braz. *Pela cultura policial*. São Paulo: Casa Duprat, 1931.

DIAS, Benedito Nunes. *Laudelino de Abreu (uma vida exemplar)*. São Paulo: Associação dos Delegados de Polícia do Estado de São Paulo, 1987.

DIAS, Everardo. *História das lutas sociais no Brasil*. São Paulo: Alfa-Omega, 1977.

DIAS, Maria Odila Leite da Silva. *Quotidiano e poder em São Paulo no século XIX*. São Paulo: Brasiliense, 2001.

DIKÖTTER, Frank & BROWN, Ian (ed.). *Cultures of confinement*: a history of the prison in Africa, Asia, and Latin America. Nova York: Cornell University Press, 2007.

DOLHNIKOFF, Miriam. *O Pacto Imperial*. São Paulo: Globo, 2005.

DORIA, Francisco A. *Os herdeiros do poder*. Rio de Janeiro: Revan, 1995.

DOUGLAS, Mary. *How institutions think*. Nova York: Syracuse University Press, 1986.

DR. ANTÔNIO. *Memórias de um rato de hotel*. Rio de Janeiro: Dantes Editora, 2000.

DUARTE, Adriano Luiz. *Cidadania & exclusão*: Brasil (1937-45). Florianópolis: Editora UFSC, 1999.

DUARTE, Paulo. *Memórias*. Vols. 1-9. São Paulo: Hucitec, 1978.

_____. *Agora nós!* São Paulo: Imprensa Oficial, 2007.

DULLES, John W. Foster. *Anarquistas e comunistas no Brasil (1900-35)*. Rio de Janeiro: Nova Fronteira, 1977.

_____. *Carlos Lacerda*: a vida de um lutador. Vol. I. Rio de Janeiro: Nova Fronteira, 1992.

DUNNAGE, Jonathan. *The italian police and the rise of fascism*. Westport: Praeger, 1997.

DUPAS, Gilberto. *O mito do progresso*. São Paulo: Editora Unesp, 2006.

DURKHEIM, Émile. *Lições de Sociologia*. São Paulo: Martins Fontes, 2002.

_____. *Da Divisão do Trabalho Social*. São Paulo: Martins Fontes, 2008.

ÊGAS, Eugênio. *Galeria dos presidentes de São Paulo (1889-24)*. Vols. 2 e 3. São Paulo: Seção de obras d'O Estado de S. Paulo, 1927.

ELDER, Sace. *Murder scenes*: normality, deviance, and criminal violence in Weimar Berlin. Ann Arbor: University of Michigan Press, 2010.

ELIAS, Norbert. *O processo civilizador*. Vol. 2. Rio de Janeiro: Zahar, 1993.

_____. *A sociedade dos indivíduos*. Rio de Janeiro: Zahar, 1994.

ELLIS JÚNIOR, Alfredo. *Um parlamentar paulista da República*. São Paulo: [n.e.], 1949.

EMSLEY, Clive. *The English Police:* a political and social history. Londres: Longman, 1996.

_____. "The Origins of the Modern Police". *History Today*, vol. 49, abr. 1999.

_____. *Gendarmes and the State in nineteenth-century Europe*. Nova York: Oxford University Press, 2002.

_____. JOHNSON, Eric & SPIERENBURG, Pieter (ed.). *Social control in Europe, 1800-2000*. Vol. 2. Columbus: Ohio State University Press, 2004.

EMSLEY, Clive & WEINBERGER, Barbara (ed.). *Policing Western Europe*: politics, professionalism, and public order, 1850-1940. Westport: Greenwood Press, 1991.

_____; SHPAYER-MAKOV, Haia (ed.) *Police detectives in History (1750-1950)*. Aldershot: Ashgate, 2005.

_____. *Crime, police & penal policy:* european experiences 1750-1940. Nova York: Oxford University Press, 2007.

_____. *The Great British Bobby:* a history of british policing from the 18th century to the present. Londres: Quercus, 2010.

EVANS, Colin. *The casebook of forensic detection*. Nova York: John Wiley & Sons, 1996.

FABIAN, Ann. *Card sharps and bucket shops:* gambling in nineteenth century America. Nova York: Routledge, 1999.

FAORO, Raimundo. *Os donos do poder*. São Paulo: Globo, 2001.

FARCY, Jean-Claude; KALIFA, Dominique; LUC, Jean-Noël (dir.). *L'enquête judiciaire en Europe au XIXe siècle*. Paris: Creaphis, 2007.

FARIAS, M. Mujica. *La Police de Paris*. Buenos Aires: [s.e.], 1900.

FARGE, Arlette & REVEL, Jacques. *The vanishing children of paris:* rumor and politics before the French Revolution. Cambridge: Harvard University Press, 1991.

FARGE, Arlette. *O sabor do arquivo*. São Paulo: Edusp, 2009.

FAUSTO, Boris. *Trabalho urbano e conflito social (1890-1920)*. São Paulo: Difel, 1977.

_____. *Crime e cotidiano:* a criminalidade em São Paulo (1880-1924). São Paulo: Brasiliense, 1984.

_____. *A Revolução de 1930*. São Paulo: Companhia das Letras, 1997.

_____ (org.). *História Geral da Civilização Brasileira:* O Brasil Republicano. Vols. 8 e 9. Rio de Janeiro: Bertrand Brasil, 2006.

FERNANDES, Heloisa Rodrigues. *Política e segurança*. Força Pública do Estado de São Paulo: fundamentos histórico-sociais. São Paulo: Alfa-Omega, 1974.

FERNANDES, Maria Fernanda Lombardi. *A esperança e o desencanto:* Silva Jardim e a República. São Paulo: Fapesp, 2008.

FERRARI, Mercedes Garcia. *Ladrones conecidos/ sospechosos reservados*: identificación policial en Buenos Aires, 1880-1905. Buenos Aires: Prometeo, 2010.

FERREIRA, Antônio Celso (org.). *Encontros com a história:* percursos históricos e historiográficos de São Paulo. São Paulo: Editora Unesp, 1999.

FERREIRA, Jorge & DELGADO, Lucilia de Almeida Neves. *O Brasil Republicano:* O tempo do liberalismo excludente. Livro 1. Rio de Janeiro: Civilização Brasileira, 2003.

FERRI, Enrico. *Princípios de Direito Criminal.* Campinas: Russell, 2003.

FIDO, Martin & SKINNER, Keith. *The Official Encyclopedia of Scotland Yard.* Londres: Virgin, 1999.

FLETCHER, Jonathan. *Violence & civilization*: an introduction to the work of Norbert Elias. Malden, MA: Polity, 2005.

FLOREAL, Sylvio. *Ronda da meia noite.* São Paulo: [s.e.], 1925.

FLORINDO, Marcos Tarcísio. *O serviço reservado da Delegacia de Ordem Política e Social de São Paulo na Era Vargas.* São Paulo: Editora Unesp, 2006.

FLORY, Thomas. *El juez de paz y el jurado en el Brasil imperial.* México D.F.: Fondo de Cultura Economica, 1986.

FOGELSON, Robert M. *Big City Police.* Cambridge: Harvard University Press, 1979.

FONSECA, Guido. *História da prostituição em São Paulo.* São Paulo: Resenha Universitária, 1982.

_____. *Crimes, criminosos e a criminalidade em São Paulo.* São Paulo: Resenha Universitária, 1988.

_____. *O submundo dos tóxicos em São Paulo.* São Paulo: Resenha Universitária, 1994.

FOREMAN-PECK, James. *A history of the world economy*: international economic relations since 1850. Harlow, UK: Prentice Hall/Financial Times, 1995.

FOUCAULT, Michel. *Vigiar e punir.* Petrópolis: Vozes, 1991.

_____. *Estratégia, Poder-Saber.* Manuel Barros da Motta (org.). Rio de Janeiro: Forense Universitária, 2003.

_____. *Segurança, território, população.* São Paulo: Martins Fontes, 2008.

FRANCESCO, Braz di. *Pela cultura policial.* São Paulo: Casa Duprat, 1931.

FRANCO, Afonso Arinos de Melo. *Rodrigues Alves:* apogeu e declínio do presidencialismo. Rio de Janeiro: Jose Olimpio, 1973.

FREITAS, Marcos Cezar (org.). *Historiografia brasileira em perspectiva*. São Paulo: Contexto, 2003.

FRIEDEN, Jeffry A. *Global capitalism*: its fall and rise in twentieth century. Nova York: Norton, 2006.

Frente Negra Brasileira: depoimentos/entrevista e textos: Márcio Barbosa. São Paulo: Quilombhoje, 1998.

FULIGNI, Bruno (dir.). *Dans les secrets de la police: quatre siècle d'histoire, de crimes et de faits divers dans les archives de la Préfecture de Police*. Paris: L'Iconoclaste, 2008.

GALEANO, Diego. *Escritores, detectives y archivistas*: la cultura policial en Buenos Aires, 1821-1910. Buenos Aires: Teseo, 2009.

GARCIA, Adalberto. *No plenário do crime*. São Paulo: Albino Gonçalves & Comp., 1913.

GAROFALO, Raffaele. *Criminologia*. Lisboa: Livraria Clássica Editora, 1916.

GIBSON, Mary. *Born to crime*: Cesare Lombroso and the origins of biological criminology. Westport: Praeger, 2002.

GIDDENS, Anthony. *As consequências da modernidade*. São Paulo: Editora Unesp, 1991.

_____. *A constituição da sociedade*. São Paulo: Martins Fontes, 2003.

GIGLIOTTI, Vicente Mario. "Da Cambada do Inferno a um novo Pelotão de Capturas". *SSP: Revista Mensal da Polícia de S. Paulo*, nº 19, maio 1969.

GILFOYLE, Thimoty J. *A Pickpocket's Tale*: the underworld of nineteenth-century New York. Nova York: W. W. Norton, 2006.

GODFREY, Barry & DUNSTAIL, Graeme (ed.). *Crime and Empire, 1840-1940*: Criminal Justice in local and global context. Devon: WP, 2005.

GODFREY, Barry; LAWRENCE, Paul; WILLIAMS, Chris A. *History & Police*. Londres: Sage, 2008.

GODOY, José Henrique Artigas de. *Da opulência à ganância*: coronelismo e mudança social no Oeste Paulista (1889-1930). Tese (doutorado) – Departamento de Ciência Política da USP, São Paulo, 2006.

GOMES, Ângela de Castro. *A República, a História e o IHGB*. Belo Horizonte: Argumentum, 2009.

GOMES, Paulo Emilio Salles. *Cemitério*. São Paulo: Cosac Naify, 2007.

GORON, Marie-François. *L'Amour Criminel*: mémoires du chef de la Sûreté de Paris à la Belle Époque. Bruxelas: André Versaille, 2010.

GREGORY, Alexis. *The Golden Age of Travel, 1880-1939*. Londres: Cassell, 1998.

GRUNSPAN-JASMIN, Élise. *Lampião, Senhor do Sertão*: vidas e mortes de um cangaceiro. São Paulo: Edusp, 2006.

HABER, Stephen (ed.). *How Latin America fell behind*: essays on the economic histories of Brazil and Mexico, 1800-1914. California: Stanford University Press, 1997.

HAGEDORN, Ann. *Savage peace*: hope and fear in America, 1919. Nova York: Simon & Schuster, 2007.

HALL, Stuart & GIEBEN, Bram (ed.). *Formations of modernity*. Cambridge, UK: Polity, 2010.

HALL, Stuart. *A identidade cultural na pós-modernidade*. Rio de Janeiro: DP&A, 2011.

HAMILTON, Peter & HARGREAVES, Roger. *The beautiful and the damned*: the creation of identity in nineteenth century photography. Aldershot: Lund Humphries/National Portrait Gallery, 2001.

HEADRICK, Daniel R. *The tentacles of progress*: technology transfer in the age of imperialism, 1850-1940. Nova York: Oxford University Press, 1988.

HERSCHMANN, Micael & LERNER, Kátia. *Lance de sorte*: o futebol e o jogo do bicho na Belle Époque carioca. Rio de Janeiro: Diadorim, 1993.

HOLANDA, Sérgio Buarque de (dir.). *História Geral da Civilização Brasileira*. O Brasil Monárquico. Vol. 7. Do Império à República. Rio de Janeiro: Bertrand Brasil, 2005.

HOLLOWAY, Thomas H. *Polícia no Rio de Janeiro*: repressão e resistência numa cidade do século XIX. Rio de Janeiro: Editora FGV, 1997.

HOMEM, Amadeu Carvalho *et al* (coord.). *Progresso e religião*: a República no Brasil e em Portugal, 1889-1910. Coimbra: Imprensa da Universidade de Coimbra, 2007.

HOOBLER, Dorothy & Thomas. *The crimes of Paris*. Lincoln: University of Nebraska Press, 2010.

HORN, David G. *The criminal body*: Lombroso and the Anatomy of Deviance. Nova York: Routledge, 2003.

HOWELL, David W. & MORGAN, Kenneth O. (ed.). *Crime, protest and police in modern British society*. Cardiff: University of Wales Press, 1999.

INSTITUT de police scientifique de l'Université de Lausanne – Musée de l'Élysée. *Le Théâtre du Crime*: Rodolphe A. Reiss, 1875-1929. Lausanne: Presses Polytecniques et Universitaires Romandes, 2009.

IRIYE, Akira. *Cultural internationalism and world order*. Baltimore: The John Hopkins University Press, 1997.

_____; SAUNIER, Pierre-Yves (ed.). *The Palgrave Dictionary of Transnational History*: from the mid-19th century to the present day. Nova York: Palgrave, 2009.

JAMES, Harold. *The end of globalization*: lessons from the Great Depression. Cambridge: Harvard University Press, 2003.

JESUS, Ronaldo P. de. *Visões da Monarquia*: escravos, operários e abolicionismo na Corte. Belo Horizonte: Argumentum, 2009.

JOHNSON, Eric A. *Urbanization and crime*: Germany 1871-1914. Nova York: Cambridge University Press, 2002.

JOHNSON, Lyman L. (ed.). *The problem of order in changing societies*: essays on crime and policing in Argentina and Uruguay, 1750-1940. Albuquerque: University of New Mexico Press, 1990.

JOHNSON, Marilynn S. *Street Justice*: a history of police violence in New York City. Boston: Beacon Press, 2003.

JÚNIOR, Rodrigo Soares. *Jorge Tibiriçá e sua época*. São Paulo: Companhia Editora Nacional, 1958.

KALIFA, Dominique. *L'encre et le sang*: récits de crimes et société à la Belle Époque. Paris: Fayard, 1995.

KENEZ, Kátia Cristina. *Movimento operário em 1919*: repressão e controle social. Dissertação (mestrado) – Departamento de História da USP, São Paulo, 2001.

KHAGRAM, Sanjeev & LEVITT, Peggy (ed.). *The Transnational Studies Reader*: intersections & innovations. Nova York: Routledge, 2008.

KHOURY, Yara Maria Aun. *Edgard Leuenroth*: uma voz libertária. Imprensa, memória e militância anarco-sindicalistas. Tese (doutorado) – Departamento de Sociologia da USP, São Paulo, 1988.

KNEPPER, Paul. *The invention of international crime*: a global issue in the making, 1881-1914. Nova York: Palgrave, 2010.

KOERNER, Andrei. *Judiciário e cidadania na constituição da República brasileira*. São Paulo: Hucitec, 1998.

KOWARICK, Lúcio (org.). *As lutas sociais e a cidade*. São Paulo: Paz e Terra, 1994.

KUGELMAS, Eduardo. *Difícil hegemonia*: um estudo sobre São Paulo na Primeira República. Tese (doutorado) – Departamento de Ciência Política da USP, São Paulo, 1986.

KUSHNIR, Beatriz. *Baile de máscaras*: mulheres judias e prostituição. Rio de Janeiro: Imago, 1996.

LANE, Roger. *Policing the city of Boston, 1822-85*. Cambridge: Harvard University Press, 1967.

LANG, Alice Beatriz da Silva Gordo. *Adolpho Gordo, senador da Primeira República*. Brasília: Senado Federal, 1989.

LARRAIN, Jorge. *Identity and modernity in Latin America*. Cambridge, UK: Polity, 2000.

LAWRENCE, Paul (ed.). *The new police in the nineteenth century*. Farnham, UK: Ashgate, 2011.

LE BON, Gustave. *Psicologia das multidões*. São Paulo: Martins Fontes, 2008.

LE GOFF, Jacques. *História e memória*. Campinas: Editora da Unicamp, 2008.

LEA, John. *Crime & modernity*. Londres: Sage, 2002.

LEAL, Victor Nunes. *Coronelismo, enxada e voto*. São Paulo: Alfa-Omega, 1975.

LEÃO, Carneiro. *São Paulo em 1920*. São Paulo: [s.e.], 1921.

LEFEVRE, Eugenio. *A administração do estado de São Paulo na República Velha*. São Paulo: Typ. Cupollo, 1937.

LEITE, Aureliano. *Retratos a pena*. São Paulo: 1930.

_____. *A história de Sam Paulo*. São Paulo: Livraria Martins, 1944.

LESSA, Renato. *A invenção republicana*: Campos Sales, as bases e a decadência da Primeira República brasileira. São Paulo: Vértice, 1988.

LEPS, Marie-Christine. *Apprehending the criminal*: the production of deviance in nineteenth-century discourse. Durham: Duke University Press, 1992.

LEWY, Gunter. *The nazi persecution of the gipsies*. Nova York: Oxford University Press, 2000.

LIANG, Hsi-Huey. *The rise of modern police and the European State System from Metternich to the Second World War*. Nova York: Cambridge Press, 1992.

LISBOA, Justiniano. *Breve notícia da organização do Serviço de Identificação Judiciária de S. Paulo*. São Paulo: Casa Duprat, 1919.

LOBO, T. de Souza. *São Paulo na Federação*. São Paulo: [n.e.], 1924.

LOCARD, Edmond. *La Police*. Paris: Payot & Cia., 1919.

_____. *Les crime et les criminels*. Paris: Renaissance du Livre, 1925.

_____. *A investigação criminal e os métodos científicos*. São Paulo: Saraiva & C., 1939.

LOMBROSO, Cesare. *L'uomo delinquente*. Turim: Fratelli Bocca, 1889.

_____. *L'homme criminel/ Atlas*. Turim: Bocca Fréres-Editeurs, 1888.

_____. *Los criminales*. Barcelona: Centro Editorial Pesa, 1907.

LOPREATO, Christina Roquette. *O espírito de revolta*: a greve geral anarquista de 1917. São Paulo: Annablume, 2000.

LORENZO, Helena Carvalho de & COSTA, Wilma Pereira (org.). *A década de 1920 e as origens do Brasil moderno*. São Paulo: Editora Unesp, 1997.

LOUREIRO, Maria Rita; ABRUCIO, Fernando Luiz; PACHECO, Regina Silva (orgs.). *Burocracia e política no Brasil*: desafios para a ordem democrática no século XXI. Rio de Janeiro: Editora FGV, 2011.

LOVE, Joseph. *A Locomotiva:* São Paulo na Federação brasileira (1889-1937). São Paulo: Paz e Terra, 1982.

LÜDTKE, Alf. *Police and State in Prussia, 1815-1850*. Nova York: Cambridge University Press, 2009.

MACHADO, Cacilda. *A trama das vontades*: negros, pardos e brancos na construção da hierarquia social no Brasil escravista. Rio de Janeiro: Apicuri, 2008.

MACHADO, Maria Helena. *O plano e o pânico*: os movimentos sociais na década da Abolição. São Paulo: Edusp, 1994.

MAGALHÃES, Fernanda Torres. *O suspeito através das lentes*. Dissertação (mestrado) – Departamento de História da USP, São Paulo, 2001.

MAGUIRE, Mike; MORGAN, Rod; REINER, Robert (ed.). *The Oxford Handbook of Criminology*. Nova York: Oxford University Press, 2007.

MANNING, Patrick. *Migration in world history*. Nova York: Palgrave, 2008.

MARAM, Sheldon Leslie. *Anarquistas, imigrantes e movimento operário brasileiro (1890-1920)*. Rio de Janeiro: Paz e Terra, 1979.

MARCÍLIO, Maria Luiza. *História da Escola em São Paulo e no Brasil*. São Paulo: Imprensa Oficial, 2005.

MARMO, Phamphilo. *Memórias policiais*. São Paulo: Casa Vanorden, 1927.

MARTIN, William G. (coord.). *Making waves*: worldwide social movements, 1750-2005. Boulder, CO: Paradigm, 2007.

MATHYER, Jacques. *Rodolphe A. Reiss:* pionnier de la criminalistique. Lausanne: Payot, 2000.

MATTAS, João das. *Dioguinho*: narrativa de um cúmplice feita em dialeto. Ribeirão Preto: Livraria Central, 1903.

MELLO, Frederico Pernambucano de. *Guerreiros do Sol*: o banditismo no nordeste do Brasil. Recife: Massangana, 1985.

MELLO, Maria Teresa Chaves. *A República consentida*: cultura democrática e científica no final do Império. Rio de Janeiro: Editora FGV, 2007.

MENDONÇA, Joseli Maria Nunes. *Evaristo de Moraes*: Tribuno da República. Campinas: Editora da Unicamp, 2009.

MENEZES, Lená Medeiros de. *Os indesejáveis:* protesto, crime e expulsão na capital federal (1890-1930). Rio de Janeiro: Eduerj, 1996.

MERRIMAN, John. *Police stories*: building the French State, 1815-1851. Nova York: Oxford University Press, 2006.

_____. *The Dynamite Club*: how a bombing in fin-de-siècle Paris ignited the age of modern terror. Nova York: Harcourt, 2009.

MILLER, Wilbur R. *Cops and bobbies:* police authority in New York and London, 1830-70. Columbus: Ohio State University Press, 1999.

MINGARDI, Guaraci. *Tiras, gansos e trutas:* cotidiano e reforma na polícia civil. São Paulo: Scritta, 1992.

MIRANDA, Lílian Lisboa. *Gentes de baixa esfera em São Paulo*: quotidiano e violência nos Setecentos. Dissertação (mestrado em História Social) FFLCH-USP, São Paulo, 1997.

MLADEK, Klaus (ed.). *Police Forces*: a cultural history of an institution. Nova York: Palgrave, 2007.

MOCH, Leslie Page. *Moving europeans*: migration in Western Europe since 1650. Indianapolis: Indiana University Press, 2003.

MONARCHA, Carlos. *Brasil arcaico, escola nova*: ciência, técnica e utopia nos anos 1920-1930. São Paulo: Editora Unesp, 2009.

MONKKONEN, Eric H. *Police in Urban America, 1860-1920*. Nova York: Cambridge University Press, 2004.

MONSMA, Karl. "Conflito simbólico e violência interétnica: europeus e negros no Oeste Paulista, 1888-1914". Trabalho preparado para o *VII Encontro Estadual de História*, Pelotas, 2004.

_____. "A policia e as populações 'perigosas' no interior paulista, 1880-1900". Paper preparado para apresentação no *IX Congresso Internacional da Brazilian Studies Association*. New Orleans, Tulane University, 2008.

MORAES, Evaristo de. *Reminiscências de um criminalista*. Rio de Janeiro: Briguiet, 1989.

MOSS, Alan & SKINNER, Keith. *The Scotland Yard Files*: Milestones in crime detection. Surrey: The National Archives, 2006.

MOTTA, Cândido. *Classificação dos criminosos*. São Paulo: J. Rossetti, 1925.

MOTTA, Cássio. *Cesário Motta e seu tempo*. São Paulo, 1947.

MOTTA FILHO, Cândido. *Contagem regressiva*. Rio de Janeiro: José Olimpio, 1972.

MOURA, Denise A. Soares de. *Sociedade movediça*: economia, cultura e relações sociais em São Paulo, 1808-1850. São Paulo: Editora Unesp, 2005.

MOURA, Esmeralda Blanco Bolsonaro & FERLINI, Vera Lucia Amaral (org.). *História Econômica*. São Paulo: Alameda, 2006.

MUNHOZ, Sidnei J. *Cidade ao avesso*: desordem e progresso em São Paulo no limiar do século XX. Tese (doutorado) – Departamento de História da USP, São Paulo, 1997.

NABUCO, Joaquim. *Minha formação*. Brasília: EdUnb, 1963.

NARBER, Gregg. *Entre a cruz e a espada*: violência e misticismo no Brasil rural. São Paulo: Terceiro Nome, 2003.

NEDER, Gizlene *et al*. *A polícia na Corte e no Distrito Federal (1831-1930)*. Rio de Janeiro: Editora PUC, 1981.

_____. *Discurso jurídico e ordem burguesa no Brasil*. Porto Alegre: Fabris Editor, 1995.

NEEDLE, Jeffrey D. *Belle Époque tropical*. São Paulo: Companhia das Letras, 1987.

NETO, João Amoroso. *Dioguinho*. São Paulo: [s.e.], 1949.

NEWBURN, Tim (ed.). *Handbook of Policing*. Devon: WP, 2005.

_____. *Policing key readings*. Devon: WP, 2006.

NICEFORO, Alfredo. *la police et L'enquete judiciare scientifiques*. Paris: Librairie Universelle, 1907.

NIS, Don Emilio Casal de. *La polícia y sus misterios*. Valencia: Mirabet, 1922.

NOVAIS, Fernando A. (coord. geral); SEVCENKO, Nicolau (org. do volume). *História da vida privada no Brasil 3. República: da Belle Époque à Era do Rádio*. São Paulo: Companhia das Letras, 2006.

NYE, Robert A. *Crime, madness & politics in modern France*. New Jersey: Princeton Universit Press, 1984.

ODALIA, Nilo & CALDEIRA, João Ricardo de Castro (org.). *História do Estado de São Paulo/ Formação da Unidade Paulista*. Vol. 2. República. São Paulo: Editora Unesp, 2010.

OLIVEIRA, Manuel G. *Guia policial do estado de São Paulo*. São Paulo: Saraiva & Cia, 1924.

PACHECO, Renato José Costa. *Antologia do jogo do bicho*. Rio de Janeiro: Simões Editora, 1957.

PAOLI, Maria Célia et al. *A violência brasileira*. São Paulo: Brasiliense, 1982.

PARRY, Eugenia. *Crime album stories*: Paris, 1886-1902. Berlin: Scalo, 2000.

PAULO FILHO, Pedro. *Grandes advogados. Grandes julgamentos*. Campinas: Millenium, 2003.

PEIXOTO, Silveira. *Falam os escritores*. Vol. 3. São Paulo: Conselho Estadual de Cultura, 1971.

PEREIRA, Robson Mendonça. *Washington Luís na administração de São Paulo (1914-1919)*. São Paulo: Editora Unesp, 2010.

PERISSINOTTO, Renato M. *As classes dominantes e a hegemonia na República Velha*. Campinas: Editora da Unicamp, 1994.

PERNICONE, Nunzio. *Italian Anarchism, 1864-1892*. Oakland: AK Press, 2009.

PERROT, Michelle. *Os excluídos da história*: operários, mulheres, prisioneiros. São Paulo: Paz e Terra, 2001.

PESAVENTO, Sandra Jatahy. *Visões do cárcere*. Porto Alegre: Zouk, 2009.

PESTANA, José César. *Manual de organização policial do estado de São Paulo*. São Paulo: Serviço Gráfico da Secretaria de Segurança Pública, 1959.

PICCATO, Pablo. *City of suspects*: crime in Mexico City, 1900-1931. Durham: Duke University Press, 2001.

PICK, Daniel. *Faces of degeneration*: a european disorder, c. 1848-1918. Nova York: Cambridge Press, 1999.

PINHEIRO, Paulo Sérgio. *Política e trabalho no Brasil*. Rio de Janeiro: Paz e Terra, 1975.

_____ (org.). *Crime, violência e poder*. São Paulo: Brasiliense, 1983.

_____. *Estratégias da ilusão*: a Revolução Mundial e o Brasil (1922-35). São Paulo: Companhia das Letras, 1991.

PINTO, Maria Inez Machado Borges. *Cotidiano e sobrevivência*: a vida do trabalhador pobre na cidade de São Paulo (1890-1914). São Paulo: Edusp, 1994.

PIZA, Moacyr. *Roupa suja*. São Paulo: [s.e.], 1923.

POLANYI, Karl. *A Grande Transformação*. Rio de Janeiro: Elsevier, 2000.

PORTA, Paula (org.). *História da cidade de São Paulo*. Vols. 1, 2 e 3. São Paulo: Paz e Terra, 2004.

PORTO, Walter Costa. *O voto no Brasil*. Rio de Janeiro: Topbooks, 2002.

PRADO, Paulo. *Paulística etc.* (org. Carlos Augusto Calil). São Paulo: Companhia das Letras, 2004.

QUEIROZ, Juvenal de. *No mundo do boxe*. São Paulo: [s.e.], 1989.

QUEIROZ, Suely Robles de. *Os radicais da República*. São Paulo: Brasiliense, 1986.

QUINCHE, Nicolas. *Crime, science et identité*: anthologie des textes fondateurs de la criminalistique européenne (1860-1930). Genebra: Éditions Slatkine, 2006.

RAGO, Margareth. *Os prazeres da noite*: prostituição e códigos da sexualidade feminina em São Paulo (1890-1930). São Paulo: Paz e Terra, 1991.

RAMOS, Silvia & PAIVA, Anabela. *Mídia e violência*. Rio de Janeiro: Iuperj, 2007.

REINER, Robert. *A política da polícia*. São Paulo: Edusp, 2004.

REISS, R. A. *La Photographie Judiciaire*. Paris: Charles Mendel Editeur, 1903.

_____. *Manual de Portrait Parlé*. Paris: A. Schlachter, 1905.

_____. *Manuel de Police Scientifique*. Paris: Félix Alcan, 1911.

REVEL, Jacques. *História e historiografia*: exercícios críticos. Curitiba: Editora UFPR, 2010.

REZENDE, Astolpho. *Relatórios policiais*. Rio de Janeiro: 1925.

RIBEIRO, Leonidio. *Polícia Scientifica*. Rio de Janeiro: Editora Guanabara, 1934.

RIGAKOS, George S. *et al* (ed.). *A general police system*: political economy and security in the age of Enlightenment. Ottawa: Red Quill Books, 2009.

ROCK, David. *Politics in Argentina 1890-1930*: the rise and fall of Radicalism. Nova York: Cambridge University Press, 2009.

RODRIGUEZ, Julia. "South Atlantic crossings: fingerprints, science, and the State in turn-of-the-century Argentina". *The American Historical Review*, vol. 109, n° 2, abr. 2004.

_____. *Civilizating Argentina*: science, medicine and modern State. Chapel Hill: University of North Carolina Press, 2006.

ROLNIK, Raquel. *A cidade e a lei*. São Paulo: Studio Nobel, 1997.

ROMERO, Silvio. *Ensaio de Filosofia do Direito*. São Paulo: Landy, 2001.

ROSEBERRY, William *et al*. *Coffee, society and power in Latin America*. Baltimore: John Hopkins University Press, 1995.

ROSEMBERG, André. *Polícia, policiamento e o policial na província de São Paulo no final do Império*: a instituição, prática cotidiana e cultura. Tese(doutorado) – Departamento de História da USP, São Paulo, 2008.

_____; SOUZA, Luís Antônio Francisco de. "Notas sobre o uso de documentos jurídicos e policiais como fonte de pesquisa histórica". *Patrimônio e Memória*, vol. 5, n° 2, dez. 2009.

ROSENBERG, Clifford. *Policing Paris*: the origins of modern immigration control between the wars. Ithaca: Cornell University Press, 2006.

ROTH, Randolph. *American homicide*. Cambridge, MA: Harvard University Press, 2009.

ROTHERMUND, Dietmar. *The global Impact of Great Depression, 1929-1939*. Nova York: Routledge, 2006.

ROTKER, Susana (ed.). *Citzens of fear*: urban violence in Latin America. New Jersey: Rutgers University Press, 2002.

ROURE, Agenor de. *A Constituinte Republicana*. Rio de Janeiro: Imprensa Nacional, 1920.

ROWBOTHAM, Judith *et al* (ed.). *Behaving badly*: social panic and moral outrage. Aldershot: Ashgate, 2003.

SADEK, Maria Tereza (org.). *Delegados de polícia*. São Paulo: Sumaré, 2003.

SALIBA, Elias Thomé. *Ideologia liberal e oligarquia paulista: a atuação e as ideias de Cincinato Braga, 1891-1930*. Tese (doutorado) – Departamento de História da USP, São Paulo, 1981.

SALLA, Fernando. *As prisões de São Paulo, 1822-1940*. São Paulo: Annablume, 1999.

SALLES, Campos. *Da propaganda à presidência*. São Paulo: Typ. A Editora, 1908.

_____. *Manifestos e mensagens (1898-1902)*. São Paulo: Imprensa Oficial/Fundap, 2007.

SALLES, Iraci Galvão. *República: a civilização dos excluídos*. Representação do trabalhador nacional, 1870-1919. Tese (doutorado) – Departamento de História da USP, São Paulo, 1995.

SALMI, Hannu. *Nineteenth-century Europe*: a cultural history. Cambridge, UK: Polity, 2010.

SALVATORE, Richard D. *et al* (ed.). *Crime and punishment in Latin America*: law and society since late colonial times. Durham: Duke University Press, 2001.

SANTE, Luc. *Evidence*. Nova York: Farrar, Straus and Giroux, 1999.

SANTOS, Marco Antônio Cabral dos. *Paladinos da Ordem*: polícia e sociedade em São Paulo na virada do século XIX ao XX. Tese (doutorado) – Departamento de História da USP, São Paulo, 2004.

SANTOS, Myrian Sepúlveda dos. *Os porões da República*: a barbárie nas prisões da Ilha Grande, 1894-1945. Rio de Janeiro: Garamond, 2009.

SCHIVELBUSH, Wolfgang. *Tastes of paradise*: a social history of spices, stimulants and intoxicants. Nova York: Vintage Books, 1993.

SCHULZ, John. *A crise financeira da Abolição*. São Paulo: Edusp, 1996.

SCHWARCZ, Lilia M. *Retrato em branco e negro*: jornais, escravos e cidadãos em São Paulo no final do século XIX. São Paulo: Companhia das Letras, 1987.

_____. *O espetáculo das raças*: cientistas, instituições e questão racial no Brasil 1870-1930. São Paulo: Companhia das Letras, 2001.

SEVCENKO, Nicolau. *Orfeu Extático na Metrópole*: São Paulo, sociedade e cultura nos frementes anos 20. São Paulo: Companhia das Letras, 2000.

_____. *Literatura como missão*: tensões sociais e criação cultural na Primeira República. São Paulo: Companhia das Letras, 2003.

SHPAYER-MAKOV, Haia. *The making of a policeman*: a social history of a labour force in metropolitan London, 1829-1914. Aldershot: Ashgate, 2002.

SILVA, César Múcio. *Poder político e distribuição orçamentária em São Paulo na Primeira República (1890-1920)*. Tese (doutorado) – Departamento de História da USP, São Paulo, 2006.

SILVA, Hélio. *1930: a revolução traída*. Rio de Janeiro: Civilização Brasileira, 1972.

SINCLAIR, Georgina. *At the end of the line*: colonial policing and the imperial endgame, 1945-80. Nova York: Palgrave, 2006.

SOARES, Simone Simões Ferreira. *O jogo do bicho*: a saga de um fato social brasileiro. Rio de Janeiro: Bertrand, 1993.

SÖDERMAN, Hans. *Policeman's Lot*. Nova York: Funk & Wagnalls Company, 1956.

SOUZA, Laura de Mello e. *Norma e conflito*: aspectos da história de Minas no século XVIII. Belo Horizonte: Editora UFMG, 2006.

SOUZA, Luís Antônio Francisco de. *Poder de polícia, Polícia Civil e práticas policiais na cidade de São Paulo (1889-1930)*. Tese (doutorado) – Departamento de Sociologia da USP, São Paulo, 1998.

SPIERENBURG, Peter. *A history of murder*: personal violence in Europe from Middle Ages to the Present. Cambridge, UK: Polity, 2008.

STARR, Paul. *The creation of media*. Nova York: Basic Books, 2004.

STORCH, Robert D. "The policeman as domestic missionary: urban discipline and popular culture in Northern England, 1850-1880". *Journal of Social History*, nº IX, 1976.

SZMERECSÁNYL, Tamás. *História econômica da cidade de São Paulo*. São Paulo: Globo, 2004.

TAUNAY, Visconde de. *O Encilhamento*. São Paulo: Melhoramento, 1930.

TENÓRIO, Heliodoro & OLIVEIRA, Odilon Aquino de. *São Paulo contra a Ditadura*. São Paulo: Revista dos Tribunais, 1934.

TELAROLLI, Rodolpho. *Os sucessos de Araraquara*: estudo em torno de um caso de coronelismo em fins do século XIX. Dissertação (mestrado) – Departamento de História da USP, São Paulo, 1975.

_____. *A organização municipal e o poder local no estado de São Paulo na Primeira República*. Tese (doutorado) – Departamento de História da USP, São Paulo, 1981.

_____. *Eleições e fraudes eleitorais na República Velha*. São Paulo: Brasiliense, 1982.

THOMAS, Ronald R. *Detective fiction and the rise of forensic science*. Nova York: Cambridge Press, 2003.

THOMPSON, Edward P. *Senhores e caçadores*. São Paulo: Paz e Terra, 1987.

_____. *As peculiaridades dos ingleses e outros artigos*. Campinas: Editora da Unicamp, 2001.

THOMPSON, F. M. L. (ed.). *Cambridge Social History of Britain 1750-1950*. Vol. 3. Cambridge, UK: Cambridge University Press, 1996.

THORWALD, J. *The century of detective*. Nova York: Harcourt, Brace & World Inc., 1965.

TILLY, Charles (ed.). *The formation of National States in Europe*. New Jersey: Princeton University Press, 1975.

_____. *Coerção, capital e Estados europeus*. São Paulo: Edusp, 1996.

TOLEDO, Edilene. *Travessias revolucionárias*: ideias e militantes sindicalistas em São Paulo e na Itália (1890-1945). Campinas: Editora da Unicamp, 2004.

TONRY, Michael & MORRIS, Nerval (org.) *Policiamento moderno*. São Paulo: Edusp, 2003.

TORPEY, John. *The invention of the passport*: surveillance, citzenship and the State. Nova York: Cambridge University Press, 2000.

TOPIK, Steven *et al* (ed.). *From silver to cocaine*: Latin America commodity chains and the building of world economy, 1500-2000. Durham: Duke University Press, 2006.

TROTSKI, Leon. *A história da Revolução Russa*. Rio de Janeiro: Saga, 1967.

VAMPRÉ, Leven. *São Paulo, terra ocupada*. São Paulo: Sociedade Impressora Paulista, 1932.

VANDERWOOD, Paul J. *Disorder and progress*: bandits, police, and Mexican development. Lanham: SR Books, 2009.

VELLASCO, Ivan de Andrade. *As seduções da ordem*: violência, criminalidade e administração da justiça. Minas Gerais, século 19. Bauru: Edusc, 2004.

VELHO, Gilberto. *Desvio e divergência*: uma crítica da patologia social. Rio de Janeiro: Zahar, 1977.

VERTOVEC, Steven. *Transnationalism*. Nova York: Routledge, 2010.

VIEIRA, Helio & SILVA, Oswaldo. *História da Polícia Civil de São Paulo*. São Paulo: Companhia Editora Nacional, 1955.

_____. *Eloy Chaves*. Rio de Janeiro: Civilização Brasileira, 1978.

VIOTTI, Manuel. *Dactyloscopia e Filiação Morphologica (o systema Vucetich)*. São Paulo: [s.e.], 1909.

_____. *Identificação e filiação*. São Paulo: Typ. do Diário Oficial, 1910.

VOLD, G. B. *et al*. *Theoretical Criminology*. Nova York: Oxford University Press, 2002.

WALKER, Samuel & KATZ, Charles M. *The Police in America*. Nova York: McGraw-Hill, 2002.

WALKER, Thomas W. & BARBOSA, Agnaldo de Souza. *Dos coronéis à metrópole*: fios e tramas da sociedade e da política em Ribeirão Preto no século XX. Ribeirão Preto: Palavra Mágica, 2000.

WANDERLEY, Rômulo C. *História do Batalhão de Segurança*: a polícia militar do Rio Grande do Norte, de 1834 a 1968. Natal: Walter Pereira S.A., 1969.

WARNER, Jessica. *Craze*: gin and debauchery in Age of Reason. Nova York: Random House, 2003.

WASHINGTON LUÍS (visto pelos contemporâneos no primeiro centenário de seu nascimento). São Paulo: IHGSP, 1969.

WEBER, Max. *Ensaios de Sociologia*. Rio de Janeiro: LTC, 2002.

WHITE, Shane et al. *Playing the numbers*: gambling in Harlem between the wars. Cambridge: Harvard University Press, 2010.

WIENER, Martin J. *Reconstructing the criminal*: culture, law and policy in England, 1830-1914. Nova York: Cambridge University Press, 1994.

WILLIAMS, Chris A. (ed.). *Police and policing in the twentieth century*. Farnham, UK: Ashgate, 2011.

WILSON, Christopher P. *Cop knowledge*: police power and cultural narrative in twentieth-century America. Chicago: The University of Chicago Press, 2000.

WILSON, Colin & WILSON, Damon. *Written in blood*: a history of forensic detection. Nova York: Carroll & Graf, 2003.

WISSENBACH, Maria Cristina Cortez. *Sonhos africanos, vivências ladinas*: escravos e forros em São Paulo (1850-80). São Paulo: Hucitec, 1998.

WOLF, Eric R. *Europe and the people without history*. Berkeley: University of California Press, 1997.

WOOD, J. Carter. *Violence and crime in nineteenth-century england*: The shadow of our refinement. Nova York: Routledge, 2004.

WOODARD, James P. *A place in politics*: São Paulo, Brazil, from seigneurial republicanism to regionalist revolt. Durham: Duke University Press, 2009.

ZAFFARONI, E. Raul & BATISTA, Nilo *et al*. *Direito Penal Brasileiro*. Rio de Janeiro: Revan, 2003.

ZUCKERMAN, Frederic S. *The Tsarist Secret Police Abroad*: policing Europe in a modernising world. Nova York: Palgrave, 2003.

CADERNO DE IMAGENS

Central de Polícia. *Sentado ao centro, o delegado João Batista de Souza, acompanhado dos seus delegados distritais. Em pé, ao fundo, jovens delegados que se tornariam importantes diretores da polícia nas décadas de 1930 e 1940. Do segundo da esq. para a dir: Gustavo Galvão, Bráulio de Mendonça Filho, Juvenal Piza e Afonso Celso de Paula Lima* (Coleção particular)

Carteiras de inspetores de polícia (Apesp)

Imagens de uma delegacia típica dos anos 1920, *mostrando serventes, escrivães e escreventes. Abaixo, fotos de dois subdelegados, um da Vila Leopoldina e outro da Pompeia*
(Livro de termos de compromisso da 3ª delegacia da capital – Apesp)

Gabinete do delegado. *Na foto o delegado Afonso Celso de Paula Lima* (Acadepol)

Foto das "geladeiras", *como eram chamadas as celas estreitas e úmidas das delegacias* (foto tirada logo após a Revolução de 1930, para denunciar os maus tratos policiais – Apesp)

Fotos de acidentes de trânsito. *As fotos dos laudos da Polícia Técnica, de 1920 e 1930, revelam uma cidade caótica, cujo trânsito misturava veículos, carroças, animais e pessoas disputando espaço em ruas estreitas e escorregadias, transformando os mais fracos em vítimas* (Apesp)

Frota policial. *Viaturas do plantão policial expostas ao público na frente da Secretaria da Agricultura, no Largo do Palácio. 1911 (Álbum de fotos impresso em Roma, Apesp)*

Tocaia em Penápolis. *Autoridades policiais e curiosos na frente da casa onde ocorreu a tocaia que vitimou o delegado Álvaro Sevilha, em 15 de janeiro de 1926. Abaixo, o mandante e os matadores do delegado* (Apesp)

Delegado Carvalho Franco, *historiador e genealogista das famílias paulistas, examinando o local de uma tocaia em Ribeirão Preto, 1926. À direita, o brasão que mandou fazer representando a sua família (Coleção particular)*

Delegado Franklin de Toledo Piza, *chefe do Gabinete de Investigações, em uma diligência contra falsificadores de moeda, na Vila Mariana, em 1916. O delegado é o 2º em pé da esquerda para a direita. Ao seu redor, os "secretas" do Gabinete de Investigações (Coleção particular)*

Policiais fardados *aguardando a presença do delegado em um cortiço do Bom Retiro, 1917. Os uniformes, como se nota, eram inspirados nos trajes das polícias europeias, comuns em todas as grandes cidades da América, de Boston a Buenos Aires* (Foto do *Correio Paulistano*, Apesp)

Reiss em São Paulo.
Da esquerda para a direita: Reiss, Bischoff, Tuck, os delegados Sampaio Viana, Cantinho Filho e seu pai (Álbum do delegado Cantinho Filho)

Foto de Meneghetti, *anexada em um livro de procurados da delegacia de Santa Ifigênia, 1919 (DGP)*

Página do livro de procurados *da delegacia de Santa Ifigênia, 1919 (DGP)*

Foto de formatura do bacharel Moacir Piza, 1917.
O paraninfo da turma é Rui Barbosa (Coleção do autor). Acima, fotos do prontuário de Nenê Romano, mostrando sua cicatriz e sua beleza (IIRGD)

Ficha do autor do crime da mala: *Michel Trad, 1908* (IIRGD)

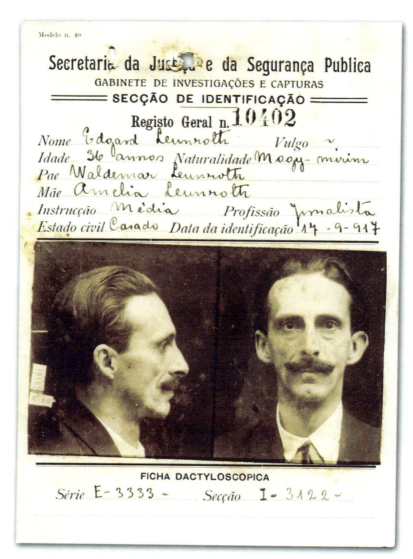

Ficha do anarquista Edgard Leuenroth, *1917* (IIRGD)

Guarda civil, 1926 (Acadepol)

Delegado Rudge Ramos, *responsável pelo policiamento do trânsito na capital* (Acadepol)

"A Civilização do Delegado": *foto do delegado Vicente de Paula Neto quando era titular da cidade de Buri, em 1939* (Coleção do autor)

Delegados reunidos no Palácio dos Campos Elísios uma semana após o golpe de 1937.
Todos são delegados de carreira, que serviram os governantes paulistas desde a década de 1910. Na primeira fila, da esquerda para a direita: o delegado Durval Vilalva, ao seu lado o interventor Joaquim Cardoso de Melo Neto e o secretário da Segurança, major Dulcídio do Espírito Santo Cardoso. Atrás do secretário, o delegado Laudelino de Abreu. Ao fundo, os delegados das delegacias especializadas e dos distritos da capital (Coleção do autor)

AGRADECIMENTOS

A REALIZAÇÃO DESTE TRABALHO, como não poderia deixar de ser, só foi possível com o suporte intelectual e prático de várias pessoas, cabendo ao meu orientador, o professor Carlos de Almeida Prado Bacellar, um agradecimento especial pela ajuda e estímulo. Minha gratidão se estende às professoras Sara Albieri, Maria Odila Leite da Silva Dias, Antonia Terra de Calazans Fernandes e ao professor Robert Sean Purdy pelas ideias e conselhos imprescindíveis para este trabalho.

Aos colegas e diretores do Arquivo Público do Estado de São Paulo agradeço muito o auxílio e a paciência. Sou muitíssimo grato também à Dra. Elisabeth Massuno, delegada zelosa, que durante anos cuidou e preservou a documentação acumulada na Delegacia Geral de Polícia. Sua generosidade e auxílio foram fundamentais para o aprofundamento da minha pesquisa. Cabe aqui um agradecimento aos delegados e funcionários da polícia que eu tive a oportunidade de conhecer, os quais abriram as portas da sua instituição, de suas casas e até mesmo de suas vidas, permitindo que eu entendesse um pouco o que é a polícia. À dona Armenuí e ao Sérgio, reitero os meus agradecimentos pela acolhida no Museu da Academia de Polícia "Dr. Coriolano Nogueira Cobra", onde se encontra abrigada parte significativa da memória policial.

Por fim, é difícil encontrar palavras para agradecer a minha amiga Cida pelas inúmeras leituras, revisões e sugestões, e à Andréia por seu amor e apoio nos momentos difíceis. Todo este trabalho dedico a uma pessoa que faz com que lutemos por um mundo mais justo e acolhedor: meu filho André.

Esta obra foi impressa em São Paulo pela Gráfica Vida e Consciência no outono de 2015. No texto, foi utilizada a fonte Alegreya em corpo 11 e entrelinha de 16,5 pontos.